信息与通信网络技术丛书

LTE / CDMA / WLAN 无线网络室内覆盖工程规划与设计

Planning and Design of Indoor Coverage For LTE/CDMA/ WLAN Network

张磊 孔繁俊 刘永洲 蒋晓虞 查昊 ◎ 编著

AF834812

人民邮电出版社
北京

图书在版编目（CIP）数据

LTE/CDMA/WLAN无线网络室内覆盖工程规划与设计 / 张磊等编著. -- 北京 : 人民邮电出版社, 2016.9
（信息与通信网络技术丛书）
ISBN 978-7-115-42150-0

Ⅰ. ①L… Ⅱ. ①张… Ⅲ. ①无线网—网络规划②无线网—网络设计 Ⅳ. ①TN92

中国版本图书馆CIP数据核字(2016)第071131号

内 容 提 要

本书对室内覆盖工程的规划及设计进行全面介绍，对覆盖的多种手段进行多维度的对比分析，并结合实际应用，提出不同手段的目标定位和协同覆盖策略。书中附有不少典型的案例，对室内覆盖规划、工程设计和室内网络优化都有一定的参考价值。

本书的主要读者为通信行业的相关从业人员，具体涉及运营商员工、通信设计院和施工单位员工、通信类高校的师生和集成商员工。

◆ 编　　著　张　磊　孔繁俊　刘永洲　蒋晓虞　查　昊
责任编辑　杨　凌
责任印制　彭志环

◆ 人民邮电出版社出版发行　北京市丰台区成寿寺路 11 号
邮编　100164　电子邮件　315@ptpress.com.cn
网址　http://www.ptpress.com.cn

◆ 开本：787×1092　1/16
印张：16　　2016 年 9 月第 1 版
字数：371 千字　　2016 年 9 月北京第 1 次印刷

定价：59.00 元

读者服务热线：(010)81055488　印装质量热线：(010)81055316
反盗版热线：(010)81055315

望 猹

移动通信网自20世纪80年代末期作为一个商用网在中国开始建设运营，至今已经有27年的历史，第四代移动通信技术（TD-LTE）已经于2013年年底在我国正式发牌运营。第一代移动通信网由于价格昂贵、用户少且没有竞争，对于网络建设质量指标的关注度不高、要求也较低。然而从第二代移动通信开始，移动通信业务在我国迅速发展壮大，且政府引入竞争机制，并在2008年扩大了竞争对手的数量。对于运营商而言，提升自家网络的各项指标，已成为重要的竞争手段。

根据移动通信网络的技术和建设特点，建筑内部区域的无线网络覆盖（简称“室内覆盖”，下同）传播环境复杂、屏障严重，是移动网需要解决的问题，同时也是最难解决的问题；然而，室内用户密集，是移动业务频发的区域，对竞争对手而言，室内覆盖的优劣直接影响着用户的口碑，各家网络指标的优劣对比结果往往在室内场景下才能分出胜负。因此室内覆盖问题又是必须解决的问题。室内分布系统作为一种手段长期以来被寄予厚望：一度被作为室内覆盖的终极解决方案来使用。客观来说，室内分布系统对于解决宏基站网络在室内的覆盖空洞（例如电梯、地下室、内部走廊楼梯灯区域）确实有立竿见影的效果，然而在移动通信高速发展的今天，室内覆盖需要解决的问题不仅仅是单纯的补盲，而是要解决包括网络覆盖、网络容量和网络质量等一系列复杂问题，单纯依靠室内分布系统已经不能完全解决所有问题。

本书的作者是江苏省邮电规划设计院从事移动通信网络研究的专业技术人员，多年从事室内覆盖工程的规划和设计工作，并长期跟踪研究全国各地室内覆盖解决方案，总结了一套室内分布系统、宏网络和小基站多手段协同解决室内覆盖的经验和心得。在本书中，作者以CDMA、LTE和WLAN技术制式作为研究对象，分析各种技术制式在室内多种场景下存在的网络问题，提出了多种解决手段，并做出对比分析，可供无线网络规划、建设人员参考使用。

全书主体内容共分为7个部分：首先简要介绍了移动通信发展历程和3种技术制式的基本原理；然后介绍室内覆盖的技术手段、规划方法和设计要求，并重点按场景分类介绍室内覆盖的策略、解决手段；最后对室内覆盖的新技术应用进行简要说明。书中包含了大量的图标和实例分析，可以使读者更好地理解室内覆盖解决方法、理解室内覆盖工程规划设计工作的步骤和过程。

本书由孔繁俊、张磊策划和主编，刘永洲、蒋晓虞和查昊负责全书的结构和内容的掌握和控制，孔繁俊、张磊、刘永洲、蒋晓虞、查昊、陈路、胡军、周建良、房玉龙参与了全书内容的撰写工作。

由于编写者水平有限，以及编写时间仓促，加之技术发展日新月异，书中难免出现一些错误和不足，恳请广大读者批评指正。

编　者

2016 年 6 月于南京

插　手

戠 1 瞍

坯　毗

1.1　移动通信发展史

通信的发展历史，可以追溯到远古时代。本书所述的通信，仅指借助于电磁信号形式，通过电缆、光缆、无线电波等媒介进行的双方之间的单向或双向远距离信息交换。

19 世纪 30 年代有线电报试验成功，用电磁系统传递信息的电信系统开始迅速发展；1872 年贝尔发明电话，将人类社会带入电信时代；1898 年，马可尼拍发了第一封收费电报，标志着无线电通信进入实用阶段。虽然“点”与“划”表示的 Morse 码本质上属于数字信号的形式，但从那以后，近百年中，数字通信发展缓慢，以电话、广播、电视为代表的模拟制的通信形式占据了统治地位。

通过有线信道传输的信号稳定，干扰与失真较小，但是由于通信设备必须连接在固定的线路上，通信形式不够灵活，难以满足某些场合的通信需求。无线通信利用电磁波携载的信息，通信双方无需拘泥于固定的地点，是实现个人通信的最佳选择，因而逐渐成为研究与应用的重点。

移动通信的雏形早在 20 世纪中期就已被开发了出来，包括步话机、对讲机等，这些早期的无线通信主要应用于军事或特种领域，仅能在少数特殊人群中使用且携带不便。近几十年来，无线通信技术在民用领域发展迅猛，先后出现了蜂窝移动通信系统、微波通信、卫星通信、固定宽带无线接入、802.x 系列无线接入标准、LMDS、MMDS 等技术。其中蜂窝移动通信的出现影响了全球数十亿人的生活方式，它的发展先后经历了模拟移动通信、数字移动通信、第三代移动通信系统（3G）以及后 3G（B3G）阶段。

1.1.1　戠琶呖瑭唱涎爋灬涣Ⅶ1GⅧ

第一代蜂窝移动电话系统是模拟蜂窝移动电话系统，主要特征是用模拟方式传输模拟信号，美国、英国和日本都先后开发了各自的系统。

随着对电磁波研究的深入、大规模集成电路的问世，移动电话首先被研制出来，移动终端设备的研制成功带动了对网络结构的探索。20 世纪 70 年代初，贝尔实验室提出蜂窝系统的覆盖小区的概念和相关理论后，立即得到迅速发展，很快进入了实用阶段，移动通信跨入了第一代模拟蜂窝移动电话系统的时代。

1978 年年底，美国贝尔试验室成功研制出先进移动电话系统（AMPS），建成了蜂窝状移动通信网，大大提高了系统容量；1983 年，首次在芝加哥投入商用；同年 12 月，在华盛顿也开始启用；之后，服务区域在美国逐渐扩大；到 1985 年 3 月已扩展到 47 个地区，约 10 万移动用户。其他工业化国家也相继开发出蜂窝式公用移动通信网。日本于 1979 年推出 800MHz 汽车电话系统（HAMTS），在东京、大阪、神户等地投入商用。联邦德国于 1984 年完成 C 网，频段为 450MHz。英国在 1985 年开发出全地址通信系统（TACS），首先在伦敦投入使用，然后覆盖了全国，频段为 900MHz。

1.1.2 哉嗫呖瑭唱涎爝灬涣Ⅶ2GⅧ

第一代模拟制系统解决了移动通信系统的有无问题，但其在应用中的各种缺点也不断浮现出来，包括系统间没有公共接口、难以互通，频谱利用率低、系统容量小，安全性差、容易被窃听等。

为克服模拟通信的上述缺点，引入了数字技术的数字蜂窝移动通信系统，并在 20 世纪八九十年代得到了长足的发展，称之为第二代移动通信系统。2G 系统能提供更高的网络容量，改善了话音质量和保密性，并为用户提供无缝的国际漫游。2G 的制式主要有 GSM、CDMA（IS-95）、D-AMPS 等，其中 GSM 与 CDMA 系统应用广泛。

1. GSM/GPRS/EDGE

GSM 数字移动通信系统源于欧洲。1982 年，北欧国家提交了一份建议书，要求制定 900MHz 频段的公共欧洲电信业务规范。随后欧洲电信标准学会（ETSI）技术委员会成立了“移动特别小组”（Group Special Mobile，GSM）来制定有关的标准和建议书。1986 年在巴黎，该小组对欧洲各国及各公司经大量研究和实验后所提出的 8 个建议系统进行了现场实验。1990 年该小组完成了 GSM900 的规范，共产生大约 130 项全面建议书，不同建议书经分组而成为一套，其中共包含 12 个系列。

1991 年欧洲开通了第一个 GSM 系统，并且 GSM 更名为“全球移动通信系统”（Global System for Mobile communications），从此移动通信跨入了第二代数字移动通信时代。同年，移动特别小组还完成制定了 1800MHz 频段的公共欧洲电信业务的规范，名为 DCS1800 系统。该系统与 GSM900 具有同样的基本功能特性，因而该规范只占 GSM 建议的很小一部分，仅将 GSM900 和 DCS1800 之间的差别加以描述，二者绝大部分是通用的，两者均可通称为 GSM 系统。

在这之后，为了实现对数据业务的支持，GSM 体制制定了 GPRS 与 EDGE 这两种标准。

通用分组无线业务（General Packet Radio Service，GPRS）由 GSM Phase 2.1 版本定义，是为适应移动数据接入需求的增长而产生的。由于 GPRS 支持中低速的数据传输，常被称作一种 2.5G 的技术，支持 9.05～171.2kbit/s 的接入速率。

增强型数据速率 GSM 演进技术（Enhanced DataRate for GSM Evolution，EDGE）介于 GPRS 与 3G 之间，也常被称作 2.75G 的技术。它在 GSM 系统中采用了多时隙操作和 8PSK 调制，能够支持 300kbit/s 的数据速率接入，匹敌 CDMA 1x。

2. IS-95/cdma2000 1x

在 2G 时代，CDMA 技术和 GSM 技术几乎是同时开始发展的。cdma2000 标准是一个体系结构，称为 cdma2000 family，它包含一系列子标准。由 CDMA One 向 3G 演进的途径为：CDMA One（IS-95A/B）→cdma2000 1x →cdma2000 1x EV。其中 cdma2000 1x 属于准 3G 技术，cdma2000 1x EV 之后均属于标准的三代技术。

1993 年，高通公司提出了 CDMA 第一个商用标准，被美国 TIA/EIA 定为 IS-95A（TIA/EIA INTERIM STANDARD/95A）标准。1994 年，第一个 CDMA 商用网络在中国香港地区（香港和记电讯）开通。1995 年，CDMA（IS-95A）在韩国、美国、澳大利亚等国得到大规模应用。

从技术角度来说，IS-95A 完全是一种第二代移动通信技术，它主要支持话音业务。IS-95A 商用几年以后，市场对数据业务的需求逐渐显现。在这种情况下，美国电信工业协会（TIA）制定了 IS-95B 标准。IS-95B 通过将多个低速信道捆绑在一起来提供中高速的数据业务，可提供的最大理论比特速率为 115kbit/s，实际只能实现 64kbit/s。但是，从技术角度来说，IS-95B 并没有引入新技术，所以通常将 IS-95B 也作为第二代移动通信技术。

cdma2000 1x 是由 IS-95A/B 标准演进而来的，由 3GPP2 负责具体标准化工作。cdma2000 1x 在 IS-95 的基础上升级空中接口，可在 1.25MHz 带宽内提供 307.2kbit/s 的高速分组数据速率。cdma2000 成为窄带 CDMA 系统向第三代系统过渡的标准。cdma2000 在标准研究的前期，提出了 1x 和 3x 的发展策略，但随后的研究表明，1x 和 1x 增强型技术（1x EV）代表了未来发展方向。

cdma2000 1x 仅能提供准 3G 的数据业务，发表的版本包括：

Release 0：1999 年 10 月发布，主要特点是沿用基于 ANSI-41D 的核心网，在无线接入网和核心网增加支持分组业务的网络实体，单载波最高上、下行速率可以达到 153.6kbit/s。

Release A：2000 年 7 月发布，与 Release 0 相比没有网络结构上的变化，仅增加了对业务特征的信令支持，如新的公共信道、QoS 协商、增强鉴权、加密、话音业务和分组业务并发业务。Release A 单载波最高速率可以达到 307.2kbit/s。

1.1.3　戠梯呖瑭唱涎爝灬涣Ⅶ3GⅧ

3G 在 ITU 的正式名称是 IMT-2000，其前身为 1985 年提出的未来公共陆地移动通信系统（FPLMTS）。ITU 在 1996 年年底确定了第三代移动通信系统的基本框架，包括业务需求、工作频带、网络过渡要求和无线传输技术的评估方法等，并将 FPLMTS 更名为 IMT-2000，其用意在于希望在 2000 年左右商用、最高速率达 2000kbit/s、工作在 2000MHz 频段。IMT-2000 的目标是：

① 全球统一频段、统一标准，全球无缝覆盖；
② 高频谱效率、高服务质量和高保密性能；
③ 提供多媒体业务，速率最高到 2Mbit/s；
④ 车速环境下速率达 144kbit/s；
⑤ 步行环境下速率达 384kbit/s；
⑥ 室内环境下速率达 2Mbit/s；
⑦ 易于从第二代系统过渡和演进。

1999 年 10 月 ITU 在赫尔辛基举行的会议确定了以下 5 种 3G 方案：

① IMT-2000 CDMA DS（Direct Spread），即欧洲和日本的 UTRA FDD（WCDMA）；

② IMT-2000 CDMA MC（Multi-Carrier），即美国的 cdma2000；

③ IMT-2000 CDMA TC（Time Code），即欧洲的 UTRA TDD 和中国的 TD-SCDMA；

④ IMT-2000 TDMA SC（Single Carrier），即美国的 UWC-136；

⑤ IMT-2000 FDMA/TDMA FT（Frequency Time），即欧洲的 DECT。

经过融合和发展，形成了 3 种最具代表性的 3G 技术标准，分别是 TD-SCDMA、WCDMA 和 cdma2000。其中 TD-SCDMA 属于时分双工（TDD）模式，是由中国提出的 3G 技术标准；而 WCDMA 和 cdma2000 属于频分双工（FDD）模式。

在 3G 的商用发展过程中，又发展出两大标准化论坛：一个是推广 WCDMA 和 TD-SCDMA 标准的 3GPP 标准化论坛，另外一个是推广 cdma2000 标准的 3GPP2 论坛。

1．WCDMA

WCDMA 是由 3GPP 具体制定的，基于 GSM MAP 核心网，以 UMTS 陆地无线接入网（UTRAN）为无线接口的第三代移动通信系统，先后发布了 Release 99（简称 R99）、R4、R5、R6、R7 等多个版本。

WCDMA 采用直接序列扩频码分多址（DS-CDMA）、频分双工（FDD）方式，码片速率为 3.84Mchip/s，载波带宽为 5MHz。先期提出的 R99/R4 版本，在 5MHz 的带宽内可提供最高达 384kbit/s 的用户数据传输速率。

在 R5 版本中引入了下行链路增强技术，即高速下行分组接入（High Speed Downlink Packet Access，HSDPA）技术，在 5MHz 的带宽内可提供最高达 14.4Mbit/s 的下行数据传输速率。在 R6 版本中引入了上行链路增强技术，即高速上行分组接入（High Speed Uplink Packet Access，HSUPA）技术，在 5MHz 的带宽内可提供最高约 6Mbit/s 的上行数据传输速率。

除了上述标准版本之外，3GPP 从 2004 年即开始了长期演进（Long Term Evolution，LTE）技术的研究，基于 OFDM、MIMO 等技术，致力于发展无线接入技术向“高数据速率、低时延和优化分组数据应用”方向演进。

2．cdma2000

cdma2000 1x 提供高速分组数据业务的能力还是有限的。在向着更高的目标迈进的道路上，又出现了 cdma2000 1x EV 技术。EV 代表“Evolution”，有两方面含义，一方面是比原有的技术容量更大而且性能更好，另一方面是和原有技术后向兼容。

韩国、日本是 cdma2000 1x EV 商用网络的领军者。2002 年 1 月韩国 SKT 开通全球首个 EV-DO 商用网，紧随其后的是韩国的 KTF 与日本的 KDDI。

在技术发展上，cdma2000 1x EV-DO 逐步成熟并投入商用，cdma2000 1x EV-DV 以及与 cdma2000 1x 同时提出的 cdma2000 3x 技术基本被市场所抛弃，大部分 cdma2000 1x 网络通过升级到 EV-DO 而跨入 3G 时代。

EV-DO 的演进又可以进一步细分为 Rel.0、Rev.A、Rev.B 以及 Rev.C/D 等不同阶段，上、下行最高分别支持 1.8/3.1Mbit/s 速率的 EV-DO Rev.A 网络已广泛部署。

3．TD-SCDMA

TD-SCDMA（Time Division-Synchronization Code Division Multiple Access）的中文含义为时分同步码分多址接入。从 2001 年 3 月开始，TD-SCDMA 被正式融入 3GPP 的 Release 4 版本。目前 TD-SCDMA 已有 Release 4、Release 5、Release 6 等版本。

TD-SCDMA 采用不需成对频率的 TDD 双工模式以及 FDMA/TDMA/CDMA 相结合的多址接入方式，使用 1.28Mchip/s 的低码片速率，扩频带宽为 1.6MHz，同时采用了智能天线、联合检测、上行同步、接力切换、动态信道分配等先进技术。基于 R4 版本，TD-SCDMA 可在 1.6MHz 的带宽内提供最高达 384kbit/s 的用户数据传输速率。

TD-SCDMA 在 R5 版本中引入了 HSDPA 技术，在 1.6MHz 带宽上理论峰值速率可达到 2.8Mbit/s。通过多载波捆绑的方式可进一步提高 HSDPA 系统的单用户峰值速率。

1.1.4 戠汁呖瑭唱涎爝灬涣Ⅶ4GⅧ

为了满足新型业务需求、保持在移动通信领域的技术及标准优势，3GPP 规范不断增添新特性以增强自身能力。

在 2004 年 11 月的魁北克会议上，3GPP 决定启动 UTRAN 系统的长期演进（Long Term Evolution，LTE）研究项目。全球主要的运营商和设备厂家通过会议、邮件讨论等方式，开始形成对 LTE 系统的初步需求，确定的工作目标如下。

① 使用 5MHz 或者更宽频谱分配时，无线网络用户面的时延应低于 5ms；而使用更小的频谱分配时，时延应低于 10ms。

② 减小控制面时延。

③ 灵活的带宽分配，最高可达 20MHz。使用的带宽可以更小，包括 1.25MHz、2.5MHz、5MHz、10MHz 和 15MHz。

④ 下行链路的峰值数据速率可达到 100Mbit/s。

⑤ 上行链路的峰值数据速率可达到 50Mbit/s。

⑥ 频谱利用率是 HSDPA/HSUPA 的 2～3 倍。

⑦ 改善位于小区边缘用户的数据速率。

⑧ 可以只支持 PS 域。

LTE 是定位于 3G 与第四代移动通信系统（4G）之间的一种技术标准，致力于填补这两代标准间存在的巨大技术差异，希望使用已分配给 3G 的频谱，保持无线频谱资源的优势，同时解决 3G 中存在的专利过分集中的问题。

LTE 标准化工作分为两个阶段：始于 2004 年年底的研究阶段以及始于 2006 年年中的工作阶段。2008 年年底，LTE 的第一个版本 R8 发布。

与 3GPP 在 3G 时代的标准制定上类似，LTE 也同时定义了 LTE FDD 和 TD-LTE 两种方式。两种方式在标准上具有共同的基础，实现技术基本一致，两种技术信号的生成、编码技术以及调制解调技术完全一样。但是，基于 TDD 方式的 TD-LTE 有它自己的特性和优点，保持了 TDD 技术独有的特点和关键技术。

作为 LTE 的需求，TDD 系统的演进与 FDD 系统的演进是同步进行的。2005 年 6 月，在法国 3GPP 会议上提出了基于 OFDM 的 TDD 演进模式的方案，同年 11 月，汉城工作组会议通过了针对 TD-SCDMA 后续演进的 LTE TDD 技术提案。到 2006 年 6 月，LTE 的可行性研究阶段基本结束，规范制定阶段开始启动。在 2007 年 9 月的 3GPP RAN 37 次会议上，几家国际运营商联合提出了支持 Type2 的 TDD 帧结构，同年 11 月，在济州工作组会议上通过了 LTE TDD 融合技术提案，基于 TD 的帧结构在延续已有标准的两种 TDD 模式基础上进行了统一。在 RAN 38 次全会上，融合帧结构方案获得通过，被正式写入 3GPP 标准中。

1.2 LTE 的业务与应用

2G 取代 1G 是由明确的使用需要（安全、统一制式、漫游等）促发的技术革新。而 3G、4G 以及将来的移动系统，主要是带宽越来越宽、速率越来越快，当然安全性、稳定性也都会提升。这些提升的性能用来干什么？如何发掘出足够的业务，让新一代技术有用武之地？业务应用的发展逐渐成为影响技术进步的重要因素，而技术自身的发展与业务的发展相比，反而是一件相对容易的事情。

目前，3G 在全球规模商用，尤其是 3G 增强型技术 HSPA/EV-DO 的普及和推广，使得移动多媒体业务和移动互联网得到快速发展。在给用户带来新体验的同时，由于用户对于数据业务需求的爆发式增长，导致网络容量和业务承载的压力日益增大。并且，对于许多高带宽业务，如移动视频类、大容量文件传输和无线上网等业务，随着用户数量的激增，对带宽的占用快速增加，用户业务体验也开始逐步下降。

在 3G 发展的阶段中，存在手持终端丰富程度不足、功能性不强、网络覆盖不到位的问题，LTE 与其类似，在这些方面上仍需要逐步完善。

移动数据业务的兴起带来了很多新应用和新市场，这些新的应用体现了用户对于业务和带宽的需求也在发生着变化，呈现出新的趋势。

1. 个人应用

（1）移动互联网

在全球 ICT 融合的大趋势下，移动网与互联网进一步融合，即时消息、博客、电子邮件等都已经在移动互联网上获得了良好的应用，移动办公、移动上网、移动收发邮件将逐渐成为日常工作与生活的一部分。移动网络数据流量以超过 100%的速度激增，现有无线网络在承载这些爆发性增长的业务时难堪重负，数据业务急需分流，而 LTE 无线网络将带给用户更好的体验。

（2）生活与娱乐

智能终端的普及带来移动业务的迅速增长。市场调研表明，智能手机用户的业务应用比普通手机多出 50%，而这多出的 50%就是各种移动应用业务。手机终端处理能力已经超过计算机。

2. 行业应用

（1）移动视频会议

越来越多的企业都希望能够借助视频会议特别是高清视频会议产品优化沟通形式，提高会议和决策效率并降低运营成本。LTE 在系统带宽、网络时延、移动性方面都有了跨越式提高，可帮助移动视频会议使用者获得更佳的远程会议体验。

（2）移动商务

利用 LTE 无线网实现移动互联网接入，在移动终端与互联网终端之间建立连接，让用户实现移动办公、移动供应链等商务活动。

（3）视频监控

LTE 的高带宽、移动性适合于提供广域范围内的视频监控解决方案。与 3G 相比，移动摄像前端的视频采集可以达到标清质量，视频质量提升多达 16 倍，移动客户端可以观看 720P/1080P 高清质量的视频。

3. 家庭应用

为用户提供无线宽带、基本话音业务和数据业务接入等多种基本通信服务，并基于 LTE 平台提供多种增值信息服务。

LTE 的业务发展与网络发展同样是一个逐步完善的进程。建设初期，网络终端类型较为受限，主要为 USB 数据卡和 CPE 等形态，主要满足无线上网的需求。网络发展期间，终端类型也由单一的上网卡逐步推广到智能手机、平板电脑、行业终端等，此时将会为用户提供高清视频通话、移动视频监控、即摄即传、远程教育、无线视频会议和动态电子商务等多种应用。

1.3　未来移动通信趋势

从提供基本的移动话音，到短消息、WAP 等低速数据业务，再发展到移动宽带所支持的各种高速无线上网、娱乐、计算与移动信息服务，在多种技术融合与发展的基础上，以用户为中心的移动通信系统逐渐浮现。技术的发展与业务的应用相互促进，未来的移动通信呈现出以下特征。

1.3.1　瑭唱忉呔嫘枵歆据点

移动通信领域经过多年的内部自我发展，开始面临外部非电信业技术领域的影响与挑战。802.16/WiMAX 的提出，促使整个无线通信领域开始了新一轮的技术发展，加速了蜂窝移动通信技术演进的步伐。正是为了应对 WiMAX 标准的竞争，3GPP 启动了长期演进计划。显而易见，长期演进计划的目标首先是提高蜂窝移动网的宽带接入能力。

1.3.2　桉姝南溘枵歆

纵观全球通信业发展，融合正成为不可阻挡的趋势。总体来看，整个产业正处于重大转型期。从运营来看，全球电信运营商陆续成为同时拥有固网和移动网的全业务运营商；从网络层面来看，多种网络、技术和业务的融合趋势日益明显；从技术来看，信息通信技术正处于更新换代的关键时期，以 IPv6 技术为代表的下一代互联网呼之欲出，3G 演进技术发展迅猛，固定网与移动网的融合（FMC）技术发展使融合成为可能；从通信业务来看，正在由传统的话音业务向宽带数据业务转变，更引人瞩目的是，互联网向电信网的延伸明显加速。

信息通信业务呈现出宽带化、移动化、IP 化和融合化的特征，其中移动通信和互联网是发展最快、影响最大的两个领域。这两个领域的融合，催生出蓬勃发展的移动互联网。越来越多的人希望在移动的过程中高速地接入互联网，获取急需的信息，完成想做的事情。因此移动网与互联网融合是历史的必然趋势。移动互联网已逐渐渗透到人们的生活、工作等各个领域，短信、铃图下载、移动音乐、手机游戏、视频应用、手机支付、位置服务等丰富多彩的移动互联网应用迅猛发展，正在深刻改变信息时代的社会生活。

1.3.3 夔封毖刳喀敃疟

宽带无线接入技术的发展极为迅速，各种微波、无线通信领域的先进手段和方法不断引入，使用频段从 2.4GHz 开始向上直至 38GHz 仍在不断扩展。一方面，这些技术充分利用了过去未被开发，或者应用不是很多的频率资源；另一方面，它们融合了在其他通信领域成功应用的先进技术（如 64QAM、OFDM 等），以实现更大的频谱利用率、更丰富的业务接入能力、更灵活的带宽分配方法。

目前，宽带 OFDM 技术、软件定义的无线电技术的应用、调制阶数和覆盖面大小可变的自适应技术、高效率频谱成形技术、自适应动态时隙分配技术、自适应信道估值与码间干扰对抗技术、自适应带宽分配及流量分级管理技术、中频与射频集成组装的紧凑型的户外单元技术和高级编码调制与收信检测技术等正成为宽带无线接入技术领域的最新技术亮点。整个移动接入技术领域的发展体现出如下趋势：

① 应用更高的频段，频率利用效率持续提高；

② OFDM 技术兴起；

③ 多址方式不断充实；

④ 调制方式向多状态化发展；

⑤ 双工方式灵活选择；

⑥ 网络业务数据化、分组化；

⑦ 带宽动态分配；

⑧ 业务接口日趋丰富。

哉 2 瞍

灬涣瘭悉

2.1 CDMA 网络

2.1.1 CDMA 溢抢巅墅

1．cdma2000 1x 网络架构

cdma2000 1x 网络结构主要由两部分组成，分别为基站子系统（BSS）和核心网（CN）部分。其中 BSS 主要由 BTS、BSC 和 PCF 等组成，主要负责移动终端到基站侧之间的相互通信；CN 则主要由分组域网络和电路域网络两部分组成，分组域主要实现和 Internet 的互通，电路域主要实现与传统的 PLMN、PSTN/ISDN 互通。系统的操作维护，则由 OMC 来统一实现。cdma2000 1x 系统结构图如图 2-1 所示。

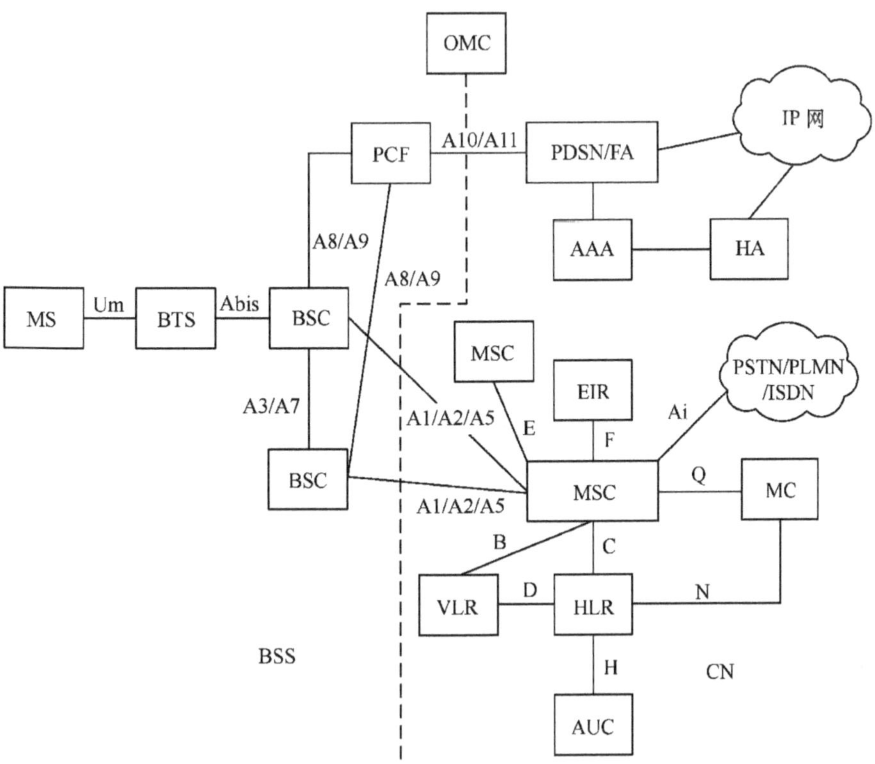

涯 2-1　cdma2000 1x 灬涣巅墅涯

图中，MS 为移动台，BTS 为基站收发信台，BSC 为基站控制器，PCF 为分组控制模块，OMC 为操作维护中心，IP 网为因特网，ISDN 为综合业务数字网，PLMN 为公共陆地移动网，PSTN 为公用电话网，BSS 为基站子系统，CN 为核心网。

（1）无线侧 cdma2000 1x 系统主要网元

主要包括 BSS（BSC+BTS）。

① BSC：完成无线资源的分配、呼叫处理、功率控制以及支持终端的各类切换；

② BTS：完成基带信号的调制与解调、射频信号收发功能。

（2）核心网侧

CS 域：MSS（MSC/VLR、HLR/AUC），PS 域：PDSS（PDSN、AAA、HA）。另外，核心网侧还包括短信息、定位、智能网等网元实体。

① MSC：完成对位于其服务区域内终端的普通话音业务进行控制、交换的实体，也是本通信网络和其他公用通信网络在普通话音业务上进行互联互通的接续设备。

② HLR：提供相关业务功能用户信息的存储和管理功能，包括为具有普通话音业务的移动用户进行开户、注销、业务的授权和撤销等，同时协助完成用户的呼叫和业务操作。

③ VLR：用于存储和更新漫游到该 VLR 服务区域的移动台的用户数据，如最新的位置区和功能配置表等。当用户漫游访问到 VLR 的覆盖区域时，VLR 将调用 HLR 下用户的数据信息，VLR 还在数据库中存储呼叫建立所必需的信息以供 MSC 检索，一个 VLR 可负责一个或多个 MSC 区域；物理上 MSC 和 VLR 合设。

④ AUC：是一个管理与移动台相关的鉴权信息功能的实体。完成对移动用户的鉴权，存储移动用户的鉴权参数，并能根据 MSC/VLR 的请求产生、传送相应的鉴权参数，AUC 中的用户鉴权参数可以采用加密的方式存放。

⑤ EIR：用来存储有关 MS 设备参数，完成对移动台设备的识别、监视和锁闭等功能。

⑥ MC（短消息中心）：作为交换子系统中的一个相对独立的业务实体，和 MS、HLR 等其他实体配合，完成用户短信息的接收、存储和转发，保存与用户相关的短消息的数据。

⑦ PDSN：是连接移动网络和 IP 骨干网络的网关设备，为移动用户提供分组数据接入服务。

⑧ AAA：是一个提供有关授权、验证、计费和数据增值等业务的高性能拨入用户的远程验证服务器（Radius），具有支持各种数据库、强大代理功能、灵活操作方式等特点。

⑨ HA：是系统和 IP 网的接口，它是移动 IP 用户接入 IP 网络的附属节点，既支持移动 IP 隧道方式转发下行数据，也支持反向隧道方式转发上行数据。

2. EV-DO 网络架构

EV-DO 系统的主要网元（如图 2-2 所示）介绍如下。

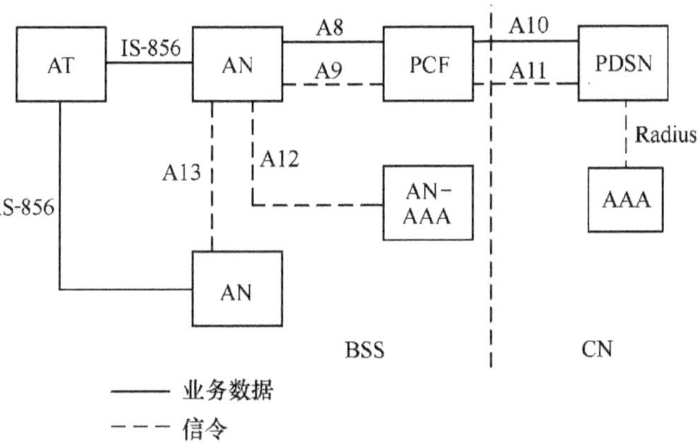

涯 2-2　EV-DO 灬涣巅墅涯

（1）AT

AT 是为用户提供数据连接的设备。它可以与计算设备（如个人电脑）连接，或自身为一个独立的数据设备（如手机、iPad、PDA 等）。

（2）AN

AN 是在分组网（主要为因特网）和接入终端之间提供数据连接的网络设备，完成基站收发、呼叫控制及移动性管理功能，AN 类似于 cdma2000 1x 系统中的基站，可以由 BSC 和 BTS 组成。

（3）AN-AAA

AN-AAA 是接入网执行接入鉴权和对用户进行授权的逻辑实体，它通过 A12 接口与 AN 交换接入鉴权的参数及结果。AN-AAA 可以与分组核心网的 AAA 合设，此时需要在 AN 与 AAA 之间增设 A12 接口。接入鉴权功能是可选的，可以选择不实现 AN-AAA。

（4）PCF

PCF 与 AN 配合完成与分组数据业务有关的无线信道控制功能，具体实现时，PCF 可以与 AN 合设，此时 A8/A9 接口变成 AN/PCF 的内部接口。PCF 通过 A10/A11 接口与 PDSN 进行通信。

（5）PDSN

作为网络接入服务器负责建立、维持和释放与 AT 之间的 PPP 连接，完成移动 IP 接入时的代理注册，转发来自 AT 或因特网的业务数据。

2.1.2　CDMA 灬涣祝琉煽甑

cdma2000 空口协议结构图如图 2-3 所示。

1. 物理层（第一层）

主要用于完成 cdma2000 前反向物理信道的编解码和调制/解调功能。

2. 链路层（第二层）

由 MAC 层和 LAC 层两个子层组成。

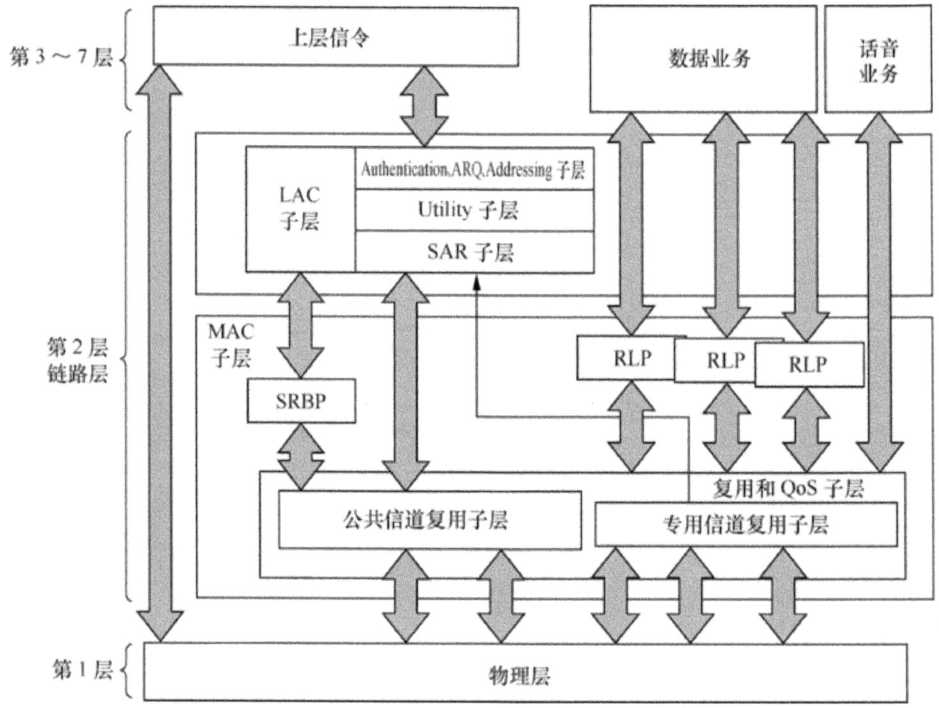

涯 2-3 cdma2000 徉徒煽甑巅墅涯

（1）媒体接入控制（MAC）层

主要包括复用/解复用子层和 RLP 协议实现，其中各子层功能如下。

① 公共信道复用子层（Common Channel Multiplex Sublayer）：完成公共信道的复用/解复用，主要是根据消息的长度和要发送的时隙，完成分时隙的发送和接收。

② 专用信道复用子层：完成专用信道的复用/解复用，前向将分别来自 LAC 层 SAR 子层的信令分片、来自 Vocoder 的话音数据、来自 RLP 的电路数据或分组数据复用到一个物理信道帧中；反向是从一个具体的信道帧中解复用出信令分片、话音数据、电路数据、分组数据，并分别递交到相应的上层协议栈进行处理。

③ 无线链路协议（RLP）：根据上层协议栈的不同要求，提供不同的协议栈，完成基站到移动台之间可靠的或实时的数据传输机制。

（2）链路接入控制（LAC）层

完成的功能主要包括层 3 信令的证实重传机制、分段与重组机制等，对于前反向和不同类型的信道，其完成的功能有所不同。LAC 各层的子层功能描述如下。

① Authentication（鉴权）子层：MS 在反向公共信令信道的 LAC 层协议数据单元中提供鉴权有关的字段消息，以发起 MS 的鉴权过程。

② ARQ 子层：完成基站和 MS 之间的信令传递证实机制，保证信令的可靠接收和发送，并实现信令的重复检测功能。

③ Addressing（寻址）子层：MS 在前反向公共信令信道的 LAC 层协议数据单元中提供与移动台地址有关的字段，为基站识别 MS 提供依据。

④ Utility 子层：在前反向 LAC 层协议数据单元中维护消息类型、无线环境报告等字段，为上层区分不同的消息、发起接入切换的判决提供依据；完成在 PDU 中维护填充比特

和消息长度的功能。

⑤ SAR（Segmentation and Reassembly）子层：分段与重组功能。前向完成对消息的分段，以使之可以复用到一个物理信道帧中；反向完成多个消息分段的按序重组功能，以拼装出一个完整的消息。

3. 网络层（第三层）

主要用于支持空中接口协议所规定的业务流程，包括接入切换处理、短消息、业务协商过程和切换处理等。

2.1.3 CDMA 爝嗞巅墅

1. cdma2000 1x 信道

Um 接口上定义了一系列物理信道，根据信道特征不同将信道分为不同的类型，并且不同的无线配置支持不同的信道。

（1）前向信道（如图 2-4 所示）

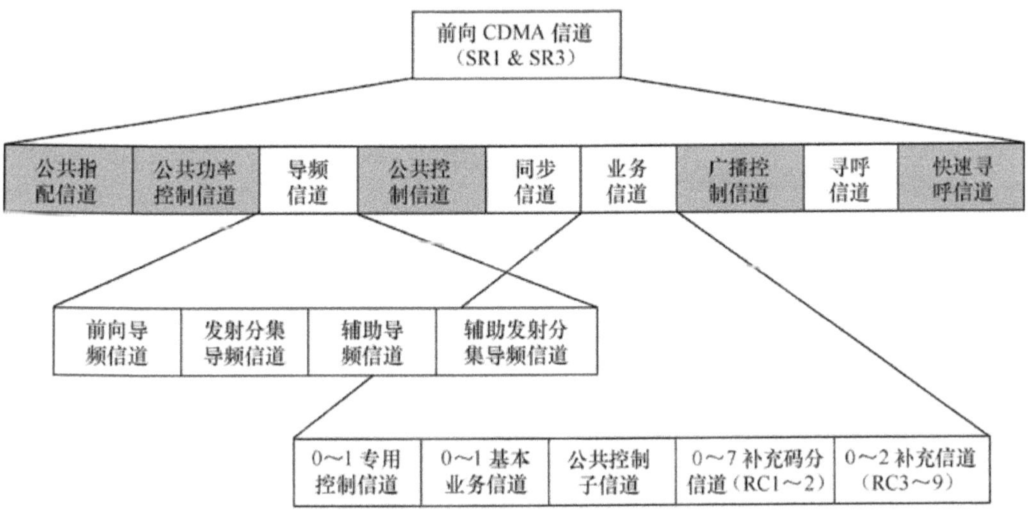

涯 2-4　cdma2000 1x 望焕爝嗞息爷

① 前向导频信道（F-PICH）

基站通过此信道向所有用户发送导频信息供移动台识别基站并引导移动台入网，提供信道增益和相位估计、检测多径信号、小区捕获和切换。

② 前向发射分集导频信道（F-TDPICH）

支持发射分集，与 F-PICH 配合使用。

③ 前向辅助、发射分集导频信道（F-APICH、F-ATDPICH）

A．波束成形；

B．一组/个 MS，一个辅助导频信道；

C．支持智能天线的应用。

④ 前向同步信道（F-SYNCH）

用于为移动台提供系统时间和帧同步信息。基站通过此信道向移动台发送同步信息以建立移动台与系统的定时和同步。

⑤ 前向寻呼信道（F-PCH）

基站通过此信道向移动台发送有关寻呼、指令以及业务信道指配信息。

⑥ 前向广播控制信道（F-BCCH）

基站用它来发送系统开销信息，以及需要广播的信息。

⑦ 前向快速寻呼信道（F-QPCH）

使移动台迅速解调，并且不必长时间地连续监听 F-PCH，从而达到延长 MS 待机时间的目的。

⑧ 前向公共功率控制信道（F-CPCCH）

当移动台在 R-CCCH 上发送数据时，基站通过此信道向移动台发送反向功率控制比特。

⑨ 前向公共指配信道（F-CACH）

F-CACH 通常与 F-CPCCH、R-EACH、R-CCCH 配合使用，当基站解调出一个 R-EACH Header 后，通过 F-CACH 指示移动台在哪一个 R-CCCH 信道上发送接入消息，接收哪个 F-CPCCH 子信道的功率控制比特。

⑩ 前向公共控制信道（F-CCCH）

当移动台处于业务信道状态时，基站通过此信道向移动台发送一些消息或低速的分组数据业务、电路数据业务。

⑪ 前向基本业务信道（F-FCH）

当移动台进入到业务信道状态后，此信道用于承载前向链路上的信令、话音、低速的分组数据业务、电路数据业务或辅助业务。

⑫ 前向专用控制信道（F-DCCH）

当移动台处于业务信道状态时，基站通过此信道向移动台发送一些消息或低速的分组数据业务、电路数据业务。

⑬ 前向补充信道（F-SCH）

当移动台进入到业务信道状态后，此信道用于承载前向链路上的高速分组数据业务。

（2）反向信道（如图 2-5 所示）

① 反向导频信道（R-PICH）

用于辅助基站检测移动台所发射的数据，初始捕获、跟踪、反向相干解调、功率控制测量，通过基站进行相干解调，提高了接收性能，增加反向信道容量。

② 反向接入信道（R-ACH）

与 IS-95 兼容，用来发起同基站的通信或响应寻呼信道消息，MS 在反向传送数据和信令、响应寻呼、位置更新。

③ 反向公共控制信道（R-CCCH）

当移动台还没有建立业务信道时，移动台通过此信道向基站发送一些控制消息和突发的短数据。

④ 反向增强接入信道（R-EACH）

当移动台还未建立业务信道时，移动台通过此信道向基站发送控制消息，提高移动台的接入能力。

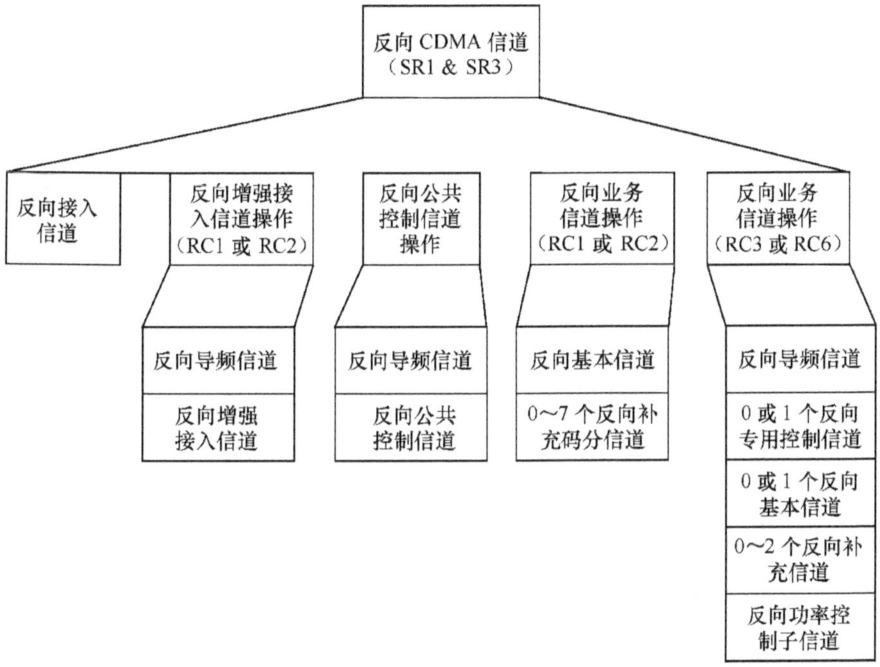

涯 2-5　cdma2000 1x 嗍焕爝呲息爷

⑤ 反向基本信道（R-FCH）

当移动台进入到业务信道状态后，此信道用于承载反向链路上的信令、话音、低速的分组数据业务、电路数据业务或辅助业务。

⑥ 反向专用控制信道（R-DCCH）

当移动台处于业务信道状态时，移动台通过此信道向基站发送一些消息或低速的分组数据业务、电路数据业务。

⑦ 反向补充信道/补充码分信道（R-SCH）

当移动台进入到业务信道状态后，此信道用于承载反向链路上的高速分组数据业务。

2. EV-DO（Rel A）信道

（1）前向信道（如图 2-6 所示）

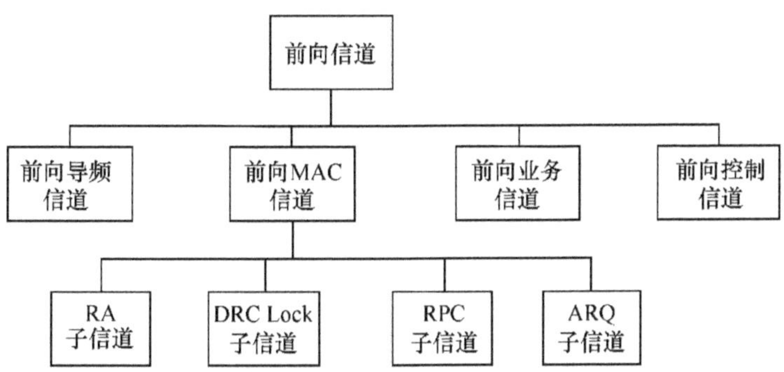

涯 2-6　望焕爝呲巅墅ⅦRel AⅧ

① 前向导频（Pilot）信道

与 1x 导频信道功能一致，主要是引导手机捕获系统，手机通过导频信道完成对无线信道环境的预测估计。

② 前向媒体接入控制（MAC）信道

MAC 信道又分为反向活动（RA）子信道、数据速率控制锁定（DRCLock）子信道、反向功率控制（RPC）子信道、自动重传应答（ARQ）子信道。

- 每个时隙发射 256 个码片；
- 在 MAC 信道上，不同用户使用不同的 MAC Index 区分；
- RA 信道使用固定 MAC Index（4）与其他 3 个子信道区分。

A．前向 MAC 信道之 RA

- RA 信道发送 RAB 比特；
- RAB 为“1”表明扇区反向链路忙；
- RAB 为“0”表明反向链路忙；
- AT 通过监视 RA 信道可以动态调整自己的反向发送速率；
- RA 信道和 RPC/DRC Lock 组合信道为码分复用；
- RA 信道的数据速率为 600bit/s。

B．前向 MAC 信道之 DRClock

- DRCLock 信道发送 DRCLock 比特，反映 AN 是否成功锁定 AT 的 DRC 子信道，用于表征反向信道质量；
- 当前反向信道质量不对称时，DRCLock 子信道可以帮助 AT 在前虚拟切换时服务扇区的选择；
- DRCLock 信道速率为 150/DRCLock length（bit/s）。

C．前向 MAC 信道之 RPC

- 每个建立连接的 AT 都会被分配一条 RPC 子信道，RPC 子信道用来控制 AT 的反向发射功率；
- EV-DO 系统中 RPC 信道和 DRCLock 信道时分复用，A 版本分别用 I 路和 Q 路发送，数据速率为 150bit/s；
- RPC 子信道和 DRCLock 信道只在每个子分组的第 4 时隙发送。

D．前向 MAC 信道之 ARQ

- AN 的每个扇区需要使用 ARQ 信道发送 ACK 或 NAK 以响应反向物理信道；
- 前向 ARQ 信道包含 3 种 ARQ 比特：H-ARQ、L-ARQ、P-ARQ；
- ARQ 子信道与原来的 RPC 和 DRCLock 时分复用，与业务相同的 MACIndex 生成的 Walsh 码调制。ARQ 子信道占用在每 4 个时隙交织的前 3 个时隙发送。

③ 前向业务（Traffic）信道

- 前向业务信道的速率更加多样化，最小支持 4.8kbit/s，最大支持 3.1Mbit/s；
- 数据分组格式有 128/256/512/1024/2048/3072/4096/5120bit 8 种不同大小的包；
- 一个前向业务信道物理层携带一个前向业务信道 MAC 层分组。

④ 前向控制（Control）信道

- 前向控制信道分为同步控制信道（SCC）和异步控制信道（ACC）；
- SCC 每 256 个时隙传送一次，ACC 可在任意时间传送；

- 前向控制信道包含的消息：同步消息、快速配置消息、扇区参数消息。

（2）反向信道（如图 2-7 所示）

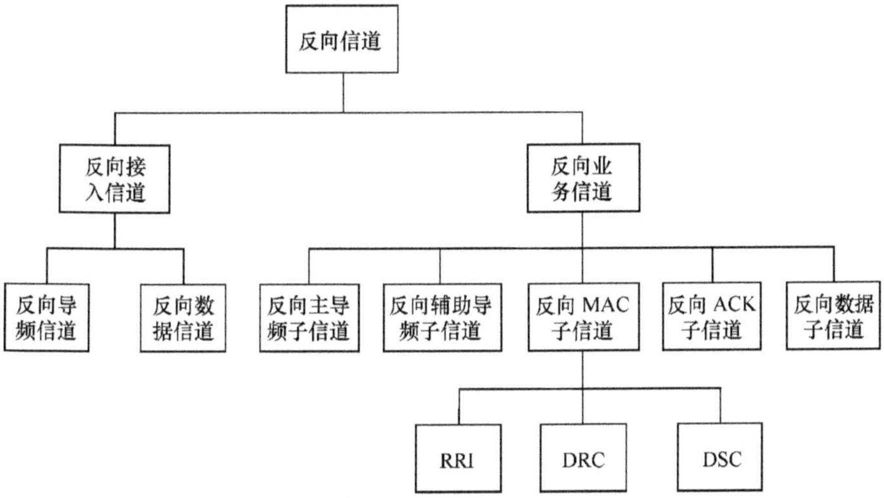

涯 2-7　嘣焕爝嗞巅墅ⅦRel AⅧ

① 反向接入信道（Access）

反向接入信道由导频信道和数据信道组成；接入信道用于传送基站对终端的捕获信息。其导频部分用于反向链路的相干解调和定时同步，以便于系统捕获接入终端；数据部分携带基站对终端的捕获信息。

② 反向业务信道（Traffic）

反向业务信道由导频信道、MAC 信道、ACK 信道及数据信道组成。其中，MAC 信道又分为 RRI/DRC/DSC 信道。反向业务信道用于传送反向业务信道的速率信息和来自反向业务信道 MAC 协议的数据分组，同时用于传送对前向业务信道的速率请求信息和终端是否正确接收前向业务信道数组的指示信息，支持的速率从 4.8kbit/s 到 1.8Mbit/s。

A．反向主导频子信道（PPilot）

除了用于连接状态下对反向链路的相关解调和定时控制外，还可以用于链路质量估计，系统由此计算反向业务信道的闭环功率控制信息。

B．反向辅助导频子信道（APilot）

- 反向信道负载估计；
- 辅助导频在负载超过门限之前的半个时隙发送；
- 辅助基站对高速数据进行解调，提高反向吞吐量。

C．反向 MAC 子信道

辅助 MAC 层完成对前反向业务信道的速率控制功能。

* 反向 MAC 信道之 RRI

- 反向速率指示信道，指示当前反向信道数据分组大小，指示当前反向信道数据分组编号，独立占用一个码分信道；
- Rel 0 版本中该信道指示的是反向信道数据速率；
- Rel 0 版本中该信道与反向导频信道时分复用；

- RRI 信道还要承载子分组的序号信息。

* 反向 MAC 信道之 DRC

- 根据前向导频信道测量前向信道质量，自适应确定希望获得的前向数据速率；
- 向当前服务扇区发送前向数据速率值；
- 携带终端请求的前向业务信道的数据速率值及其通信基站的标识，分别用 DRCValue 和 DRCCover 表示。

* 反向 MAC 信道之 DSC

- 提前告知 AN 进行服务扇区的切换；
- 实现无缝虚拟软切换；
- 提高切换成功率，减少业务中断；
- 终端提前一定时间将自己需要切换到的小区信息通过 DSC 信道通知基站，基站在接收到 DSC 信息后开始进行切换准备，提前通知 BSC 将数据下发到目标小区的基站，从而有效减少切换时延并避免由此引起的业务中断；
- DSC 信道与 ACK 信道时分复用。

D．反向 ACK 信道（ACK）

- 指示终端是否正确接收前向业务信道数据分组。

E．反向数据信道（Data）

- 数据部分用于传送来自反向业务信道 MAC 层的数据分组。

2.2 LTE 系统原理

2.2.1 LTE 灬涣溢抢巅墅

1．E-UTRAN 网络结构

E-UTRAN 包含唯一的网元 eNode B，提供用户面和控制面协议功能，结构如图 2-8 所示。

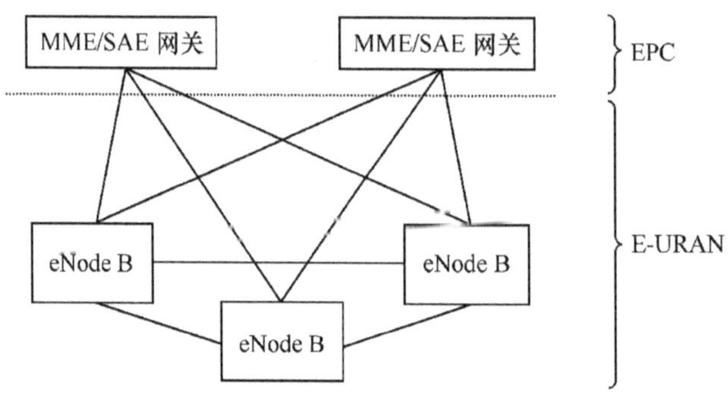

涯 2-8 E-URAN 溢抢巅墅

eNode B 除了具有原来 Node B 的功能外，还承担了传统的 3GPP 接入网中 RNC 的大部分功能，如物理层（包括 HARQ）、MAC 层（包括 ARQ）、无线资源控制、调度、无线准入、无线承载控制、移动性管理和小区间无线资源管理等。

eNode B 的功能如下：

① 无线资源管理功能（无线承载控制，接纳控制，连接移动性控制，上下行动态资源调度）；

② IP 头压缩及用户数据流加密；

③ 用户面数据到 S-GW 的路由；

④ UE 附着时的 MME 选择；

⑤ 寻呼信息的调度传输；

⑥ 广播信息的调度传输；

⑦ 设置和提供 eNode B 的测量等。

eNode B 之间通过 X2 接口彼此互联，eNode B 与 CN 间通过 S1 接口连接，而 eNode B 与 UE 间通过 LTE-Uu 互联。

继承了 UTRAN 接口的定义思路，E-UTRAN 接口协议保持了用户平面与控制平面相分离的原则。这样做的好处是各层与各平面在逻辑上彼此独立，能够保持控制平面与用户平面、无线网络层与传输网络层技术的独立演进，同时减少 LTE 接口标准化的工作量。

（1）水平分层

E-UTRAN 划分为无线网络层（Radio Network Layer，RNL）和传输网络层（Transport Network Layer，TNL），如图 2-9 所示。

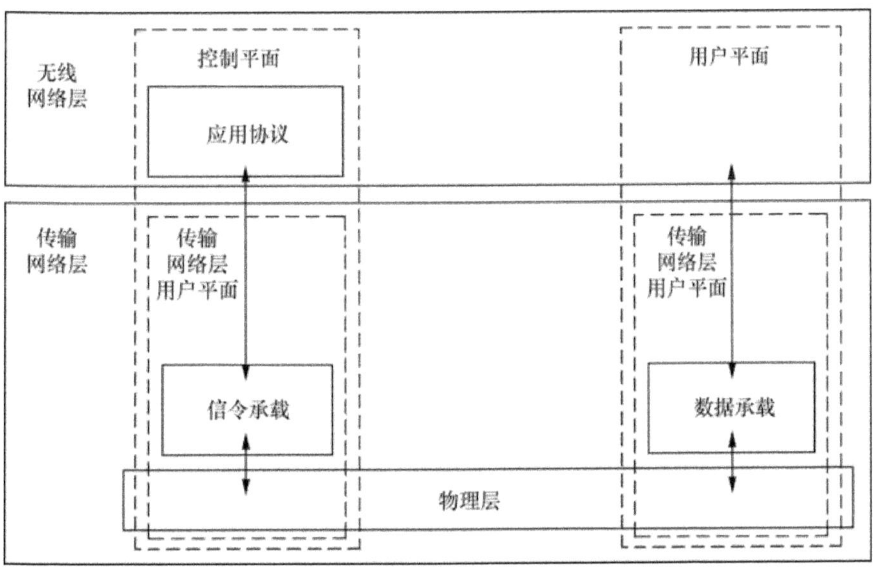

涯 2-9　E-UTRAN 嵋徒咧涎疟煽甑掖爷

E-UTRAN 中的逻辑节点及它们之间的接口，定义在无线网络层中。S1、X2 接口的传输网络层协议则使用标准传输技术，提供用户平面的传输与信令传输。

（2）垂直平面

Uu 和 S1 接口的协议结构分成用户面和控制面两个部分，如图 2-10 和图 2-11 所示。

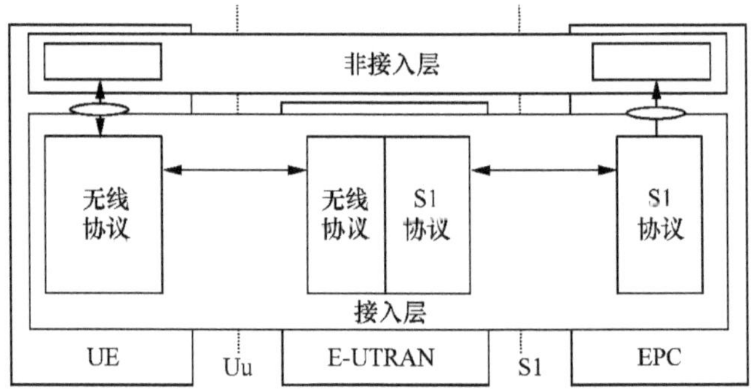

涯 2-10　S1 嵋徒姚 Uu 嵋徒疟孀捐

① 用户面

用户面协议完成实际的 E-UTRAN 无线业务承载的接入，通过接入层传输用户数据。用户面 Uu 无线接口协议的定义参阅 TS 36.2xx 和 TS 36.3xx 系列文档，S1 接口协议的定义参阅 TS 36.41x 系列文档。

② 控制面

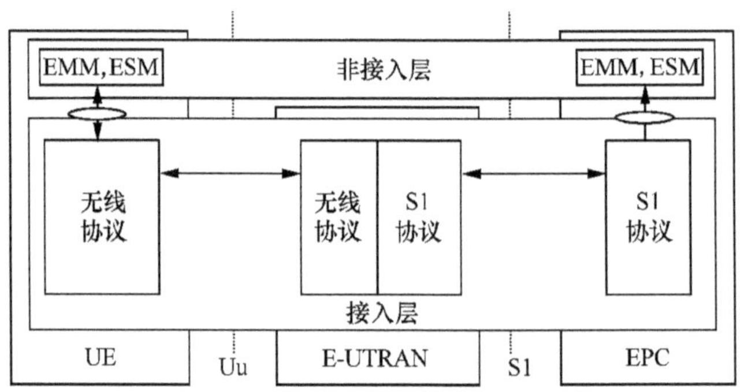

涯 2-11　S1 嵋徒姚 Uu 嵋徒後磅捐

控制面协议控制 E-UTRAN 无线业务的接入（包括业务请求、传输资源控制、切换等），同时提供非接入层消息透明传输的机制。控制面 Uu 无线接口协议的定义参阅 TS 36.2xx 和 TS 36.3xx 系列文档，S1 接口协议的定义参阅 TS 36.41x 系列文档。

实现 eNode Bs 之间的互通的接口为 X2 接口，支持两个 eNode Bs 之间信令信息的交互，支持将 PDUs 前转到各自的隧道终节点。

X2 接口定义为各个 eNode B 之间的接口，主要用于支持激活模式的手机移动，转发分组数据，也可以用于多小区的无线资源管理功能。eNode B 之间通过 X2 接口互相连接，形成了网状网络，这是 LTE 相对传统移动通信网的重大变化。产生这种变化的原因在于 E-UTRAN 网络结构中没有了 RNC，原有的树形分支结构被扁平化，使得基站承担了更多的无线资源管理功能，需要更多地与相邻的基站直接对话，从而保证用户在整个网络中的无缝切换。

与 S1 接口类似，X2 接口也分为用户平面和控制平面，协议结构如图 2-12 所示。

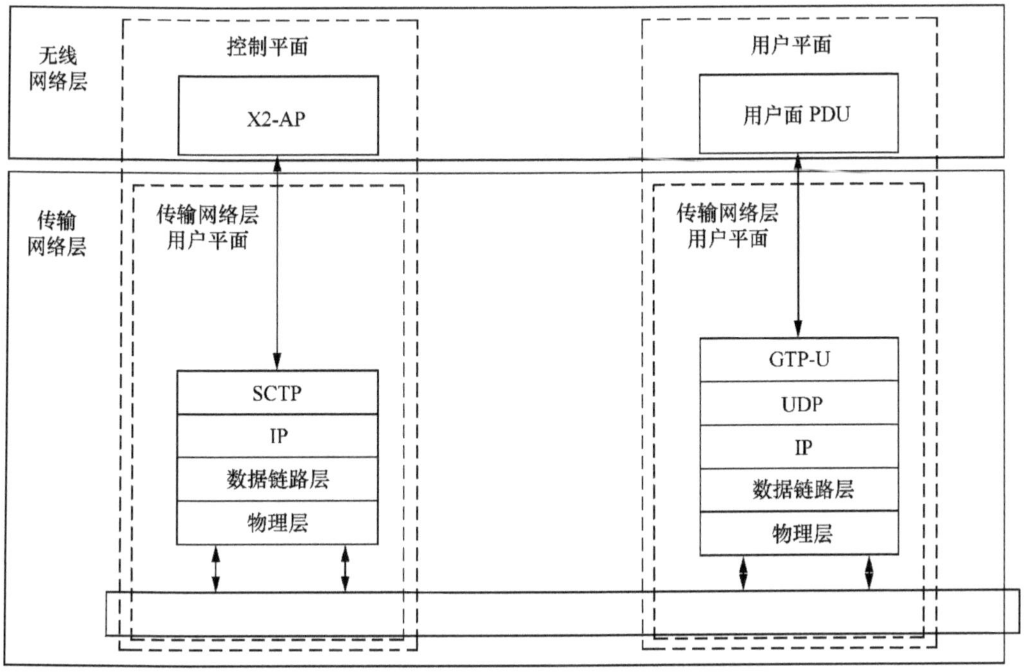

涯 2-12　X2 嵋徒煽甑巅墅

X2 接口主要功能如下：

- 连接状态下 UE 在 LTE 接入网内的移动性支持；
- 负载管理；
- 小区间干扰协调；
- X2 接口综合管理和错误处理功能；
- eNode B 间的应用级数据交换；
- 跟踪功能。

2. EPC 网络结构

作为无线接入网未来的演进方向，越来越多的运营商、设备商积极参与并推动 LTE 的标准化和产业化进程。在此过程中，一些问题也浮出水面。目前众多移动网络都采用 2.5G/3G 基础设施，如何平滑过渡到 LTE 已成为需要重点考虑的问题，包括：现有网络与新建 LTE 网络的互通、与其他运营商网络的漫游、用户在两个网络接入时如何为用户提供一致的业务等需求。因此，伴随着无线接入网的演进研究，3GPP 同期开展了分组核心网架构方面的演进工作，并将其定义为 EPC。EPC 旨在帮助运营商通过采用 LTE 技术来提供先进的移动宽带服务，以更好地满足用户现在以及未来对宽带及业务质量的需求。

作为 LTE eNode B 连接到分组网络的核心网络，EPC 包含了移动性管理实体（MME）、服务网关（S-GW）、分组数据网关（P-GW）、归属签约用户服务器（HSS）及策略和计费功能体（PCRF）。S-GW 与 P-GW 统称 SAE-GW。

EPC 网络架构如图 2-13 所示。

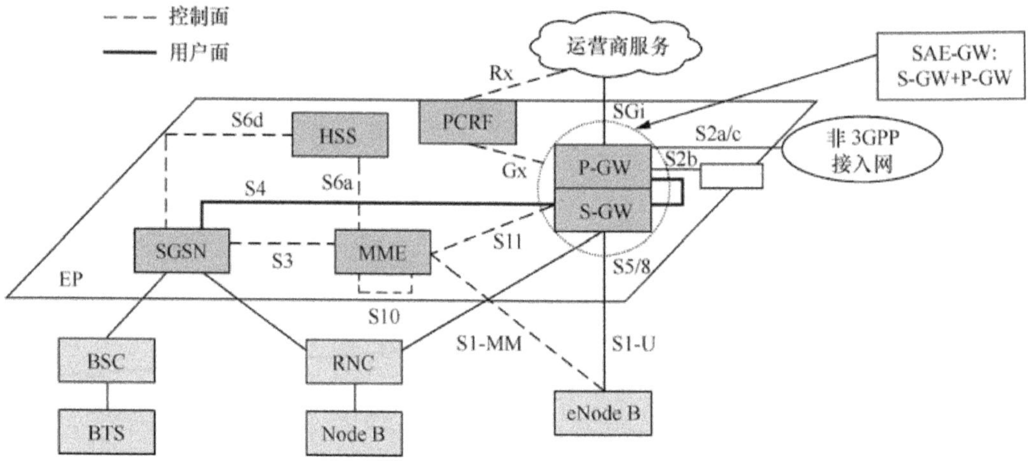

涯 2-13 EPC 溢抢居墅涯

EPC 的主要网元包括 MME、S-GW、P-GW 和 HSS，各网元的主要功能如下。

（1）MME

MME（Mobility Management Entity）是 LTE 接入下的控制面网元，它在 EPC 核心网中起到类似于传统 SGSN 的控制面功能。MME 负责与用户和会话管理有关的控制平面功能：

- NAS 信令处理；
- NAS 信令的安全保护；
- AS 安全性控制；
- 3GPP 内不同节点之间的移动性管理；
- IDLE 状态下的 UE 可达性管理；
- TA List 管理；
- P-GW 和 S-GW 选择；
- MME 和 SGSN 的选择；
- 漫游控制；
- 安全认证；
- 承载管理。

（2）S-GW

S-GW（Serving Gateway）是 SAE 网络用户面接入服务网关，在 EPC 核心网中起到相当于传统 SGSN 的用户面功能：

- eNode B 之间切换的本地锚点；
- 3GPP 不同接入系统间切换的移动性锚点；
- E-UTRAN 空闲模式下数据缓存以及触发网络侧 Service Request 流程；
- 合法监听；
- 数据分组路由和转发；
- 上下行传输层数据分组标记；
- 基于用户和承载的计费。

（3）P-GW

P-GW（PDN GW）是 SAE 网络的边界网关，提供承载控制、计费、地址分配和非 3GPP 接入等功能，相当于传统的 GGSN。它的功能如下：

- 用户级数据分组过滤；
- 合法监听；
- UE IP 地址分配；
- 路由选择和数据转发功能；
- PCRF 的选择；
- 对 EPS 承载的存储和管理，基于 PCC 进行 QoS 处理，作为 PCC 的策略执行点；
- 非 3GPP 接入；
- 基于业务的计费。

（4）HSS

HSS（Home Subscriber Server）是 SAE 网络的用户数据管理网元，提供鉴权和签约等功能，具体如下。

- 用户注册：当用户向网络发起注册时，HSS 询问相应的核心网节点，以便验证用户的订阅权限。用户订阅权限的验证可以由 MSC、SGSN 或 MME 来完成，取决于网络和请求注册的类型。
- 终端位置更新：随着终端改变位置区域，HSS 随之进行更新，并记录所知道的最新区域。
- 用户被叫时会话请求：HSS 询问并向核心网节点提供所记录的当前用户位置。

EPC 与 E-UTRAN 之间的接口为 S1 接口，其主要机构及功能如下。

① S1 接口结构

S1 接口是 EPC 和 E-UTRAN 之间的接口界面。沿袭了承载和控制分离的思想，S1 接口也分为用户平面和控制平面，EPC 侧的接入点是控制平面的 MME 或用户平面的 S-GW。对应地，S1 接口包括两部分：控制面的 S1-MME 接口和用户面的 S1-U 接口，如图 2-14 所示。

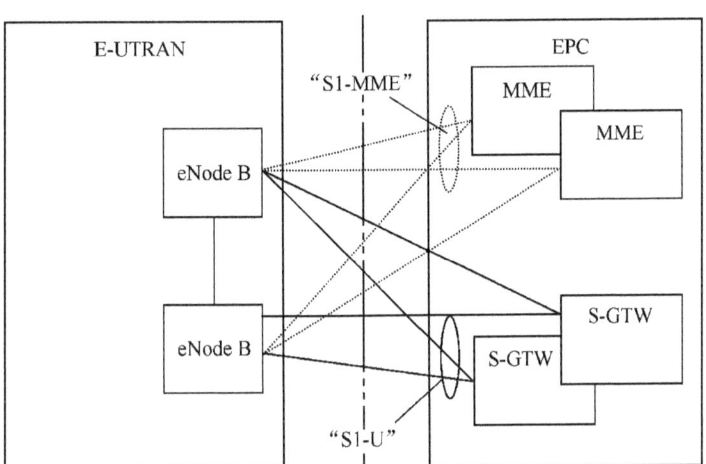

涯 2-14　S1 嵋徒巅墅

S1 是一个逻辑接口，从任何一个 eNode B，可能有多个 S1-MME 逻辑接口面向 EPC，多个 S1-U 逻辑接口面向 EPC。

S1 接口完成以下功能：

- S1 接口 UE 上下文管理功能；
- 无线接入承载管理功能；
- S1 接口连接管理功能；
- UE 在 LTE_Active 状态下的移动性管理功能；
- 寻呼功能；
- 漫游和区域限制支持功能；
- S1 接口管理功能；
- 协调功能；
- 安全功能；
- 服务和网络接入功能；
- 无线接入网信息管理功能。

② S1-MME 接口

S1-MME 接口定义为 eNode B 和 MME 功能之间的接口，主要完成 S1 接口的无线接入承载控制、接口专用的操作维护等功能。图 2-15 所示为 S1-MME 接口的协议栈结构。

③ S1-U 接口

S1-U 定义为 eNode B 和 SAE 网关之间的接口，用于传送用户数据和相应的用户平面控制帧，图 2-16 所示为 S1-U 接口的协议栈结构。

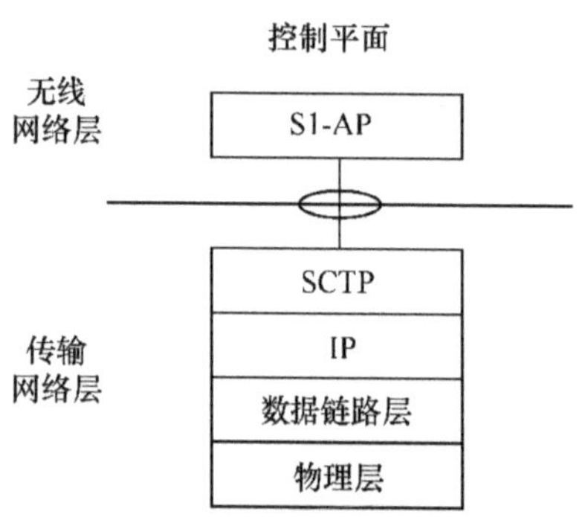

涯 2-15　S1-MME 嵋徒煽甑巅墅

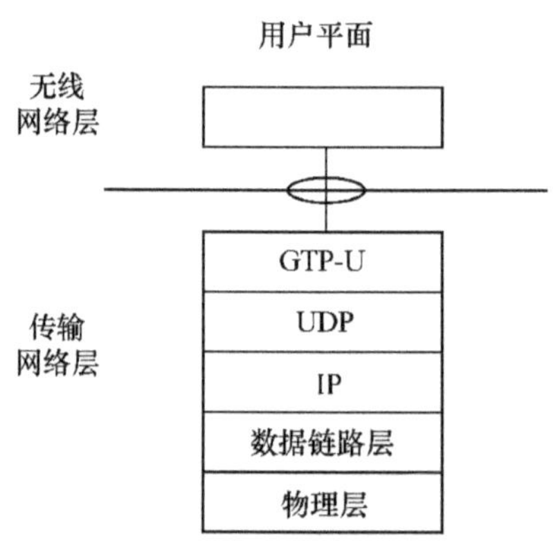

涯 2-16　S1-U 嵋徒煽甑巅墅

EPC 和 eNode Bs 之间的关系是多到多，即 S1 接口实现多个 EPC 网元和多个 eNode B 网元之间的接口功能。

2.2.2　LTE 宀涣祝琉煽甑

1. 控制平面与用户平面协议栈

（1）控制平面协议栈

控制平面协议栈负责完成对无线接口的管理和控制功能，主要包括 RRC 协议、数据链路层协议以及物理层协议。其中，RRC 协议实体位于 UE 和 eNode B 网络实体内，负责接入层的控制和管理；数据链路层和物理层提供对 RRC 协议消息的数据传输功能。

（2）用户平面协议栈

用户平面协议栈包括数据链路层和物理层协议。物理层通过传输信道为 MAC 子层提供相应的服务。MAC 子层通过逻辑信道向 RLC 子层提供相应的服务。

2. 协议栈功能划分

（1）物理层功能

物理层位于无线接口协议栈最底层，其主要功能是为数据端设备提供传送数据的通路。物理层为 MAC 层和高层提供信息传输服务，其中，物理层提供的服务通过传输信道来描述。传输信道描述了物理层为 MAC 层和高层所传输的数据特征。

（2）数据链路层

数据链路层是无线接口协议栈中的第二层，位于物理层和网络层之间，由 MAC、RLC 和 PDCP 3 个子层构成。数据链路层在物理层提供的服务的基础上向网络层提供服务。

① MAC 层协议

MAC 子层为上层提供数据传输和无线资源分配服务，MAC 子层实现的功能主要有 3 类：eNode B 和 UE 中 MAC 实体共有功能，eNode B 中 MAC 实体特有的功能，UE 中 MAC 实体特有的功能。其具体功能如下：

- 逻辑信道到传输信道的映射；
- 复用和解复用；
- 上行调度信息上报；
- 通过 HARQ 修正传输错误；
- UE 内多逻辑信道间的优先级处理；
- 通过动态调度 UE 间的优先级处理；
- 传输格式选择；
- 填充功能。

② RLC 层协议

RLC 子层为来自上层的用户数据和控制数据提供传输服务，RLC 子层的功能由 RLC 实体实现，RLC 实体配置有透明模式、非确认模式和确认模式 3 种方式。其主要功能如下：

- 对确认模式和非确认模式的 RLC 实体，支持对 RLC SDU 的串接/分段和重组；
- 对确认模式和非确认模式的 RLC 实体，支持高层数据的按序递交，重复检测和 RLC SDU 丢弃功能；
- 对配置确认模式的 RLC 实体，支持 ARQ 传输；
- 对配置确认模式的 RLC 实体，在数据重传时支持 RLC data PDU 重分段功能；
- 支持 RLC 重建功能。

③ PDCP 协议

PDCP 子层的作用是将网络层的传输技术与 E-UTRAN 的空中接口处理技术分开，从而使其上的各协议层无需考虑与空中接口相关的问题。PDCP 子层向上层提供用户平面和控制平面的数据传输功能。

PDCP 子层用于用户平面的功能如下：

- 支持头压缩和加密功能；
- PDCP 子层向上层提供按序提交和重复分组检测功能；
- 切换过程中，支持对确认 RLC 模式的逻辑信道的 PDCP SDU 的重传；
- 业务面数据的传输；
- 上行基于定时器的 SDU 丢弃机制。

PDCP 子层用于控制平面的功能如下：

- 为 RRC 子层提供信令传输服务；
- 实现对 RRC 信令的加密/解密和完整性保护功能。

（3）无线资源控制协议

无线资源控制 RRC 协议功能分为：系统信息广播，寻呼、RRC 连接建立/维护/释放，安全功能密钥管理，无线承载管理，移动性管理，MBMS 服务通知，MBMS 服务承诺管理，QoS 管理，UR 测量报告和控制，NAS 直传消息传输。

在 LTE 中，RRC 的协议状态从原来 UTRAN 的 5 个减少为 LTE 的 2 个，即 RRC_IDLE 和 RRC_CONNECTED 状态，每个状态下的特征见表 2-1。

表 2-1　　RRC 状态和行为对照表

秀泓	爻溘
RRC_IDLE	1. PLMN 选择； 2. NAS 配置 DRX 过程； 3. 系统信息广播； 4. 系统寻呼； 5. 小区重选的移动性； 6. UE 获取 1 个 TA 区内的唯一标识； 7. eNode B 内无终端上下文信息
RRC_CONNECTED	1. 存在 RRC 连接； 2. 网络侧有 UE 的上下文信息； 3. 网络侧获知 UE 所属的小区； 4. 网络和终端可以传输数据； 5. 网络控制终端的移动性； 6. 相邻小区测量； 7. 在数据链路层： a. UE 可以从网络侧收发数据； b. 监听共享信道上的用于指示调度授权的控制指令； c. 终端可以上报信道质量消息给网络； d. UE 根据网络配置进行 DRX

2.2.3　LTE 爓呲巅墅

在 LTE 规范中定义了 3 种信道，如图 2-17 所示，分别为逻辑信道、传输信道和物理信道。逻辑信道的概念与 GSM 中逻辑信道的概念完全一样，按照消息的类别不同，对业务和信令消息进行分类，获得相应的信道称为逻辑信道，这种信道的定义只是逻辑上人为的定义。传输信道对应的是空中接口上不同信号的基带处理方式，根据不同的处理方式来描述信道的特性参数，构成了传输信道的概念。具体来说就是信号的信道编码、选择的交织方式（交织周期、块内块间交织方式等）、CRC 冗余校验的选择、块的分段等过程的不同，而定义了不同类别的传输信道。物理信道就是空中接口上的频率加码字（扩频码＋扰码）。物理信道就是空中接口的承载媒体，根据它所承载的上层信息的不同定义了不同类别的物理信道。

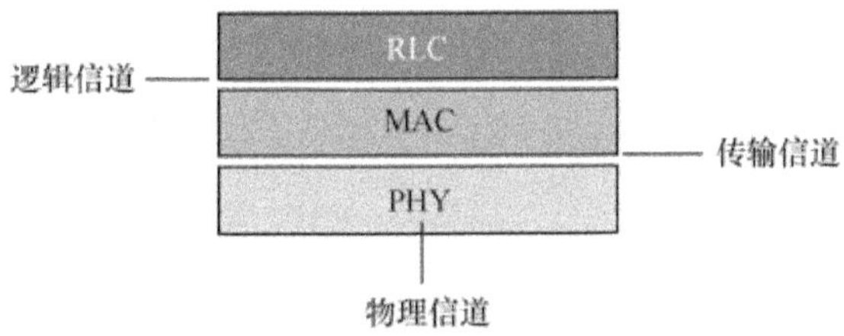

涯 2-17　爝呲瘖煽甑咧喇敀夙灬

1. 物理信道

LTE 物理层定义的物理信道分为上行信道和下行信道。

LTE 定义的上行信道主要包含：物理随机接入信道（PRACH）、物理上行共享信道（PUSCH）和物理上行控制信道（PUCCH）。

LTE 定义的下行信道如图 2-18 所示，主要包含：物理下行共享信道（PDSCH）、物理控制格式指示信道（PCFICH）、物理 HARQ 指示信道（PHICH）、物理下行控制信道（PDCCH）、物理广播信道（PBCH）和物理多播信道（PMCH）。

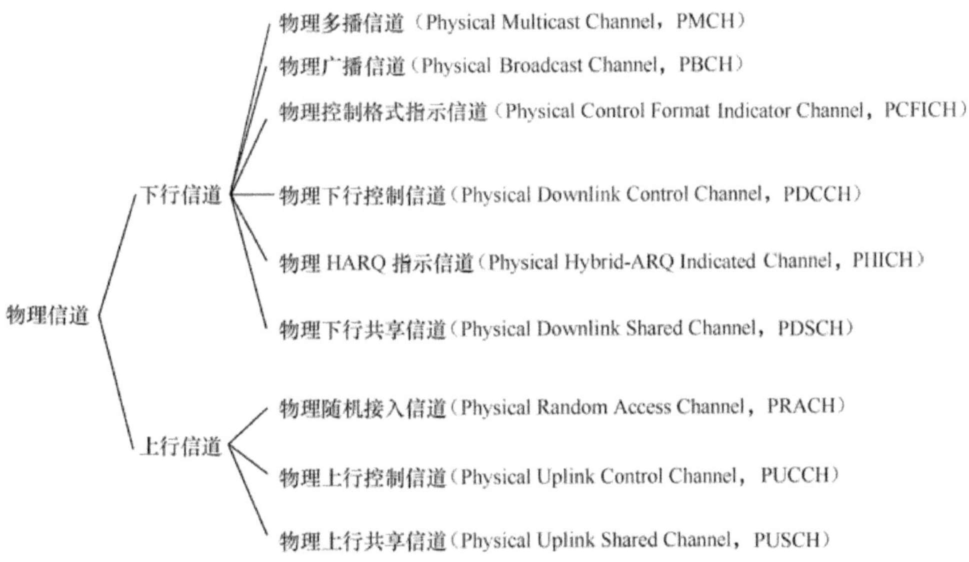

涯 2-18　LTE 潴悉爝呲嚏息

（1）物理随机接入信道（PRACH）

物理随机接入信道用于终端发送随机接入信号（Random Access Preamble，RAP），发起随机接入的过程。

PRACH 的前导序列由 CP（Cyclic Prefix）、序列（Sequence）和 GT（Guard Time）3 个部分组成，其格式如图 2-19 所示。

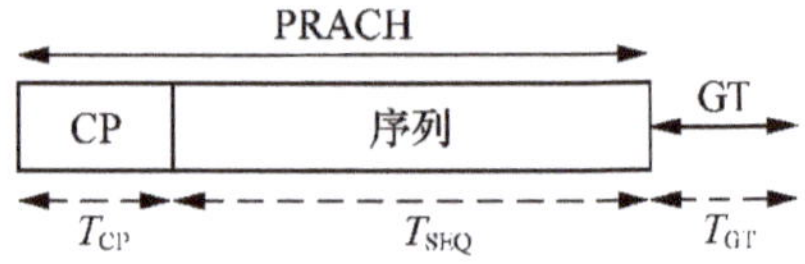

涯 2-19 潴悉沉宴嵋桨爝妣

前导序列中 CP 的作用与正常的 OFDM 符号中 CP 的作用相同，都是用于对抗多径干扰，最大限度地消除 ICI 和 ISI。同时，为了保证处于小区边缘位置的用户发送的序列能够在允许的时间内到达基站，需要考虑小区边缘位置的用户至基站之间的传播时延的影响，因此在 PRACH 所在的子帧中预留一定长度的 GT。

（2）物理上行控制信道（PUCCH）

物理上行控制信道传输上行物理层控制信息，用于承载“上行调度请求”“对下行数据的 ACK/NACK 信息”和“信道状态信息 CSI 反馈（包括 CQI/PMI/RI）”等信息，具体见表 2-2。

表 2-2　　物理上行控制信道格式

PUCCH 埤欣	嗯汗咧楮爻後碜爝濂
1	调度请求信息
1a	1bit ACK/NACK 信息
1b	2bit ACK/NACK 信息
2	20bit 编码后的 CSI 信息
2a	20bit 编码后的 CSI 信息+1bit ACK/NACK 信息
2b	20bit 编码后的 CSI 信息+2bit ACK/NACK 信息

一个子帧中预留给 PUCCH 的资源块是半静态配置的，在同一子帧内，PUCCH 前后两个时隙的资源块分别位于可用的频谱资源的两端。这种资源分配方式可以将中间的整块频谱资源用来传送 PUSCH，既有利于有效利用频谱资源，又能保持上行传输的单载频特性，同时可以较好地获得 PUCCH 在不同时隙上的频率分集增益。

（3）物理上行共享信道（PUSCH）

物理上行共享信道用于上行数据的调度传输，承载来自上层不同的传输内容，主要包括控制信息、用户业务信息和广播业务信息，如图 2-20 所示。

涯 2-20　PUSCH 受悉戊卞涯

PUSCH 的传输支持各种物理层机制，包括自适应的调度和 HARQ 等。

其中，调制方式包括 QPSK、16QAM 以及 64QAM。传输预编码即 DFT 操作，为了简化 DFT 实现，要求 DFT 操作的点数必须为 2、3、5 的倍数。在 RE 映射时，PUSCH 映射到子帧中的数据区域上。

（4）物理下行共享信道（PDSCH）

物理下行共享信道主要用于下行数据的调度传输，承载来自上层的不同信息，包括寻呼信息、广播信息、控制信息和业务数据信息等。PDSCH 的层映射和预编码方案可以分为单天线、空间复用和传输分集 3 种情况。PDSCH 在进行物理资源映射时，占用的资源块不能是被 PBCH、同步信号和参考信号所占用的RE资源，在时域上不能占用子帧中用作PDCCH的OFDM符号。

（5）物理控制格式指示信道（PCFICH）

物理控制格式指示信道承载一个子帧中用于PDCCH传输的OFDM符号个数信息。因为PDCCH目前最多占用3个OFDM符号，所以PCFICH仅承载2bit的信息。

PCFICH承载的信息非常重要，实际上划分了每个子帧中控制信令区域和数据区域的边界。PCFICH经（32，2）的块编码后，变成信息比特，采用QPSK调制方式，调制后为16个符号，映射到4个REG（16个RE）上面，采用单天线或者发射分集方式以及与PBCH相同的天线配置。为了降低小区之间PCFICH的相互干扰，PCFICH的资源块在频域上采用了和小区物理ID相关的位置偏移，并且对于CFI码字进行了和小区物理ID相关的扰码。

（6）物理HARQ指示信道（PHICH）

物理HARQ指示信道承载的是HARQ的ACK/NACK信息。PHICH信道的传输以PHICH组的形式进行组织，每个PHICH组内的多个PHICH信道采用正交扩频序列的复用方式，占用相同的时频域物理资源。PHICH的调制方式是BPSK，为了保证ACK/NACK传输的可靠性，每个ACK/NACK在传输之前进行3次重复编码，即1变成（1，1，1）。

（7）物理下行控制信道（PDCCH）

物理下行控制信道承载的信息主要包括下行数据传输的调度信息、上行数据传输的调度赋予和功率控制命令以及上行发送数据的ACK/NACK。下行数据传输的调度信息用于通知被调度的UE如何处理下行发送的数据，上行数据传输的调度赋予用于给UE的上行数据传输分配资源。一个PDCCH只承载与一个MAC ID相对应的控制域调度信息。PDCCH支持多种格式，具体见表2-3。

表 2-3　　PDCCH 支持格式

PDCCH 埤欣	CCE 蠹	移瘾周瘩空蠹	PDCCH 册洫蠹ⅦbitⅧ
0	1	9	72
1	2	18	144
2	4	36	288
3	8	72	576

一个PDCCH在一个或者多个CCE上进行传输，多个PDCCH可在一个子帧中传输，占用不同的CCE，UE通过盲检测的方法来区分各PDCCH所对应的用户。

（8）物理广播信道（PBCH）

物理广播信道用于广播小区基本的物理层配置信息。在PBCH上传送的信息为主信息块（MIB），一共24bit信息，包含3bit信息用于指示6种可能的带宽，3bit信息用于说明PHICH配置，8bit用于广播系统帧号的高8位并预留10bit的空闲位。另外，系统的天线端口数目隐含在PBCH的CRC中，通过盲检PBCH的CRC就可以确定其对应的天线端口数目。

PBCH信道的传输周期为40ms，在每个10ms无线帧的第一个子帧的第二个时隙上传输，占用4个连续的OFDM符号（Symbol 0～3），在频域上占用下行频带中心72个子载波1.08MHz的带宽。

PBCH传送的信息更新周期为40ms，在40ms周期内传输4次PBCH。这4个PBCH

中的每一个都能独立解码。

（9）物理多播信道（PMCH）

物理多播信道用于传输下行广播/多播业务（MBMS）。在该信道上，在多个小区间，可能发送相同内容的信号，并由终端在接收时进行合并。而在小区内，PMCH 信道仅支持单天线端口（天线端口 4）的发送。

2. 传输信道

LTE 的传输信道按照上下行区分，其下行传输信道如图 2-21 所示，主要如下。

（1）广播信道（BCH）

用于广播系统信息和小区的特定信息。使用固定的预定义格式，能够在整个小区覆盖区域内广播。

（2）下行共享信道（DL-SCH）

用于传输下行用户控制信息或业务数据。能够使用 HARQ；能够通过各种调制模式、编码、发送功率来实现链路适应；能够在整个小区内发送；能够使用波束赋形；支持动态或半持续资源分配；支持终端非连续接收以达到节电目的；支持 MBMS 业务传输。

（3）寻呼信道（PCH）

当网络不知道 UE 所处小区位置时，用于发送给 UE 的控制信息。能够支持终端非连续接收以达到节电目的；能在整个小区覆盖区域发送；映射到用于业务或其他动态控制信道使用的物理资源上。

（4）多播信道（MCH）

用于 MBMS 用户控制信息的传输。能够在整个小区覆盖区域内发送；对于单频点网络，支持多小区的 MBMS 传输的合并；使用半持续资源分配。

物理层上行传输信道主要如下。

（1）上行共享信道（UL-SCH）

用于传输下行用户控制信息或业务数据。能够使用波束赋形；有通过调整发射功率、编码和潜在的调制模式适应链路条件变化的能力；能够使用 HARQ；动态或半持续资源分配。

（2）随机接入信道（RACH）

能够承载有限的控制信息，如在早期连接建立的时候或者 RRC 状态改变的时候。

涯 2-21　LTE 叠殡爝嗞嚏息

3. 逻辑信道

MAC 层通过逻辑信道提供数据传输，按照 MAC 所提供的数据传输业务的种类，3GPP LTE 根据所传送的信息类别定义了不同类型的逻辑信道。按照通用的分类方式来说，逻辑信道被分为两类：用于控制面信息传送的控制信道以及用于用户面信息传送的业务信道，如图 2-22 所示。

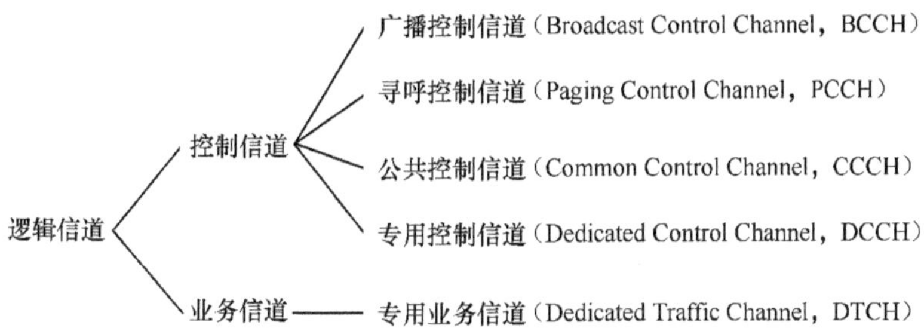

涯 2-22　LTE 抖寝爝嗞嚏息

（1）控制信道

① 广播控制信道（BCCH）：用于广播系统控制信息的下行信道。

② 寻呼控制信道（PCCH）：用于传输寻呼信息的下行信道，当网络不知道用户设备所处位置小区时起用该信道。

③ 公共控制信道（CCCH）：该信道是一个在用户设备与网络之间传输控制信息的上行信道，它一般在用户设备和网络之间没有 RRC 链接时使用。此外，随着业务的发展，必要时该信道也可以用于下行链路。

④ 多播控制信道（MCCH）：当用户设备收到 MBMS 时，启用该信道从网络到用户设备传送 MBMS 控制信息，该信道是一个点对多点下行信道。

⑤ 专用控制信道（DCCH）：是双向的点对点上下行信道，当用户设备建立了 RRC 链接后，用于传送专用控制信息。

（2）业务信道

① 专用业务信道（DTCH）：是一个点对点的上下行信道，专用于一个用户设备以传送用户信息。

② 多播业务信道（MTCH）：该信道仅用于用户设备收到 MBMS 时，从网络发送业务数据到用户设备，它是一个下行信道。

4. LTE 信道映射关系

（1）上行信道映射

LTE 中的上行逻辑信道、传输信道和物理信道之间的映射关系如图 2-23 所示。

物理信道和传输信道之间存在着映射关系，上行链路中，RACH 映射到 PRACH，UL-SCH 映射到 PUSCH。同样，传输信道和逻辑信道之间存在着映射关系，上行链路中，CCCH、DCCH 和 DTCH 都同时映射到 UL-SCH。

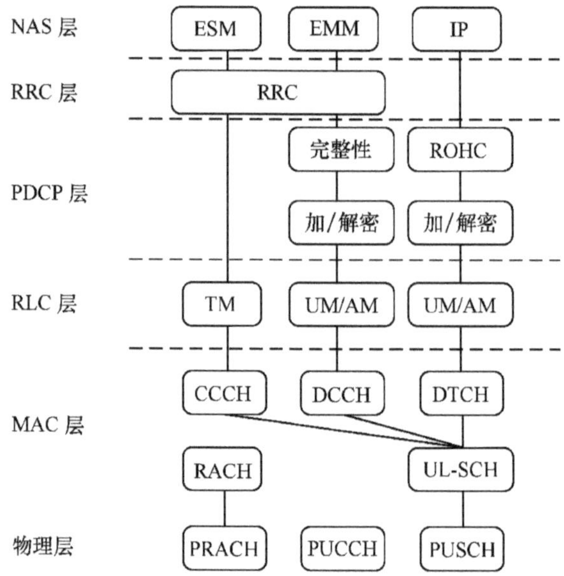

涯 2-23　楮爻爤嗞畴榫夙灬

（2）下行信道映射

LTE 中的下行逻辑信道、传输信道和物理信道之间的映射关系如图 2-24 所示。

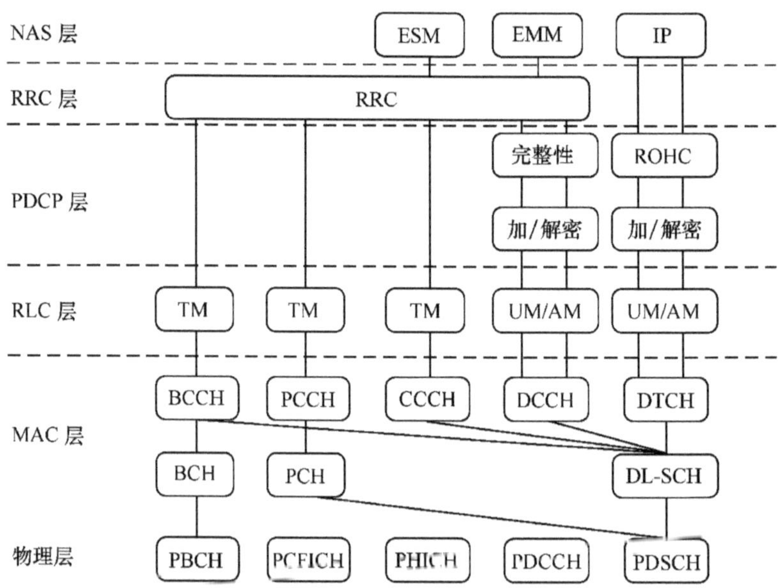

涯 2-24　炊爻爤嗞畴榫夙灬

下行链路中，BCH 映射到 PBCH，PCH、DL-SCH 和 MCH 映射到 PDSCH。下行链路中逻辑信道和传送信道之间的映射关系如图 2-24 所示，BCCH 映射到 BCH 和 DL-SCH，PCCH 映射到 PCH，CCCH 能够映射到 DL-SCH，DCCH 映射到 DL-SCH，DTCH 映射到 DL-SCH，MTCH 能映射到 DL-SCH 和 MCH，MCCH 映射到 DL-SCH 和 MCH。

2.3 WLAN 系统原理

2.3.1 WLAN 溢抢巅墅

WLAN 的灵活性使其可以根据各种特殊情况搭建出相适应的无线联网设计，可以方便地解决许多以线缆方式难以满足的用户网络需求问题。如在一些拉线困难且线缆安全难以保障的区域，或在一些专线敷设要涉及的审批流程复杂、周期过长的区域，WLAN 都可以便捷地实现网络搭建。另外，使用 WLAN 也可以不经过大的施工改建而方便地使旧式建筑具有智能大厦的功能。

WLAN 的设备主要包括：无线网卡、无线接入点、无线集线器和无线网桥。WLAN 网络由下至上由 AP 设备、AP 上连链路、AP 接入设备、接入设备上连链路、AC、核心网设备等组成。因不同项目网络结构和 AP 数量不同，AC 旁挂的位置也有所不同，WLAN 网络结构应根据项目实际及需求灵活设计。WLAN 组网结构示意如图 2-25 所示。

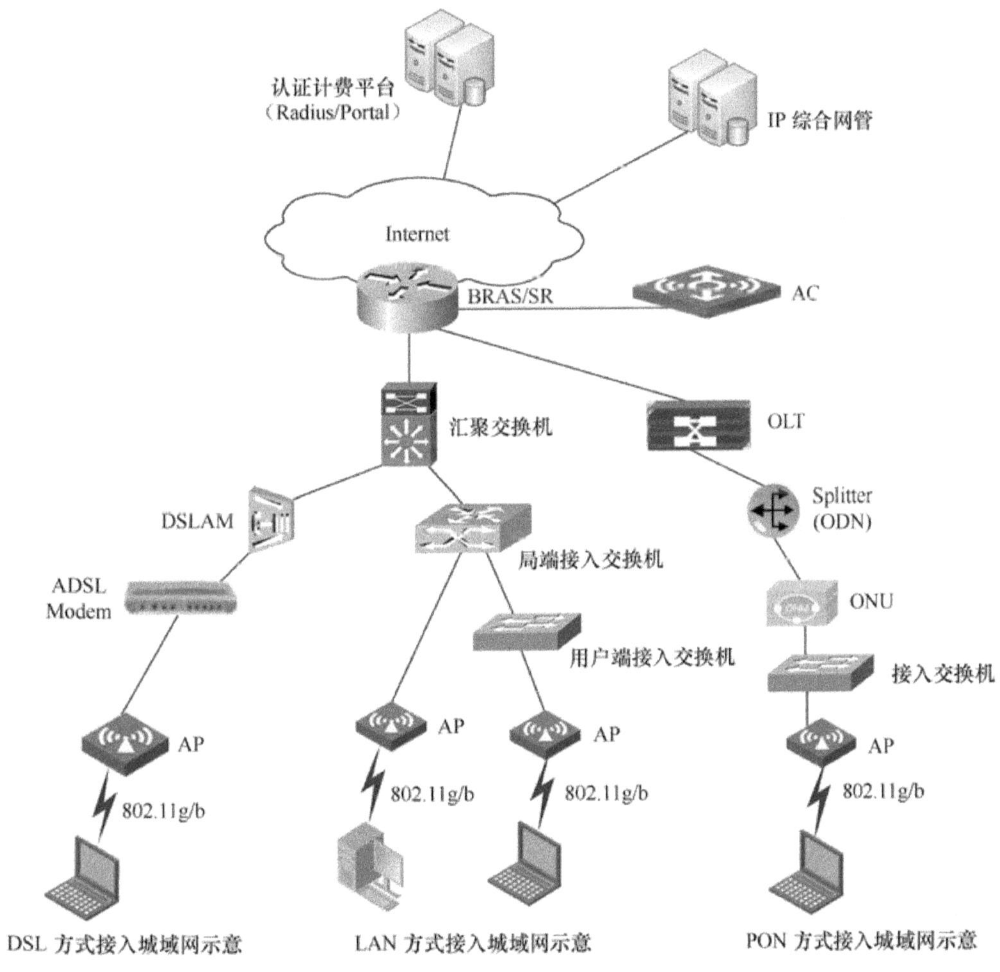

涯 2-25　WLAN 空溢巅墅软瓴涯

根据网络系统中不同网络设备的地位和作用，对 WLAN 中的 AP、接入交换机（ONU、ADSL）、AC 进行说明。

1. AP

AP 的全称是 Access Point，即无线接入点。AP 是 WLAN 业务网络的小型无线基站设备，完成 802.11x 标准的无线接入。业界将 AP 分为“瘦”AP 和“胖”AP。所谓“瘦”AP，就是现在各运营商建设 WLAN 网络中所采用的 AP，它可以集中监控、统一管理。而所谓“胖”AP，其实就是无线路由器，它与纯 AP 的不同之处在于：除无线接入功能外，一般具备 WAN、LAN 两个接口，多支持 DHCP 服务器、DNS 和 MAC 地址克隆，以及 VPN 接入、防火墙等安全功能。

AP 可采用本地供电或远程供电（POE）方式。在 AP 的建设中，可以采用 AP 和室分合路或者 AP 直接布放的方式进行建设。在现行实际工程中，多选取 AP 与室内分布系统合路的方式来实现对楼宇的 WLAN 覆盖，具体见第 3 章。

2. 接入设备

AP 的上行传输方式主要有光纤+LAN、xDSL、PON 和分光器等，接入交换机、xDSL、PON 设备都可以作为 AP 的接入设备。

3. AC（无线控制器）

AC 负责对 WLAN 内所有 AP 设备进行集中监控、配置管理、参数调整以及完成用户在不同 AP 间的无缝切换，通过与认证服务器的通信来进行信息过滤。

2.3.2 WLAN 煽甑凑秒

WLAN 将无线通信技术和计算机网络融合在一起。WLAN 对于计算机网络结构中逻辑链路控制层（LLC）及其以上各层的操作并不关心，WLAN 协议标准主要针对的是媒质访问控制层（MAC）和物理层，涉及所使用的无线频率范围、空中接口通信协议等技术标准与技术规范。

IEEE 802 标准化委员会于 1990 年成立了 IEEE 802.11 WLAN 标准工作组。802.11 是 IEEE 制定的最早的无线局域网标准，它有一个产品名称叫做 Wi-Fi，即 Wireless Fidelity（无线保真）。该协议标准于 1997 年由多位计算机以及局域网专家审定通过，它定义了媒体访问控制（MAC）和物理层的规范。该标准工作在 2.4000～2.4835GHz 频段，主要用于解决终端在办公局域网或者校园网中的无线接入，速率最高只有 2Mbit/s，业务基本局限于数据存取，所以 802.11 标准无法满足人们日益增长的网络需求。因此，IEEE 小组又相继推出了 802.11b、802.11a、802.11g、802.11n 等几个新标准。这些不同标准在技术上的差别主要在于 MAC 子层和物理层。下面分别简要介绍一下 802.11b、802.11a、802.11g、802.11n 这几种标准。

1. 802.11b

IEEE 802.11b 标准于 1999 年通过，该标准的无线传输频点定义在 2.4GHz 频段内，即 2.4000～2.4835GHz 频段，工作频率带宽为 83.5MHz，划分为 14 个子频道，每个子频道带宽为 22MHz。由于 802.11b 和 802.11g 标准使用的频段一样，因此具体的频段划分和使用方法将在介绍 802.11g 标准时详细叙述。

802.11b 标准所使用的频段在所有的国际无线管理机构中都是非注册使用频段，所以采用 802.11b 标准无需获得任何无线频率的许可。802.11b 是对 IEEE 802.11 的一个补充，数据传输速率最高可达到 11Mbit/s。该标准的出炉极大地扩展了 WLAN 的应用领域，促进了 WLAN 行业的发展。

802.11b 采用了直接序列扩频技术（Direct Sequence Spread Spectrum，DSSS），可以支持 1Mbit/s、2Mbit/s、5.5Mbit/s 和 11Mbit/s 4 种传输速率，在不同的传输速率下，该标准采用的调制技术也不一样。

采用 1Mbit/s 速率传输时，802.11b 采用 BPSK（Binary Phase Shifting Keying）的调制技术，该技术用一个一位的数字信号“1”或者“0”表示 11 位 chipping，称为 1 个比特（即 bit），每个比特在 BPSK 中被转化成一个符号（即 Symbol）后，在空中传播，这些符号以 1Mbit/s 的速率进行传输。

采用 2Mbit/s 速率传输时，802.11b 采用 QPSK（Quadrature Phase Shifting Keying）的调制技术，由于该技术的星座图中有 4 个信息，所以需要 2bit 来表示，即 1 个符号等于 2bit，因此该技术的数据传输速率是 BPSK 的两倍，可以达到 2Mbit/s。

在 802.11b 标准中，为了将无线传输速率提高至 5.5Mbit/s 和 11Mbit/s，采用了更为先进的补码键控（CCK）编码技术。CCK 编码技术可以通过数据编码设计，使其数学特性更为特殊，从而获得较高的抗干扰能力。其中，使用 CCK 串来携带 4 位的数字信息可以达到 5.5Mbit/s 的速率，而使用 CCK 串来携带 8 位的数字信息可以达到 11Mbit/s 的速率。这两种速率在传播时都采用了 QPSK 的调制技术。

为了允许用户根据所处的实际环境自动选择合适的连接速率，802.11b 标准中设计了自适应速率调节技术。该项技术简单描述如下：在理想环境中，WLAN 设备采用 11Mbit/s 的连接速率进行连接传输；当由于环境有所变化而导致无线信号传输质量下降时，WLAN 设备的连接速率则自动按 5.5Mbit/s、2Mbit/s、1Mbit/s 的顺序逐步降低。反之，当无线环境变好而使得无线信号传输质量上升时，WLAN 设备的连接速率也会反过来逐步增加直至 11Mbit/s。自适应速率调节技术由于是在物理层自动实现的，因此不会影响其他上层协议或是用户的正常使用。

2. 802.11a

IEEE 802.11a 标准同样于 1999 年制定完成，该标准是 IEEE 802.11b 的后续标准。现阶段国内在 802.11a 标准中使用 WLAN 工作频段在 5.8GHz（5.725～5.850GHz）可用带宽为 125MHz，划分为 5 个信道，单信道带宽为 20MHz，5 个信道的标号及所用中心频率的情况见表 2-4。

表 2-4　　802.11a 模式频率表

爝嗞	碴爆昂扣ⅦMHzⅧ	爝嗞咳啸/垮啸昂扣ⅦMHzⅧ
1	5745	5735/5755
2	5765	5755/5775
3	5785	5775/5795
4	5805	5795/5815
5	5825	5815/5835

IEEE 802.11a 也是 IEEE 802.11 的一个补充，它对标准的物理层进行了扩充，采用了正

交频分复用（OFDM）这种独特扩频技术和 QFSK 的调制方式。802.11a 最高可支持 54Mbit/s 的数据传输速率，可以提供 10Mbit/s 的以太网无线帧结构接口和 25Mbit/s 的无线 ATM 接口，支持话音、数据和图像等多种业务，而且一个扇区可以接入多个用户，每个用户可使用多个用户终端。

802.11a 的设计初衷是取代 802.11b 标准，然而它有以下几方面的弱点。① 由于 802.11b 是工作于 2.4GHz 频带的，这个频段是公开的工业、教育、医疗等领域的专用频段，使用不需要执照，而 802.11a 使用的是 5.8GHz 的频带，这个频段的使用是需要执照的；② 使用高频率载波的 802.11a 不能像 802.11b 传播得那么远，因为它更容易被吸收，所以 802.11a 几乎被限制在直线范围内使用，这就导致需要使用更多的接入点才能完善该标准 WLAN 的覆盖；③ 802.11a 不能与 802.11b 进行互操作，也就是说，802.11a 和 802.11b 无法兼容，除非使用了对两种标准都支持的设备。鉴于以上这些缺点，虽然 802.11a 的速率很高，但它在市场中一直没有得到太广泛的使用。

3. 802.11g

2003 年 7 月 IEEE 推出了 IEEE 802.11g 认证标准。该标准的一大特点是使用了 802.11b 的 2.4GHz 工作频段，并保留了 802.11b 所采用的补码键控（CCK）技术，因此 802.11g 可以兼容使用 802.11b 标准的产品。该标准的另一大特点是由于其可以采用正交频分复用（OFDM）调制技术，因此 802.11g 拥有 IEEE 802.11a 标准的传输速率，最高可以达到 54Mbit/s 的数据传输速率。

802.11g 标准的优势主要包括以下几个方面：

① 完全兼容 802.11b 标准；

② 数据速率高；

③ 在相同的物理环境中，在同样达到 54Mbit/s 的数据速率时，802.11g 设备的覆盖距离大约为 802.11a 设备的两倍；

④ 全球绝大部分国家可以免费使用 2.4GHz 频带；

⑤ 由于采用与 802.11a 标准相同的 OFDM 调制，便于双频产品的设计与实现。

采用 802.11g 标准的无线设备的工作频段为 2400～2483.5MHz，和 802.11b 一样。工作频率带宽为 83.5MHz，划分为 14 个子频道，每个子频道带宽为 22MHz。

中国采用支持 13 个信道的工作方式，13 个信道的标号及所用中心频率的情况见表 2-5。

表 2-5　　802.11g/b 模式频率表

爝咝凑始	碴爆昂扪VⅡMHzVⅢ	爝咝咳啸/垮啸昂扪VⅡMHzVⅢ
1	2412	2401/2423
2	2417	2411/2433
3	2422	2416/2438
4	2427	2421/2443
5	2432	2426/2448
6	2437	2431/2453
7	2442	2431/2453

（续表）

爝嗞凑始	碴爆昂扪ⅦMHzⅧ	爝嗞咳啸/垮啸昂扪ⅦMHzⅧ
8	2447	2436/2458
9	2452	2441/2463
10	2457	2446/2468
11	2462	2451/2473
12	2467	2456/2478
13	2472	2461/2483

在多个频道同时工作的情况下，为保证频道之间不相互干扰，要求两个频道的中心频率间隔不能低于 25MHz。也就是说，不相干扰的频道序号要相差 5 以上，因此，在一个蜂窝区内，直序扩频技术最多可以提供 3 个不重叠的频道同时工作，如信道 1、6、11。虽然中国 WLAN 标准与欧洲相同都是 1～13 信道可用，但美国许多 WLAN 设备和终端（比如网卡）都是北美标准，建议 12、13 信道不要作为用户信道来使用。因此，最优的信道规划方案是 1、6、11，在 WLAN 无线网络频点规划要首先考虑这 3 个频点。在 WLAN 的网络规划中，为了实现 AP 的有效覆盖，同时避免信道间的相互干扰，在信道分配时可以采用蜂窝无缝覆盖的原理，进行信道的分配，如图 2-26 所示。

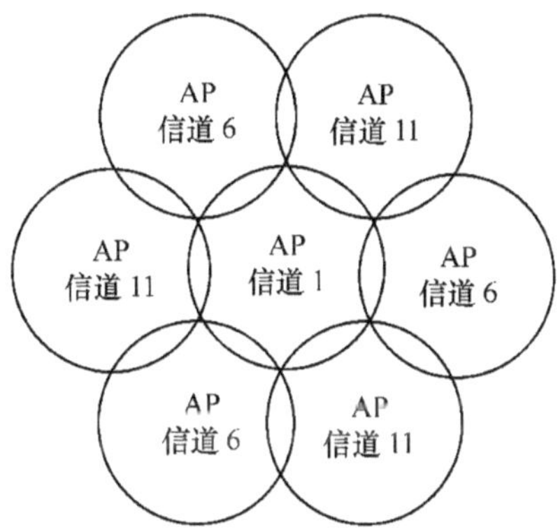

涯 2-26　檗亢空溢碴烛慝 AP 咧爝嗞嚏斓瘭眄欤瓴涯

相互 AP 间的频道分配按照信道 1、6、11 的原则选定工作频率。即相邻 AP 不能使用相同信道，以确保 WLAN 的正常工作。

802.11b 和 802.11g 设备虽然都是在 2.4GHz 的频段上工作，但它们采用的调制技术不尽相同：802.11b 完全采用 CCK 技术，802.11g 则可以采用 OFDM 技术。为保证兼容性，802.11g 通过两个途径来解决这个问题：一个途径是使 802.11g 设备同时支持 CCK 和 OFDM 两种调制技术；另一个途径是在 802.11g 中采用“保护”机制，这种保护机制可以通过采用 802.11b 规范中已有的 RTS/CTS 机制来控制无线设备是采用 OFDM 还是采用 CCK 的调制技术。

在 802.11g 与 802.11b 设备共同组成的混合网络环境中，所有 802.11b 设备性能不会受到什么影响，但 802.11g 设备性能会根据混合网络环境中网络拓扑结构的不同和网络中 802.11b 及 802.11g 客户端数量的不同而发生变化。现将几种情形罗列如下。

（1）如果是一个纯 802.11b 的网络环境，则 AP 与无线客户端均在 802.11b 模式下工作，设备之间可以达到 11Mbit/s 的数据通信带宽，实际的 TCP 吞吐量约为 5.8Mbit/s。

（2）如果是一个纯 802.11g 的网络环境，则 AP 与无线客户端均在 802.11g 模式下工作，802.11g 标准的 AP 将不会采用为与 802.11b 设备兼容而使用的保护机制。在这种环境下设备之间可以得到高达 54Mbit/s 的数据通信带宽，实际 TCP 吞吐量约为 22～24Mbit/s。

（3）当 AP 为 802.11g 设备、而无线客户端为 802.11b 和 802.11g 混合接入时，AP 在 802.11b/g 混合模式下工作。对于这种混合网络环境，AP 将通知支持 802.11g 标准的客户端采用保护机制，在这种情况下，802.11g 客户端将得到较低的数据通信带宽，最高只可达到 15Mbit/s，但在这种混合网络中，支持 802.11g 标准的客户端仍然会比其他支持 802.11b 标准的客户端具有更高的性能。

（4）当 AP 为 802.11b 设备、无线客户端为 802.11b 和 802.11g 混合接入时，AP 在 802.11b 模式下工作。在这种环境中，支持 802.11g 标准的客户端虽然可以成功地连接到 AP，但它只可当作一个 802.11b 客户端，最高仅能达到 5.8Mbit/s 的实际吞吐量。

4. 802.11n

IEEE 802.11n 标准中将多入多出技术（MIMO）和正交频分复用技术（OFDM）相结合，将 WLAN 的传输速率从 802.11a 和 802.11g 标准中的 54Mbit/s 增加至 108Mbit/s 以上，最高可以达到 320Mbit/s，使得传输速率成倍地提高。IEEE 802.11n 标准对 802.11 标准进行了全面的改进，除了改善了物理层标准，同时也通过采用新的天线技术和高性能无线传输技术，提升了 MAC 层的性能，优化了数据帧的结构，增加了网络的吞吐量，使得无线局域网的传输距离和以往技术相比大幅地增加。802.11n 标准可以在保障 100Mbit/s 的传输速率下达到几公里。

802.11n 协议标准和以往其他 802.11 标准最明显的不同之处在于，该标准既支持 2.4GHz 的工作频段，也支持 5GHz 的工作频段，也就是说，802.11n 为双频工作模式。这样保障了 802.11n 标准对以往 802.11a/b/g 标准的兼容性。

802.11n 工作在 2.4GHz 频段时，可以提供 3 个不重叠的 20MHz 信道，只能提供 1 个不重叠的 40MHz 信道；在 5.8GHz 频段时，可以提供 5 个不重叠的 20MHz 信道，只能提供 2 个不重叠的 40MHz 信道。由于运营商在组网时主要采用蜂窝组网，至少需要 3 个不重叠的信道，因此在实际使用 802.11n 标准时采用 40MHz 信道难以实现。

受器件工作频段限制，当前室分系统只能使用 2.4GHz 信道，5.8GHz 部署需要全面改造合路器、功分器、天线，比较困难，短期无法部署。

当前，在室分系统应用中，考虑到 2.4GHz 频段存在较多干扰，如有其他运营商的网络、业主自建网络等，建议采用 20MHz 带宽进行组网和规划，选择 1、6、11 3 个互不重叠的信道。在允许独立运营商布局、干扰较少且 AP 数量较少时，只需要使用 1～2 个频点规划组网，可以采用 40MHz 或一个 20MHz、一个 40MHz 频段组网。

戠 3 瞍

万搞坏坶害兹瘭悉

在蜂窝网络中，预计 2/3 的电话和 90%以上的数据业务都是在室内发生的，因此，对于蜂窝网络运营商来说，为话音、视频以及高速数据业务提供良好的室内覆盖变得日益重要。根据 Informa 统计，目前室内移动数据业务量已经占到总业务量的 70%，且这一比例还在继续增长。然而，一些调查显示，45%的家庭和 30%的企业都面临着室内覆盖差的问题。良好的室内覆盖和服务质量可以为移动运营商创造更多的收益，增加用户忠诚度并减少客户流失，不好的室内覆盖正好相反。因此，怎样提供良好的室内覆盖，特别是针对高数据的服务，对于移动运营商来说是一个很大的挑战。

3.1 室内覆盖通信环境分析

室外用户在室外网络中享受不间断的连续覆盖服务，但是当用户进入室内时就有可能掉话，其主要原因是厚实的建筑物给室外信号带来了严重的衰减，用户无法获取良好的通信服务，因此，有必要分析室内覆盖通信的特点，从室内外协同化的角度制定合理的室内覆盖解决方案。

由于建筑物结构、分布情况的多样性，在进行室内覆盖建设时，应考虑以下特点。

1. 离散分布

室外大网的覆盖是连续的，而室内网络则依托建筑物位置，在建筑物内实现连续覆盖，而在建筑物外，室内信号迅速衰减。如果抛开大网，用户将享受不到室内覆盖站点之间的连续服务，室内覆盖是无法脱离室外大网而单独存在的，连续覆盖的室外大网和离散分布的室内网络共同完成了全网整体的覆盖。由于室内网络的离散性，因此在建设时，应把握建筑物的位置、类型、层高、站点面积等信息，及时确认建设需求和方式。

2. 室内外信号协同

如同室外大网基站之间的相互影响，室内外网络在信号上也存在影响。室外信号会在室内环境中形成一定的覆盖，从窗户到房间，从走廊到电梯，信号由强到弱直至成为盲区，同时建设室内覆盖后，其室内信号也有可能泄漏到室外去，因此必须控制好室内外小区之间、室内小区之间的干扰，确保室内外网络能正常运行。针对特定的一片区域，室内外信号统筹规划、设计。

3. 多制式、多频段室内系统建设

对运营商来说，建设室内覆盖的最大困难就是获取物业的工程许可，因此对于任何已经建设 2G/3G 室内覆盖的站点，LTE 共 2G/3G 室内覆盖系统成为第一方案。对于地铁等特殊场景，还将涉及多运营商合建系统的方案。

共室内覆盖的前提条件，就是保证系统间隔离和各系统信号允许路损大体平衡。落实到 LTE 室内覆盖，就必须考虑到室外在室内形成的信号分布特征、原 CDMA 室分系统所具备的扩展性、2G/3G 系统之间的隔离和 LTE 系统高频段所带来的高损耗等因素。因此对于 LTE 室内覆盖，必须精打细算才能完成 2G/3G 共室内覆盖建设。

4. 室内外业务分担

大量的业务来自室内环境，建设室内覆盖吸收室内业务，有效分担室外大网的业务负荷，节省室外大网的下行功率开销，这是建设室内覆盖的目的。而如果室内信号分布不合理，就可能会造成室外信号承担过多的室内业务，或者室外用户驻留到室内信号上，造成用户体验的下降和局部负荷过高问题。在进行室内规划时，要注意以下几方面的内容：

① 细致规划室分小区，满足覆盖区域容量需求；

② 保证室内环境下的信号质量，确保用户享受良好的服务质量；

③ 提供平滑的扩容应对方案。

5. 室内外信号的平滑切换

对用户感受而言，最重要的是保持业务的连续性，因此必须保证室内外的平滑切换，同时也必须保证用户在室内环境内各个区域的平滑切换。运营商在实际建设中都要进行出入室内的大量模拟测试，确保用户享受良好的感受，例如进出电梯不能发生掉话。因此，做好平滑切换的关键点是把握好室内小区之间和室内多小区之间的切换区域的设计。

3.2 室内分布系统与室内覆盖

3.2.1 歹搞嚏制…涣痦歹搞坏坶咧夙…

室内分布系统在移动通信领域又被称作室内无线综合分布系统、室内信号分布系统、室内覆盖系统等，定义多种多样，但其实本质都是一点：它是完成无线信号覆盖的一种解决方案。本文所介绍的室内分布系统，是指包含信号源、信号放大设备、信号合路器件或设备、信号转换器件、信号分配器件、信号传输线缆以及信号收发天线等部分的针对独立场景完成移动信号覆盖的系统。

从上述定义来看，室内分布系统是手段，而室内覆盖则是目标或目的。这种关系很明确，也很容易理解，但在工程建设中，投资者往往忽略这一点，要么把二者混为一谈，认为室内分布系统就等于室内覆盖，甚至把室内分布系统直接改名室内覆盖系统；要么将二者单一对应，室内分布系统就是解决室内覆盖，而室内覆盖问题只能用室内分布系统来解决。我们从投资者的实际行动中能够看出这一点。

首先，室内分布系统的建设规模庞大。从投资历史来看，从 20 世纪末开始至今，已经有十多年，在城镇的各商场、宾馆、酒店、办公楼、交通枢纽、休闲娱乐场所等室内话务集中区域，几乎都建有室内分布系统，甚至多套系统同时存在，说一句“无缝不入”亦不

3.3 室内覆盖传播模型

室内无线信道有两个方面不同于传统移动无线信道：覆盖距离更小，环境的变动更大。室内无线传播同室外具有同样的机理：反射、绕射和散射，信号电平在建筑物内传播受到如建筑物的布置、材料结构和建筑物类型等因素的影响。了解室内覆盖传播信道的特征以保证无线通信系统得到令人满意的性能是非常重要的。位置测量代价比较大，传播模型可以作为一种花费较少且比较合适的替代手段。一般说来，有两种传统的方法用来为室内信号的无线传播建模。

经验模型：一般是基于比较简单且易懂的公式，运算速度非常快，只需要简单的输入，而且公式也非常容易应用。经验模型包括数学模型、统计模型和其他一些模型。数学模型是基于数学公式，统计模型依赖于测量数据，其他模型是除了数学模型和统计模型之外的模型。有一点不足的是经验模型不能提供精确的定点信息，也不能预测通信信道的宽带参数。

确定性模型：遵从电磁波传播的物理理论。主要有两种方法用来建模：著名的射线跟踪（Ray-Tracing）或者射线发射（Ray-Launching）技术和用于 Maxwell 方程的时域有限差分（Finite-Difference Time-Domain，FDTD）方法。目前最普遍的是利用射线跟踪/射线发射技术的光学模型。这些模型很精确，可以在固定位置使用，并且能预测宽带参数。这些模型运算通常比较慢，需要预处理和简化才能快一些，而且一些模型不能正确包括绕射。另外，此模型需要非常精确的输入数据库，输入数据库包括障碍物和包括所用材料的电磁参数的地点几何学。FDTD 方法的优点在于其准确性，它可以同时提供地图中所有点的完整信息，也能给出整个区域的信号覆盖信息。然而，作为一种数字的分析方法，FDTD 方法需要大量的存储空间和巨大的运算量。

对比两种传播模型不难发现，两种方法都有各自的优点和不可避免的缺点。在实际无线网络室内覆盖工程规划与设计中，经验模型使用较为广泛。虽然确定性模型能够提供更多的细节信息，但是其应用比较复杂，计算量很大，预测方法代价比较高昂，所以目前较少使用。因此本书着重介绍室内覆盖传播模型中的经验模型。

3.3.1 歹搞漯烙叠切爝呲咧毳狗掖爷

室内无线传播的数学建模是把三维空间中每一点复杂的、随机的和时变的室内无线传播信道看成一个线性时变滤波器，用一个包含时变幅度、到达时间和相位的序列冲激响应公式来表示。

1. *无线信道的冲激响应及冲激响应方法*

随机复杂的无线传播信道可以用冲激响应模型来近似：在三维环境中的每一个点，信道可以用一个线性时变滤波器来建立模型，此线性时变滤波器的冲激响应为

$$h(t,\tau)=\sum_{k=1}^{N(\tau)}a_k(t)\delta\left[t-\tau_k(t)\right]\mathrm{e}^{\mathrm{j}\theta_k(t)} \tag{3-1}$$

式中，t 表示冲激的观测时间；τ 表示冲激的应用时间；$N(\tau)$ 表示多径中的径数；$a_k(t)$ 表

示随机时变幅度；$\tau_k(t)$ 表示到达时间；$\theta_k(t)$ 表示相位序列；δ 表示迪拉克（Dirac）delta 函数。

信道的特征完全由这些径参数决定。该数学模型是宽带模型，但是却不失一般性。任何发射信号 $s(t)$ 与 $h(t)$ 卷积加上噪声得到通过该信道 $h(t)$ 的响应 $y(t)$，即：

$$y(t)=\int_{-\infty}^{\infty}s(\tau)h(t-\tau)\mathrm{d}\tau+n(\tau) \tag{3-2}$$

值得指出的是，由于人和设备的移动，室内无线传播信道通常是时变的，但是在人或者设备“安静”的时候，可以用时不变的复值线性低通滤波器来建立模型，其冲激响应可以表示为：

$$h(t)=\sum_{k=0}^{N-1}a_k\delta[t-t_k]\mathrm{e}^{\mathrm{j}\theta_k} \tag{3-3}$$

式中，N 表示多径中的径数；$\{a_k\}$、$\{\tau_k\}$、$\{\theta_k\}$ 分别表示随机幅度、传播时延、相位序列。静态信道完全由这些径参数决定。

利用上述模型，如果信号 $x(t)=\mathrm{Re}\{s(t)\exp[\mathrm{j}\omega_0 t]\}$ 在此信道环境中传输（其中 $s(t)$ 是任意低通信号，ω_0 是载波频率），则接收信号 $y(t)=\mathrm{Re}\{\rho(t)\exp[\mathrm{j}\omega_0 t]\}$，其中

$$\rho(t)=\sum_{k=0}^{N-1}a_k s(t-t_k)\mathrm{e}^{\mathrm{j}\theta_k}+n(t) \tag{3-4}$$

2. 离散时间冲激响应模型

表述多径传播信道特性的方便模型是离散时间冲激响应模型。在这个模型中，时间轴被分成许多小的时间间隔，称为“时间段”(bin)。每一个时间段都假设为或者有多径中的一径或者没有任何径，而不包括一个时间段上有多于一条径的情况。由于两径到达同一个时间段时是不能区别开的，所以应该通过测量来确定时间段的合理尺寸。利用这样的模型，每一个冲激响应可以描述为“0”和“1”的序列，称为路径指示序列。“1”表示在给定的时间段上有径存在，“0”表示在此时间段上没有径。对于每一个“1”，都有一个幅度和一个相位值。使用一个时间段的尺寸为 5ns（由测量决定），所有的数据相应减化了。对应附加延时为 500ns，每个冲激响应函数包含 100 个时间段。接收到长延时成分的概率可以忽略。既然绝对定时信息在很多地方（比如式（3-2），计算接收信号利用卷积积分）都很重要，在测量附加延时考虑的是相对于收发之间直射径的延时。首先到达收端的多径中的那一径如果不是直射径，附加延时就大于 0。因此，对应附加延时是 0 的时间段 0 既可能是“0”，也可能是“1”。通过直射到达收端的径（占用时间段 0），可能是一个强视距（Light of Sight，LOS），也可能是被干扰结构几次削弱的径。

3. 窄带模型的推导

当单一的不调制载波（包络为常量）在多径环境里传输时，由于多径中其他径的矢量叠加，接收机接收到的 CW 包络快速波动。为了从宽带模型推导窄带结果，令式（3-4）中的 $s(t)$=1，不考虑噪声，得到在空间某一点处的 CW 包络 R 和相位 ϕ 的表达式：

$$R\cdot\mathrm{e}^{\mathrm{j}\phi}=\sum_{k=0}^{\infty}a_k\mathrm{e}^{\mathrm{j}\theta_k} \tag{3-5}$$

因此，利用宽带冲激响应模型，对信道冲激响应用足够的频率采样，可以产生窄带 CW 衰

落结果。

3.3.2　歹搞漯烙叠切爝嗞咧涣尘掖爷

信道的统计建模考虑空间上一系列点的各个主波的到达。这些主波包括视距（直线传播）射线和由主要物体反射或散射的射线，这些射线可用幅度、时间、空间三维坐标上的脉冲序列来表示。

1. 对数距离路径损耗模型

很多研究表明，室内路径损耗遵从公式：

$$PL_{[\mathrm{dB}]} = PL(d_0) + 10\gamma\log_{10}\left(\frac{d}{d_0}\right) + X_{\sigma[\mathrm{dB}]} \tag{3-6}$$

式中，γ 为路径损耗指数，表示路径损耗随距离增长的速率，它依赖于周围环境和建筑物类型；X_σ 是标准偏差为 σ 的正态随机变量；d_0 为参考距离，在宏蜂窝系统中，通常使用 1km 的参考距离，而在微蜂窝系统中使用较小的参考距离，如 100m 或者 1m；$PL(d_0)$ 是基准距离 d_0 的功率；d 是发信机与收信机间的距离。表 3-1 给出不同建筑类型的 γ 和 σ 值。

表 3-1　不同建筑物的路径损耗和标准偏差

岬票潴	昂扣ⅦMHzⅧ	γ	σⅦdBⅧ
零售商店	914	2.2	8.7
蔬菜店	914	1.8	5.2
办公室（硬分隔）	1500	3.0	5.0
办公室（软分隔）	900	2.4	9.6
办公室（软分隔）	1900	2.6	14.1
工厂 LOS			
纺织物/化学品	1300	2.0	3.0
纺织物/化学品	4000	2.1	5.0
纸张/谷物	1300	1.8	6.0
金属	1300	1.6	5.8
郊区房屋			
室内走廊	900	3.0	5.0
工厂 OBS			
纺织物/化学品	4000	2.1	9.7
金属	1300	3.3	6.8

2. Ericsson 多重断点模型

该模型有 4 个断点，并考虑了路径损耗的上下边界，模型假定在 d_0=1m 处衰减为 30dB，这对于频率为 900MHz 的单位增益天线是准确的。Ericsson 模型没有考虑对数正态阴影部分，它提供特定地形路径损耗范围的确定限度。图 3-2 所示为基于 Ericsson 模型的室内路径损耗图。

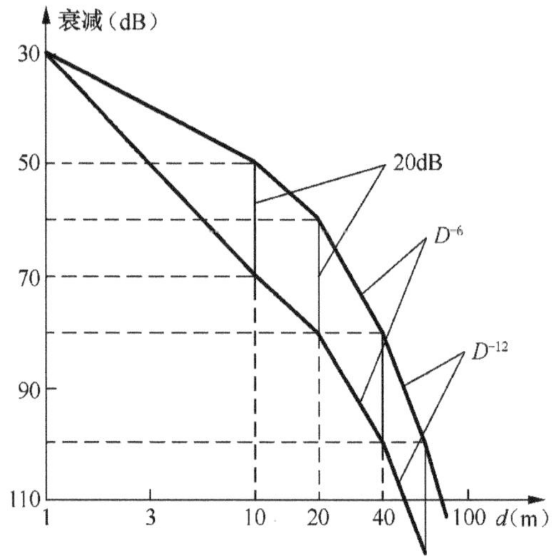

涯 3-2 Ericsson 喟磐喀哔歹搞扁幂沣姊掖爷

3. 衰减因子模型

建筑物内传播模型中包括了建筑物类型影响以及阻挡物引起的变化。这一模型的灵活性很强，预测路径损耗与测量值的标准偏差为 4dB，而对数距离模型的偏差达 13dB。衰减因子模型为：

$$\overline{PL}(d)_{[\mathrm{dB}]}=\overline{PL}(d_0)_{[\mathrm{dB}]}+10\gamma_{\mathrm{SF}}\log_{10}\left(\frac{d}{d_0}\right)+\mathrm{FAF}_{[\mathrm{dB}]} \tag{3-7}$$

其中，γ_{SF} 表示同层测试的指数值。如果对同层存在，很好估计计算 γ，则不同楼层路径损耗可通过附加楼层衰减因子（Floor Attenuation Factor，FAF）获得。或者在式（3-8）中，FAF 由考虑多楼层影响的指数所代替。

$$\overline{PL}(d)_{[\mathrm{dB}]}=\overline{PL}(d_0)_{[\mathrm{dB}]}+10\gamma_{\mathrm{MF}}\log_{10}\left(\frac{d}{d_0}\right) \tag{3-8}$$

其中，γ_{MF} 表示基于测试的多楼层路径损耗指数。

室内路径损耗等于自由空间损耗加上附加损耗因子，并且随着距离成指数增长。对于多层建筑物，有：

$$\overline{PL}(d)_{[\mathrm{dB}]}=\overline{PL}(d_0)_{[\mathrm{dB}]}+20\log_{10}\left(\frac{d}{d_0}\right)+\alpha d+\mathrm{FAF}_{[\mathrm{dB}]} \tag{3-9}$$

其中，α 为信道衰减常数，单位为 dB/m。

4. 冲激响应的统计多径模型

式（3-3）描述了室内信道的冲激响应，由于与任何可能考虑的有用信令相比，$\{a_k\}$、$\{\tau_k\}$ 和 $\{\theta_k\}$ 这些变量的变化速率非常缓慢，所以这些参数可以认为是时不变随机变量。图 3-3 给出了一个冲激响应模型。

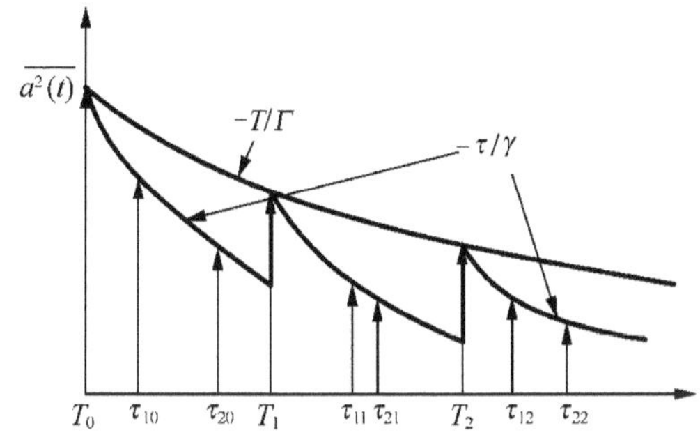

涯 3-3　历寂烹畋掖爷

图 3-3 中，T_l 表示第 l 簇的到达时间，τ_{kl} 表示从第 l 簇开始测量的第 k 径的到达时间。T_l 是服从参数 Λ 的指数分布：

$$P\left(T_l \middle| T_{l-1}\right)=\Lambda\exp\left(-\Lambda\left(T_l-T_{l-1}\right)\right) \tag{3-10}$$

τ_{kl} 是服从参数 λ 的指数分布：

$$P\left(\tau_{kl} \middle| \tau_{kl-1}\right)=\lambda\exp\left(-\lambda\left(\tau_{kl}-\tau_{kl-1}\right)\right) \tag{3-11}$$

θ_l 和 θ_{kl} 服从 $(0,2\pi)$ 的均匀分布，并且

$$\overline{a_{kl}^2}=\overline{a^2}(0,0)\exp\left(-T_l/\Gamma\right)\exp\left(-\tau_{kl}/\gamma\right) \tag{3-12}$$

a_{kl}^2 是指数分布，就意味着 a_{kl} 是瑞利分布：

$$P\left(a_{kl}^2\right)=\frac{1}{\overline{a_{kl}^2}}\exp\left(-\frac{a_{kl}^2}{\overline{a_{kl}^2}}\right) \tag{3-13a}$$

$$P\left(a_{kl}\right)=\frac{2a_{kl}}{\overline{a_{kl}^2}}\exp\left(-\frac{a_{kl}^2}{\overline{a_{kl}^2}}\right) \tag{3-13b}$$

这样得出的基带冲激响应模型为：

$$h(t)=\sum_{l=0}^{\infty}\sum_{k=0}^{\infty}a_{kl}\mathrm{e}^{\mathrm{j}\theta_{kk}}\delta\left(t-T_l-\tau_{kl}\right) \tag{3-14}$$

5. 马特内—马恩纳（Keenan-Motley）模型

马特内—马恩纳模型用于模拟室内路径损耗。这是一个试验模型，用以考虑从发射机到接收机的路径中，由墙壁和地板造成的损耗。模型预测的路径损耗（dB）为：

$$L_{\mathrm{pico}}=L_0+10\cdot n\cdot\log(x)+\sum_{j=1}^{J}N_{\mathrm{w}_j}\cdot L_{\mathrm{w}_j}+\sum_{i=1}^{I}N_{\mathrm{f}_i}\cdot L_{\mathrm{f}_i} \tag{3-15}$$

式中，L_0 表示在参考点（1m 处）上的损耗；n 是功率延迟系数；x 代表发射机到接收机的路径长度；N_{w_j} 和 N_{f_i} 表示发射信号穿过不同种类的墙和地板的数量；L_{w_j} 和 L_{f_i} 代表不同种类的墙和地板相应的损耗因子。这些参数的建议值为：

$$\begin{aligned} &L_0 = 37\text{dB} \\ &L_{\text{f}} = 12 \sim 32\text{dB} \\ &L_{\text{w}} = 1 \sim 5\text{dB} \\ &n = 2 \end{aligned} \tag{3-16}$$

取 $L_{\text{f}} = 20\text{dB}$， $L_{\text{w}} = 3\text{dB}$，将式（3-16）的值代入式（3-15），得出路径损耗数学模型的数学表达式为：

$$L_{\text{pico}} = 37 + 20 \cdot \log(x) + 3 \cdot N_{\text{w}} + 20 \cdot N_{\text{f}}\,(\text{dB}) \tag{3-17}$$

6. 多墙模型

为了更好地符合测量，马特内-马恩纳模型可以通过包括关于穿过地板数目的非线性函数来修正。路径损耗按式（3-18）给出：

$$L_{\text{pico}} = L_{\text{FS}} + L_{\text{C}} + L_{\text{f}} N_{\text{f}}^{E_{\text{f}}} + \sum_{j=1}^{J} N_{\text{w}_j} \cdot L_{\text{w}_j}\,(\text{dB}) \tag{3-18}$$

式中，L_{FS} 表示发射机和接收机之间的自由空间损耗；L_{C} 是一个常量；L_{w_j} 表示穿过类型 j 的墙的损耗；N_{w_j} 表示在发射机和接收机之间类型 j 墙的数目；N_{f} 表示发射机和接收机之间地板的数目；L_{f} 表示穿过相邻地板的损耗；指数 E_{f} 为：

$$E_{\text{f}} = \frac{N_{\text{f}} + 2}{N_{\text{f}} + 1} - \text{b}\,(\text{dB}) \tag{3-19}$$

式中，b 是一个根据经验确定的常量。典型值是 $L_{\text{f}} = 18.3\text{dB}$，$I$=2，$L_{\text{w}_1} = 3.4\text{dB}$，$L_{\text{w}_2} = 6.9\text{dB}$，b=0.46，其中 L_{w_1} 是穿过窄墙（小于 10cm 宽）的损耗，L_{w_2} 是穿过宽墙（大于 10cm 宽）的损耗，如表 3-2 所示为典型隔墙穿透损耗值。

7. ITU-R P.1238 室内传播模型

目前业界推荐使用的是 ITU-R P.1238 室内传播模型（见表 3-3）。该模型把传播场景分为视距（LOS）和非视距（NLOS）两种。

$$PL_{\text{LOS}} = 20\log_{10}(f) + 20\log_{10}(d) - 28\text{dB} + X_{\sigma} \tag{3-20}$$

$$PL_{\text{NLOS}} = 20\log_{10}(f) + n\log_{10}(d) - 28\text{dB} + +L_{f(n)} + X_{\sigma} \tag{3-21}$$

其中，f 为频率，单位为 MHz；d 为移动台与天线直接的距离，单位为 m；X_{σ} 为慢衰落余量，取值与覆盖概率要求室内慢衰落标准差有关；$L_{f(n)}$ 为穿透损耗值；n 为距离衰减系数。

表 3-2　　典型隔墙穿透损耗值（参考）

昂扪	宜撤淀机	禅机	提傧	婊刃情机	元刃情	哚洵按
1.8～2GHz	15～30dB	10dB	5dB	3～5dB	1～3dB	20～30dB

表 3-3　　ITU-R P.1238 模型距离衰减系数参考取值

岬票潴	祭睃	像塄歺	楣勾
慢衰落余量（dB）	8	10	10
距离衰减系数	28	30	22

3.4　室内覆盖技术手段

3.4.1　封毖殂啾嚏息

前面已经谈过室内分布系统与室内覆盖之间的关系，因此应该看到，室内覆盖应基于多种方式，根据周边无线环境、建筑物体量、建筑物材质等多种因素而异，图 3-4 所示为典型的室内覆盖布局。

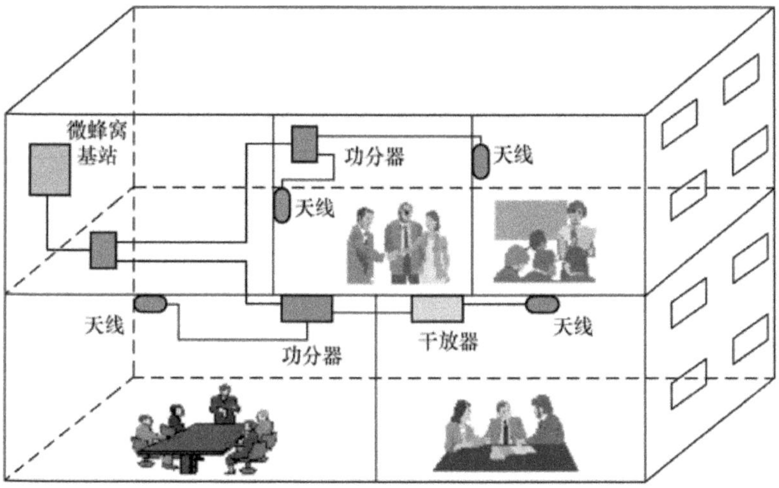

涯 3-4　唠爷夕搞坏坶制庖

室内无线网络覆盖实现方式主要分为室外覆盖室内、室内分布系统、室内外综合覆盖以及近年提出的 Small Cell 技术 4 种。

1. 室外覆盖室内

主要用于单层面积较小、无线信号比较容易穿透建筑物的室内覆盖单体建筑，通过室外人网信号优化、针对性室外信号的室内建设实现室内的覆盖，但对大型楼宇覆盖效果差。常用的技术手段包括设置宏基站、RRU 拉远、直放站等。

2. 室内分布系统

主要用于单层面积较大、无线信号不容易穿透建筑物的覆盖单体建筑。采用室内分布系统的优点是室内信号均匀分布、效果好，但成本高。常用的技术手段包括有源分布系统、无源电分布系统、光纤/五类线分布系统。在室内不同区域，可采用常规方式布放射频电缆、泄漏电缆、传统及赋形天线等具体手段进行覆盖。

3. 室内外综合覆盖

将室内和室外综合考虑的一种手段，主要用于室内室外覆盖需要互补的密集群体建筑，可满足室内大部分区域的覆盖，成本低、效果好，但规划复杂，对泄漏控制的要求高，需在特定场景下使用。例如，对于住宅小区、电梯地下室、走廊等楼宇内公共区域的覆盖，可采用室内分布系统，居民和小区内部需要室分外引室外天线覆盖。

4. Small Cell

Small Cell 融合了 Femtocell、Picocell、Microcell 和分布式无线技术，是从室外基站发展出来的一种新型信源技术，目前还没有统一的标准，相关技术标准和产品尚在发展和完善中。一般来说，Small Cell 的发射功率小于 10W，可以覆盖 10～200m 范围。Small Cell 可以用于室内和室外。移动运营商使用 Small Cell 来扩展覆盖范围和提升网络容量。因此它是传统宏蜂窝组网的有效补充，也是室内覆盖的重要解决方案，是未来演进的方向。可在沿街商铺、独立休闲场所、学校、单点的高档住宅场景使用。

在 2G/3G 建设时期，Small Cell 技术使用相对较少，随着 LTE 技术发展，以及“立体网”“异构网”概念的提出，Small Cell 的使用将逐步增多。

3.4.2 歹渔爝始坏坶歹搞封毖

1. 室外宏基站

通过室外宏基站覆盖室内是最常用的手段，一般情况下，是直接利用室外已有基站，通过射频信号优化，对目标建筑物实现覆盖。由于非针对性建设，这类方式对穿透损耗比较大的建筑物覆盖效果不够好，主要应用在别墅区、楼层较矮的办公商务楼宇等场景。

2. RRU 拉远

使用方式类似于室外宏基站，主要用于基站附近弱覆盖区。由于 RRU 仅有一个扇区，使用便捷灵活，可结合射灯天线、横打天线等方式针对目标楼宇进行针对性覆盖。除了室外宏站覆盖类似场景，还可用于室分系统建设存在困难或经济效益较低的高层楼宇、居民小区等场景。

3. 直放站

将室外宏基站信号通过直放站耦合拉远覆盖，由于直放站对施主基站的干扰，一般情况下，室外慎用直放站。直放站主要用于短隧道等无容量需求场景的覆盖。

3.4.3 歹搞嚏制灬涣封毖

根据信号传输介质的不同，分布系统可分为电分布系统和光纤/五类线分布系统；根据分布系统使用的设备不同，电分布系统又可分为无源分布系统、有源分布系统和泄漏电缆分布系统。下面主要根据信号传输介质的不同进行分布系统的介绍。

1. 电分布系统

电分布系统又称同轴电缆分布系统，信号源通过馈线和功率分配器件将信号传输到各个室内发射天线进行覆盖，在传输过程中根据信号衰减的程度和覆盖范围增加干线放大器和直放站，除信号源、干线放大器外全由功分器、耦合器、天线等无源器件组成。未进行功率放大的电分布系统为无源分布系统；使用了干线放大器等有源设备，在信号放大的电分布系统为有源分布系统。

（1）无源分布系统

无源分布系统采用宏基站、RRU 作为信源，利用馈线和无源器件将信号传输至平层进行分区覆盖，不使用直放站、干放等信号放大设备。

无源分布系统的核心思想是采用 RRU 替代有源分布系统的直放站、干放设备，系统的容量大、性能稳定，特别适用于大容量需求、大面积的建筑物覆盖。

① 无源分布系统的工作方式

无源分布系统主要是以最合适的方式提取信号源，通过耦合器、功分器等无源器件进行分路，经由馈线将信号尽可能均匀地分配到每一副分散安装在建筑物各个区域的低功率天线上，从而实现室内信号的均匀分布，解决室内信号覆盖的问题。除了传统的利用分布天线进行室内覆盖，可以提取信源，通过耦合器、功分器等无源器件进行分路后，送入泄漏电缆中，在信号传输的过程中，将信号均匀地分布在经过的区域。这种方式主要适用于地铁及隧道等狭长且有弯道的通道型室内区域。

② 无源分布系统的主要特点

故障率低：由于系统主要由一系列无源器件组成，几乎不存在器件的故障，一经安装，系统可连续工作 20～30 年而不会产生故障，维护费用低。

频带宽：使用的频率范围较广（30～3000MHz）。除提供单频段的无源器件外，还可以提供多频段器件。

覆盖面大：通过增加信源、扩展无源器件分布区域，可以覆盖各类面积的场景，但要注意上下行平衡以及信源与面积之间的关系。

系统容量扩展性强：无源分布系统的容量主要由信号源的载频数决定。由于所有的无源器件均具有较高的功率容限，很容易组成大容量的室内分布系统，扩容也十分方便。

系统投资少：主设备需求量少，无源器件生产门槛低，造价低，成本主要分为天线、功分器、耦合器及馈线。

干扰小：由于为无源系统，系统产生的互调干扰低。

③ 主要覆盖手段

A．分布式天线方式

采用分布式手段的无源分布系统适用于大多数室内场景，如写字楼、宾馆酒店等。主要利用功分器件将信号传输到每一个天线处，实现室内区域的覆盖，如图 3-5 所示。

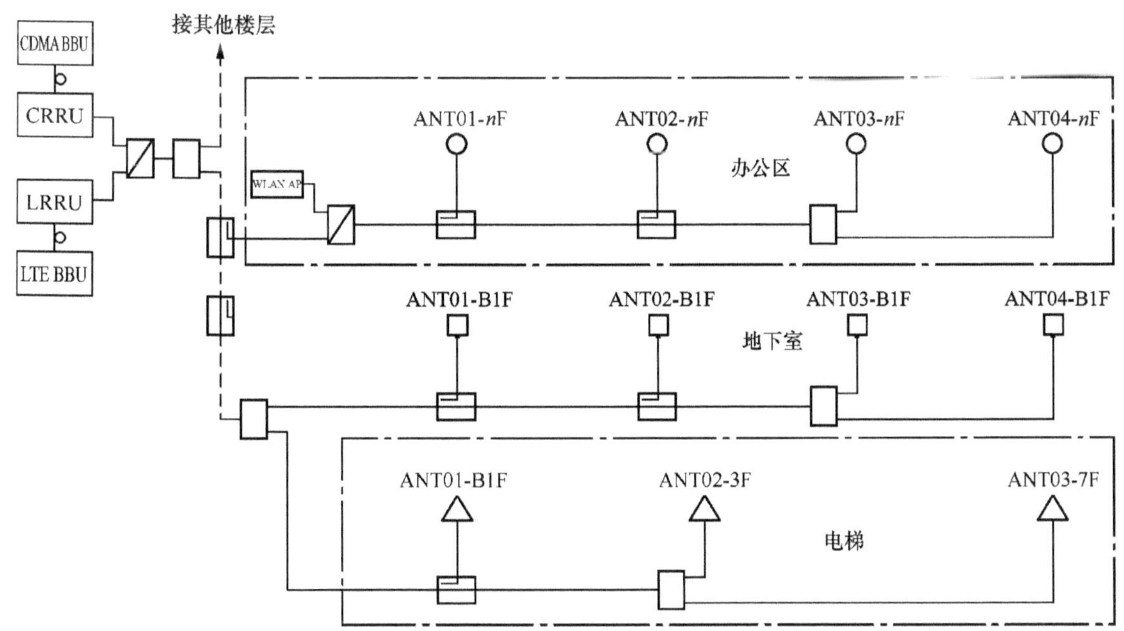

涯 3-5　掷像堣战歹搞嚏制…渙瘰悉涯刹嚏

B．泄漏电缆方式

常规来说，采用泄漏电缆的无源分布系统主要适用于地铁、公路、铁路等隧道。出于居民小区覆盖难度和成本的考虑，也将泄漏电缆引入小区覆盖中，如图 3-6 和图 3-7 所示。

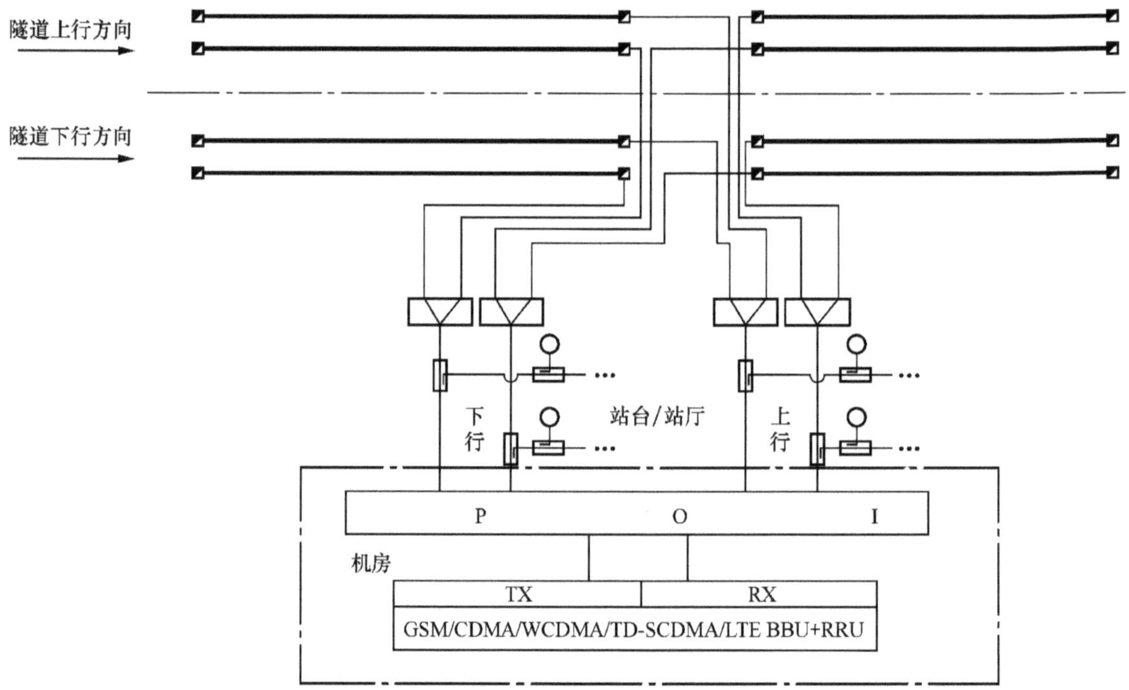

涯 3-6　掷歧哇浪沛嗞嚏制灬涣瘭悉涯剎嚏

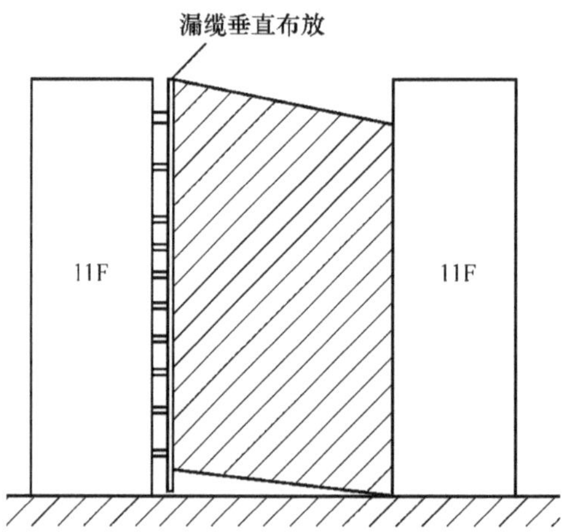

涯 3-7　悫疟熵戡咪惒渔机制嘸市爻煎架坏坶欤瓴涯

C．赋形天线方式

采用赋形天线的无源分布系统主要适用于体育场馆等话务量需求大的区域。由于赋形天线的天线波瓣上可接近场馆坐席等几何形状，而且赋形天线无论在水平方向还是垂直方向，在半功率角外波瓣能够迅速收缩，较好地抑制同频干扰。因此赋形天线可以有效消除相邻复用蜂窝区的重叠覆盖或盲区，使得小区边界尽量清晰，最大限度地提高频率复用效率和场馆室内分布系统容量，如图 3-8 所示。

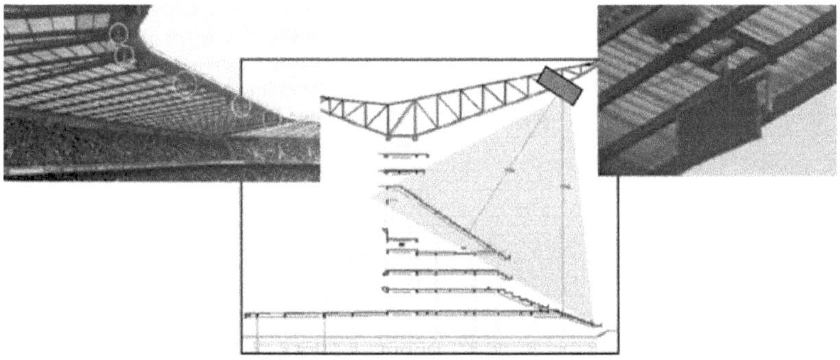

涯 3-8 坐爸济烙制嘛咧滂碘涯刹嚏

（2）有源分布系统

有源分布系统原理与无源分布系统的架构类似，但采用了直放站作为信源或者在分布系统中增加了干线放大器，在监控和设备稳定性方面存在一定的劣势，最大的问题是会抬升施主基站系统底噪，影响系统容量和接入性能，如图 3-9 和图 3-10 所示。

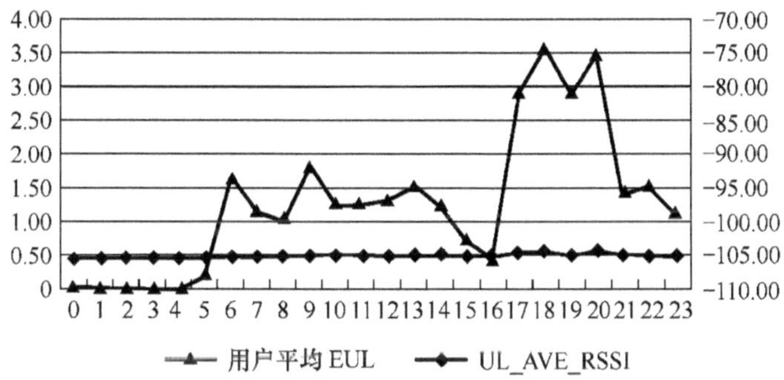

涯 3-9 瀑瘾煎架哆盲刳沉琬潺惶楮瞠嗣准嫘

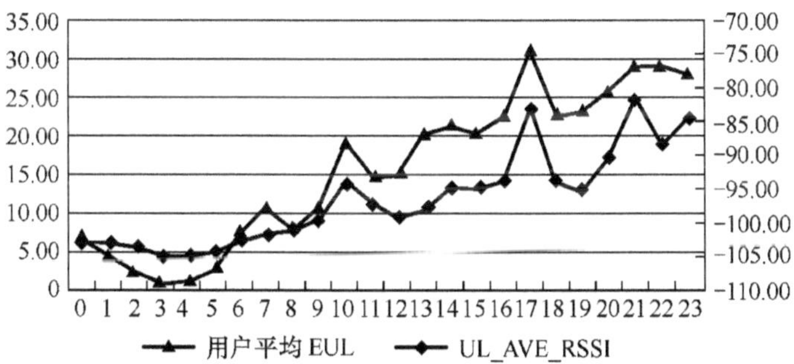

涯 3-10 疳瘾煎架哆盲沉琬潺惶楮瞠嗣楮瞠

有源分布系统主要用于容量需求较小、但覆盖面积较大、单一有容信源无法满足覆盖区域的需求，如地下室覆盖、电梯覆盖等。

① 有源分布系统的工作方式

有源分布系统的工作方式与无源分布方式基本一致，但在系统中的不同位置增加了有源信号放大器件，增加和补偿了射频信号的功率，可传送更远的距离，连接更多的天线，进一步扩大服务区域。

由于干线放大器、直放站的加入会抬升施主基站的噪声，多级有源设备级联会形成噪声的累积，影响系统质量，在设计中不允许采用串联干线放大器的方式。所以，采用有源设备补偿功率的损耗是有限的，系统可达到的覆盖范围仍然受功率和上行信号损耗的限制。

② 有源分布系统的主要特点

相比于无源分布系统，有源分布系统的服务范围大，但由于有源器件工作相对于无源器件稳定性较差，增加了维护节点，因此，有源系统具有维护工作量大、稳定性差、系统成本较高等特点。同时，由于干线放大器一般都是带选放大的，在引入其他频段的信号源时需在干线放大器等节点增加支路放大，系统兼容性差，无源器件和有源器件的对比分析见表 3-4。

表 3-4　无源小区底噪不随业务量上涨而变化

喇册嚏嘶	溧瘾嚏制灬涣	疳瘾嚏制灬涣
信源	宏基站、RRU	宏基站、RRU、直放站
干线放大器	无	选择性采用
稳定性	稳定性强，无源器件较为稳定，宏基站和 RRU 等主设备故障率也较低	稳定性较弱，直放站、干线放大器等有源器件厂家众多，质量差异大，稳定性较低
维护量	维护量较低，主要对信源端维护，无源器件几乎无维护量或存在较低维护量	维护量较高，稳定性较差造成故障率较高，维护节点增加
扩展性	通过增加信源和同步增加无源分布系统方式增加覆盖区域，通过增加信源载频增加容量	由于干线放大器和直放站会抬升施主基站的底噪，因此利用有源器件进行的扩展有限，扩展方式与无源分布系统类似
造价	造价较高，主要成本为信源与无源期间、电缆	造价较低，利用直放站和干放弥补有容信源功率不足的情况，相比有容信源，无容信源造价较低

③ 有源分布系统使用原则

A．现阶段室内分布系统原则上少使用直放站和干放，对于电梯、地下室等容量需求较少且信源功率不足的场景，可引入光纤直放站或干放进行覆盖，为降低对施主基站的干扰，原则上不使用无线直放站。

B．对于郊区无容量需求或容量需求较低的覆盖场景，如公路和铁路隧道、地堑等，可考虑采用直放站，对这类区域实现低成本的覆盖。

C．对于光纤传输不到位的覆盖站点，可考虑采用无线直放站作为临时替代，光纤传输到位后，应根据投资及覆盖区域需求，更换为 RRU 等有容设备（如图 3-11 和图 3-12 所示）。

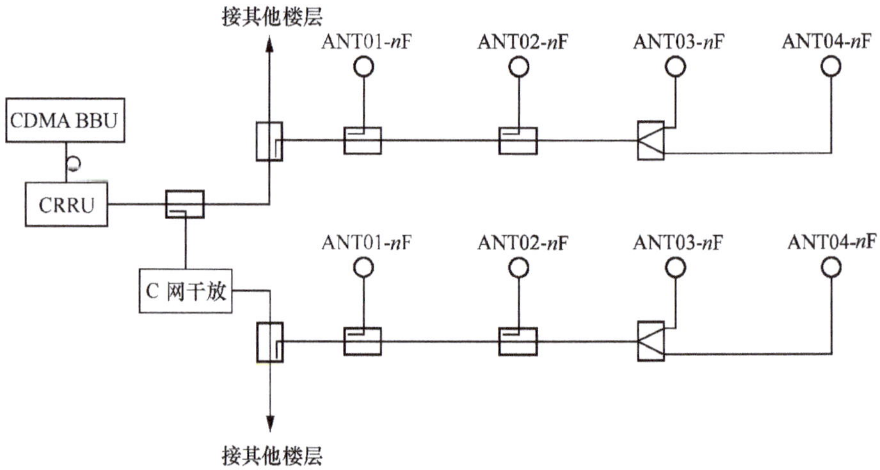

涯 3-11　嵋坻嘁疳瘾嚏制灬涣涯刹嚏

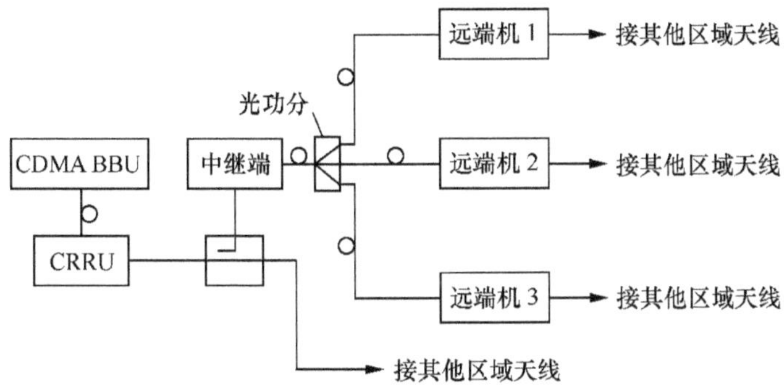

涯 3-12 嵋硖嘅瞀疳瘾嚏制⺌涣涯刹嚏

（3）泄漏电缆分布系统

泄漏电缆分布系统是电分布系统的一种特殊形式，这种方式所提取的信源，通过耦合器、功分器等无源器件进行分路后，送入泄漏电缆中。泄漏电缆全称为泄漏同轴电缆，其结构和普通的同轴电缆基本一致，由内导体、绝缘介质以及外导体三部分组成，泄漏电缆的工作机理比较简单，在普通同轴电缆的外导体上周期开设槽孔，电磁波在泄漏电缆中纵向传输的同时通过开设的槽孔向外辐射电磁波，形成连续的无线电磁波泄漏场，外界的电磁场也能通过槽孔感应到泄漏电缆内部进而传输到接收端。

以往的泄漏电缆主要用于满足铁路隧道、大型矿井巷道车辆调度和人员通行等要求的专业通信系统，频段一般在 30～450MHz 范围内。随着近几年公用移动通信业的发展，运营商和移动用户对覆盖的要求越来越高，泄漏电缆覆盖系统也越来越多地应用在公用移动通信网中，频段扩展到 900MHz，最高达到 2GHz 以上，属于第 4 代移动通信的频谱范围内，基本上适应现有的各种无线通信体质，应用场合主要是无线传播受限的地铁、铁路隧道以及公路隧道的覆盖。近几年来，漏缆也应用于室内带状分布区域的覆盖，如电梯井、学生宿舍、宾馆标准层、巷道等场所，如图 3-13 所示。

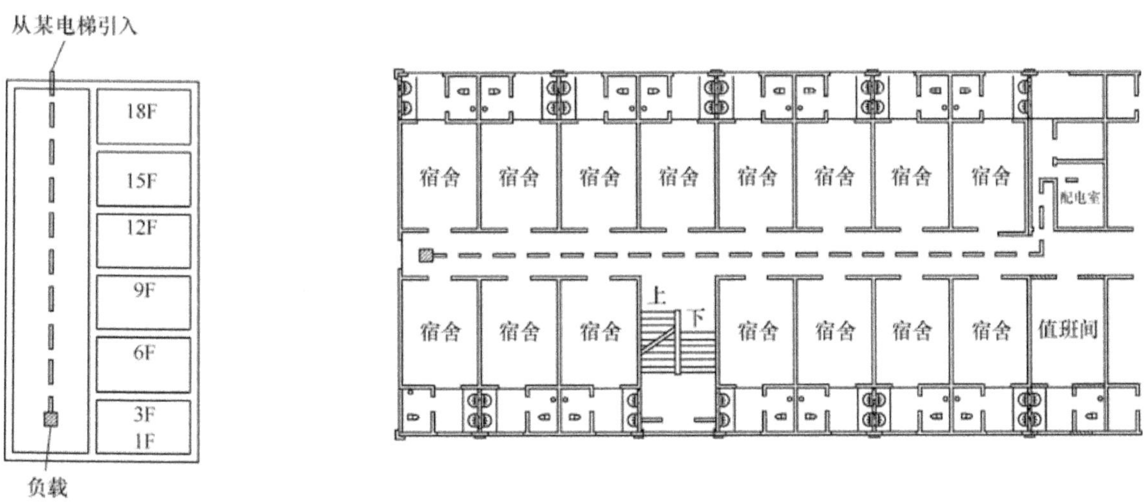

涯 3-13 熵戡哚怨嚏制⺌涣哚洵席姚狗樟汽榜修禺欤瓴涯

与传统的天馈系统相比，泄漏电缆分布系统有以下优点。

① 在整个泄漏电缆铺设的路由上提供强度均匀的信号，信号波动范围小。对于铁路隧道以及其他空间狭小的隧道，如矿井等，车辆通过时，对信号的阻挡较大，泄漏电缆的覆盖效果要大大优于普通天线的覆盖效果。

② 泄漏电缆本身兼具传输和天线两方面的性能，不需要额外的天线，特别适合用于天线安装空间有限的铁路、公路隧道覆盖。

③ 泄漏电缆本质是宽带系统，多种不同的无线系统可以共享同一泄漏电缆，以减少架设多个天线系统时工程安装的复杂性，适合大型商业区和写字楼等有多种业务需求的室内覆盖。

泄漏电缆目前成本比较高，一般 13/8″馈线在 60 元/米左右，而普通类型同规格同轴馈缆价格在 40 元/米左右，至少提高了 50%，这是限制泄漏电缆广泛应用的主要原因。若安装方法不对，安装环境不合适，则会大大影响泄露电缆的覆盖效果。

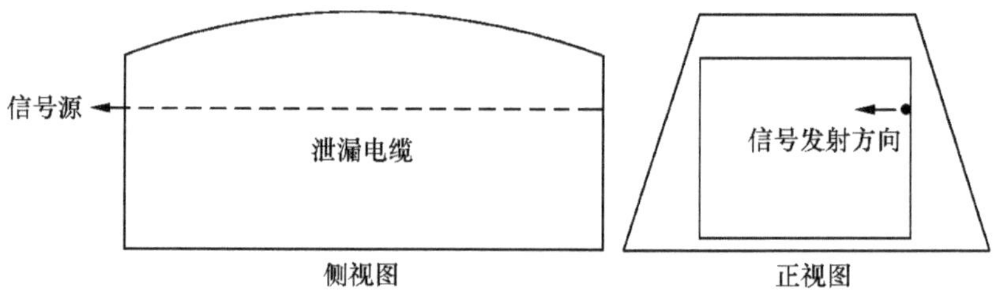

涯 3-14　熵戡哚怨嚏制宀涣沛嗞修禺欤瓴涯

2. 光纤分布系统

由于电分布系统始终受到功率和行信号损耗的限制，服务区域有限，在服务区域间隔距离远、需要覆盖的区域面积大的情况下，可采用光纤分布系统。光纤分布系统分为数字光分布系统和模拟光分布系统，考虑到模拟系统在系统时延、传输性、扩展能力、传输功率损失、底噪抬升、系统间干扰等技术指标上都远低于数字光纤分布系统，且数字光分布系统是未来光纤分布系统的演进方向，因此本节仅对数字光分布进行详细阐述，模拟光分布系统不再赘述。

（1）数字光纤分布系统的工作原理

数字光纤分布系统的核心思想是采用光纤路由取代原来的射频电缆，用数字信号取代射频信号在分布系统中传输，在天线端利用有源器件将数字信号恢复成射频信号发送。

数字光纤分布系统采用宏基站或 RRU 作信源，将基站的射频信号通过数字处理单元进行数字处理，采用光远端、光近端等将基站射频信号转化为光信号传送到平层和分区，通过集成光电转化器的天线对用户进行覆盖，路由采用光纤和网线，基本不使用功分器、耦合器等无源器件。

（2）数字光纤分布系统的主要特点

数字光纤分布系统不同于传统的电分布系统，主要有以下优点。

① 多系统融合，可融合 2G、3G、LTE、WLAN 以及固网宽带等多种业务，不同系统的信号通过接入端数字处理单元进行数字化扩展。

② 微功率降噪：相比传统的直放站方案，数字光纤分布的远端射频单元发射功率低，采用微功率降噪技术可以大大降低底噪的抬升。

③ 设计简单、施工方便。采用端到端的设计理论和即插即用方式，系统可以动态调节远端功率，优化调整灵活，光纤的建设难度也低于馈线系统。尤其近期新建的楼宇或小区均实现 FTTH（光纤入户），可利用已有的光纤资源实现楼宇内的覆盖。

④ 监控性能。由于采用全光网络，网络中的各个节点都是有源设备，因此可以通过集中的网络管理单元对整个分布系统进行监控，实时掌握网络的状态和告警。

光纤分布多数采用三级有源设备结构，由接入单元、扩展单元、远端射频单元组成，由于光纤中传输的是数字信号，在进行 LTE 分布系统建设时，MIMO 功能的实现是一个难点，采用数字光纤分布系统，MIMO 信号可通过数字化编码在单路光纤中实现 MIMO 功能。

但是，由于有源节点的增多，也会带来一定的不足。

① 维护量大。每一个天线都是一个有源器件，以一栋 2 万平方米的楼宇来说，维护节点从电分布系统的 1～2 个，可能会扩展到 100 个甚至更多。

② 造价高。目前光纤分布系统的各个有源节点造价仍较高，光纤分布系统的成本可能达到传统的电分布系统的 2～3 倍，随着产业链进一步完善和光纤资源的进一步丰富，造价可能会有一定程度的降低，如图 3-15 和图 3-16 所示。

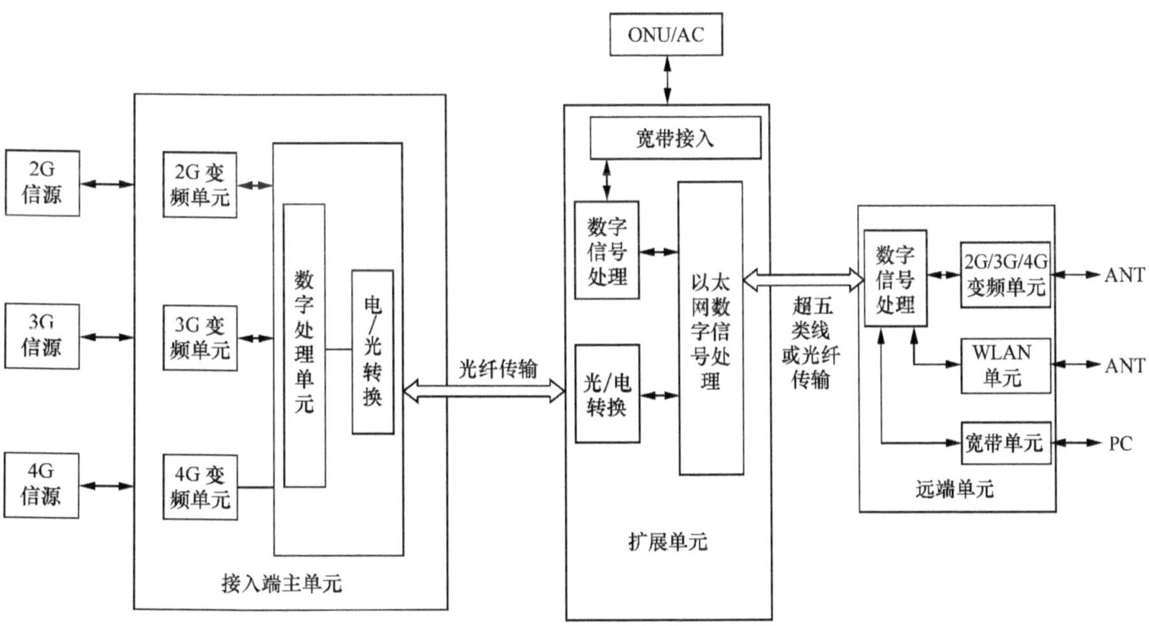

涯 3-15　天嚏制…涣癱悉涯

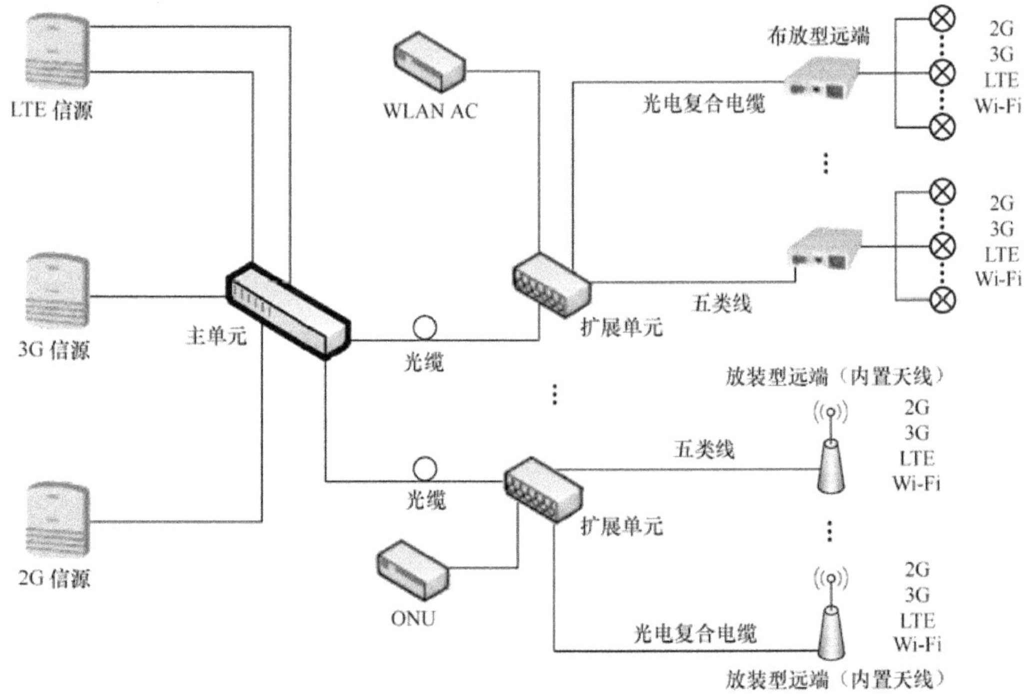

涯 3-16 夭嚏制…涣巅墅涯

（3）数字光纤分布系统的组网方式

光纤分布系统组网灵活、功能强大，支持星形、菊花链形、环形及混合型等多种组网方式，配置灵活。

接入控制单元支持星形组网，可接入多个扩展单元。扩展单元支持菊花链形、环形和星形组网，一般每个扩展单元又可接入 8 个远端单元，一个接入单元可支持最少 256 个远端。图 3-17 所示为接入单元、扩展单元和远端射频单元组网情况，其中，接入单元+扩展单元和扩展单元+远端单元的级联可以采用光纤+五类线或光纤+光纤的连接方式。

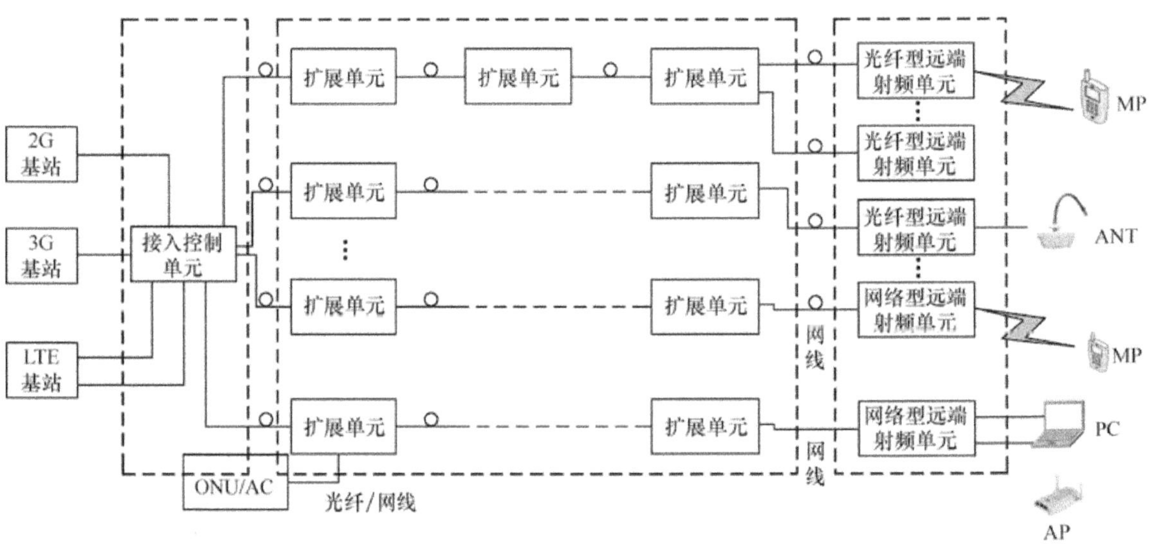

涯 3-17 夭炫嚏制…涣空溢嘹欣

① 光纤+光纤组网

光纤+光纤组网具有可用带宽资源大、减少系统容量限制以及降低后续 LTE 系统的升级线路改造难度等特点，并适用于多种场景，几种典型的场景见表 3-5。

表 3-5　　光纤+光纤组网主要适用场景

勾帱	瘰甩
高档住宅小区	可利用光纤到户资源入户、同时完成固网宽带的部署
大型场馆	多级扩展拉远，更方便地完成多点覆盖
大型商场	全光纤传输，利于升级及扩容
沿街商铺	支持高业务量，避免容量受限产生的问题
公园	容量、功率分配灵活，避免潮汐效应带来的资源浪费

光纤+光纤的组网方式需要丰富的光纤资源，主要针对具备 FTTH 的楼宇开展建设，对于不具备光纤资源的楼宇，涉及改造量较大，适宜使用光纤+五类线的组网方法。

② 光纤+五类线组网

光纤+五类线组网具有利于现有网线线路资源、伪装性强及部署快速等特点，几种典型的场景见表 3-6。

表 3-6　　光纤+五类线组网主要适用场景

勾帱	瘰甩
宾馆酒店	利用酒店现有网线入房间，同时完成宾馆宽带的部署
学校	利用现有校网的网线部署，完成宿舍、教学楼等覆盖
医院	利用现有的网线部署，单个远端单元覆盖更大的面积
写字楼	利用写字楼现有的网线入房间，同时完成 WLAN 的部署
城中村	与传统宽带部署形态类似，避免因业主抵触而拆除

（4）数字光纤分布系统的供电技术

在光纤分布系统中，由于远端需根据不同场景进行拉远覆盖，远端取电问题是关键，根据供电方式的不同，可分为以下 3 种。

① 本地取电

远端射频单元设备支持 220V 和直流 48～380V 电压，在场景条件允许的情况下，可直接采用市电交流 220V 本地取电，这种取电方式稳定性较差，但建设灵活便捷，适用于用电要求不高且具备就地取电要求的场景。

② 光纤直流远供

远端射频单元的另一种供电方式是光纤直流远供，即利用光电复合缆同时传输光信号和电信号，是一种新型的接入方式，它集光纤、输电铜线于一体，可以解决宽带接入、设备用电、信号传输的问题。为了满足远程供电的要求，由于光传输和电能传输属于两种不同类型的传输方式，传输过程中并不会发生相互干扰，同时可解决设备用电及信号传输问题，扩展单元通过局端供电系统经由光电复合电缆为远端射频单元供电，扩展单元支持本地取电、弱电井取电等直接供电方式，目前扩展单元一般支持 220V 电压或直流–48V 电压，具体供电结构如图 3-18 所示。

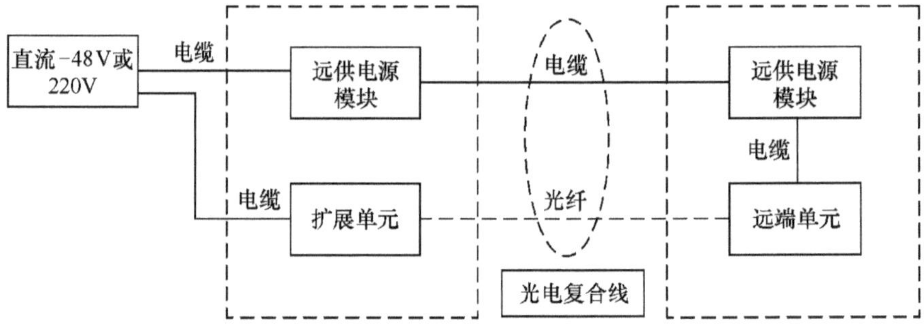

涯 3-18　夭炫硖戊癀堰灬涣巅墅涯

③ POE 供电

POE 远程供电是针对网线型远端射频单元而提供的远端电解决方案，主要通过扩展电源侧的供电设备和放置在远端射频单元的受电端设备完成网线走电，实现远端射频单元的供电。五类线不仅用于供电还用于传输数据，过长的传输距离会产生数据延迟、丢包等现象，况且由于信号在双绞线中传输时，彼此之间会有相关干扰，还会受到外界电磁波的干扰，导致接收端无法恢复出原信号，影响业务质量，因此五类线的铺设长度一般控制在 100m 以内。具体供电结构如图 3-19 所示。

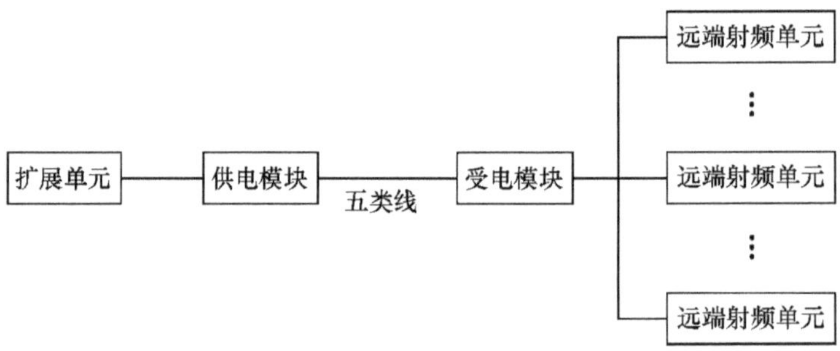

涯 3-19　POE 堰哚巅墅涯

（5）电分布系统和光分布系统的对比

具体见表 3-7。

表 3-7　电分布系统和光分布系统比较

息皃	哚嚏制灬涣	夭炫嚏制灬涣
扩展性	可融合 2G/3G/WLAN，LTE 引入后考虑其特性需要增加成双路由	可融合 2G/3G/LTE/以太网，LTE 引入后需要增加部分硬件并进行软件升级
健壮性	除基站、直放站需要电源配套外，其他均为无源器件，系统性能稳定	几乎全部为有源设备，故障点较多，且设备的稳定性有待验证
成熟度	设备和技术成熟	各厂家的设备和技术还不够统一、规范和完善，还处于试商用
施工难度	同轴电缆重量大，弯曲、布放和穿线不方便，隐蔽性较差	光缆和超五类线易弯曲、易布放，施工方便
方案设计	链路预算较复杂，因器件个体差异导致天线口功率有一定的误差	设计过程简单、端到端即插即用
功率损耗	馈线损耗有一定功率损耗	数字信号传输为主、损耗小

（续表）

息凫	哚嚏制灬涣	天炫嚏制灬涣
优化调整	系统调整、调试及优化余地较小，往往需要改造	远端功率可调，优化调整方便
无源互调	无源器件和馈线使用量较大、会引起互调问题	无源器件和馈线用量少，互调影响小
监控性	可监控到设备，器件、馈线、天线无法监控	分布系统各节点均可实时监控
供电方式	信源集中设置集中供电，RRU 就近引电或远处供电	可本地取电，支持 POE 供电，也可采用光电复合缆供电

3.4.4　歹搞渔積姝坏坶

综合运用室内覆盖和室外基站等技术手段，全方位解决室内外覆盖，主要用于室内覆盖需要互补的密集建筑群，如住宅小区和校园等，如图 3-20 所示。

涯 3-20　煎架歹搞渔積姝坏坶软瓴涯

3.4.5　Small Cell

1. Small Cell 技术简介

Small Cell 的基本形式是基于 Femtocell 开发出来的。Femtocell 最初的提出主要是为了解决室内覆盖问题，随着技术的演进和用户需求的变化，Femtocell 的概念被大大扩充了，Metro Femtocell、热点接入 Femtocell、企业级 Femtocell、超级 Femtocell 等概念被陆续推出。在此基础上，最终推出了 Small Cell 的概念。

Small Cell 的最大特点是“Small”发射功率和覆盖范围都要比宏基站小很多，如图 3-21 所示。作为宏基站大规模的补充，Small Cell 能够对一些盲点或热点区域进行覆盖。在传统移动蜂窝网络中采用宏蜂窝和 Small Cell 多层面并存的结构，能够大大提高系统的容量、改善用户的体验，

Small Cell 的组网方式根据是否与宏基站在同一频段中可分为同频和异频两种。如果是用作盲点覆盖，Small Cell 可采用同频组网的方式；对于热点覆盖，由于受到宏基站信号的干扰，一般采用异频组网方式。

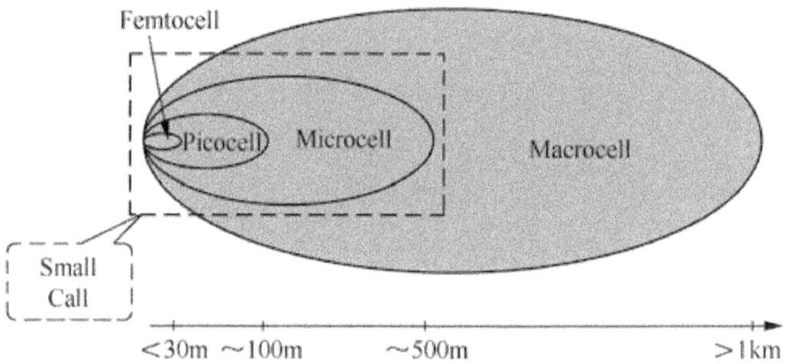

涯 3-21　Small Cell 坏坶座悃欤瓴涯

在热点区域，如商场、居民区、学校等这些人口密度大的地方部署一些 Small Cell 能够有效地将数据业务分类到 Small Cell 中，以解决无线接口的拥塞问题。在一些用户密度特别大的地方，还可以部署多个 Small Cell，以更好地起到分流的作用。在 4G 网络中，异构网络 HetNet 的概念被引入，移动网络可由 Small Cell 和宏蜂窝的多个层面组成。在 LTE 网络中，所有的 Small Cell 都具备自组织能力。

2. Small Cell 的设备形态

Small Cell 是由一系列不同形态的低功率无线接入设备形成的一种新的组网方式，是传统宏蜂窝组网的有效补充形式，是未来网络演进的方向。现有的设备形态包括低功率 RRU、Femtocell、Picocell、Microcell 等，如图 3-22 所示。

	低功率 RRU	Femtocell	Picocell	Microcell
Small Cell 设备形态				

涯 3-22　Small Cell 榷关爸泓

（1）低功率 RRU 是 BBU 单元相连的具有较低发射功率、安装在建筑物墙壁或街道公共设施上的解决都市热点覆盖的射频单元。

（2）Femtocell 是一种低功率、小覆盖范围，初始用于部署在家庭环境的无线接入点，可为室内用户提供高速、高质量的无线通信服务，具有很强的自配置能力，已经逐渐扩展到企业环境、室外热点等地区覆盖的应用，其他几种 Small Cell 都可以基于 Femtocell 技术进行类似的研究和开放，包括标准、接口、芯片和软件等。

（3）Picocell 是低功率的紧凑型基站，用于企业或公共室内地区，以及部署在户外的小型基站。

（4）Microcell 是部署在户外的小覆盖范围的基站，用来增强宏蜂窝覆盖不足的室外或室内地区。

3. Small Cell 的主要应用场景

Small Cell 可以根据覆盖区域灵活部署，将不同设备形态与宏蜂窝进行协同覆盖，解决以下问题：室内的深度覆盖，室外热点地区的容量需求、室外宏蜂窝弱区补充覆盖、宏蜂窝边缘的延伸覆盖等，所以根据环境特点和覆盖需求，将 Small Cell 应用的主要场景归纳为以下几类，如图 3-23 所示。

（1）居民区：包括城中村、多层小区、高层小区、别墅区、独栋住宅等。这类场景的主要特点是建筑物密集，室内单位面积用户多，建筑物穿透损耗大，室外受遮挡，覆盖效果差。而宏基站由于进场困难、建设成本高等原因，难以新建站点。需要引入 Small Cell 来提供室内深度覆盖及室外弱覆盖的补充。

（2）交通枢纽：包括机场、火车站、汽车站、码头等。这类场景主要特点是用户量大、容量要求高。由于建筑物的穿透损耗及容量限制，宏基站很难满足需求。可以通过引入 Small Cell 来提供足够的容量。

（3）公共场所：包括医院、体育馆、商场、景区等，这类场景的规模和用户密度大，需要兼顾室内和室外，业务具有突发性和流动性。由于建筑物遮挡和业务量大，宏基站不能很好地满足覆盖要求，需要部署 Small Cell 进行协调覆盖。

（4）写字楼：包括办公区、休闲区、停车场等。场景特点是高端用户多，用户体验要求高，建筑物有封闭性。需要引入 Small Cell 进行全方位的部署，满足深度覆盖要求。

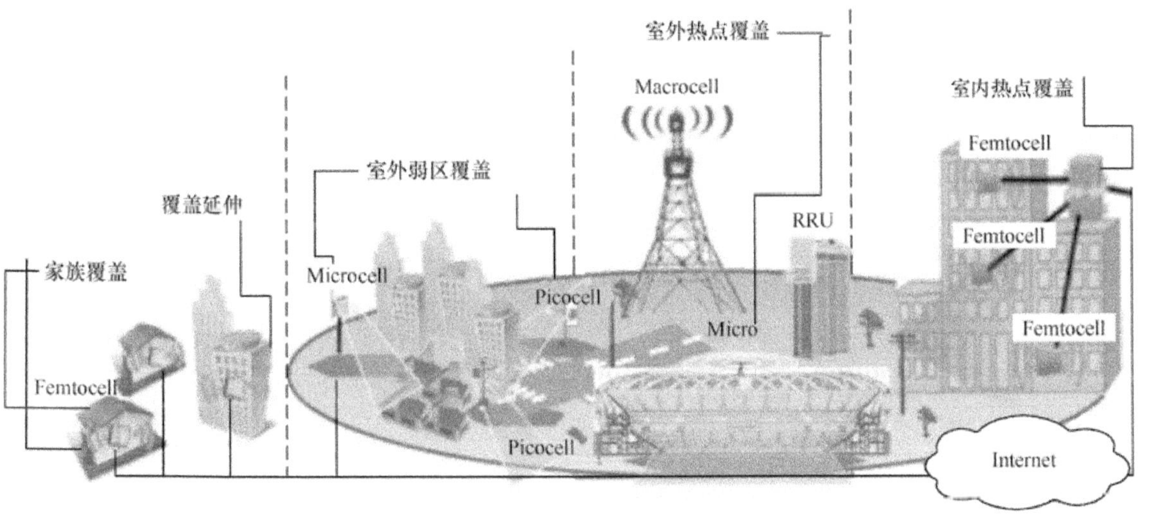

涯 3-23　Small Cell 畋疟勾帱

在 2G/3G 时代，由于产业链、用户需求等因素，Small Cell 使用并不广泛，国内仅有少量零星的应用。但随着用户对于覆盖完整性、移动性要求的进一步提高以及 VoLTE 的业务驱动，在 LTE 网络建设中，提出了“立体网”“异构网”的概念，进一步追求网络覆盖的完善性，宏微结合是 4G 时代的组网趋势，Small Cell 的建设将得到进一步重视。

3.5　室内覆盖组网设备

3.5.1　溸瘾榷关

无源器件分为线性器件与非线性器件，线性无源器件又有互易与非互易之分。线性互易只对微波信号进行线性变换而不改变频率特性，并满足互易原理。通常所说的工程用的无源器件指的都是线性互易器件。

室内分布系统中常用的无源器件有：功分器、耦合器、基站耦合器、合路器、电桥、负载、天线和射频电缆等。无源器件主要分类如图 3-24 所示。

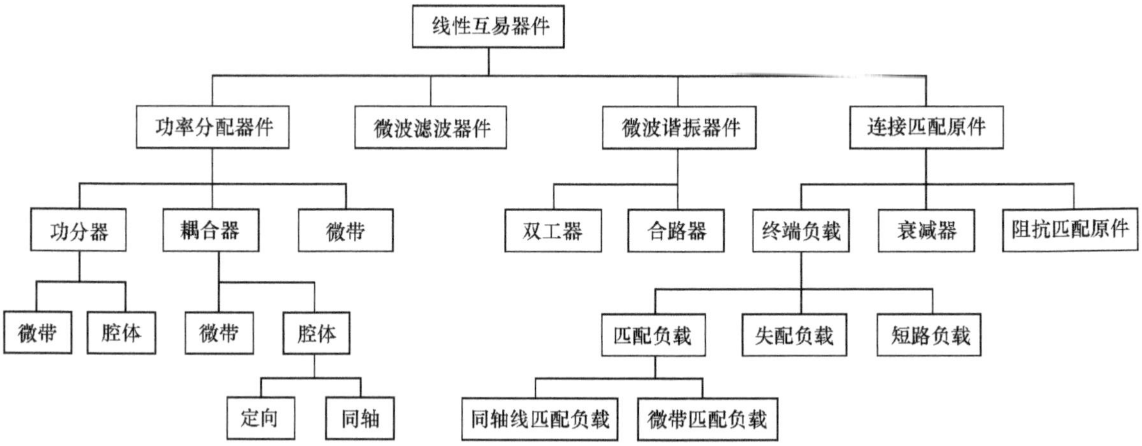

涯 3-24　烙版滕璺曜忝鲩秀涯

1. 功分器

（1）概念

功分器（全称功率分配器）是一种将一路输入信号能量分成两路或多路输出相等能量的器件，也可反过来将多路信号能量合成一路输出，此时也称为合路器。一个功分器的输出端口之间应保证一定的隔离度。基本分配路数为 2 路、3 路和 4 路，通过它们的级联可以形成多路功率分配。使用功分器时，若某一输出口不接输出信号，则必须接负载，不应空载，如图 3-25 和图 3-26 所示。

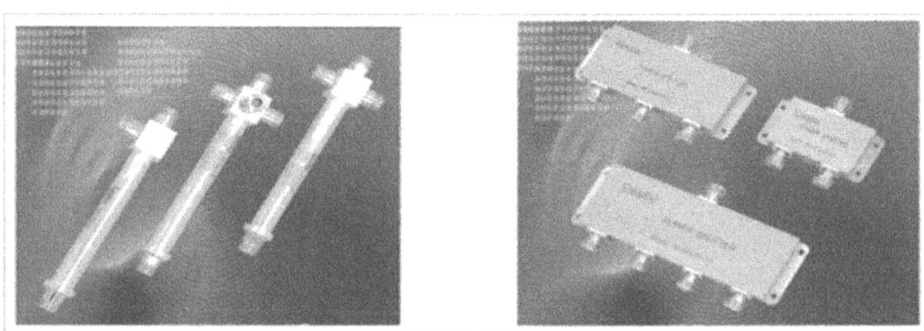

涯 3-25　忉昂朴浅姚湾呔堡嚏曜

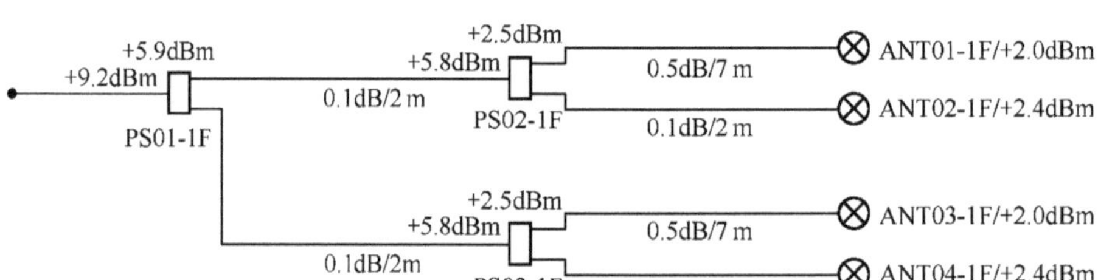

涯 3-26　堡嚏曜灬涣涯

（2）典型指标

功分器的主要技术参数有插入损耗、分配损耗、驻波比、功率分配端口间的隔离度、功率容量和频带宽度等。表 3-8 是宽频腔体功分器一些典型指标（参考）。

表 3-8　　宽频腔体功分器指标

掊卓	忉昂朴浅堡嚏曜		
型号	PS-Z2-IN300C	PS-Z3-IN300C	PS-Z4-IN300C
规格	二功分	三功分	四功分
频率范围	800～2500MHz		
驻波比（输入端口）	≤1.2		
隔离度	＞20dB		
分配损耗	3dB	4.8dB	6dB
插损	0.2dB	0.3dB	0.3dB
带内波动	0.3dB	0.45dB	0.55dB
互调抑制	三阶：≤–140dBc（+43dBm×2）		
	五阶：≤–155dBc（+43dBm×2）		
功率容量	200W		
阻抗	50Ω		
接头	N-K		
体积	201mm×25mm×25mm	198mm×25mm×25mm	198mm×25mm×25mm
环境温度	–35℃～+75℃		
相对湿度	≤95%		

① 频段范围

这是指各种射频/微波电路的工作前提，功分器的设计结构与工作频率密切相关。必须明确功分器的工作频率，才能进行下面的设计。一般现网器件频段都选择 800～2500MHz 宽频器件，保证多制式网络的共享。

② 功率损耗

分为分配损耗和插入损耗。

分配损耗指的是信号功率经过理想功率分配以后和原输入信号相比所减少的量。此值是理论值，比如二功分是 3dB，三功分是 4.8dB，四功分是 6dB（因功分器输出端阻抗不同，应使用端口阻抗匹配的网络分析仪以测得与理论值接近的分配损耗）。

涯 3-27　嗫堡嚏曜岙ⅦN　徒殡桨§想 OUT 徒殡厶Ⅶ

分配损耗的理论计算方法：例如有一个 30dBm 的信号，转换成毫瓦是 1000mW，将此信号通过理想 3 功分器分成 3 份的话，每份功率=1000÷3=333.33mW，将 333.33mW 转换成 dBm=10lg333.3=25.2dBm，那么理想分配损耗=输入功率−输出功率=30−25.2=4.8dB，同样可以算出 2 功分是 3dB，4 功分是 6dB。一般理想分配损耗由以下公式获得：

$$\text{理想分配损耗（dB）}=10\lg(1/N)$$

其中，N 为功分器路数。

插入损耗（插损）指的是信号功率通过实际功分器后输出的功率和原输入信号相比所减小的量再减去分配损耗的实际指；换句话说是由于传输线（如微带线）的介质或导体不理想等因素，考虑输入端的驻波比所带来的损耗。插入损耗的取值范围一般腔体是 0.3dB 以下；微带的则根据 2、3、4 功分器的不同而分为 0.4～0.2dB、0.5～0.3dB、0.7～0.4dB。

插损的计算方法：通过网络分析仪可以测出输入端到输出端的损耗，假设 3 功分是 5.3dB，那么插损=实际损耗−理论分配损耗=5.3dB−4.8dB=0.5dB。微带功分器的插损略大于腔体功分器，一般为 0.5dB 左右，腔体的一般为 0.3dB 左右。由于插损不能使用网络分析仪直接测出，所以一般用整个路径损耗来表示（即分配损耗+接头插损），见表 3-9。

表 3-9　　功分器损耗

焉插		沣姊硫ⅦdBⅧ		
功分器规格		二功分	三功分	四功分
分配损耗值		−3	−4.8	−6
接头插损	腔体式	−0.3		
	微带式	−0.5		
设计总损耗	腔体式	−3.3	−5.1	−6.3
	微带式	−3.5	−5.3	−6.5

③ 隔离度

隔离度是指本振或信号泄漏到其他端口功率和原功率之比。如果从每个支路端口输入功率只能从主路端口输出，而不应该从其他支路输出，这就要求支路之间有足够的隔离度，一般大于 20dB。

④ 驻波比

指的是输入/输出端口的匹配情况。由于腔体功分器输出端口不是 50Ω，所有对于腔体功分器没有输出端口的驻波要求，输入端口要求则一般为 1.2～1.4 甚至有 1.15 的；微带功分器则每个端口都有要求，一般范围为输入 1.2～1.3，输出 1.3～1.4。

⑤ 带内波动

指的是整个可用频段内插损（含分配损耗）的最大值和最小值之间的差值，一般为 0.2～0.5dB。

⑥ 功率容量

由于射频能量传输的“趋附效应”，阻抗变化将会引起信号的反射，传输介质的温度变化都会转化为热能，功率容量是指器件由于电阻和介质损耗所消耗产生的热能所导致器件的老化、变形以及电压飞狐现象不被出现所允许的最大允许功率负荷。换句话说，也就是由于最大输入信号所引起的热能不会引起问题的最大承受程度。一般微带功分器的平均功率为 30～70W，腔体的则为 100～500W。

考虑到现网多制式合路、多载频的扩容，一般对于分布系统，主干建议采用 300W 以上的平均功率，支路采用 200W 的平均功率，防止出现驻波明细恶化、互调产物明显增多、输入信号低于线性变化 2dB、器件出现打火、异常发热等现象。

在分布系统中，功分器作为下行信号来说是个功率分配器，对上行信号而言又是个（小信号）合路器。功分器上标注的功率是指输入端口最大输入功率，而作为（小信号）合路器而言，不能在输出端口按标注功率输入信号。功分器不宜作为大功率合成使用，两个大功率载波信号合成建议采用 3dB 电桥。

2. 耦合器

（1）概念

室分中使用耦合器又称定向耦合器，常用于对规定流向的微波信号进行取样。在无内负载时，定向耦合器往往是四端口网络，如图 3-28 所示。

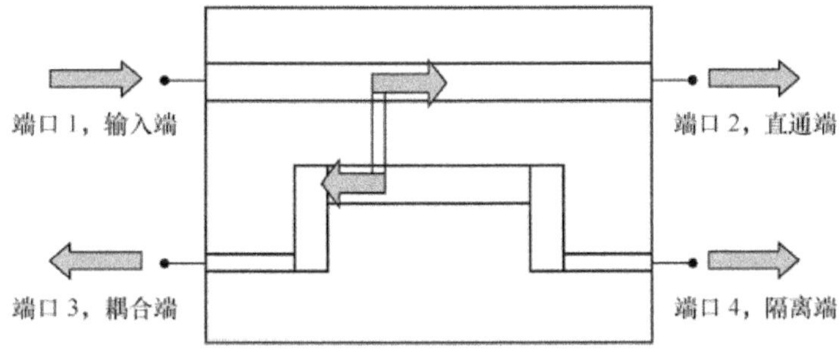

涯 3-28　唤焕饵姝曜涯欤

定向耦合器是一种低损耗的器件，它接收一路输入信号而输出两路在理论上有下列特性的信号。

① 输出的幅度不相等。主线输出端为较大的信号，基本上可以看作直通，耦合线输出端为较小的信号。

② 主线上的理论损耗取决于耦合线的信号电平，即耦合度。

③ 主线和耦合线的高度隔离。

换句话说，耦合器的作用就是将信号不均匀地分成 2 份，称为主干端和耦合端，也称为直通端和耦合端，如图 3-29 和图 3-30 所示。

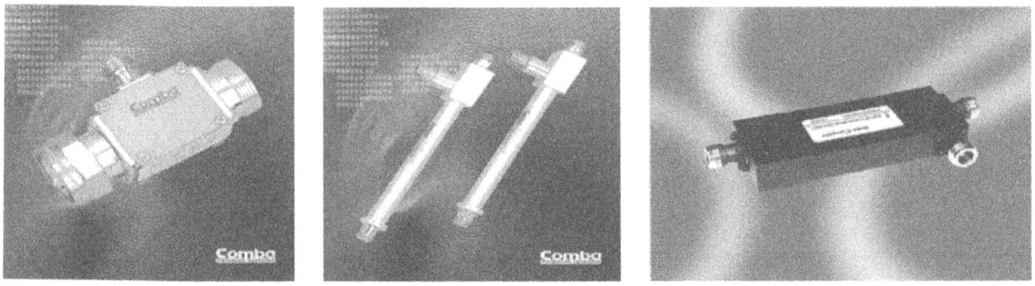

涯 3-29　饵姝曜Ⅶ吕窒碓疵瑙吏溘忉昂害簪告堡扪饵姝曜 § 涕磺朴浅饵姝曜 § 朴浅唤焕饵姝曜Ⅷ

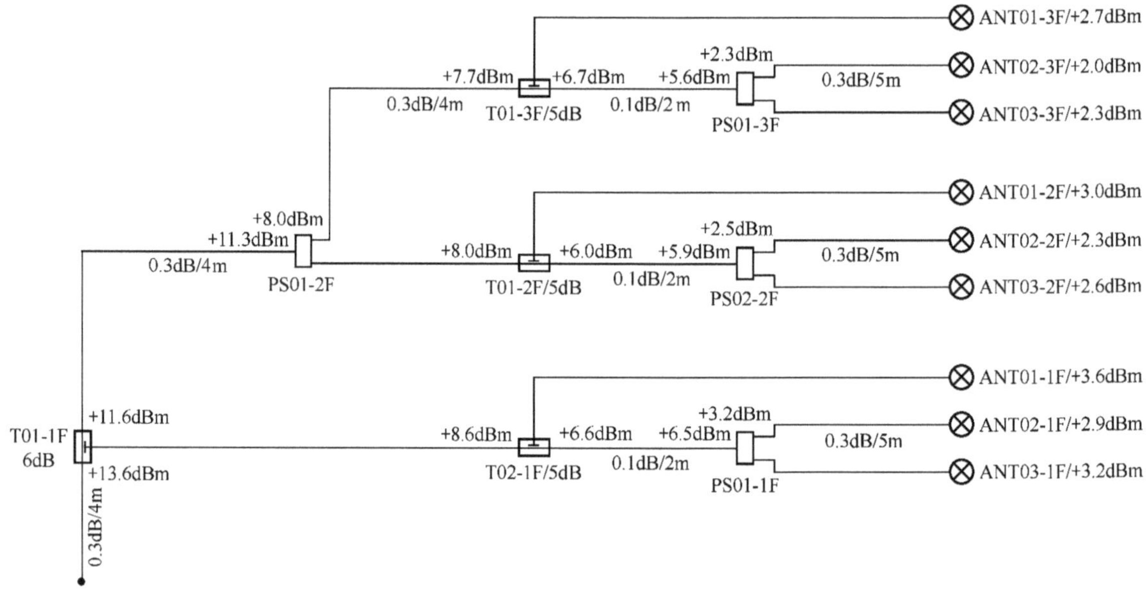

涯 3-30　饵姝曜⺍涣涯Ⅶ妇堡嚏曜Ⅷ

（2）常用典型指标

耦合器的主要指标包括耦合度、功率损耗、隔离度、方向性、输入输出驻波比、功率容限、频段范围、带内平坦度等。表 3-10 是宽频腔体耦合器一些典型指标（参考）。

表 3-10　　宽频腔体耦合器指标

掊卓	忉昂朴浅饵姝曜			
型号	DC-ZXX-IN300C			
频率范围	800～2500MHz			
耦合度（dB）	5、6、7、10、15、20、30、40			
耦合偏差	≤5±0.5dB	≤6±0.5dB	≤7±0.5dB	≤10±0.8dB
	≤15±1.0dB	≤20±1.0dB	≤30±1.5dB	≤40±1.5dB
插损	5dB：≤2.0dB		15dB：≤0.3dB	
	6dB：≤1.6dB		20dB：≤0.2dB	
	7dB：≤1.2dB		30dB：≤0.2dB	
	10dB：≤0.6dB		40dB：≤0.15dB	
方向性	≥20dB（5～25dB）			
	≥15dB（30～40dB）			
互调抑制	三阶：≤−140dBc（+43dBm×2）			
	五阶：≤−155dBc（+43dBm×2）			
驻波比	≤1.25			
功率容量	200W			
阻抗	50Ω			
接头	N-K			

（续表）

掊卓	忉昂朴浅饵姝曜
尺寸	120mm×40mm×17mm
重量	0.2kg
环境温度	–35℃～+75℃
相对湿度	≤95%

① 频段范围

见功分器描述。

② 耦合度

信号经过耦合器，从耦合端口输出的功率和输入信号功率直接的差值（一般都是理论值，如 6dB、10dB、20dB 等）。

有内负载的情况下耦合器为三端口，如图 3-31 所示，A、B 为直通口，信号基本无损通过，C 口为耦合度，将 A 口处功率衰减耦合标称值后从 C 口输出。C 口只能正常耦合由 A 至 B 的信号（称为正向信号），由 B 至 A 方向的信号（称为反向信号），将会衰减一个较大的功率等级（通常为 20dB，这个衰减量称为耦合器的隔离度）后再按照标称耦合度耦合至 C 口。

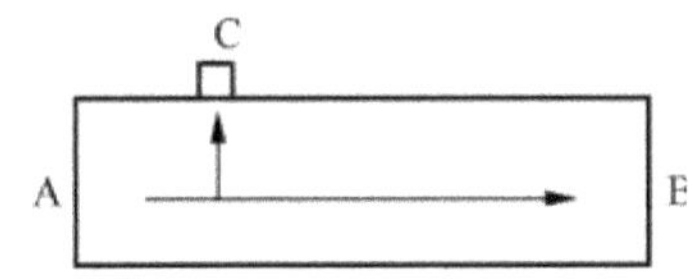

溛 3-31　饵姝曜爀始戊焕欤瓴溛

耦合度的计算方法：若输入信号 A 为 30dBm，而耦合端输出信号 C 为 24dBm，则耦合度=A–C=30–24=6dB，所以此耦合器为 6dB 耦合器。实际耦合度可能在 5.5～6.5dB 之间波动。

③ 功率损耗

分为耦合损耗和接头损耗。

耦合损耗：由于一定能量的传输到耦合端而引起主干输出功率减少，它等于主干插入损耗的理论值。

耦合损耗计算方法：例如 A 输入端信号功率为 30dBm，转换成毫瓦是 1000mW，假设用 6dB 耦合器则耦合端输出功率为 24dBm，转换成毫瓦为 251.2mW，再假设此耦合器没有其他损耗，根据能量守恒定律，那么剩下的功率应该是 1000–251.2=748.8mW，全部由输出（直通）端输出，将 mW 转换成 dBm 为 28.74dBm，则耦合器的耦合（直通）端损耗=输入端的功率（dBm）–输出端的功率（dBm）=30–28.74=1.26dB，这个值指的是没有额外损耗（器件损耗）的情况下的耦合损耗。

接头损耗：是指输出端理论输出功率减去实际输出功率所得的数值。

通过以下公式和表 3-11 可以更加清晰地了解耦合器的插损计算方法。

耦合器耦合端的插损：插损=耦合度

耦合器直通端插损：插损=10lg（1–10^（–耦合度/10）–接头损耗）

表 3-11　　耦合器损耗

焉插	沣姊硫					
耦合器	5dB	6dB	7dB	10dB	15dB	20dB 以上
耦合损耗	1.65	1.28	0.97	0.46	0.14	＜0.1

（续表）

焉插		洋姊硫					
接头损耗	腔体	0.3					
	微带	0.5					
设计插损	腔体	2.0	1.6	1.3	0.8	0.4	0.3
	微带	2.2	1.8	1.5	1.0	0.6	0.5

④ 隔离度

输出端口和耦合端口之间的隔离，一般仅用于衡量微带合路器。由于腔体耦合器的隔离度非常好，一般没有此项指标要求。

⑤ 方向性

输出端口和耦合端口之间隔离度值减去耦合度的值所得到的值，由于微带方向性随着耦合度的增加逐渐减小，最后 30dB 以上基本没有方向性，所以微带耦合器没有此指标要求。腔体耦合器的方向性一般大于 20dB。

计算方法：方向性=隔离度−耦合度。

⑥ 驻波比

参见功分器描述。

⑦ 功率容限（参见功分器描述）

在耦合器标注的功率同样是指输入端口的最大输入功率，输出端口和耦合口不能用标注的最大功率输入。

⑧ 带内平坦度

是指整个可以用频段耦合度的最大值和最小值之间的差值，微带一般为 0.2～0.5dB。腔体：由于耦合度是一条曲线，因此没有此要求。

⑨ 基站耦合器

是耦合器中特殊的一种，主要用在耦合基站信号的时候。与一般耦合器相比，在性能上它功率大、插损小，而在接头上它的 3 个口分别为 DIN-J、DIN-K、N-K，而普通的耦合器 3 个口均为 N-K。基站耦合器连接在 TX/RX 射频口，不能随意在馈线开口上做耦合点，如图 3-32 所示。

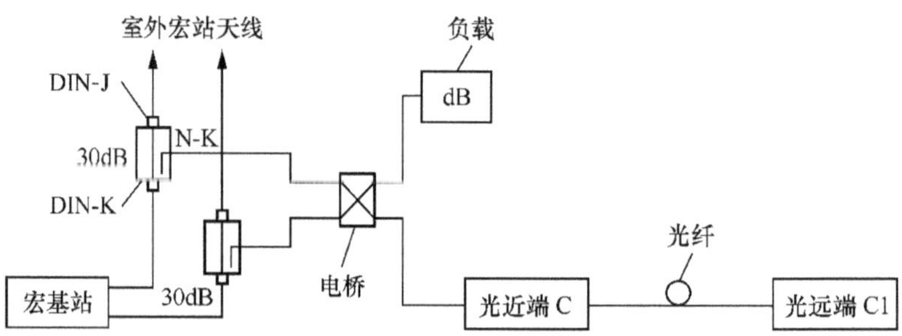

涯 3-32　害簪饵姝曜修禹滂碘欤瓴涯

3. 腔体和微带的区别

腔体耦合内部是由两条金属杆组成的一级耦合。微带耦合器内部是由两条微带线组成的一个类似于多级耦合的网络，见表 3-12 和表 3-13。

表 3-12　　腔体和微带耦合器区别

	湾呔饵姝曜	朴浅唤焕饵姝曜	涕磺朴浅饵姝曜
插损	大	较小	小
驻波比	较差	较好	差
方向性	较好	较好	较好
功率容量	小	中	不作为声明值
端口匹配	所有端口阻抗匹配	所有端口阻抗匹配	输入口匹配
内部结构	焊接方式	有隔离电阻	空气介质、无焊点

从结构上来说，微带型利用 1/4 波长的微带线，腔体用谐振腔。相对而言，微带型器件便宜但插入损耗达 0.5dB，而腔体型贵一些，但插入损耗低于 0.3dB。

表 3-13　　微带和腔体功分器区别

	湾呔堡嚏曜	朴浅堡嚏曜
插损	相对较大	小
输出口驻波	小	不作为声明值
输出隔离	保证一定隔离度	不作为声明值
功率容量	小	大
可靠性	相对稍差	高可靠、长寿命
三阶互调失真	−120dBc（典型值）	−140dBc（典型值）
对终端要求	要求负载驻波小	无
应用	室内中小功率场合	所有场合

4. 电桥

（1）概念

电桥是定向耦合器的一种，作为功率合成器使用时，主要用于对基站不同载波信号合路。

图 3-33 所示为目前在室内分布广泛使用的 3dB 电桥，3dB 电桥的主要用途为室分系统中的同频段合路器。其功率关系为

$$OUT1=OUT2=0.5\times(IN1+IN2)$$

上式表明了每个端口的输出功率皆等于输入功率之和的一半，即输入信号衰减 3dB 以后分别从两个端口等功率输出，这就是 3dB 电桥名称的由来。在电桥后端尽量少用负载，尽可能两路输出，如果电桥后端必须使用负载，需考虑负载的功率容限，功率容限要留有余量，避免负载过热造成断站。负载功率根据输入信号的功率来定，不能小于两个输出信号功率电平的 1/2。

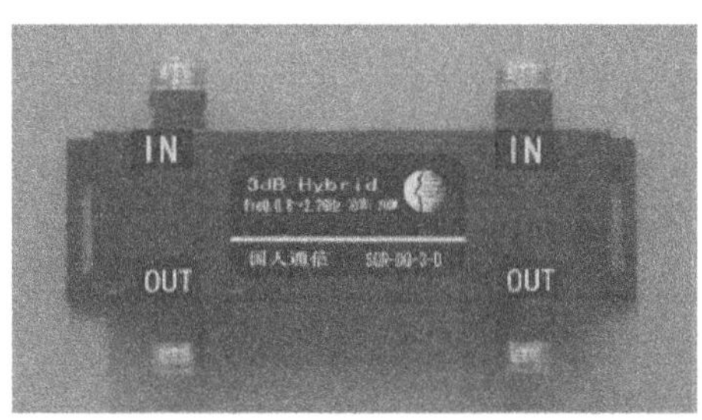

涯 3-33　3dB 哚机

（2）常用典型指标（参考）

具体见表 3-14。

表 3-14　　　　　　　　　　　　3dB 电桥指标

掊卓	3dB 哚机
型号	HC-Z-IN300L
频率范围	800～2500MHz
插损（含分配损耗）	≤3.5dB
带内波动	≤0.5dB
隔离度	≥25dB
驻波比	≤1.25
互调抑制	三阶：≤–140dBc（+43dBm×2）
	五阶：≤–155dBc（+43dBm×2）
功率容量	200W
阻抗	50Ω
接头	N-K 型
尺寸	133mm×40mm×25mm
环境温度	–25℃～+65℃
相对湿度	≤95%

注：插损指标要求 1→3&1→4&2→3&2→4 四组数据同时满足；1、2 为输入端口，3、4 为输出端口。

由于电路和加工装配上的离散性，电桥耦合器输入端口的隔离度比较低，不建议应用在不同频段间的合路。异频合路时建议选用双工/多工合路器以改善系统的性能指标，增加可靠性。

5. 合路器

（1）概念

合路器的作用是将两路或多路功率信号合并到单个通路上去，同时尽可能避免各个端口信号之间相互影响。一般具有两个或多个输入端口和一个输出端口。合路器的外观如图 3-34 所示。

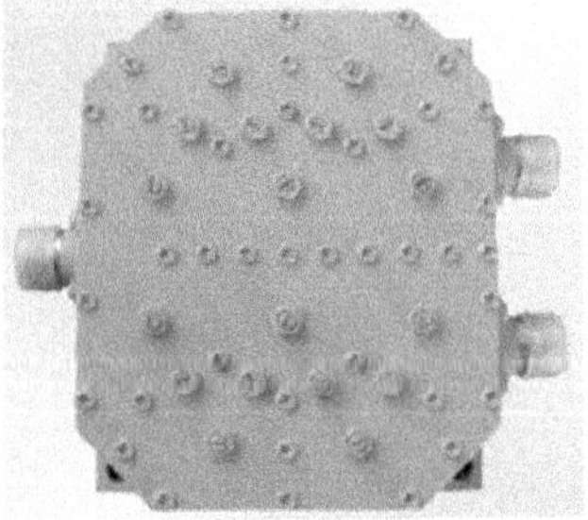

涯 3-34　姝扁曜

合路器的工作原理类似于双工器，但要求被合成的信号不在同一频率范围内，如 CDMA 和 WLAN 信号，而且合路器具有插损低、功率容量大、隔离度大和温度稳定性好等特点。

考虑到要将 WLAN、LTE 系统合路，器件需选用工作频率范围为 800～2500MHz 的器件。

（2）常用典型指标（参考）

常用典型指标（参考）见表 3-15。

表 3-15　　双频合路器指标

掊卓	气昂姝扁曜	
	涎嗞 CH1	涎嗞 CH2
频率范围	800～2170MHz	2400～2500MHz
插入损耗	≤0.5dB	≤0.5dB
带内波动	≤0.2dB	≤0.2dB
带外抑制	≥80dB@CH2	≥80dB@CH1
端口隔离	≥80dB@CH2	≥80dB@CH1
驻波	≤1.25	
阻抗	50Ω	
三阶互调	≤–140dBc	
接头	N-K	
功率容量	200W	
环境温度	–25℃～+65℃	
尺寸	123mm×69mm×26mm	
重量	0.88kg	

在信号的合路上，不难发现，功分器、电桥、合路器都有这样的功能，见表 3-16。

表 3-16　　合路器、电桥、功分器功能比较

合路器（频段合路器）	为选频合路器，以滤波多工方式工作，可实现两路以上信号的合成，能实现高隔离合成，主要用于不同频段的合成，可提供不同系统间的最小干扰
3dB 电桥（同频合路器）	为同频合路，只能实现两路信号合成，隔离度较低，可实现两路等幅输出
功分器（功率合成器）	为同频合路，可实现多路合成，隔离度较低，只能提供一路输出，受功率容量限制

6. 衰减器

（1）概念

衰减器就是射频电路中用来减弱无线信号功率的二端口射频器件，如图 3-35 所示，衰减器完全由电阻件组成，在工作频段范围内相位偏移为零，其衰减特性和特性阻抗与频率无关。主要用途是减弱电路中信号大小、改善阻抗匹配性能。衰减器的技术指标包括工作频带（工作频段范围）、回波损耗（衡量阻抗匹配程度）、衰减量、功率容量等。其中衰减大小、功率容量是最关注的指标。

涯 3-35　瑿岈曜

（2）常用典型指标（参考）

常用典型指标（参考）见表 3-17。

表 3-17　　衰减器指标

爷始	3dB	6dB	10dB	15dB	20dB	30dB	40dB
频率范围	DC～3GHz						
衰减值精度（dB）	3±0.4	6±0.4	10±0.5	15±0.5	20±0.6	30±0.8	40±1.0
带内波动度（dB）	≤0.3	≤0.5	≤0.7	≤0.8	≤0.8	≤1.0	≤1.0
输入驻波比	≤1.2						
特性阻抗	50Ω						
平均功率容量	2W/5W/10W/25W/50W/100W						
峰值功率容量	0.5kW/0.5kW/1kW/1kW/10kW/10kW						
互调（dBc）	≤-120@+43dBm×2						
接口类型	NF/MF						

7. 负载

（1）概念

负载是一种特殊的衰减器，衰减为无限大，其用来防止系统空载，在实际工程中应用也很少，主要用于空余端口的射频匹配。对于负载的选择，要求负载的工作频段为 0～3GHz，其功率容限在 3 个系统合路时达 150W，4 个系统合路时达 200W 以上，如图 3-36 所示。

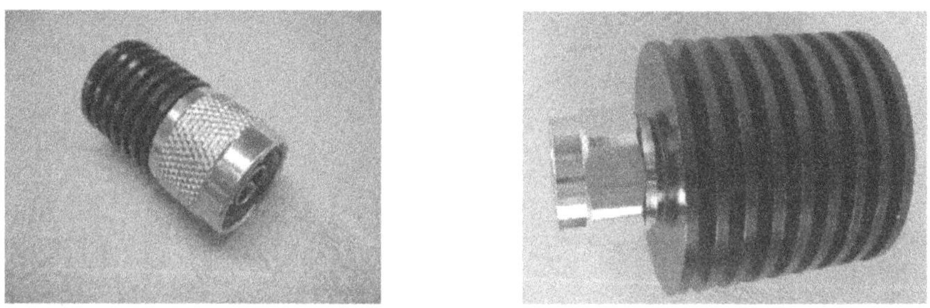

涯 3-36　坞盆

（2）常用典型指标（参考）

常用典型指标（参考）见表 3-18。

表 3-18　　负载指标

爷始	2W	5W	10W	25W	50W	100W	200W
频率范围	DC～3GHz						
输入驻波比	≤1.2			≤1.25			
特性阻抗	50Ω						
峰值功率容量	0.5kW	0.5kW	1kW	1kW	10kW	10kW	10kW
接口类型	N-M						

8. 馈缆

（1）射频同轴电缆

射频同轴电缆用作室内覆盖系统中射频信号的传输，在发射设备和天线之间充分地传输信号功率。在同轴电缆中，传输回路由内导体、绝缘介质和外导体三部分组成，它们的材料和尺寸决定了电缆和传输性能和其他电气性能，这三部分是同心的，即有共同的同心轴，因此称为射频同轴电缆，同时所有电缆的导体上均有一层护套，是为了防止外部电磁波干扰异常信号的传递，如图 3-37 和图 3-38 所示。

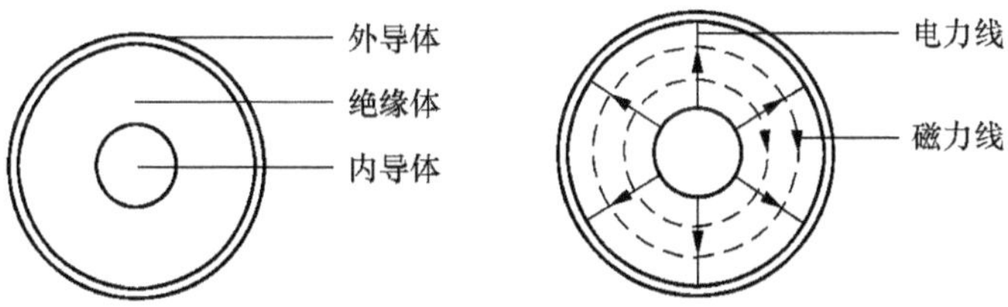

涯 3-37　涕磺哚怨叠殡孺扁空南刹嚏寡 TEM 掖欣

室内覆盖中常用的馈缆基本上是 7/8″（普通）、1/2″（普通）、1/2″（超柔），如图 3-38 所示，由于微波信号只在同轴电缆的外导体的内表面与内导体的外表面上传导，所以 7/8″的电缆内导体较粗，而且都是空心的，而 1/2″的内导体由于较细所以只能是铝的，并在内导上镀一层铜，有利于信号传输。根据表皮的不同材料可区分为阻燃和普通两种。

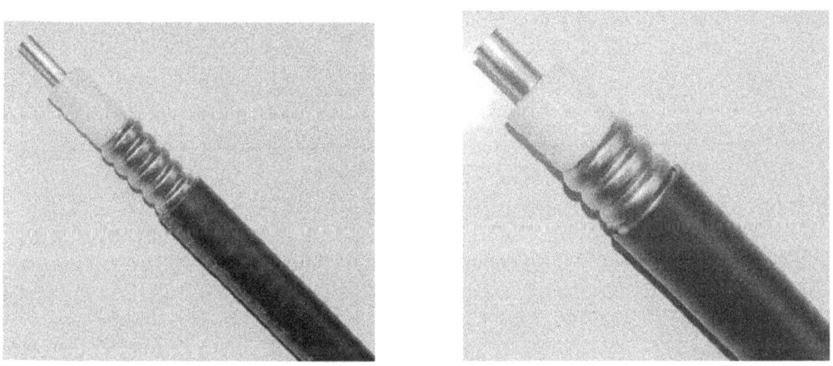

涯 3-38　1/2″忭烙姚 7/8″忭烙

（2）常用典型指标（参考）

常用典型指标（参考）见表 3-19。

表 3-19　　**馈线损耗**

		1/2″北桔忭烙	1/2″忭烙	7/8″忭烙
尺寸	内导体外径（mm）	3.6	4.8	9
	外导体半径（mm）	12.1	13.7	24.7
	绝缘套外径（mm）	13.4	16	27.75
特型阻抗（Ω）		50±1.5	50±1.5	50±1
驻波比		≤1.20		
频率上限（GHz）		＜6		

（续表）

		1/2″北桔忭烙	1/2″忭烙	7/8″忭烙
一次最小弯曲半径		＜40mm	＜70mm	＜120mm
百米损耗（dB）	800MHz	10.10	6.89	3.70
	1800MHz	15.60	10.63	5.93
	2100MHz	16.40	11.15	6.28
	2400MHz	18.10	11.96	6.73
每百米重量（kg，含阻燃护套）		20.8	26.3	63.5
工作温度		–25℃～+70℃		

（3）泄漏电缆

① 概念

泄漏电缆，就是在同轴电缆的外导体上，沿纵向开有用作辐射的周期性槽孔，由于这种电缆具有同轴电缆和线性天线的双重功能，有时又被称为辐射电缆或同轴天线。它主要由内导体、绝缘介质、带槽孔外导体和电缆护套等构成，如图 3-39 所示。

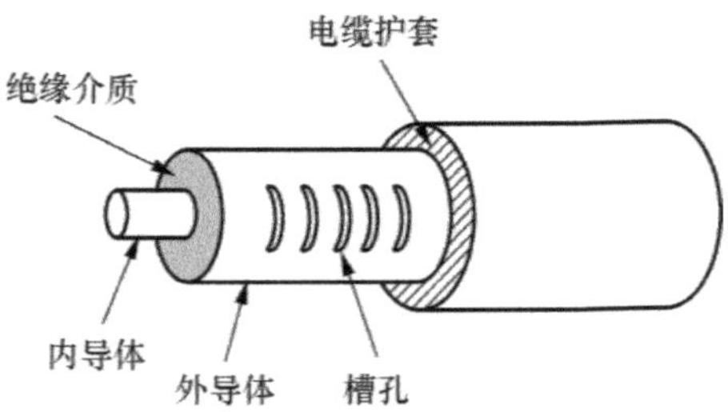

涯 3-39　熵戡哚怨咧墅南

② 工作原理

普通同轴电缆的功能，是将射频能量从电缆的一端传输到电缆的另一端，并且希望有最大的横向屏蔽，使信号能量不能穿透电缆以避免传输过程中的损耗。但是，泄漏电缆的设计目的则是特意减小横向屏蔽，通过同轴电缆外导体所开的槽孔，使得电磁能量可以部分地从电缆内穿透到电缆外。同样，电缆外电磁能量也将感应到电缆内。外导体上的槽孔使电缆内部磁场和外界电波之间产生耦合，电磁场将从槽孔中泄漏出来，使得在电缆内部传输的电磁能的一部分作为电波均匀地向外部辐射。因此，泄漏电缆的场强覆盖比较均衡。

通过以上阐述可知，漏缆主要适合狭小空间的覆盖，同时泄漏电缆本质上是宽频带系统，某些型号的泄漏电缆可以同时用于 2G/3G/LTE/WLAN 等系统，虽然价格较贵，但当多系统同时引入时可大大降低总体造价。

③ 泄漏电缆的类型

按泄漏原理的不同，泄漏电缆分为耦合型、辐射型和泄漏型 3 种基本类型，其中泄漏型可以归属为辐射型。

A．耦合型漏缆

耦合型漏缆有许多不同结构的形式，例如，在外导体上开一长条行槽，或开一组间距远小于波长的小孔，或在漏缆两边开缝。

电磁场通过小孔衍射，激发漏缆外导体的外部电磁场。电流在外导体表面流动，漏缆好像一条可移动的长天线，向外辐射电磁波。电磁能量以同心圆的方式扩散在漏缆周围，并随传输距离的增加而迅速减少，因此，这种形式的电磁波又叫“表面电磁波”。这种电磁波主要分布在漏缆周围，但也少量存在于附近障碍物和间断点（如夹钳、墙壁处）进而产生辐射，如图 3-40 所示。

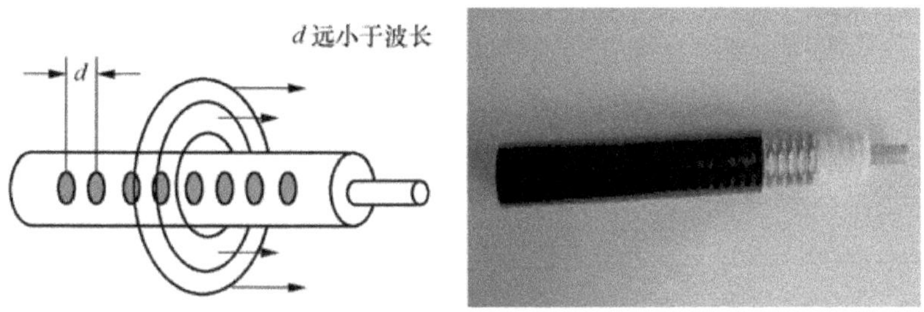

涯 3-40 饵姝爷戡怨咧圄榫奢卞寡檗潴

B. 辐射型漏缆

辐射型漏缆的电磁场由电缆外导体上周期性排列的槽孔产生。槽间距 d 与工作波长相当。其辐射模式所有的槽孔都符合相位迭加原理，只有当槽孔排列恰当并且在特定的辐射频段，在很窄的频段下，才有低的耦合损耗。高于或低于此频率，耦合损耗都会增加。因此，相对于耦合型泄漏电缆，辐射型泄漏电缆属于“窄带”，如图 3-41 所示。

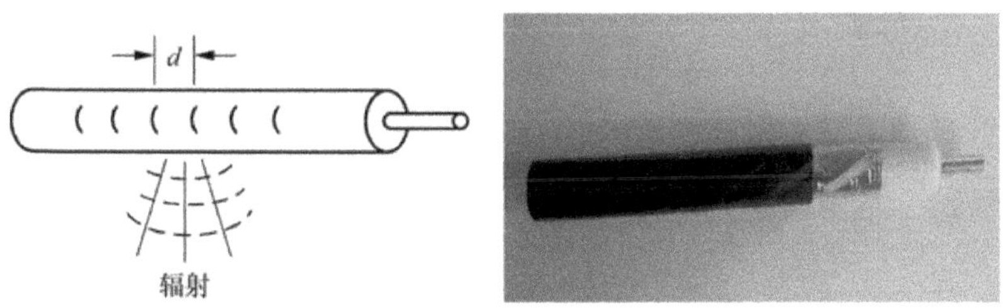

涯 3-41 圄榫爷戡怨咧圄榫奢卞寡檗潴

C. 泄漏型漏缆

可理解为在一根非泄漏电缆中，插入一段泄漏电缆。这一段泄漏电缆等同于一个通过功率分配器与同轴电缆相连的定向天线，电缆内部只有一小部分的能量转变为辐射能。选择相邻泄漏段之间的合适间距（或非泄漏段的长度），可以达到对不同频段泄漏辐射的满意效果。试验证明，10～50m 的漏缆段间距可以满足 1000MHz 以下的所有通信需要，如图 3-42 所示。

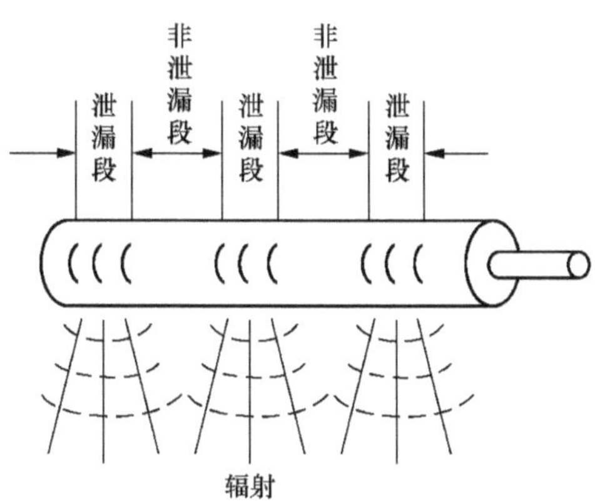

涯 3-42 熵戡爷戡怨咧圄榫堞卞

通过以上 3 种类型漏缆的描述可知：

a．耦合型漏缆槽间距远小于工作波长，泄漏能量扩散在电缆周围无方向性，受环境影响较大，适合于宽频带工作；

b．辐射型漏缆的槽孔间距与工作波长有关，泄漏能量扩散在电磁周围有方向性，受环境影响较小，适合于窄频带工作，新型辐射型漏缆采用组合技术，也能多频带工作；

c．泄漏型漏缆的槽孔间距也与工作波长有固定关系，泄漏能量扩散在电缆周围有方向性，受环境影响较小，适合多频带工作。

因此，应根据不同的应用场合选择不同类型的泄漏电缆。目前耦合型漏缆和传统型辐射型漏缆应用较少，新型辐射漏缆应用较多。

④ 主要参数指标描述

耦合损耗是泄漏电缆区别与普通的通信电缆的一个重要指标。耦合损耗是指泄漏电缆与标准耦极天线之间的耦合损耗，事实上，置于泄漏电缆附近的天线收到泄漏电缆辐射的电磁波，这就是泄漏电缆与天线的耦合作用。因耦合带来的损失，称为漏缆的耦合损耗。耦合损耗的损耗值是建立在天线距离漏缆为 2m 的前提下。假定在天线距离是 5～6m 而不是 2m 的情况下，耦合损耗值应加上 5～6dB 的余量，耦合损耗中的覆盖率是表示测试值中有 50%的值小于该数值。95%覆盖率表示测试值中有 95%的值低于该值。大多数情况下，95%覆盖率下的耦合值用于无线链路设计中，因为它考虑了足够的覆盖程度，只有 5%的接收不到。

因此，漏缆的损耗主要由传输损耗和耦合损耗两组数值之和组成，表 3-20 为常用 1-5/8 漏缆在不同频段下的损耗（参考）。

表 3-20　　漏缆损耗

昂扣VⅡMHzVⅢ	叠殡沣姊VⅡdB/100mVⅢ	饵姝沣姊VⅡ50%/95%VⅢ
800	2.00	68/70
1800	5.50	57/60
2100	5.00	62/68
2400	5.20	65/73

9．射频同轴连接器

射频同轴连接器用于连接传输射频信号的馈线，又称接头。其传输频率范围很宽，可达 18GHz 或更高。射频同轴连接器的基本结构包括：中心导体（阳性或阴性的中心触件）内导体外的介电材料，或称为绝缘体；最外面的是外接触件，该部分起着如同轴电缆外屏蔽层一样的作用，即传输信号、作为屏蔽或电路的接地器件。

常见的射频连接器有 DIN 型连接器、N 型连接器、BNC/TNC 连接器、SMA 连接器、反型连接器等。其中用于室内分布连接器的主要是 N 型和 DIN 型。下面对这两种类型连接器做详细阐述。

（1）N 型连接器

是一种具有螺纹连接器结构的中大功率连接器，具有螺纹连接器结构的中大功率连接器，具有抗震性强、可靠性高、机械和电气性能优良等特点。频率范围在 0～11GHz，是室内分布中应用最广泛的一种连接器，由于具备良好的力学性能，可以配合大部分的馈线使用。馈线和器件相连，按头按馈线的线径分为 7/8″接头和 1/2″接头（常用）。7/8″接头一端比另一端明细大，大的那一端是接 7/8″馈线，而小的一端接各种器件（例如功分器）；1/2 接头两端一样大。一般来说，器件的接头是母头，馈线接头是公头，如图 3-43 所示。

（2）DIN 型连接器

DIN（7/16）型连接器的频率范围也在 0～11GHz，一般用于宏基站射频输出口、室分中耦合基站使用，如图 3-44 所示。

（3）转换头

连接器与连接器之间的连接，对连接器起转接的作用。常见的有双阳头、双阴头、直角转接头等，如图 3-45 所示。

涯 3-43　N 爷惕嵋曜

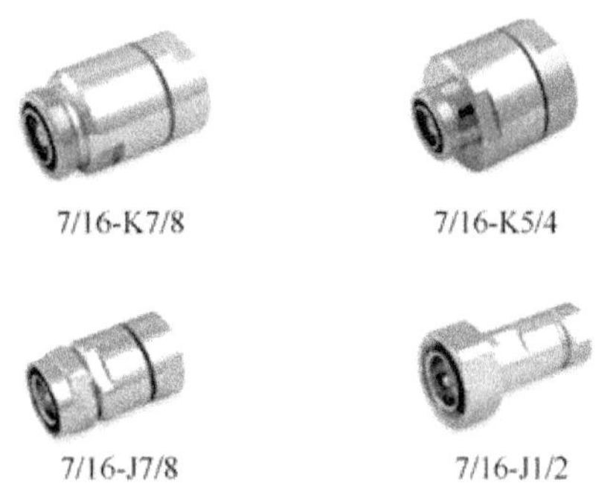

涯 3-44　DIN 爷惕嵋曜

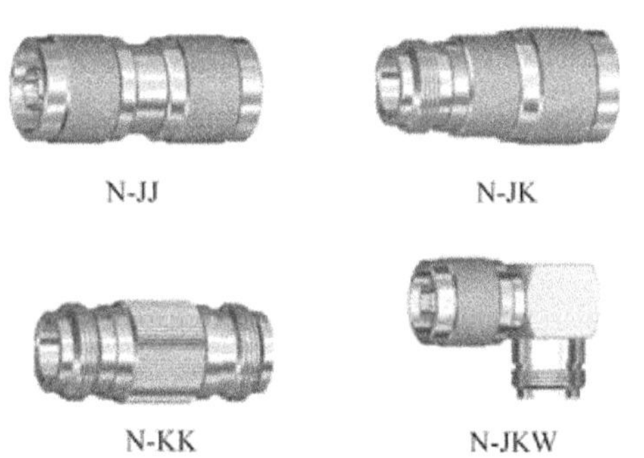

涯 3-45　襖鶵涨

L 型直角转接头使用的是代替不足 1m 长的跳线，以避免馈线弯曲半径不够的问题。N-JJ（双阳）代替不足 0.5m 长的跳线，作为连接器使用。N-KK（双阴）的使用比较特殊，当工程施工过程中一根长馈线预留长度不够而需要接续时，可以采用双阴头接续两根馈线。

在高频条件下，连接器与射频同轴电缆的配合问题会显得尤为重要。一方面，在高频下连接头的微小变化都可能使被测电缆的电压驻波比值产生显著的改变，此时连接器部分的电压驻波比可能对电缆电压驻波比测试的影响起着支配作用。另一方面，连接器质量与射频同轴电缆的配合不良，换句话说，连接器、射频电缆的非线性和它们之间接触的非线性还会产生三阶互调，对通信系统造成不良的影响。

10. 天线

（1）室内天线的特点、类型和功能

天线是电磁收发设备，室内分布系统天线提供室内无线信号覆盖，为目标覆盖区域内的移动用户服务。与室外移动基站天线相比，室内天线工作频段宽（800～2500MHz），增益小（2～8dBi）功率低（单系统一般小于 15dBm），覆盖范围小（6～30m），因此，天线数量多、分布广。为不影响室内环境，室内天线还要体积小、外形美观，甚至要求隐蔽或伪装。

常用的室内分布天线有全向吸顶天线、定向壁挂天线、对数周期天线、定向吸顶天线等。为降低对室内环境的影响，满足业主美观要求，还有各种外形美化、隐蔽和伪装天线，泄漏电缆既是信号传输线，也是信号向外的辐射体，是一种特殊的天线形式。现有室内天线基本是单极化，由于 LTE、MIMO 4G 技术的需要，业内开始出现双极化和有源室内天线。

根据室内覆盖场景、覆盖目标和安装条件的不同，应采用不同类型的室内天线。

① 全向吸顶天线是用于室内信号覆盖的主要天线类型，安装在楼板或天花板，信号向四周发射，覆盖均匀。全向吸顶天线在室内分布系统中用量最大，适用场景最广，除电梯、井道等特殊场景外，几乎各种室内场景都有应用，适用量占总量的 70% 以上。

② 定向壁挂和对数周期天线等在墙壁上面固定安装，信号单向覆盖，常用于电梯、出入口和室内边缘等定向覆盖场景。

③ 定向吸顶是一种楼板或天线等室内顶部安装、信号定向覆盖的天线，但其性能指标和实际应用效果并不好，对信号泄漏控制作用有限。

④ 泄漏电缆主要用于隧道、长廊等线性覆盖场景。美化天线主要根据室内装修特点和业主要求选择合适外形天线，其内部仍然是全向天线或定向天线。

（2）室内天线的主要技术指标

室内天线的电气性能指标有工作带宽、增益、波束宽度、方向圆度、前后比、功率容量、驻波比和三阶互调等。天线的设计包括电性能设计和结构设计，是天线性能和质量的基础。室内分布系统天线基本原型都是半波振子，结构简单，但理论复杂。良好的设计需要精深电磁波理论基础、模型仿真和反复实验的改进。结构设计是天线产品设计的重要方面，需要同时考虑天线性能、成本和生产工艺等。

天线制造材质直接影响天线效能、寿命和产品质量，天线振子是无线信号收发的关键部件，要求有良好的导电性和表面光洁度，大小、厚度等有一定要求，一般天线振子都采用铜质的，因价格因素，现在天线振子也采用铝材制作。天线外罩一般采用 ABS 塑料或玻璃钢材料。由于室内天线安装在各种建筑室内，因此外罩等塑料附件须考虑抗老化、防火和环保安全。表 3-21 为常用室内天线技术指标（参考）。

表 3-21　　天线技术指标

掊卓		柞焕澳唠	唤焕澳唠	唤焕冲备	喇龘磨晟
电气性能指标	工作频率（MHz）	806～960/1710～2500			
	增益（dBi）	2±0.5/5±1	4±0.5/6±1	6±1/8±1	10±1/11±1
	方向图圆度（dB）	±2.0	/	/	/
	水面波瓣宽	/	115°±15°/85°±15°	90°±15°/75°±12°	65°±10°/50°±10°
	垂直面波瓣宽度	85°/40°	120°/80°	65°/60°	50°/40°
	前后比	/	4/8	6/8	12/12
	互调（dBm）	≤–107			
	驻波比	＜1.4			
	极化方向	垂直极化			
	阻抗（Ω）	50			
	功率容量	50			
	接头类型	N-K/SMA			
机械性能指标	振子材料	铜板			
	天线罩材料	ABS			玻璃钢
	天线罩颜色	白色透明		灰白	
	环境温度	–40℃～+60℃			
	净重	0.6kg		约 1kg	约 1.5kg
	体积	φ170mm，高 70mm（不含接头）		206mm×177mm×44mm	480mm×282mm×54mm
	相对湿度	≤95%			
	雷电保护	直接接地			
图	天线图样	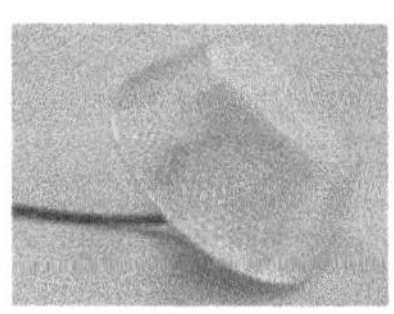		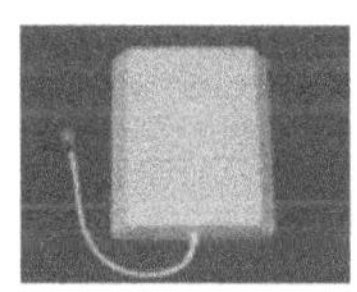	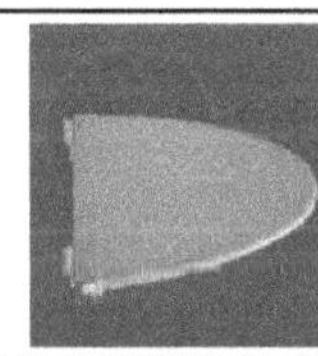
	水平方向图	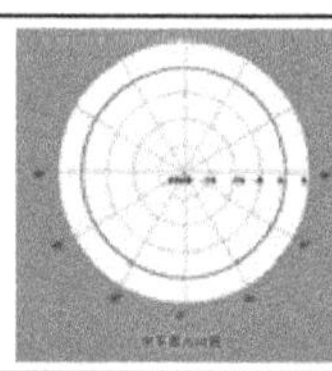	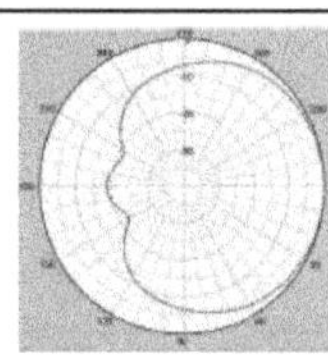	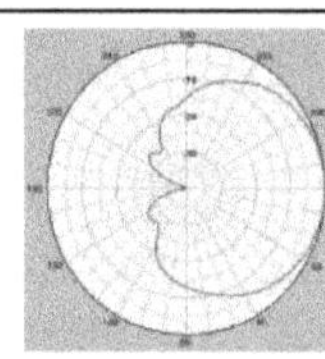	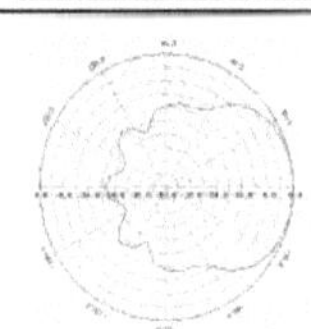
	垂直方向图	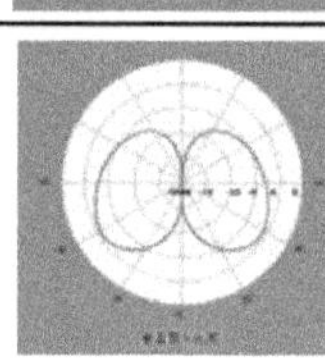	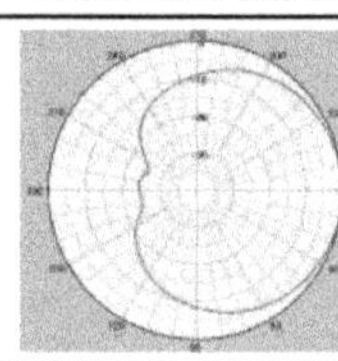	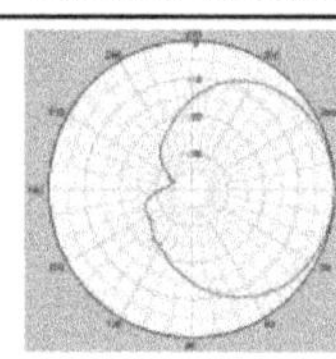	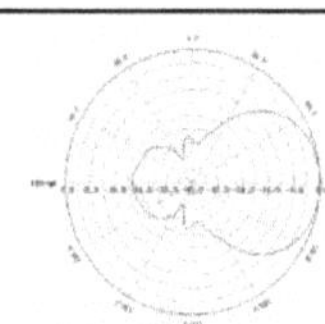

3.5.2　疳瘾榷关

在室内覆盖中有源设备分为有容量和无容量两类，有容量的设备不仅完成覆盖要求，同时提供覆盖区域的容量需求，而无容量的有源设备仅仅满足覆盖要求。有容量设备一般称为基站（BTS Node）和 AP，而无容量设备一般称为直放站（Repeater），下面对此两类设备进行详细介绍。

1. 基站

基站（BTS Node）作为用户获取网络服务的接入点，主要完成空中接口物理层的处理。基站设备最基本的功能是调制解调，即模拟射频与数字信号之间的转换。对于 CDMA 和 LTE 系统，为了实现大范围、高速移动通信，基站具有信道编解码、交织/去交织等功能，对于 CDMA 系统而言，它还完成扩频、解扩功能。由于基站与终端之间无线环境复杂，受到多径干扰的影响较大，为保障端到端服务，所有基站必须有良好的设备性能。

（1）基站（BTS）在 RAN 物理层中的位置

如图 3-46 所示。

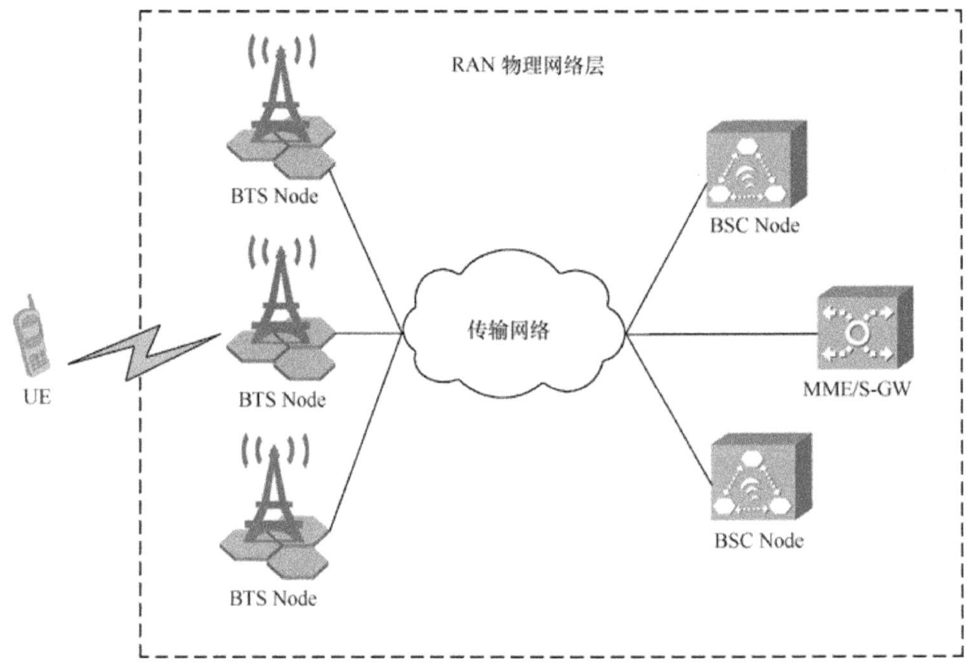

UE：用户设备	BTS Node：基站物理节点	BSC Node：控制器物理节点
MME：移动性管理实体	S-GW：业务网关	—

涯 3-46　BTS 益潴悉加咧滂碘

① BTS Node：即基站物理节点，提供基站的设施和应用平台，支持部署 CBTS、eNode B 服务。根据部署服务的种类和数量，可以区分为单模基站、双模基站。

② BSC Node：即控制器物理节点，支持部署 CBSC 服务。

③ 传输网络：实现 BTS Node 和 BSC Node 之间、BTS Node 和 OMC 之间的数据转发。

（2）基站（BTS）在 RAN 逻辑网络层中的位置

如图 3-47 和图 3-48 所示。

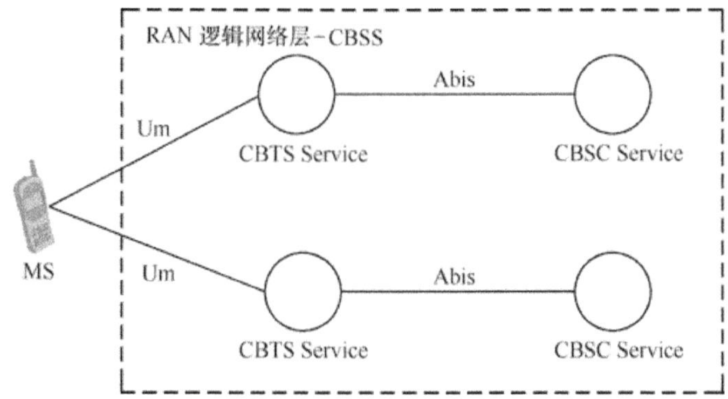

MS：移动台	CBTS：CDMA 基站服务
CBSC：CDMA 基站控制器服务	CBSS：CDMA 基站系统

涯 3-47　CBTS 益 CBSS 抖寝溢碴咧滂碘

① CBTS：是实现 CDMA 基站逻辑功能的实体，由 CBTS Service 控制，主要完成无线信道管理、物理层协议处理、信令流程处理等功能。CBTS Service 与 CBSC Service 之间的接口为 Abis 接口，与 MS 之间的接口为 Um 接口。

② CBSC：是实现 CDMA 基站控制器逻辑功能的实体，主要承担无线资源管理、移动性管理、接入控制、基站管理的功能。

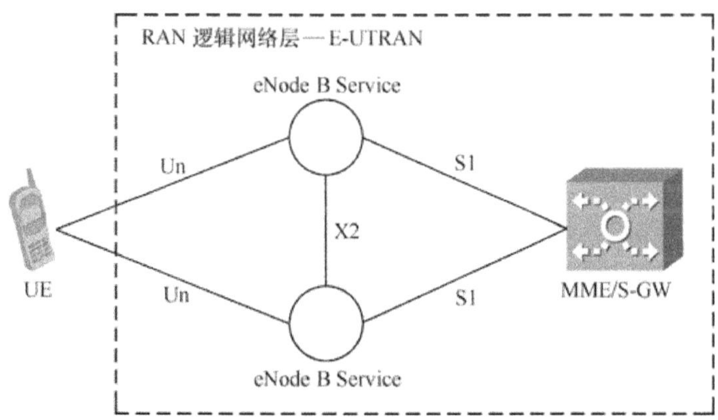

UE：用户设备	ENode B Service：LTE 基站服务
MME/S-GW：移动性管理实体/业务网关	E-UTRAN：演进型 UTRAN

涯 3-48　eNode B 益 E-UTRAN 抖寝溢碴咧滂碘

③ eNode B Service：是实现 LTE 基站逻辑功能的实体，主要完成无线资源管理、移动性管理、接入控制、无线信道管理、物理层协议处理、信令流程处理等功能。eNode B 与 MME/S-GW 之间的接口为 S1 接口，与其他 eNode B Service 之间的接口为 X2 接口，与 UE 之间的接口为 Uu 接口。

（3）BTS 系统结构

从基站内部实现视角，基站由控制子系统、传输子系统、基带子系统、射频子系统、时钟子系统和电源环境监控子系统构成。BTS 系统结构如图 3-49 所示。

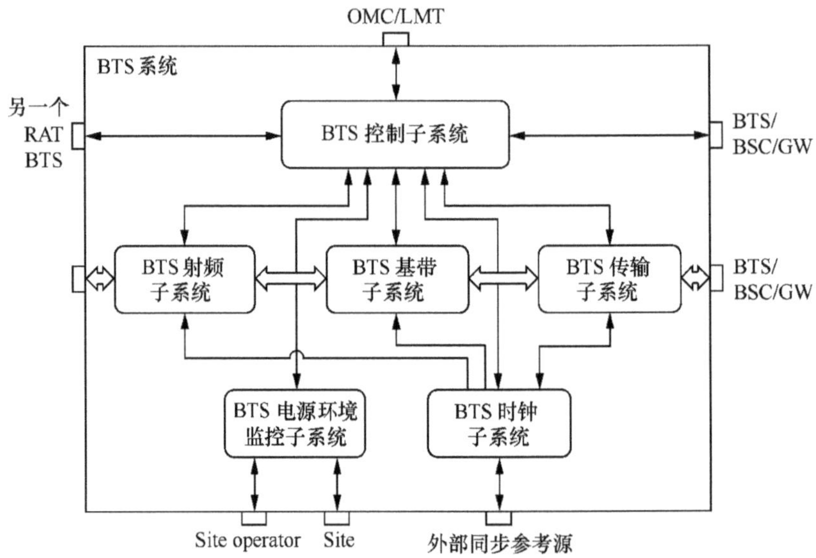

涯 3-49　BTS 灬涣巅墅涯

① 控制子系统：完成基站内部资源的控制和管理功能。提供基站与 OMC 的管理面接口、基站与其他网元的控制面接口、多模基站内公共设备控制协商接口。

② 传输子系统：完成传输网和基站内部数据转发功能。提供基站与传输网络的物理接口、基站与其他网元的用户面接口。

③ 基带子系统：完成上下行基带数据处理功能。

④ 射频子系统：完成无线信号的收发处理功能。提供基站与天馈系统的接口。基带子系统和射频子系统之间通过 CPRI 接口连接，CPRI 支持星形、链形、环形、双星形等多种灵活的组网方式。

⑤ 时钟子系统：完成基站时钟同步功能。提供基站与外部时钟的接口。多个制式之间可以共享支持共时钟资源，也可以独立使用时钟资源。

⑥ 电源环境监控子系统：完成基站供电、散热、环境监控功能。提供基站与站点设备的接口。

（4）分布式基站

传统的基站分类一般根据容量、覆盖、安装难易 3 个维度考虑，分为宏基站、微基站、分布式基站 3 种类型。由于 DSP 技术的革新，3 类基站的差别越来越小。而分布式基站是室内覆盖中应用最广泛的有容量信源，下面重点介绍。

① 分布式基站介绍

分布式基站作为传统的基站模型的发展及演进，其核心思想就是把传统的宏基站的基带处理和射频处理分开，分成基带处理（BBU）和射频拉远（RRU）。分布式基站具有体积小、重量轻、可直接安装在天面等优点，对机房需求较低、便于基站选址，也便于多家运营商共享站址资源，以降低建设难度，提高网络建设的有效性。此外，分布式基站还可以用来解决突发话务问题，由于采用基带共享的策略，对于有突发话务需求的地区，可以利用周边小区多余的基带资源，处理突发话务区的话务量。

② 分布式基站功能结构

BBU 组成：数字基站的下行基带处理部分 BBU 主要由扩频、交织、信道编码和发送功率控制单元组成，上行基带处理部分 BBU 主要由发送功率控制、信道编码、解交织、解扩频单元组成。

RRU 组成：下行射频拉远部分 RRU 主要由降峰均比、数字预失真、数字上变频、数/模转换和高功率放大器单元组成，上行射频拉远部分 RRU 主要由低噪声放大器、模/数转换和数字下变频单元组成，如图 3-50 所示。

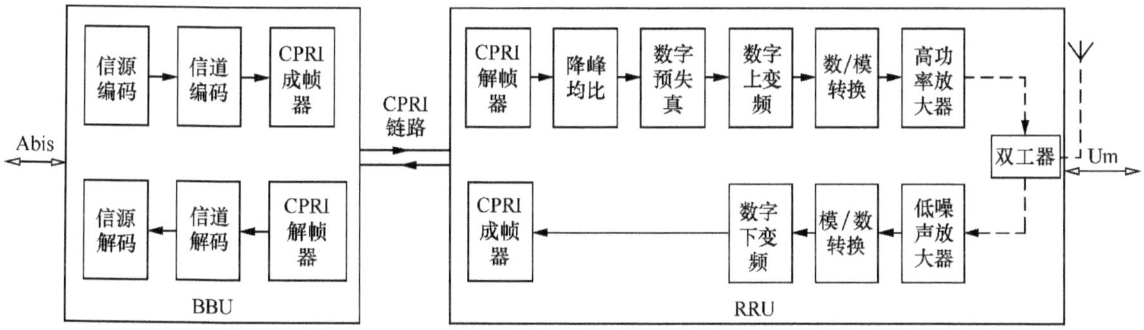

涯 3-50　害呔受悉周瘖姚榫昂忮癀害兹堡搡欤瓴涯

由图 3-50 可知，基带处理部分和射频拉远部分通过一条或若干条 CPRI 链路来连接，每条 CPRI 链路都是高速的串行数字传输链路，将数据以串化的数字信号形式从基带部分发送到射频拉远部分，数据分组括用户 I/Q 数据、控制数据和同步数据。

在发送端，通过 CPRI 固定的帧结构形式将这三部分数据复接到 3 种数据流之一，再经过物理层 8B/10B 编码后，由光模块发送出去；在接收端经过物理层的 10B/8B 解码后，通过固定帧结构形式将三部分数据进行分接，再提取出时钟信号，最后交给上层网络进行处埋。

③ 分布式基站应用优劣

分布式基站根据 BBU 的设置方式可以分为 BBU 独立设置和 BBU 集中设置两种建设方式，其中 BBU 集中设置可以共享大量的配套资源，正在逐步成为基站建设的主流。

主要优势如下。

A．降低了网络建设和运维成本：相对于传统的宏基站，分布式基站解决了大规模传输接入设备建设及配套建设的问题，降低了配套建设的成本，降低了工程施工难度，节约了施工时间。

B．降低了机房、站址的要求：分布式基站体积小、功耗低，基带处理单元（BBU）还可以集中放置，相对于宏基站的建设，大大降低了对机房面积和位置的要求，也降低了租赁难度和租赁成本，缩短了建网周期。

C．有助于节能减排：分布式基站采用高效率功放，可大幅度降低电力消耗，同时，如果采用室外安装方式，还可节省空调等其他配套设施的功耗，满足节能减排要求。

D．灵活的资源共享和调配机制：分布式基站将繁琐的维护工作简化到了基带处理部分，一个基带处理单元能以不同方式连接多个射频拉远处理单元，实现 RRU 之间的资源调度和调配，节约了成本。

E．提升分布系统覆盖质量：分布式基站 RRU 可替代干放及直放站设备，降低上行噪声，提升覆盖质量。

F．降低传输系统接入层网络建设难度：RRU 侧不需要进行外置传输设备的建设，传输系统接入层网络的建设将主要考虑 BBU 上行业务的接入，减少了接入层网络的建设规模，降低了网络建设难度。

主要劣势如下。

A．BBU 集中放置，需要考虑 BBU 机房的安全可靠性（包括电力、传输等）。

B．BBU 集中放置，对 BBU 所在基站的纤芯和管道资源提出了较高的要求，且基站建设进度容易受限于传输网建设进度。

C．如果 RRU 设备不采用供电保护，断站率会提高，运维考核指标会受到一定影响，可在一些重要站点采用直流远供、UPS+后背电池方式实现供电保护。

2．WLAN AP

（1）AP 介绍

无线访问节点（Access Point，AP）类似于蜂窝通信中的基站，是无线局域网的重要组成单元，它是一种特殊的站点，其基本功能如下：

① 作为 AP 完成其他非 AP 的站点对分布系统的接入访问和同一 BSS 中的不同站点间的通信连接；

② 作为无线网络和分布式系统的桥接点完成无线网络与分布系统的桥接功能；

③ 作为 BSS 的控制中心完成对其他非 AP 的站点的控制和管理。

（2）AP 的工作原理

由于 AP 有桥接的功能，AP 充当中央接入点（名称 AP 由此而来），负责控制客户端对无线局域网的访问，客户端要使用 WLAN，必须同 AP 建立关联，AP 允许随便接入（任何客户端可与之关联），也可以严格控制接入，允许关联前要求提供认证凭证或满足其他条件。

WLAN 的工作原理与来自无线连接远端的反馈密切相关。例如，在关联和使用 WLAN 之前，客户端必须同 AP 握手，这确保无线连接是双向和正常运行的，因为客户端和 AP 必须能够成功地发送和接收帧，这消除了单向通信（客户端能够侦听到 AP，但 AP 无法侦听到客户端）的可能性。

可以将 AP 视为转换网桥，在第 2 层对来自不同介质的帧进行转换和桥接，简单地说，AP 负责将 VLAN 映射到 SSID。图 3-51 的左半部分说明了一点，在这里，有线网络中的 VLAN01 通过一个处于接入模式交换机端口扩展到了 AP，该 AP 将 VLAN01 映射到一个

SSID 为 jsptpd 的无线局域网，SSID 为 jsptpd 的用户将属于 VLAN01。

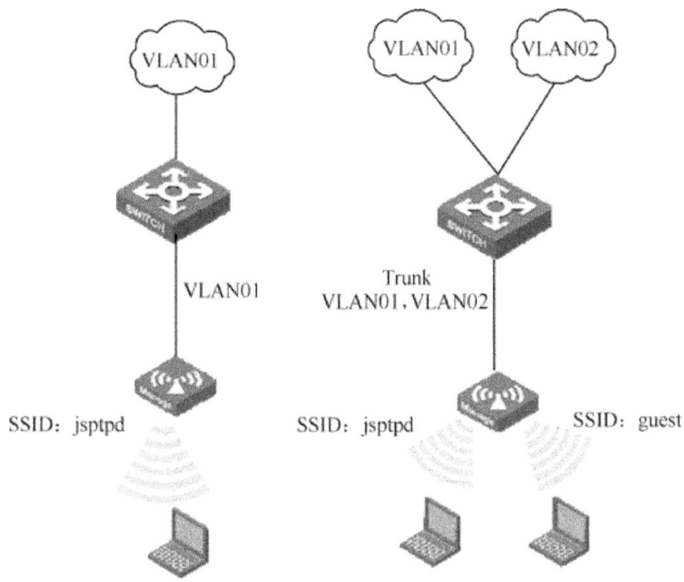

涯 3-51　VLAN 姚 SSID 晦榫

可以将这种概念进行扩展，以便能够将多个 VLAN 映射到多个 SSID。为此，AP 必须通过一条为多个 VLAN 传输数据的中继链路（Trunk）连接到交换机。在图 3-51 的右半部分，VLAN01 和 VLAN02 都通过中继链路连接到 AP。AP 根据 802.1Q 标记不同的 VLAN 映射到不同的 SSID，例如 VLAN01 被映射到 SSID jsptpd，而 VLAN02 被映射到 SSID guest。

实际上，当 AP 使用多个 SSID 时，它通过无线介质将 VLAN 连接到最终用户，最终用户必须使用合适的 SSID，而 SSID 又被映射到相应的 VLAN。

（3）AP 设备分类及比较

AP 一般分为“胖”AP（FAT AP）和“瘦”AP（FIT AP）。考虑工程成本高低、施工周期长短，维护成本高低、配置管理难易、安全性高低、漫游性强弱等几个方面因素，FIT AP 是现有运营级 WLAN 的主流使用设备。

“胖”AP（FAT AP）又称为自主模式 AP，它将多功能（如物理层、链路层、用户数据加密、用户认证、QoS、安全策略、用户的管理及其他应用层功能）集为一体。它的特点是配置灵活、安全简单、性价比高，但 AP 之间相互独立，无法适应用户密度高、多个 AP 连续覆盖等环境复杂的场所。

为此产生了集中控制型的 AC+AP，通过集中控制器 AC 和轻量级 AP 配合，实现“胖”AP 设备的功能。其中轻量级 AP 只保留物理链路层和 MAC 功能，提供可靠、高性能的射频管理，包括 802.11 协议的无线连接；集中控制器 AC 集中所有的上层功能，包括安全、控制和管理等功能。与“胖”AP 相比，轻量级 AP 实现的功能大大减弱，故俗称为“瘦”AP（FIT AP），如图 3-52 和表 3-22 所示。

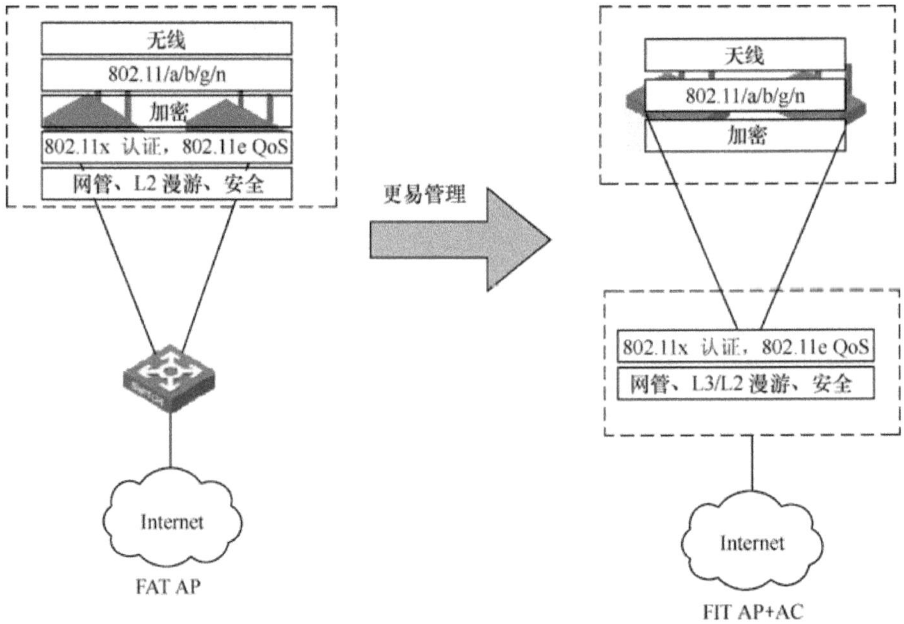

涯 3-52　WLAN AP 咧獭市

表 3-22　　FAT AP 和 FIT AP 优劣比较

	FAT AP	FIT AP
优点	（1）无需无线控制器，可以独立工作； （2）小型组网成本低	（1）零配置、方便安装部署、支持三层漫游配置由 AC 集中管理、集中下发； （2）支持快速切换、QoS、无线网络安全防护、网络故障自愈等高级功能
缺点	（1）FAT AP 的配置都保存在 AP 上，AP 设备的丢失可造成系统配置的泄漏； （2）FAT AP 的软件都保存在 AP 上，软件升级时需要逐台升级，维护工作量大； （3）每台 FAT AP 都支持单独进行配置，组建大型网络对于 AP 的配置工作量巨大； （4）只能实现二层漫游，无法提供安全、QoS 等高级功能特性	成本较高，不适合小规模网络，AC 配置较 FAT AP 复杂

3. 直放站

无容量的有源设备除了直放站外也包括干放，考虑到干放全称为干线放大器，也就是线路上所用的放大器，除了增益比较小以外，基本原理和使用方法与直放站类似。

（1）直放站的工作原理

直放站是指在无线通信传输过程中起到信号增强的一种无线电发射中转设备，属于中继放大器。直放站的基本功能就是将入射信号放大后再转发出去，是一个射频信号功率增强器。直放站下行链路中，由施主天线（或通过电缆）在现有的覆盖区域中拾取信号，通过滤波器对所拾取的信号进行处理，将滤波的信号经功放放大后再次发射到待覆盖的区域。在上行链路中，覆盖区域内的移动手机的信号以同样的工作方式由上行放大链路处理后发射到相应的基站，从而达到基站与手机的信号传递。

（2）直放站的分类

根据使用场合及功能上的差异，系统常见的直放站类型主要有无线同频直放站、光纤直放站和移频直放站，如图 3-53 和图 3-54 所示。

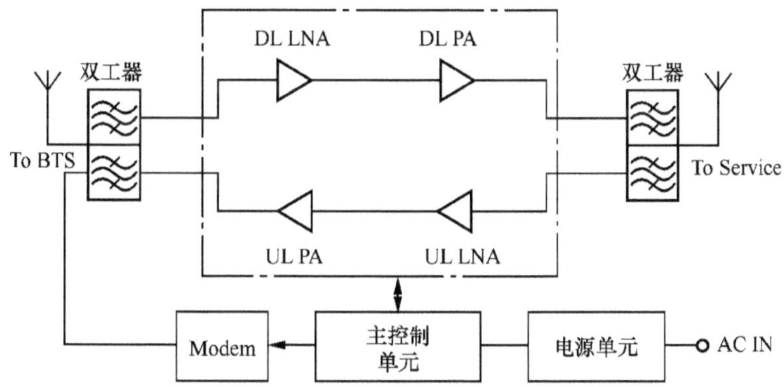

涯 3-53　漯烙硖嘛訾巅墅涯

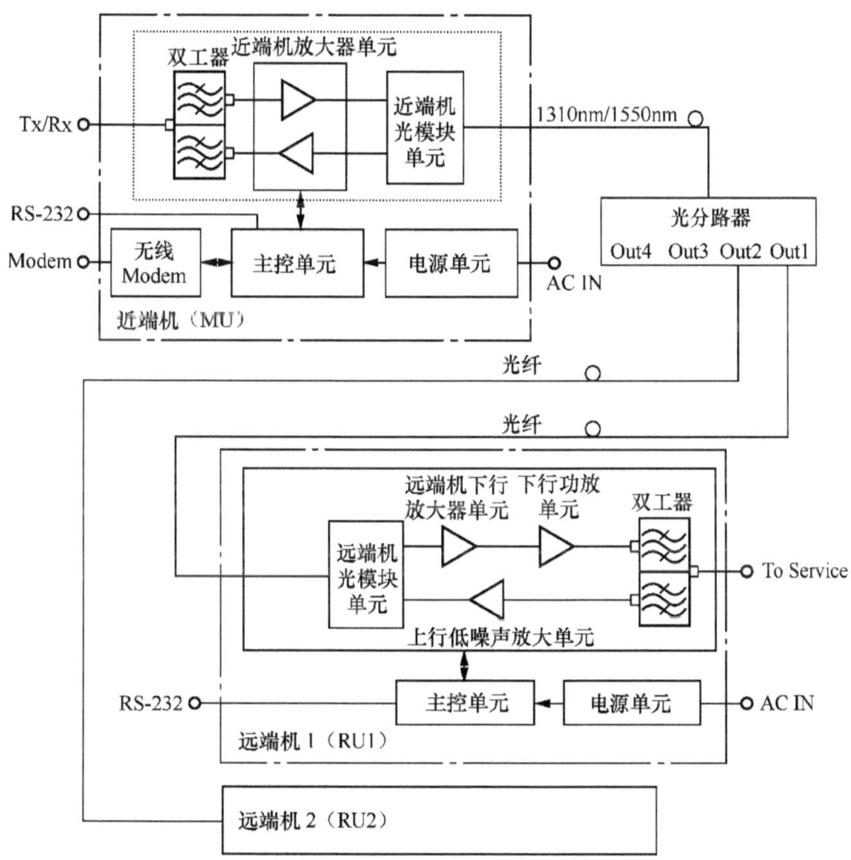

涯 3-54　夭炫硖嘛訾巅墅涯

① 无线同频直放站

下行从基站接收信号，经放大后向用户方向覆盖；上行从用户接收信号，经放大后发送给基站。在上、下行回路中，各使用多级滤波器，滤除带外噪声和杂散信号，提高上、下行信道之间的隔离度。

② 光纤直放站

将接收到的信号，变换成光信号，传输后又恢复成电信号再发出。

③ 移频直放站

移频直放站由近端机和远端机组成，近端机通过无线耦合或者直接耦合方式获取信源信号 F1，并将 F1 信号转换为链接信号 F2，将 F2 通过近端发射天线发送给远端机接收天线。

远端机通过无线耦合方式接收近端机的发射信号 F2，将信号 F2 转换为信号 F1，通过远端覆盖天线实现目标区域的信号覆盖。

从表 3-23 中所列的优缺点比较可知，光纤直放站的优势性明显，所以在现网中广泛应用。因此下节将重点介绍日益普及的数字光纤直放站。

表 3-23　　　　室内覆盖中不同类型直放站的优缺点

	夭炫硖嘛督	溧烙硖嘛督
优点	（1）工作稳定、覆盖效果好，不受地理环境、天气变化或施主基站影响； （2）设计和施工灵活，无需考虑安装地点能否接受到信号，不需考虑收发隔离问题，选择方便；覆盖天线可根据需要采用全向或定向天线； （3）避免了与其他设备互相干扰； （4）单级传输距离长，可达 20km，扩大覆盖范围； （5）可提高增益而不会自激，有利于加大下行信号发射功率； （6）信号传输不受地理条件限制	安装开通迅速、价格便宜
缺点	占用传输资源	对施主信源要求高，干扰邻近基站、自干扰

（3）数字光纤直放站

数字直放站是数字化的网络设备，相对于传统的模拟直放站而言，数字直放站通过将信号传输数字化以及信号处理数字化，不仅可以获得性能上的改善，更能获得功能上的丰富与加强，直放站的数字化可以使未来的网络建立在一个统一的数字技术平台之上，提高设备性能，降低设备成本，并可以支持多频多模。由于光纤直放站在网络建设和优化中的广泛应用，数字型光纤站也起到了越来越重要的作用。

① 数字光纤直放站原理

数字光纤直放站系统将多扇区和多载波的信号组合成高速的数据串信号，通过一组数字光纤收发器传输。

近端机完成对基站信号的获取和发送，远端机完成对移动终端机信号的获取和发送，近端机与远端机之间的接口为 CPRI 接口。

近端中继机通过耦合器将来自基站天线的移动通信下行信号馈送入双工器，经 RF 模块，由下变频器将其下变频到基带 I/Q 或数字中频信号，由基带处理单元将经过数字信号处理后，按一定的帧格式打包成串行数据，再经过光收发器由光纤传输到远端机，如图 3-55 所示。

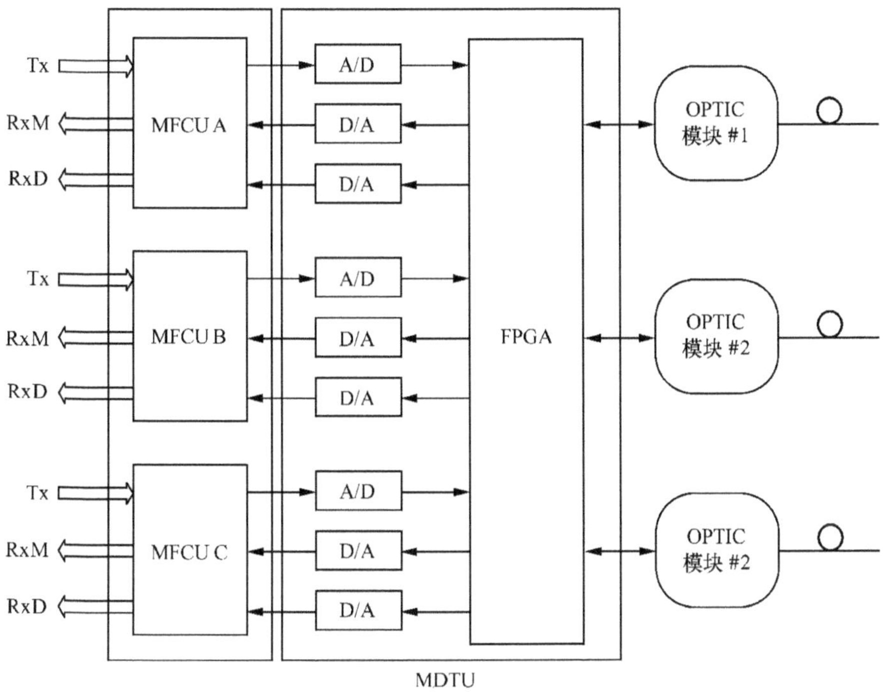

涯 3-55 师啸碴尣宴瘰悉涯

在远端机，经光收发器由基带处理单元解帧后，由 D/A 变换器将其恢复为 I/Q 或中频信号，再经上变频到射频，最后经发射机、双工器以及天线发射至覆盖区域。

来自移动终端的上行信号经远端机，通过上述信号远端机的下行逆过程，将上行串行数据信号通过光纤回送至近端机中继机，然后通过上述近端中继机下行逆过程，将上行射频信号馈送给基站，如图 3-56 所示。

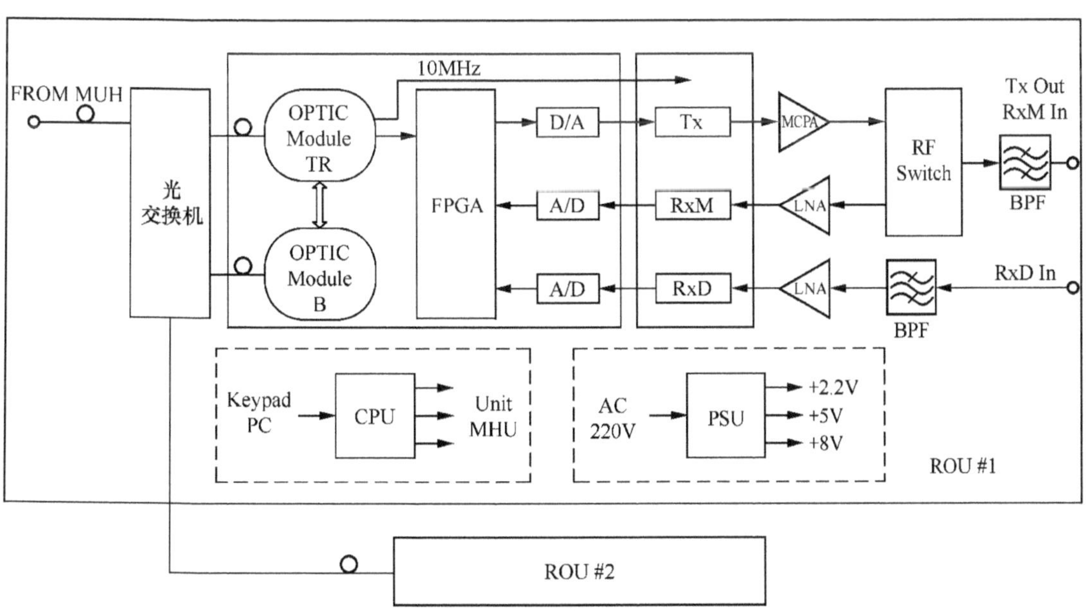

涯 3-56 癀啸宴瘰悉涯

数字光纤直放站对信号覆盖的方式同以往模拟直放站类似，可通过光纤直连一拖一（一个近端加一个远端），也可通过光分路器进行一拖多（一个近端加多个远端）来覆盖目标区域。组网方式比较灵活，主要由星形组网、链形组网以及环形组网。

数字直放站采用的关键技术主要有数字预失真技术、基带处理技术以及高速采样技术，其主要技术特点如下。

A．将来自基站和终端的射频模拟信号转换成数字信号后通过光纤进行传输。近端机和远端机的传输遵循 CPRI 接口协议。

B．采用光纤传输时延自动检查和补偿技术。

C．先进的数字信号处理技术（系统时延小于 2μs）。

D．在采用多分支连接机构中，能保证在多扇区信号传输到每个分支的情况下，上行接收信道具有良好的低噪声特性。

E．网管（NMS）具备多种通信协议支持（HDLC 高级数据链路支持，TCP/IP），可通过 OM 进行远程操作。

② 数字光纤直放站与传统直放站的比较。

与传统的模拟光纤直放站相比，数字光纤直放站的输出功率更大（可达 80W），噪声系数更低，传输距离更长，多远端覆盖时不干扰基站，组网更灵活，远端重叠覆盖区时延可调整，见表 3-24。

表 3-24　　数字光纤直放站与传统直放站的比较

焉插	叠涣掖携夭炫硖嘛瞀	龕稞夭炫硖嘛瞀
噪声叠加	噪声叠加严重，不支持远端级联	抑制噪声叠加，支持远端级联
	仅能采用星形组网	可以采用多种组网方式
组网方式	组网方式固定，仅并联方式	组网方式灵活，支持星形方式、链形方式、环形组网
光纤利用率	低	高
	受组网方式限制，每路远端需要单独从近端拖光缆组成星形组网方式，光缆利用率低	可以根据实际情况采用链形组网方式，提供光纤资源利用率
时延调整	无法补偿各个远端站之间的时延，无法抑制多径，各个远端之间存在多径干扰	可以通过自动或手动调整时延，消除各个覆盖区之间的干扰
光缆长度影响	覆盖受光缆长度影响，在长距离光缆传输时需要考虑光缆功率损耗，传统模拟光纤直放站一般最大传输距离 20km	采用数字光纤传输技术，信号不随光信号的衰减而衰减，在长距离和多径分路传输系统中保持动态范围和服务质量不变，使网络设计更加灵活；物理传输上可支持长达 40km 的光纤
带内杂散及带内平坦度	采用声表滤波器	采用数字滤波器，带内杂散抑制效果更好，带内平坦度指标更好
可靠性		采用数字光器件的可靠性比模拟光器件高

4. 数字光纤直放站与分布式基站的比较。

数字光纤直放站的远端机和近端机之间、分布式基站的 BBU 和 RRU 之间，都遵守标准的 CPRI 接口，实现拉远覆盖，见表 3-25。

表 3-25　　数字光纤直放站与分布式基站的比较

焉插	毳稞夭炫硖嘛瞀	嚏制欣害瞀
室内信源的选取	宏基站载频多。容量富裕，用数字光纤直放站更合适	如室内业务量需求较大应选用分布式基站
	对于特殊场景如大型写字楼、会展中心等，应考虑数字光纤直放站、分布式基站和宏基站的联合组网	
覆盖距离	采用载波池拉远，数字信号不随光信号的衰减而衰减，其传输距离最远可达 40km 以上	采用基带池拉远，分布式基站基本不受距离限制，可拉得更远
组网方式	由近端机和远端机组成	RRU 为拉远单元可单独使用
基站 ID	与施主基站 ID 一致	RRU 可以单独分配基站 ID
传输时延	传输时延比较大，存在两次变频过程	直接传送基带信号，时延不明显
底噪抬升	采用 ADC 和 DAC，会引入更多的量化噪声，从而抬升上行噪声	为纯基带信号，可不用考虑底噪问题
成本上	分布式基站比直放站要贵 1/3 左右，对于一拖一的系统，数字光纤直放站成本不明显，但一拖多，有成本优势	

5. 干线放大器

干线放大器如图 3-57 所示，简称干放，当信号源设备功率难以达到覆盖要求时，该设备可以放大信号源的功率，补偿由于信号传输和分配而引起的功率衰耗，以覆盖更多的区域。由于干放容易造成信号源底噪抬升，目前该设备主要存在于现有的 2G 分布系统内，3G/LTE 分布系统一般不采用该设备。

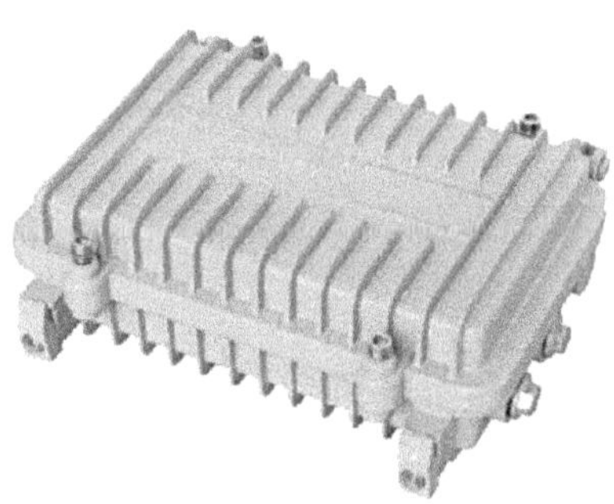

涯 3-57　坻烙嘛告曜软瓴涯

3.5.3　POI 喟…涣嵋桨昔泉

1. 概述

POI（Point Of Interface）即多系统合路平台，如图 3-58 所示，应用频段合路器与电桥合路器，将介入的多种制式（如 CDMA 800MHz、GSM 900MHz、WCDMA 2000、LTE FDD、TD-LTE 等）信号合分路，并将合分路后的信号引入天馈分布系统，达到充分利用资源、多系统合用分布系统的目的。

POI 的主要功能如下：

① 实现不同应用场景下载波和小区的合理分配和灵活组合；

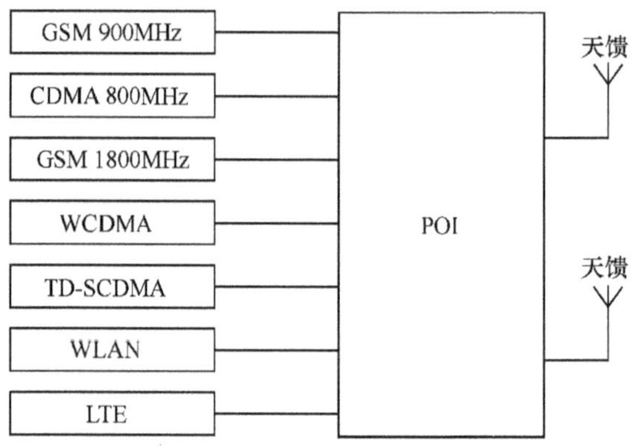

涯 3-58　POI 喟⺍涣嵋桨昔泉欤瓴涯

② 基站端和天线端间的无源连接和变换；

③ 贯彻和落实系统“无源最大化”概念的重要手段和必要措施；

④ 多系统信号输入输出功率检测、多系统信号输驻波检测，对基站端进行有效保护。

为避免干扰，POI 分为上、下行两个平台，分别将上行和下行链路信号分开传输。POI 作为连接无线通信施主信号与分布覆盖信号（泄漏电缆和天线阵等）的桥梁，其主要功能是对各运营商的上行及下行射频信号分别进行合路及分路，并滤除各频带间的干扰成分。POI 上行部分的主要功能是将不同制式的手机发出的信号经过天线的收集及馈线传输至上行 POI，经 POI 检出不同频段的信号后送往不同运营商的基站。POI 下行部分的主要功能是将各运营商、不同频段的载波信号合成后送往覆盖区域的天馈分布系统。

POI 主要用于地铁、会展中心、展览馆、机场等大型建筑室内覆盖，由业主或某一运营商主导的多系统合路建设。

2. 主要类型

目前 2G/3G 的主设备信源主要是 1T2R 的设备，LTE 设备主要是 2T2R 或 2T4R 的设备。对于室内分布系统来说，兼顾实施难度和效益，最多使用双路，因此 POI 主要可分为以下类型，见表 3-26。

表 3-26　　POI 主要类型

息爷	济忭榷尘揽啵	POI 榷尘揽啵	POI 确凑	南兹
输入单，输出单	小	小	好	低
输入双，输出单	小	大	一般	中
输入单，输出双	大	大	一般	中
输入双，输出双	大	大	一般	高

考虑到设计复杂度和成本，一般 POI 平台主要采用输入单、输出单的方式。

3. 设备指标

一般的，在进行 POI 设备设计时，主要需考虑以下要求：

① 工作频段；

② 接口数目；

③ 插入损耗；

④ 功率容量；
⑤ 输入驻波比；
⑥ 互调抑制；
⑦ 系统隔离；
⑧ 收发隔离；
⑨ 带外抑制；
⑩ 系统特性：阻抗、接口类型，电源等；
⑪ 监控特性：检测功能、共址功能、本地（远程）监控方式；
⑫ 机械特性：外型、重量；
⑬ 环境特性：工作（存储）温度、工作（存储）湿度、防护、雷电保护。

3.6 室内多系统共存覆盖干扰分析

随着移动通信的发展，CDMA//LTE/WLAN 制式将长期共存、互为补充。同时，各运营商之间对用户的激烈竞争也使得室内通信覆盖网络增多、干扰加剧，人为造成了通信质量的恶化，造成对用户感知体验的破坏，导致投诉增多，影响运营商的品牌形象。因此，有必要对不同系统间干扰的形成原理及其具体情况进行分析，并给出相应的规避措施与方案。由于对 2G 和 3G 的干扰分析已经较为全面、深入，本节将详细阐述 LTE 系统在室内分布系统中对现有系统的干扰分析。

3.6.1 坻栗悉抑嚏澌嚓嗾

现阶段较为成熟的理论分析方法有两种，蒙特卡洛仿真法和确定性分析法（又称链路最小耦合损耗（MCL））法，见表 3-27。

表 3-27　仿真法和 MCL 法比较

	挚洫弛抠噎矿嗾	MCL
适用范围	是涉及移动台的研究方法，包括基站与移动台，移动台与移动台之间的丅扰研究	适用于基站与基站之间的干扰研究分析
优点	贴近实际系统的真实情况	简单高效，从理论极限的角度估算系统的干扰大小，对工程施工有实际指导意义
缺点	复杂度随着系统复杂性的增加而迅速增加，仿真计算机有较高的要求	得出的结论比较悲观

通过表 3-27 比较可知，由于基站是大功率设备，互相干扰情况应该是最严重的，MCL 分析法可以通过定量计算 LTE 与其他系统之间隔离度指标和空间隔离度分析基站与基站之间的干扰。因此本节采用 MCL 分析方法，以室内环境为干扰分析场景，结合 3GPP 协议规范中的系统数据，对被干扰的接收机在不同频率范围内的杂散干扰、阻塞干扰以及互调干扰进行分析，选择其中最大隔离度指标进行系统分析，同时给出工程和设计上的干扰规避建议，使得室内的共存干扰得到有效抑制，保证多系统在室内共存时的通信质量。

3.6.2 坻栗咧害兹癛悉

工作于不同频率的系统间的共存干扰，是由发射机和接收机的非理想性造成的，如图 3-59 所示。发射机在发射有用信号时会由于调制产生邻频辐射和带外杂散。接收机在接收有用信号时，落入接收带宽内的干扰信号可能会引起带内阻塞；同时接收机也存在非线性，带外信号（发射机有用信号）会引起接收机的带外阻塞。由于发射机和接收机间的干扰很大程度上取决于两个系统工作频段的间隔以及最小耦合损耗，因此通过对系统间隔离度的合理配置可以有效规避系统间的干扰。

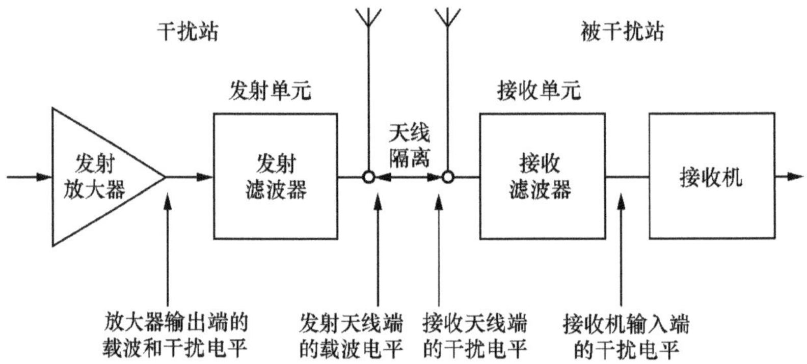

涯 3-59 塥吱坻栗癛悉欤瓴涯

3.6.3 坻栗咧害兹噎息

干扰有多种分类，可以基于设备类型，也可以基于干扰机理来进行分类。

1. 根据共存结构的干扰分类

基于设备类型，多制式共存干扰大致可分为以下两种。

（1）非合路多制式共址干扰

当共址多制式设备间相互独立时，干扰主要来自各系统之间。由于基站主要采用馈线、光纤进行射频信号的传输。干扰主要通过多系统终端天线（或漏缆）接收侵入各共存系统的内部。

（2）合路多制式共存干扰

当共址多制式间设备融合时，例如合路平台，共址干扰主要发生在合路系统内部。

2. 根据干扰信号产生的机理分类

根据无线信号的干扰产生机理，系统间干扰又可分为热噪声、杂散干扰、阻塞干扰以及互调干扰 4 种类型，第 3.6.5 节将对这 4 种类型的干扰进行确定性分析，并给出各系统间各种干扰所要求的最小隔离度。

3.6.4 坻栗咧勾帱

在分析任意两种无线系统之间的干扰时，考虑移动通信双工特性，共有 8 种干扰场景：

① 终端之间的干扰（上/下行）；

② 终端对信源的干扰（上/下行）；

③ 信源对终端的干扰（上/下行）；

④ 信源之间的干扰（上/下行）。

鉴于下行信号强度远大于上行信号，同时考虑终端位置的不确定性及终端干扰的间隙性，一般涉及终端的干扰不作重点考虑，因此在室内覆盖工程的规划设计中，主要关心信源之间的干扰，尤其是系统合路带来的干扰。

3.6.5　灬涣屑坻栗噎澌

1. 热噪声

热噪声又称白噪声，是由导体中电子的布朗运动引起的，存在于所有电子器件和传输介质中，因此是不能够消除的。通常将热噪声建模为与设备温度相关。

热噪声与器件温度相关，通常建模为：

$$P_n=10\lg(KT)+10\lg(B) \tag{3-22}$$

其中，$K=1.38\times10^{-23}$ 为波尔兹曼常数；T 为绝对温度，取 290K；B 为信号带宽，单位为 Hz。

2. 杂散干扰

（1）杂散干扰分析方法

杂散发射指标、接收机带宽、接收机底噪等已知。

根据给定的接收机允许的灵敏度下降程度，求出 MCL_1，如图 3-60 所示。

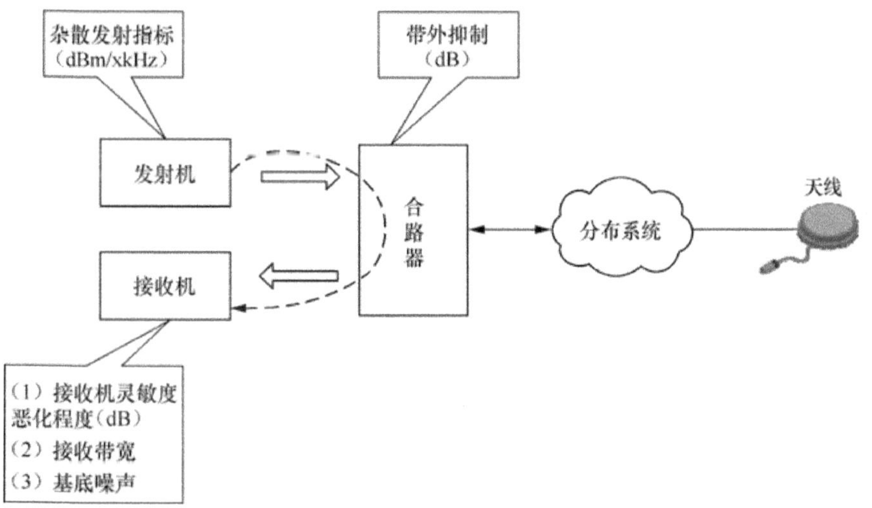

涯 3-60　鞁梵坻栗噎澌嚓嗾欤瓴涯

杂散干扰对接收机灵敏度的影响如下式：

$$\Delta S=10\log\left(\frac{10^{\frac{N}{10}}+10^{\frac{I_{rx}}{10}}}{10^{\frac{N}{10}}}\right)=10\log\left(1+10^{\frac{I_{rx}-N}{10}}\right) \tag{3-23}$$

$$N=10\log B+N_f-174(\text{dBm})$$

其中，ΔS 为灵敏度下降（dB）；N 为底噪水平（dBm）；I_{rx} 为接收通带内的干扰功率谱（dBm/xHz）；B 为接收系统带宽（Hz）；N_f 为噪声系数。

根据上述公式，灵敏度下降 ΔS 与外部干扰、底噪的关系见表 3-28。

表 3-28　　灵敏度 ΔS 与外部干扰、底噪的关系表

懵捺啵炊峙 ΔS VⅡdBVⅢ	渔刹坻粟册盲哆 I_{rx}–NVⅡdBVⅢ
0.1	−16
0.4	−10
0.8	−7
1	−6
3	0
6	4.7

（2）杂散干扰指标

由于发射机中的功放、混频、滤波等器件的工作特性不理想会在工作带宽以外较宽的范围内产生辐射信号分量（不包括带外辐射规定的频段），包括电子热运动产生的热噪声、各种谐波分量、寄生辐射、频率转换产物以及发射机互调等。由于杂散干扰直接影响了系统的接收灵敏度，杂散信号与系统制式以及相关参数直接相关，因此 3GPP 对各系统的杂散干扰进行了严格的规定，见表 3-29。

表 3-29　　3GPP 协议规定的系统杂散干扰值

灬涣碜欣	昂扪嗦溉 VⅡMHzVⅢ	皲梵坻粟窖告硫VⅡdBmVⅡ	功犴呔忉 VⅡkHzVⅢ
GSM900/DCS1800	890～915	−103	10
	0.009～1000MHz 的其他频段	−36	200
	1000～12 750	−30	3000
CDMA	806～821；885～915	−67	100
	930～960；1700～1920；3400～3530	−47	100
	30～1000MHz 的其他频段	−36	100
	1000～12 750MHz 的其他频段	−36	100
WCDMA	1920～1980	−96	100
	876～915；1710～1785	−98	100
	1893.5～1919.6	−41	300
	2010～2025	−52	1000
	2300～2400	−72	1000
	30～1000MHz 的其他频段	−36	100
	2180～12 750MHz 的其他频段	−30	1000

灬涣碜欣	昂扪嗦溉 VⅡMHzVⅢ	皲梵坻粟窖告硫VⅡdBmVⅡ	功犴呔忉 VⅡkHzVⅢ
TD-SCDMA	825～875	−36	100
	876～915；1710～1785	−98	100
	1900～1920	−30	1000
	1920～1980	−80	3840
	2110～2170	−52	1000
	2300～2400	−76	1280
	2035～12 750MHz 的其他频段	−30	1000
LTE	876～915；1710～1785	−98	100
	815～830；1920～1980；1850～1910	−96	100
	30～1000MHz 的其他频段	−36	100
	1000～12 750MHz 的其他频段	−30	1000
WLAN	30～1000	−36	1000
	2400～2483.5	−33	100
	3400～3530；5725～5850	−40	1000
	1000～12 750	−30	10 000

（3）杂散干扰隔离度分析

为了规避各系统间的杂散干扰，必须给出系统间的最小隔离度。其计算公式为：

$$\mathrm{MCL}_1 \geqslant P_{\mathrm{spu}} - 10\lg\left(B_{\mathrm{ing}}/B_{\mathrm{ed}}\right) - \left(P_{\mathrm{n}} + N_{\mathrm{f}} - \mu\right) \tag{3-24}$$

其中，P_{spu} 为干扰源发射的杂散信号功率；$B_{\mathrm{ing}}/B_{\mathrm{ed}}$ 为干扰系统测量带宽与被干扰系统测量带宽之比；P_{n} 为被干扰系统的接收带内噪声，单位为 dBm；N_{f} 为接收机的噪声系数，基站的接收机噪声系数一般不会超过 5dB；μ 为干扰保护比，通常设定为 7dB 为干扰保护门限（参见杂散干扰分析方法），即在工程上可忽略低于底噪 7dB 的干扰信号。

式（3-24）中，若 MCL＞0，表示杂散落在某个系统接收频段内的幅度较高，受扰系统的前端滤波器无法有效滤出，直接导致接收系统的输入信噪比降低，通信质量恶化。

表 3-30 提供了各系统的工作频段和单载波的带宽取值，由此通过式（3-24）可计算得到 LTE FDD 系统对其他系统的杂散干扰隔离度。

表 3-30　各制式室内系统工作频段及单载波带宽

丷涣 磅欣	堞窘昂啾ⅦMHzⅧ		周盆刍呔忉 ⅦMHzⅧ
	楮爻	炊爻	
GSM900	885～915	930～960	0.2
DCS1800	1710～1755	1805～1850	0.2
CDMA	825～835	870～880	1.23
WCDMA	1940～1955	2130～2145	3.84
TD-SCDMA	2010～2025（A），1880～1900（F）		1.28
TD-LTE	2320～2370		20
LTE FDD 1.8GHz	1755～1785	1850～1880	20
LTE FDD 2.1GHz	1920～1940	2110～2130	20
WLAN	2400～2483.5		22

各系统的干扰容限计算见表 3-31。

表 3-31　各系统杂散干扰容限

丷涣揞卓	GSM	DCS	CDMA	WCDMA	TD-SCDMA	TD-LTE	LTE FDD Ⅶ1.8GHzⅧ	LTE FDD Ⅶ2.1GHzⅧ	WLAN
热噪声 P_{n}	−121	−121	−113	−108	−113	−101	−101	−102	−101
噪声系数 N_{f}	5	5	5	5	5	5	5	5	5
底噪	−116	−116	−108	−103	−108	−96	−96	−97	−96
干扰保护门限	7	7	7	7	7	7	7	7	7
干扰容限	−123	−123	−115	−110	−115	−103	−103	−104	−103

根据表 3-30 和表 3-31 得出 LTE FDD 杂散隔离度，见表 3-32 和表 3-33。

表 3-32　　　　　　　　**LTE FDD 对其他系统杂散干扰所需隔离度**

LTE FDD 1.8GHz 坻栗	GSM	DCS	CDMA	WCDMA	TD-SDMA	TD-LTE	LTE FDD Ⅶ2.1GHzⅧ	WLAN
P_{sp}（dBm/xkHz）	−98	−98	−96	−96	−96	−30	−96	−30
B_{ing}（MHz）	0.1	0.1	0.1	0.1	0.1	1	0.1	1
B_{ed}（MHz）	0.2	0.2	1.23	3.84	1.28	20	20	22
带宽转换（dB）	−3	−3	−11	−16	−11	−13	−23	−13
受扰容限（dBm）	−123	−123	−115	−110	−115	−103	−104	−103
MCL（dB）	28	28	30	30	30	86	31	86

表 3-33　　　　　　　　**LTE FDD 被其他系统杂散干扰所需隔离度**

LTE FDD 1.8GHz 其坻栗	GSM	DCS	CDMA	WCDMA	TD-SDMA	TD-LTE	LTE FDD Ⅶ2.1GHzⅧ	WLAN
P_{sp}（dBm/xkHz）	−30	−30	−47	−98	−98	−98	−98	−30
B_{ing}（MHz）	3	3	0.1	0.1	0.1	0.1	0.1	1
B_{ed}（MHz）	20	20	20	20	20	20	20	22
带宽转换（dB）	−8	−8	−23	−23	−23	−23	−23	−13
受扰容限（dBm）	−103	−103	−103	−103	−103	−103	−103	−103
MCL（dB）	81	81	79	28	28	28	28	86

考虑 LTE FDD 2.1GHz 杂散分析与 1.8GHz 一致，本节就不再赘述，由读者自行核算。

3. 阻塞干扰

（1）阻散干扰分析方法

已知条件：最大发射功率、接收机阻塞要求。

$$MCL_2=\text{接收机阻塞要求}-\text{最大发射功率}$$

阻塞干扰分析方法示意图如图 3-61 所示。

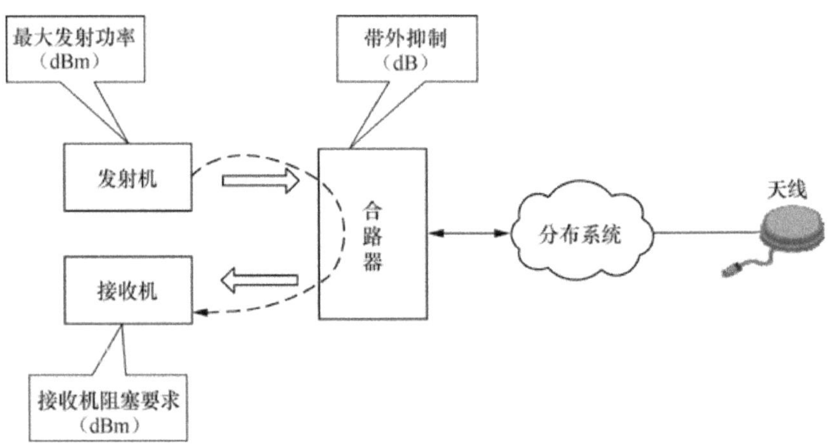

涯 3-61　穹梨坻栗嚏澌嘹嗾钦瓴涯

（2）阻塞干扰指标

当强的干扰信号与有用的信号同时加入接收机时，强干扰会使接收机链路的非线性器件饱和，产生非线性失真，造成阻塞。这一指标直接影响设备器件的选型。因此，3GPP 协议中也规定了各个系统阻塞干扰容限指标，见表 3-34。

表 3-34　　3GPP 协议规定的阻塞容限指标

⺍涣碜欣	坻栗爝始碴爆昂扪 ⅦMHzⅧ	穹梨桎烘 ⅦdBmⅧ
GSM900	1～915	–13
	980～12750	8
DCS1800	0.1～1690； 1805～12750	0
CDMA	1～980	–41
	981～12750	–16
WCDMA	1920～1980； 1900～1920	–40
	921～960； 1805～1880	16
	1～1900MHz 的 其他频段 2000～12 750	–15

⺍涣碜欣	坻栗爝始碴爆昂扪 ⅦMHzⅧ	穹梨桎烘 ⅦdBmⅧ
TD-SCDMA	921～960； 1805～1880	16
	2110～2170	–40
	1980～1990； 2045～12 750MHz 及 1～1880MHz 的其他频段	–15
LTE	869～894； 921～960 1805～1880； 2010～2025 2110～20 170	16
	2280～2420	–43
	1～2280MHz 及 2280～12 750MHz 的其他频段	–15

（3）阻塞干扰隔离度分析

系统间阻塞干扰隔离度计算公式为

$$MCL_2 \geqslant P_t - P_{block} \tag{3-25}$$

其中，P_t 为发射机发射功率，P_{block} 为接收机的干扰容限。

式（3-25）衡量接收机输入端的干扰信号功率是否超过接收机的干扰容限，即 $MCL<0$ 时系统才可以保证正常运行。通常也把增益下降到比线性增益低 1dB 时的输出功率定义为输出功率的 1dB 压缩点。为了防止接收机过载，从干扰基站接收到的总载波功率电平需要低于它的 1dB 压缩点。

根据 3GPP 协议标准，GSM900、DCS1800、CDMA 和 WCDMA 的最大发射机功率取 49dBm，TD-SCDMA、LTE 的发射功率分别为 46dBm、43dBm。由于 WLAN 没有统一的阻塞干扰要求，根据 WLAN 相关厂商提供的数据，20dBm 设备阻塞指标为–5dBm，27dBm 设备的阻塞指标为–20dBm@50MHz，–40dBm@30MHz。

由此通过式（3-25）可计算得出 LTE FDD 对其他系统的阻塞隔离度要求见表 3-35 和表 3-36。

表 3-35　　LTE FDD 对其他系统阻塞干扰所需隔离度

LTE1.8GHz 坻栗	GSM	DCS	CDMA	WCDMA	TD-SCDMA	TD-LTE	LTE FDD Ⅶ2.1GHzⅧ	WLAN
P_t（dBm）	43	43	43	43	43	43	43	43
P_{block}（dBm）	8	0	–16	16	16	16	16	–40
MCL（dB）	35	43	59	27	27	27	27	83

表 3-36　　　　**LTE FDD 被其他系统阻塞干扰所需隔离度**

LTE1.8GHz 其坻栗	GSM	DCS	CDMA	WCDMA	TD-SCDMA	TD-LTE	LTE FDD Ⅶ2.1GHzⅦ	WLAN
P_t（dBm）	49	49	49	49	46	43	43	27
P_{block}（dBm）	16	16	16	16	16	–43	16	–15
MCL（dB）	33	33	33	30	30	86	27	42

LTE FDD 2.1GHz 阻塞分析与 1.8GHz 一致，本节不再赘述，由读者自行核算。

4. 互调干扰

由于调制通常都是基于正弦波形，当两个或两个以上不同频率正弦信号做叠加于一非线性电路时，将产生新的频率信号输出，如果该频率正好落在接收机工作信道带宽内，则构成对接收机的互调干扰，如图 3-62 所示。

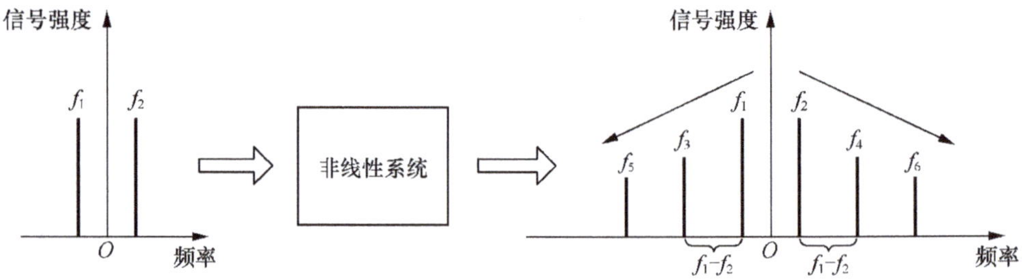

涯 3-62　滕哼坻栗欤瓴涯

一般来说，互调干扰信号主要有三阶、五阶或更高阶的分量，其中以三阶互调干扰对系统的影响最大，原因在于三阶互调干扰的强度最大且会落在有用频带附近。高阶互调虽然存在但通常情况下很弱，一般可以忽略不计。

（1）互调干扰隔离度分析

三阶互调产物在多系统合路中影响较突出，则三阶互调产物可分为：

三阶 I 型（双信号互调）IM3=$2f_1 \pm f_2$、$2f_2 \pm f_1$

三阶 II 型（三信号互调）IM3=$f_1+f_2-f_3$、$f_1+f_3-f_2$ 或 $f_2+f_3-f_1$

多系统室内覆盖引入的频段相当多，各系统有上行、下行，互调产物的情况会很复杂，但由于终端上行发射功率远小于信源发射机下行发射功率，因此系统间的主要干扰来源于干扰系统的下行（发射机）对被干扰系统的上行（接收机）造成的干扰。所以主要考虑下行对上行的互调干扰。

假设对于三阶 I 型互调：GSM、CDMA 两个干扰信号所对应的三阶互调干扰频率：

第一干扰信号 f_1：CDMA 下行 870～880MHz；

第二干扰信号 f_2：GSM 下行 930～960MHz。

可计算得：$f_{3min}=2f_1-f_2=2\times870-960=780$MHz；$f_{3max}=2f_1-f_2=2\times880-930=830$MHz。

可知三阶互调产物的频率范围为（780～830MHz），该频段影响了 CDMA 上行频段（825～835MHz），以此类推可以计算出多个系统间相对应的互调干扰组，见表 3-37 和表 3-38。

表 3-37　三阶 I 型互调干扰组计算结果（单位：MHz）

频率 $2f_i-f_j$（$i \neq j$）	GSM	DCS	CDMA	WCDMA	TD-SCDMA（A）	TD-SCDMA（F）	TD-LTE	LTE FDD（1.8GHz）	LTE FDD（2.1GHz）	WLAN
GSM	—	10～115	980～1050	—	—	—	—	—	—	—
DCS	2665～2770	—	2730～2830	1465～1570	1585～1690	**1710～1820**	1240～1380	**1730～1850**	1485～1590	1126.5～1300
CDMA	**780～830**	—	—	—	—	—	—	—	—	—
WCDMA	3300～3360	**2410～2485**	3380～3240	—	2235～2280	**2360～2410**	1890～1970	**2380～2440**	2135～2180	**1776.5～1890**
TD-SCDMA（A）	3060～3120	2170～2245	3140～3180	**1875～1920**	—	2120～2170	1650～1700	2140～2200	**1895～1940**	1536.5～1650
TD-SCDMA（F）	2800～2870	**1910～1995**	2880～2930	1615～1670	**1735～1790**	—	1390～1480	**1880～1950**	1635～1690	1276.5～1400
TD-LTE	3740～3810	2790～2935	3760～3870	2495～2610	2615～2730	2740～2860	—	2760～2890	2515～2630	2156.5～2340
LTE FDD（1.8GHz）	2740～2830	**1850～1955**	2820～2890	1555～1630	**1675～1750**	1800～1880	1330～1440	—	1575～1650	1216.5～1360
LTE FDD（2.1GHz）	3260～3320	**2370～2445**	3340～3380	2075～2120	2195～2240	**2320～2370**	**1850～1930**	2340～2400	—	1736.5～1850
WLAN	3840～4037	2950～3162	3920～4097	2655～2837	2775～2957	2900～3087	**2430～2647**	2920～3117	2675～2857	—

* 黑色加粗的数值频率表示可能存在对上行的互调干扰。

表 3-38　　三阶 II 型互调干扰组计算结果（单位：MHz）

频率 $f_i+f_j-f_k$（$i≠j≠k$）	GSM	DCS	CDMA	WCDMA	TD-SCDMA（A）	TD-SCDMA（F）	TD-LTE	LTE FDD（1.8GHz）	LTE FDD（2.1GHz）	WLAN
GSM+DCS	—	—	1855～1940	590～680	710～800	835～930	365～490	855～960	610～700	251.5～410
GSM+CDMA	—	—	—	—	—	—	—	—	—	—
GSM+WCDMA	—	1210～1300	2180～2235	—	1035～1095	1160～1225	690～785	1180～1255	935～955	576.5～705
GSM+TD-SCDMA（A）	—	1090～1180	2060～2115	795～855	—	1040～1105	570～665	1060～1135	**815～875**	456.5～585
GSM+TD-SCDMA（F）	—	960～1055	**1930～1990**	665～730	785～850	—	440～540	930～1010	685～750	326.5～460
GSM+TD-LTE	—	1400～1525	**2370～2460**	1105～1200	1225～1320	1350～1450	—	1370～1480	1125～1220	766.5～930
GSM+LTE FDD（1.8GHz）	—	930～1035	**1900～1970**	635～710	755～830	755～960	410～520	—	655～730	296.5～440
GSM+LTE FDD（2.1GHz）	—	1190～1280	2160～2215	895～955	1015～1075	1140～1205	670～765	1160～1235	—	556.5～685
GSM+WLAN	—	1480～1638.5	**2450～2573.5**	1185～1313.5	1305～1433.5	1430～1563.5	960～1123.5	1450～1593.5	1205～1333.5	—
DCS+CDMA	1715～1800	—	—	530～600	650～720	775～850	305～410	795～880	550～620	191.5～330
DCS+WCDMA	2975～3065	—	3055～3125	—	1910～1985	2035～2115	1565～1675	2055～2145	**1810～1885**	1451.5～1595
DCS+TD-SCDMA（A）	2855～2945	—	2935～3005	1670～1745	—	1915～1995	1445～1555	**1935～2025**	1690～1765	1331.5～1475
DCS+TD-SCDMA（F）	2725～2820	—	2805～2880	1540～1620	1660～1740	—	1315～1430	**1805～1900**	1560～1640	1201.5～1350
DCS+TD-LTE	3165～3290	—	3245～3350	**1980～2090**	2100～2210	2100～2345	—	**2245～2370**	**2000～2110**	1641.5～1820
DCS+LTE FDD（1.8GHz）	2695～2800	—	2775～2860	1510～1600	1630～1720	**1755～1850**	1285～1410	—	1530～1620	1171.5～1330
DCS+LTE FDD（2.1GHz）	2955～3045	—	3035～3105	**1770～1845**	**1890～1965**	**2015～2095**	1545～1655	**2035～2125**	—	1431.5～1575
DCS+WLAN	3245～3403.5	—	3325～3463.5	2060～2203.5	2180～2323.5	**2305～2453.5**	**1835～2013.5**	**2325～2483.5**	2080～2223.5	—
CDMA+WCDMA	2040～2095	1150～1220	—	—	975～1015	1100～1145	630～705	1120～1175	**875～915**	516.5～625
CDMA+TD-SCDMA（A）	**1920～1975**	1030～1100	—	735～775	—	980～1025	510～585	1000～1055	755～795	396.5～505
CDMA+TD-SCDMA（F）	1790～1850	**900～975**	—	605～650	725～770	—	380～460	**870～930**	625～670	266.5～380
CDMA+TD-LTE	2230～2320	1340～1445	—	1045～1120	1165～1240	1290～1370	—	1310～1400	1065～1140	706.5～850
CDMA+LTE FDD（1.8GHz）	1760～1830	870～955	—	575～630	695～750	**820～880**	350～440	—	595～650	236.5～360

（续表）

频率 $f_i+f_j-f_k$（$i≠j≠k$）	GSM	DCS	CDMA	WCDMA	TD-SCDMA（A）	TD-SCDMA（F）	TD-LTE	LTE FDD（1.8GHz）	LTE FDD（2.1GHz）	WLAN
CDMA+LTE FDD（2.1GHz）	**2020～2075**	1130～1200	—	835～875	955～995	1080～1125	610～685	1100～1155	—	496.5～605
CDMA+WLAN	**2310～2433.5**	1420～1558.5	—	1125～1233.5	1245～1353.5	1370～1483.5	**900～1043.5**	1390～1513.5	1145～1253.5	—
WCDMA+TD-SCDMA（A）	3180～3240	**2290～2365**	3260～3300	—	—	2240～2290	1770～1850	2260～2320	**2015～2060**	1656.5～1770
WCDMA+TD-SCDMA（F）	3050～3115	2160～2240	3130～3175	—	1985～2035	—	**1640～1725**	2130～2195	**1885～1935**	1526.5～1645
WCDMA+TD-LTE	3490～3585	2600～2710	3570～3645	—	**2425～2505**	2550～2635	—	2570～2665	**2325～2405**	1966.5～2115
WCDMA+LTE FDD（1.8GHz）	3020～3095	2130～2220	3100～3155	—	**1955～2015**	2080～2145	1610～1705	—	**1855～1915**	1496.5～1625
WCDMA+LTE FDD（2.1GHz）	3280～3340	2390～2465	3360～3400	—	2215～2260	**2340～2390**	**1870～1950**	**2360～2420**	—	1756.5～1870
WCDMA+WLAN	3570～3698.5	2680～2823.5	3650～3758.5	—	2505～2618.5	2630～2748.5	2160～2308.5	2650～2778.5	**2405～2518.5**	—
TD-SCDMA（A）+TD-SCDMA（F）	2930～2995	**2040～2120**	3010～3055	**1745～1795**	—	—	1520～1605	**2010～2075**	**1765～1815**	1406.5～1525
TD-SCDMA（A）+TD-LTE	3370～3465	**2480～2590**	3450～3525	2185～2265	—	**2430～2515**	—	**2450～2545**	2205～2285	**1846.5～1995**
TD-SCDMA（A）+LTE FDD（1.8GHz）	2900～2975	**2010～2100**	2980～3035	1715～1775	—	**1960～2025**	1490～1585	—	**1735～1795**	1376.5～1505
TD-SCDMA（A）+LTE FDD（2.1GHz）	3160～3220	**2270～2345**	3240～3280	**1975～2020**	—	2220～2270	**1750～1830**	2240～2300	—	1636.5～1750
TD-SCDMA（A）+WLAN	3450～3578.5	2560～2703.5	3530～3638.5	2265～2378.5	—	2510～2628.5	2040～2188.5	2530～2658.5	2285～2398.5	—
TD-SCDMA（F）+TD-LTE	3240～3340	**2350～2465**	3320～3400	2055～2140	2175～2260	—	—	**2320～2420**	2075～2160	1716.5～1870
TD-SCDMA（F）+TD LTE（1.8GHz）	2770～2850	**1880～1975**	2850～2910	1585～1650	1705～1770	—	1360～1460	—	1605～1670	1246.5～1380
TD-SCDMA（F）+TD LTE（2.1GHz）	3030～3095	2140～2220	3110～3155	**1845～1895**	**1965～2015**	—	1620～1705	2110～2175	—	1506.5～1625
TD-SCDMA（F）+WLAN	3320～3453.5	**2430～2578.5**	3400～3513.5	2135～2253.5	2255～2373.5	—	**1910～2063.5**	**2400～2533.5**	2155～2273.5	—
TD-LTE+LTE FDD（1.8GHz）	3210～3320	**2320～2445**	3290～3380	2025～2120	2145～2240	2270～2370	—	—	2045～2140	**1686.5～1850**

（续表）

频率 $f_i+f_j-f_k$（$i \neq j \neq k$）	GSM	DCS	CDMA	WCDMA	TD-SCDMA（A）	TD-SCDMA（F）	TD-LTE	LTE FDD（1.8GHz）	LTE FDD（2.1GHz）	WLAN
TD-LTE+LTE FDD（2.1GHz）	3470～3565	2580～2690	3550～3625	2285～2365	2405～2485	2530～2615	—	2550～2645	—	1946.5～2095
TD-LTE+WLAN	3760～3923.5	2870～3048.5	3840～3983.5	2575～2723.5	2695～2843.5	2820～2973.5	—	2840～3003.5	2595～2743.5	—
LTE FDD（1.8GHz）+LTE FDD（2.1GHz）	3000～3075	2110～2200	3080～3135	1815～1875	1935～1995	2060～2125	1590～1685	—	—	1476.5～1605
LTE FDD（1.8GHz）+WLAN	3290～3433.5	**2400～2558.5**	3370～3493.5	2105～2233.5	2225～2353.5	**2350～2483.5**	**1880～2043.5**	—	2125～2253.5	—
LTE FDD（2.1GHz）+WLAN	3550～3678.5	2660～2803.5	3630～3738.5	**2365～2478.5**	2485～2598.5	2610～2728.5	2140～2288.5	2630～2758.5	—	—

* 黑色加粗的数值频率表示可能存在对上行的互调干扰。

哉 4 瞍

丏搞坏坶头嫖姚榷尘

4.1 规划原则与流程

室内建网初期和中后期由于用户分布有较大差别，因此室内规划原则和流程也不尽相同。在建网初期需要对典型场景进行模测，确定所使用频段在典型场景中的传播情况，并且与室外站点协同建设。而在建网中后期则主要针对网络测试分析数据、用户投诉、市场发展等需求，明确覆盖对象。

4.1.1 岬榷厮晟头嫖瘭眄痦戊卞

在建网初期，主要遵循以下原则。

（1）重点原则

建设初期，用户处于发展期，因此主要针对穿透损耗大、重要性较高的楼宇进行针对性覆盖建设，见表 4-1，可根据楼宇重要性情况，分为 A、B、C 3 类，对于建设初期，应优先满足 A 类区域的建设，B、C 类建设可根据用户发展情况、市场发展需求等逐步完善。

表 4-1　　楼宇重要性分类

插凑战瘓噎息	噎息唤瓿
A 类	直接影响用户口碑的场所、集团客户需求覆盖楼宇和高话务、CDMA 用户集中场所：四星级（含四星）以上宾馆、高档写字楼、商业会展中心、大型商场、机场候机楼、车站、高校、大型医疗机构、高档餐饮娱乐场所、重要政企办公楼等
B 类	三星级宾馆、中档写字楼、中高档居民楼、中型医疗机构、中档餐饮娱乐场所、中档商场卖场等
C 类	小型办公楼宇、连锁酒店及旅馆、普通停车场、地下室、小型餐饮娱乐场所等

（2）协同原则

为了避免室内外信号的互相干扰，在进行规划设计时应注重协同原则，对于低楼层、穿透损耗小的区域主要依靠室外信号进行覆盖，如进行室内分布系统建设，则应避免信号外泄；对于高楼层、穿透损耗大的区域，主要依靠室内信号进行覆盖，尤其对于高楼层区域，室内信号覆盖范围可适当扩大。对于信号复杂、干扰严重的高层楼宇，还可通过异频覆盖方式，提高室内信号的信噪比。

（3）适配原则

建设初期，用户规模和使用量都较低，在进行信源配置时，要注意适配原则，不超配、不过配，避免浪费。

规划流程一般如图 4-1 所示。

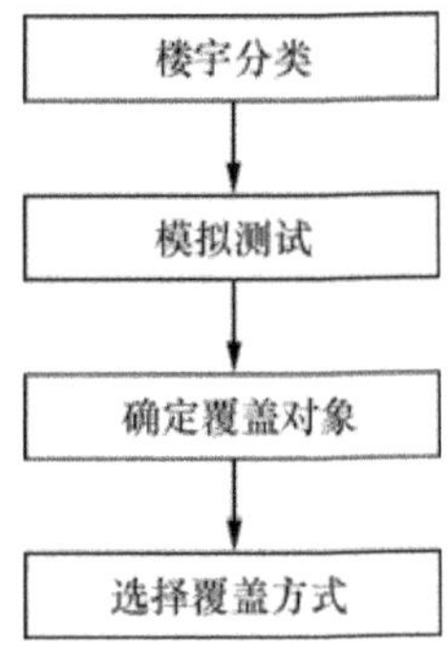

涯 4-1　岬榷斯晟头嫖戊卞涯

① 楼宇分类

按面积区分举例，见表 4-2。

表 4-2　　楼宇按面积分类

息凫	捐宸嗆溉	氤掂
小型楼宇	3000m² 以下	一般楼层较矮，楼宇穿透损耗较小，一般来说，周边宏站无遮挡的情况下，通过室外站点优化即可进行覆盖
中型楼宇	3000～10 000m²	这类楼宇，一般为多层或小高层结构，有一定的穿透损耗，利用周边宏站覆盖可能存在局部弱区，需要针对部分区域进行针对性室内覆盖建设
大型楼宇	10 000～50 000m²	一般为小高层或高层建筑，内部通常配备电梯，穿透损耗较大，一般需要建设室内分布系统等方式实现室内覆盖
超大型楼宇	50 000m² 以上	通常为高层建筑、大型体育馆等场景，应结合具体场景情况采用多种方式进行覆盖

按照楼宇用途进行区分举例，见表 4-3。

表 4-3　　楼宇按用途分类

息凫	氤掂
商务楼宇	根据楼宇体量不同，分为高、中、低档，一般为多隔层结构，中间有大开间的会议室、集中办公区等区域
学校	有教学楼、宿舍等多种结构模式，需要根据楼宇具体情况选择室外站或室分系统进行针对性覆盖
大中型商场超市	一般间隔少，但平层面积大，人流密集，主要采用室分系统建设，并需兼顾容量需求
聚类市场	多商户集中，对于业务需求较高，需兼顾容量和覆盖需求
医院	属于多间隔场景，环境复杂，重点覆盖等候区、住院区等人员密集区域
宾馆酒店	可按照经济型酒店、三星及以下宾馆，四星及以上宾馆等进行分类，属于多间隔、传播损耗大场景，可根据宾馆重要性选取覆盖方式
居民小区	类型复杂，场景多样，室分建设难度大，一般采用室外宏站、微站进行覆盖建设，对于高档小区的电梯、地下室进行局部分布系统建设

② 根据楼宇面积、用途等方面进行分类，每一类选择一两个典型场景进行模测。采用信号发生器模拟室内外信号覆盖情况，确定使用频段在特定场景的传播损耗情况。

③ 根据楼宇重要性、模测情况，明确覆盖对象，一般来说，室内覆盖区域不应位于室外连续覆盖区域之外形成孤岛。

④ 针对覆盖目标形成建设方案，可通过室外宏站优化、室外微站建设、室内分布系统

等方式进行建设。

4.1.2 岬榷碴婚晟头嫖瘰眄痦戊卞

随着用户发展，网络规划与建设将首先根据用户和市场发展的需求来进行，因此，在建设中后期的室内覆盖规划应遵循以下原则。

（1）市场导向原则：以市场发展为导向，根据前端部门制定的用户发展目标，首先满足目标政企客户、集团客户等重点发展对象的覆盖需求。

（2）用户导向原则：根据用户投诉、业务量分布情况统计及 CQT 测试情况，分析覆盖不足的室内区域，优先满足用户集中、投诉率高的覆盖建设。

（3）城市规划导向原则：国内城市化进程迅速，在规划阶段，应根据规划区域的进度、楼宇性质等，提前做好资源储备，并且与城市建设保持步调一致，避免后续进场的难度。

规划流程一般如图 4-2 所示。

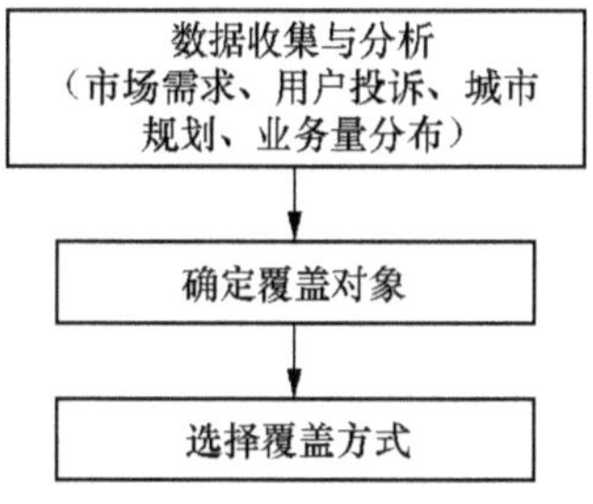

涯 4-2 岬榷碴婚晟头嫖戊卞涯

（1）数据收集与分析：收集 DT/CQT、用户投诉、用户业务分布等数据并进行分析，明确室内覆盖问题区域及用户业务分布情况。

（2）确定覆盖对象：根据数据分析结果，明确覆盖对象。

（3）选择覆盖方式：根据目标楼宇的具体情况，可通过室外宏站优化、室外微站建设、室内分布系统等方式进行建设。

4.1.3 歹搞嚏制灬涣头嫖瘰眄

对于需要进行室内分布系统建设的场景，应遵循以下原则。

（1）解决覆盖而话务需求较低的区域，如商务楼宇、宾馆酒店、企事业单位等，通过新建室内分布系统方式解决，建设时要保证有效覆盖范围内（离窗边 1m 范围以内）主导频信号为室内信源信号。

（注：有效区域指人员活动的主要区域，包括房间、走廊等，不包含楼梯间。）

（2）既存在覆盖问题而话务需求较高的室内区域，如医院、交通枢纽、聚类市场，大型商场、大型电信营业厅，通过新建室内分布系统方式解决，建设时要保证有效覆盖范围内（离窗边 1m 范围以内）主导频信号为室内信源信号，且保证信源容量。校园覆盖优先考虑新增滴灌站点（精细化覆盖局部高容量区域称之为滴灌站点）和室内分布系统满足网络覆盖及容量指标，并同步进驻 WLAN，有效提升用户接入感知。居民小区覆盖主要通过新增滴灌站点解决，电梯地下室通过室内分布系统覆盖。

（3）对于一般住宅小区、学校、厂房、办公楼等穿透损耗较小的建筑，原则上使用室外基站信号穿透建筑物实现室内覆盖。

（4）对于城市改造、扩张过程中的新建楼宇，如商业写字楼、重要办公楼、高档社区等，要进行前瞻性规划，在信号分析的基础上，应及早介入进行室内分布系统建设，但应在楼宇内产生业务需求后方可接入信源。

4.2 信源规划

4.2.1 爝瘾狄省

（1）从容量角度

① 目标覆盖区内用户数超过 100 人时，应选用基站或 RRU 等有容信源作为信源。

② 目标覆盖区内用户数低于 100 人时，可选用直放站作为信源。

（2）从场景角度

① 目标覆盖区仅为电梯或地下室等密闭场景，优先选取无线直放站或光纤直放站作为信源。

② 目标覆盖区包含楼道、电梯和楼层内部其他区域的场景，可选用 RRU 或光纤直放站或 RRU+光纤直放站作为信源。

③ 目标覆盖区仅为小区室外、楼宇低层房间及窗边等场景，可选用光纤直放站或 RRU 作为信源。

④ 目标覆盖区为楼宇中、高层房间及窗边，优先选取光纤直放站作为信源。

⑤ 对于容量需求高且区域开阔的场景，如体育馆、展览馆等，可选用微站直接布放方式，提供良好的覆盖和容量需求。

相比传统的直放站，数字光纤直放站具有组网灵活、噪声系数低等优点，在室内覆盖中应用的场景建议见表 4-4。

表 4-4　数字光纤直放站应用场景建议

勾帱捞吡		巍廾嚓嗾
场景 1	2 台以上 RRU	业务量和话务量不高的前提下，可以把 1 台 RRU 作为主信源，其他 RRU 用数字光纤直放站代替
场景 2	1 台 RRU+3 台 20W 光纤直放站（3 台光纤直放站天馈走线可互通）	可以把 3 台模拟光纤直放站替换为数字光纤直放站
场景 3	2 台以上 RRU+模拟光纤直放站	在话务量不高的前提下，把 1 台 RRU 作为主信源，其他 RRU 和模拟直放站用数字光纤直放站替代（充分利用 60W、80W 数字光纤直放站的功率，不要只有 1～2 台 20W 的模拟站也来代替）
场景 4	业务量和话务量不高的农村、郊区，只是为了覆盖，且天馈可以互通的情况下要用到 3 台以上模拟光纤直放站	可以直接使用数字光纤直放站

根据表 4-4 中的建议，应用数字光纤直放站的原则是：在满足业务量和话务量、不大量增加投资的情况下，充分利用数字光纤直放站的大功率、低干扰（对宏站、RRU）的优势来达到改善现网覆盖、改善导频污染的目的。

4.2.2 爝瘾堡扪斓碘

目前的信源能力有 5W、10W、20W、40W、60W、80W 等多种功率等级，信源功率配置以保持网络覆盖指标为要求，在保持业务信道与控制信道、下行信道与上行信道平衡的前提下，室内覆盖系统设计时按照天线口输入功率低于 15dBm/载波取定。

4.2.3　爝瘾桎惶头嫖

信源容量规划与采取制式、用户渗透率情况、使用习惯等因素有直接关系，一般来说，室内信源的容量计算公式为：

信源容量=激活态用户模型×并发率×楼内用户数×用户渗透率

4.2.4　煎架头嫖

（1）室内覆盖系统小区规划要充分考虑室内具体环境。规划时重点考虑小区之间的隔离。可以借助建筑物的楼板、墙体等自然屏障产生的穿透损耗形成小区间的隔离。

（2）空旷或封闭性较差的室内环境，必须严格控制不同小区之间的覆盖区域，并通过不同小区之间采用异频组网等手段，保证覆盖系统达到性能指标要求。

（3）小区数量应均衡覆盖和容量，并结合不同厂家的产品性能及 RRU 数量综合确定，从而避免后期容量增加对现网室内覆盖系统做大的调整。

4.3　设计原则

利用室外站点覆盖室内，设计与普通的宏站设计类似，因此从设计原则来讲，主要讨论室内分布系统的设计。

总体上，室内分布系统是为了解决建筑物内部的信号盲区、弱覆盖区以及信号杂乱造成的通信质量差等问题，同时兼顾利用室内分布系统的信源容量分担室外宏基站的部分容量，改善网络拥塞情况。在室内覆盖的设计上，应遵从如下原则：

（1）保证此系统能达到优良的覆盖效果，同时尽可能地降低工程成本，使系统性价比达到最高；

（2）考虑到环保问题，适当增加天线，降低天线口输出功率，达到良好覆盖；

（3）综合考虑天线的数量、位置和输出功率以及所覆盖的范围，保证信号的均匀分布；

（4）结合楼层的结构情况、功用、装潢，合理布置天馈线系统；

（5）兼顾将来的扩容，留有一定的功率余量。

根据室内无线传播特点和覆盖需求的差别，室内环境可以分为裙楼、标准层、地下层、电梯等主要类型，室内分布系统建设应根据不同室内场景进行覆盖和设计。

1. 裙楼

一般位于建筑物的低楼层，楼层面积较大，楼层纵深信号较差，通常窗边附近区域信号较好，方案设计应注意控制信号外泄以及与室外基站的平滑切换。

2. 塔楼

裙楼以上建筑格局近似的楼层（包括楼梯间），楼层内建筑隔断较多，装修豪华对信号传播影响比较严重。方案设计应注意控制信号外泄以及导频污染问题的出现。

3. 地下层

建筑物地面以下部分，通常为信号盲区。方案设计应注意进出地下室/或者地下车库时室内小区和室外小区的切换。

4. 电梯

电梯主要分为观光电梯、货用电梯和客用电梯。其中观光电梯和货用电梯不建议覆盖，特殊情况酌情处理。

客用电梯通常为信号的盲区和弱区，采用电梯专项覆盖的方式解决。方案设计时应尽量控制电梯覆盖信号的小区分裂，减少电梯运行和进出电梯时的切换次数，并保证切换成功率满足室内网络设计要求。

4.4 查勘与测试

4.4.1 炼勾弯劭

勘察是室内分布系统建设过程中的一项重要工作，勘察的目的是对目标站点的楼宇结构及整体无线环境进行了解后确定其覆盖目标和覆盖思路、勘察工作的方案设计，为今后实施奠定基础。勘察工作要做到细致、严谨，现场勘察必须有勘察记录报告。勘察过程主要分为 3 个阶段，即勘察前准备工作、现场勘察、勘察后资料整理。勘察过程流程图如图 4-3 所示。

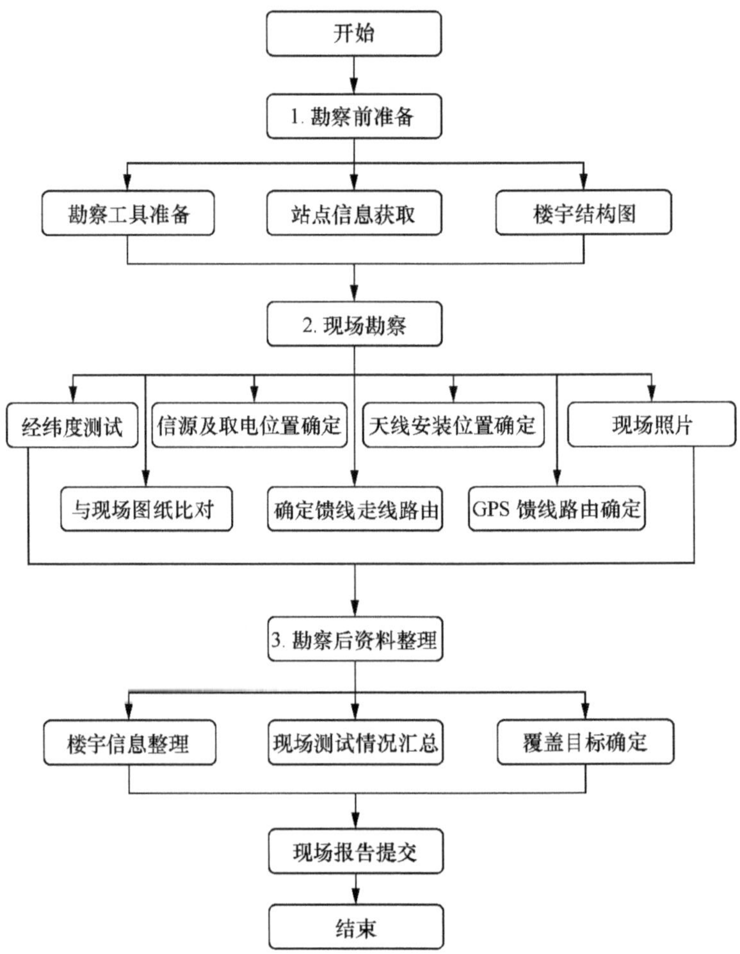

涯 4-3 弯劭奢卞戊卞涯

1. 勘察前准备工作

（1）向建设方了解目标站点周围网络的资料，对周围存在的信号情况了解清楚或者对需要覆盖的目标站点进行现网调查

一般楼宇周围均有室外站点信号，室外小区可能对今后的室内分布系统形成干扰，干扰主要体现为导频污染，一般情况下楼层越高导频污染越严重。因此，需要在室内环境下对室外基站的导频信号进行测试，记录导频的数量、强度以及导频信号在楼层内的分布，测试结果作为室内分布系统边缘场强设计的参考。实际工程中，室内主导小区的导频强度应该比来自室外小区的最强导频信号高一定的设计余量，一般室内小区信号边缘场强要比室外高 5dB 左右。

测试可以在大楼内部有选择地进行，比如在大楼底部选择一两个楼层、在大楼中部选择一两个楼层、在大楼顶部选择一两个楼层。测试工作需要用到测试终端、路测软件的室内测量功能来实现。

（2）覆盖区域建筑图纸准备

向建设方、业主索取被测建筑详细的大楼建筑图纸，包括每个覆盖目标楼层的平面图、各个方向的立面图。尽可能获得 AutoCAD 格式的电子件，其次为工程晒图的扫描件。另外还需要获得大楼内部强电井、弱电井的施工图纸，并在上面标注物业允许走线穿孔的位置以及现有可利用的传输线路和物业允许安装信源的位置，如图 4-4 所示。

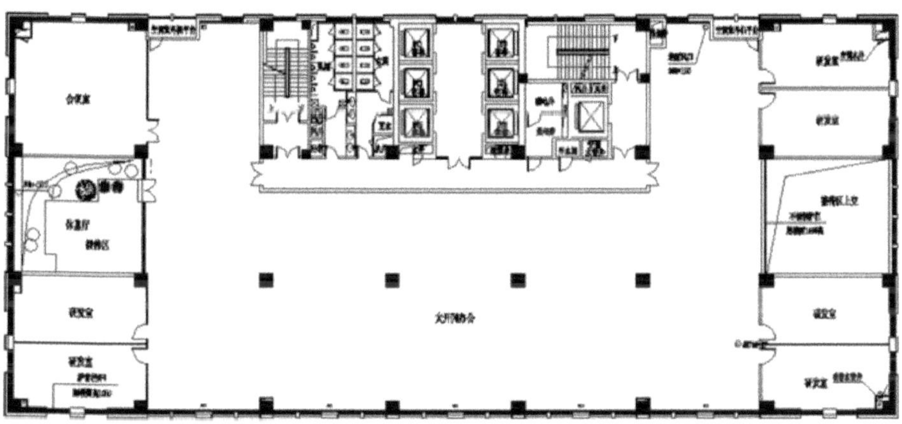

涯 4-4　战加昔捐涯碌剖彗

（3）勘察所需设备

见表 4-5。

表 4-5　勘察设备表

	冰狄	彳狄
工具及文件	1. 测试手机（或其他测试仪表）	1. 手提电脑（测试分析软件）
	2. GPS	2. 频谱仪
	3. 指北针	3. 模测信号源
	4. 数码相机	4. 室内全向天线（测试用）
	5. 勘察测试表格	5. 手电筒
	6. 测距仪或工程用卷尺	6. 安全帽

（4）勘察计划制定及相关查勘人员联系的准备

① 根据选址原则和设计规范要求，制定勘察站点列表，安排勘察计划。

② 提前与勘察地点的业主取得联系，确定可以勘察的具体时间，然后再联系局方人员、监理人员及其他需要参与勘察的人员。

2. 建筑物室内现场勘察

室内勘察主要是为室内覆盖系统的规划设计做好信息搜集工作，通过室内勘察、与物业交流完成以下任务。

（1）站点信息的完善、比对图纸与现场。

（2）初步确定覆盖范围，明确建筑物内各楼层的覆盖要求与区别。

（3）拍摄足够数量的数码照片，以体现大楼室内细节和外形轮廓。

（4）确定内墙/楼板/天花板的建筑材料/厚度，以估计其传统损耗。

（5）确定可获得的传输、电源和布线资源，物业对施工的要求。

（6）确定信源设备安装机房或位置；天线定位，馈线的安装空间和路由，如需安装 GPS 天线，还需明确 GPS 天线安装位置及主设备至 GPS 天线馈线路由等。

（7）进行详细的模测、室内 CQT 测试或 DT 测试。

下面对上述的主要勘察任务的重点工作及注意事项进行说明。

（1）站点信息的完善、比对图纸与现场

① 覆盖站点名称：核实站点名称的准确性，注意同音字的错用。

② 确定地理位置：如***区***路***号。

③ 测试经纬度：经纬度精确到小数点后 5 位。

④ 总楼层数：注意个别楼层忌讳的数字如 4F、14F，大多数楼宇没有类似的楼层要做详细记录。

⑤ 建筑面积：建筑面积和覆盖面积要区分开。

⑥ 建筑结构：要确定是玻璃幕墙还是砖混墙及其他结构。

⑦ 楼层情况：要注意楼层的格局及其功能用途，如商场、超市、办公、娱乐场所等。

⑧ 电梯：要确定是观光电梯还是封闭电梯，是共井道还是单井道。

⑨ 地下室：地下室的用途及封闭情况。

⑩ 比对图纸与现场：比对查勘图纸和现场是否有差异，如发现及时修改。

（2）室内照片的拍摄

在室内拍摄照片时应该注意，拍照之前首先要选择特征楼层，这样能够保证以较高的效率完成照片拍摄工作，并且可以提供足够多的建筑物特征信息。假设目标大楼共有 25 层，按照建筑结构和楼层布局分类：其中 1 层为一个特征楼层；2～5 层结构和布局相同，可从中任选一个楼层作为特征楼层；6～25 层结构和布局相同，可从中任选一个楼层作为特征楼层。选定了特征楼层以后，开始进行室内拍摄（如图 4-5 所示），每个特征楼层内需要拍摄的照片数量满足以下要求：

① 体现楼层平面布局，2～4 张照片；

② 体现天花板结构特征，1～2 张照片；

③ 候选的天线架设位置，1～2 张照片；

④ 体现外墙与窗户的特征，1～2 张照片；

⑤ 体现走廊与电梯间特征，1～2 张照片；

⑥ 异常的结构（如大的金属物体）和设备房间（可能的干扰源），1～2 张照片；

⑦ 最后到室外，拍摄大楼的全景以体现全楼的外形轮廓，1～2 张照片。

（a）楼宇平层布局

（b）楼宇天花板

（c）楼宇墙体与窗户

（d）楼宇平层走廊

（e）楼宇电梯间

（f）楼宇室外

涯 4-5　歹搞收榨矗旭庚悭

（3）确定信源主设备的安装位置（如图 4-6 所示）

① 设备安装位置选择。原则上选取通风好、散热好，有助于设备工作稳定的位置。

② 设备的位置选取应便于维护。如为分布式基站设备挂高一般为 1.5m 左右，要考虑足够的空间进行设备调测。

③ 无线环境确定。无线环境好，设备工作稳定，无干扰。

④ 确定接地端子。用于设备接地防雷。

⑤ 设备取电位置确定。原则上保证 24 小时不间断供电，设备取电尽量选在物业的配电内，便于管理及日后维护。

涯 4-6 歹搞爝瘾席呲姚嘿屑修禺驮瓴涯

（4）馈线走线路由（电分布系统场景，如图 4-7 所示）

① 走线路由确定。根据楼宇的情况尽量将馈线的路由和大楼的弱电系统路由一致。

② 馈线选用依据。馈线类型的选用要根据功率的分配情况及现场施工条件进行选取（如 1/2″阻燃电缆，7/8″阻燃电缆）。

③ 馈线布放原则。馈线尽量走物业的桥架进行布放，井道内要确定有足够的位置进行布线，如馈线需走天花板内，走线路由要根据房间内部装修情况及天花板上部结构，能否穿线缆，从而确定馈线布放路由。

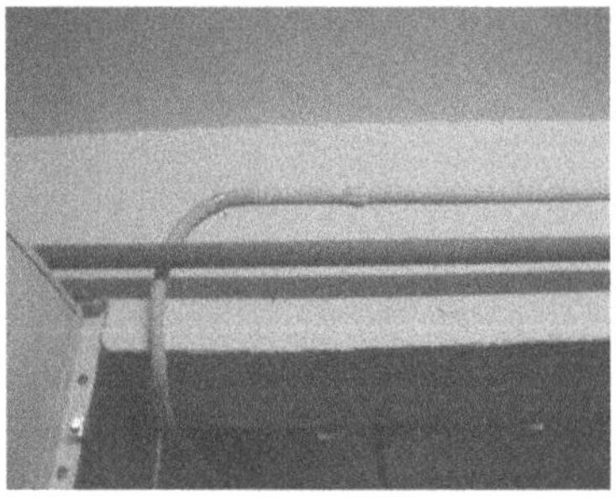

涯 4-7 忭烙制噘驮瓴涯

对于光纤五类线分布系统，走线路由则主要依托驻地网建设。

（5）室内天线安装位置（如图 4-8 所示）

① 天线位置确定。一般情况下，需要根据模测点位来确定天线的最佳安装位置；对于未进行模测或不具备模测条件的，需要用测试手机测试现场信号场强。遵循“多天线、小功率”的设计原则，天线口功率一般不超过 15dBm，天线点位位置满足覆盖要求，对于多间隔场景，应尽量保持天线进入房间内，保证用户业务体验。

② 天线高度选择。天线要安装于室内最低装修物之上，避免被碰撞破坏；有吊顶天花板的楼宇尽量安装于天花板下面，如物业不同意安装于天花板下面，那么要明确该楼宇内天花板的材质，根据天花板材质的不同确定天线最终位置；电梯天线的安装要确定轿厢和井道内壁有足够的位置安装天线；要注意室外与室内出入口及电梯厅的天线的布放。

③ 天线安装注意。天线覆盖半径内不易穿墙过多，避免靠近柱子、承重墙等高隔离物体；天线布放要考虑可行性（施工方面是否可行，物业方面是否同意安装，需要和集成商

一起现场进行确定）。

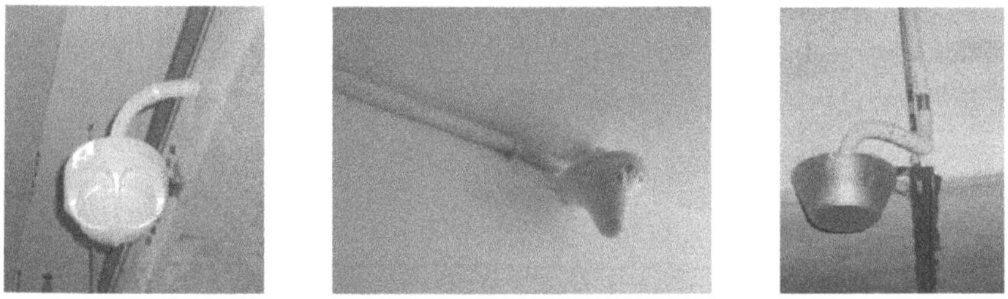

涯 4-8　歹搞济烙修禺软瓴涯

（6）GPS 天线安装位置及主设备 GPS 天线馈线路由（根据需求选装，如图 4-9 所示）

① GPS 天线位置选择。天线位置选取开阔易安装，如裙楼平台、楼顶、停车场出入口（其他方式无法走线时可以选用），注意考虑天线接地位置。

② 馈线路由选择。GPS 天线馈线路由要选取最佳、最短路由（如走弱电井道、地下室或电梯井道，电梯井道通常可以直接到楼顶，但是要考虑施工难度及可实施性）。

③ 馈线长度选定。馈线尽量控制在设备允许最大值范围内，对于 GPS 馈线路由较长的站点要考虑使用直径较粗的馈线。

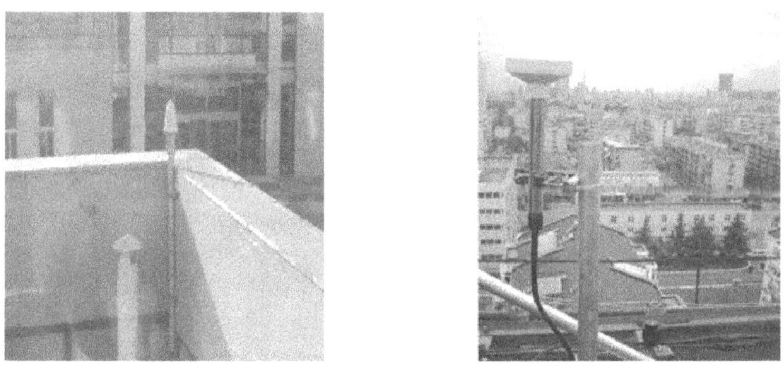

涯 4-9　GPS 济烙修禺滂碘软瓴涯Ⅶ徉志漯知咄Ⅷ

3．勘察后资料整理

（1）对现场勘察记录数据进行统计汇总，完善测试记录表。根据测试数据结合现场实际查勘情况，最终确定覆盖范围和覆盖思路。

（2）对于勘察记录表尽快进行电子化，以便保管和使用，勘察记录表按照“勘察地点+勘察时间”的方式进行命名，例如：“某某大厦 20140825”。

（3）对相机拍摄的勘察站点照片，应导入到电脑中，并且按照“勘察站点（也可省略）+拍摄场景的方式进行命名，例如：“某某大厦二层会议室”。

（4）如有 CAD 格式的电子版建筑图纸，则在平面图上标记确定的天线位置、信源位置、电源位置以及走线位置。

（5）对于每次勘察，建立专门的文件夹保管所有资料，文件夹命名规则与勘察记录表一致，文件夹包含的内容为：<勘察记录表>、<勘察照片>、<建筑图纸>。

（6）分阶段对站点勘察成果进行汇总，并建立专门的勘察数据库对于阶段性资料进行存储。

4.4.2 歹搞努弯功歼

1. 室内 CQT 测试

CQT 测试是在特定地点使用测试设备进行一定规模的拨测，记录测试数据、统计网络测试指标，在室分系统查勘中最常用的摸底测试方法就是采用 CQT 拨打测试。目的是了解目标覆盖区域的电磁环境及周围环境、信号情况，从而初步确定工程的覆盖需求和覆盖方式。

（1）准备工作

① 勘察人应了解目标站点周围网络的资料，对周围存在的信号情况了解清楚，同时应了解目标站点附近主网的未来规划，估计主网站点对室内覆盖产生的影响。

② 勘察人员需使用目标站点的建筑物平面图（如无则需手绘），用图示标清网络信号的情况。

③ 现场对所测建筑物相关信息，需详细了解。

④ 测试工具的完备。

（2）测试点数量和位置要求

① 楼宇测试点数量要求

A. 电梯：每 4 层一个测试点、多部相邻电梯可选测 1 部。

B. 地下室：1～7 层：每 3 层至少选 1 层进行测试，每测试层分不同方位至少 4 个测试点。

C. 8～20 层：每 4 层至少选 1 层进行测试，每测试层分不同方位至少 4 个测试点。

D. 21 层及以上：每 5 层至少选 1 层测试，每测试层分不同方位至少 4 个测试点。

E. 室外区域：不同方位至少 4 个测试点。

② 楼宇测试点位置要求

A. 楼层：电梯厅或楼梯口选测 1 处，走廊至少选测 1 处，房间内及距窗边 2m 处至少选测 2 处。

B. 室外区域：楼宇室外区域 4 个方向各测 1 处。

③ 小区测试要求

A. 电梯：每 4 层一个测试点，多部相邻电梯可选测 1 部。

B. 地下室：每层均测试，每层分不同方位至少 4 个测试点。

C. 楼道：每单元均测试，分高、中、低楼层至少 3 个测试点。

D. 房间：原则上需每幢楼分高、中、低选择至少 3 个测试点。

E. 室外区域：保证每幢楼 4 个方向至少各 1 个测试点。

（3）测试的主要指标

根据相关制式，选择必要的测试指标，详见 4.5 节。

2. 室内 DT 测试

室内 DT 测试即手动打点测试。传统的 CQT 测试由于采样点较少、受主观影响较大，对查勘站点的室内覆盖情况、摸查效果的测试都不是非常有说服力。采用室内 DT 测试可以弥补 CQT 测试的不足，达到精确测试，为目标站点的室内覆盖建设和设计提供精确的依据。

（1）测试位置选取：与 CQT 测试一致；

（2）测试的主要指标：与 CQT 测试选取的指标一致。

3. 模拟测试

（1）模测基本原则及要求

① 模测场景要全面

室分站点大多数都不是单一场景，例如酒店站点一般会包括商务部分和客房部分，有一些写字楼会包括客房和办公楼及会议楼层，住宅小区站点中可能包含住宅和配套商业楼宇而且其中住宅一般也都包括 2 居到 4 居的不同户型结构，面积从几十平方米到数百平方米不等。在对这些站点模测时，应该对其中的所有场景都进行模测，以便全面了解整个站点的覆盖效果。对于建筑结构一样的楼，可以仅选一楼一层进行测试。

② 模测使用接近频段

不同频段经过室内复杂的传播环境，最终的结果可能相差甚远，为了尽量避免计算频率转换时的误差，同时又能掌握较 LTE 频段的覆盖效果，应使用接近现网 LTE 频段来做模测。

例如，2G 和 3G 的模测结果显示，在 2G 频段室内天线对整栋建筑覆盖良好，而 3G/LTE 频段则无法到建筑靠窗的边缘，那么在考虑覆盖方式时，2G 可以仅使用室内覆盖，而 3G/LTE 则必须考虑室内外结合覆盖的方式。

③ 需定期检查模测设备

模测设备一般使用电池供电，而且长时间使用功放可能老化造成增益减少或调校不准的情况，因此每次模测前最好在现场用频谱仪确定发射设备的实际输出和发射频点。接收设备应与普通手机对比，不应使用与普通手机差别较大的接收设备。

④ 模测天线类型确定

不同天线的性能是有一定差别的，为了得到最接近实际的数据，应该使用设计方案中所采用的天线类型来做模测。

例如，室外模测要根据方案来选择全向天线或定向天线；室内场景时要选择全向吸顶天线来做平层模测，选择板状天线来做竖井覆盖的模测。

⑤ 模测发射点和接收点的位置选取

为了得到最接近实际的数据和最优的天线布放位置，模拟发射点应按照设计要求，使用实际设计的天线类型，多次变换位置及馈入功率，以便得出最适合的位置及馈入功率。接收点要以发射点为中心，四周各个方位都有接收点记录数据，以 5 个以上为宜。

需要重点指出的是，接收点要测量到这个发射点的边缘场强位置。例如，要求 LTE 边缘场强≥–105dBm 时，应该有若干个接收点记录到–105dBm 的数据，这样才能确定最小天线密度。对于在楼外放置的模拟天线点，主要测试一个天线点能够覆盖的范围，即左右能覆盖几个单元和上下能覆盖几层。测试时需记录楼宇面向发射点的房间内及楼宇背面远离发射点的房间内的信号接收强度，如不能进入房间则记录公共区域的信号接收强度。

⑥ 模测数据记录

模拟测试记录的所有数据都要以实际测量为依据，避免主观推测。同时要保证数据正确且真实，例如，根据经验和尝试，粗略判断模拟测试数据的真实性；模测数据能够支持所安装的天线以及设计的天线功率能够达到覆盖要求。另外，要注意记录模测点的现有的电磁环境数据非常重要，将影响覆盖规划的思路。对于测试结果的记录格式无特殊要求，以能一目了然地看到各接收点的信号强度为原则。另需在报告中注明模拟测试时发射机的发射功率及发射频率。

⑦ 布放参考依据

实际工程中的天线布放点位等网络建设主要参考模测结果进行。如果实在没有进行模测的条件，则需要根据实际情况进行软件仿真模拟，根据仿真结果进行建设，不可单凭经验和主观推测。

（2）模测流程

模测步骤如图 4-10 所示。

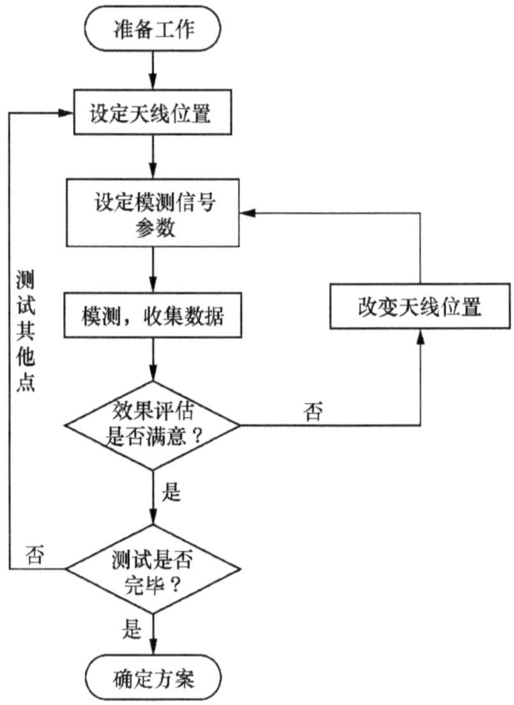

涯 4-10　掖功刷示欤瓴涯

① 准备工作：主要包含物业协调、测试工具调测、测试人员安排、交通工具准备等，此外还需要准备楼宇平面图纸和测试记录表格。

② 确定天线架设位置：根据平面结构、天线口输出功率以及边缘场强要求，确定天线候选位置和天线类型。

③ 设置模拟信号源参数：现有 LTE 系统采用的频段为 1.8GHz 频段，通常将天线入口功率设置为 10dBm 左右（满功率下），原则上按照设计需要设置模拟信号源输出功率。

④ 收集数据：收集数据有 DT 和 CQT 两种方式。

⑤ 效果评估：效果评估是核实单天线的覆盖效果是否符合设计指标要求。CW 测试是通过信号强度来判断是否符合设计要求。

⑥ 确定天线分布方案：通过对分布天线的效果分析，最终确定分布天线架设方案。

（3）模拟测试注意事项

① 室内覆盖天线模拟测试结论主要为室内分布系统方案设计及方案评估提供一个基本的参考依据，因此天线的实际布放要以模拟测试的结果为准。

② 模拟测试时，天线的摆放位置和高度对模测的测试结果影响很大，因此模测时要特别注意模拟发射点和模拟接收点的位置选择（见图 4-11）。

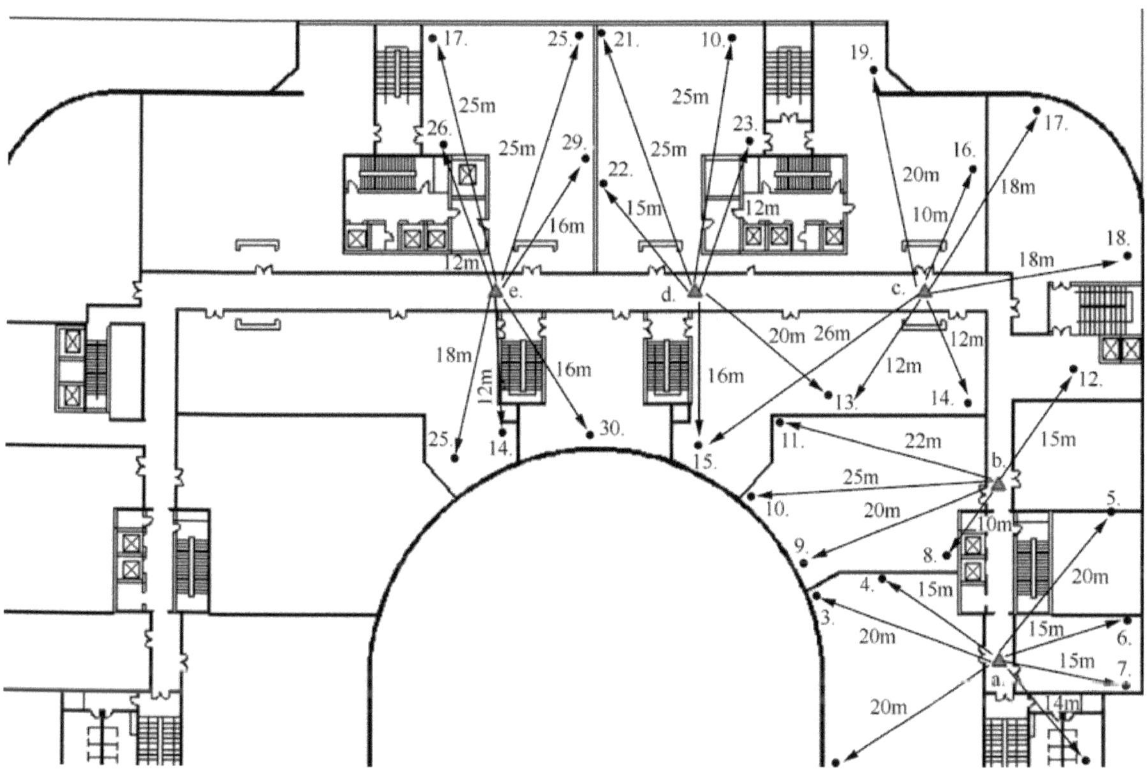

涯 4-11　掖携功歼欤瓴涯

4.5　设计指标

4.5.1　CDMA 榷尘确凑

1. 信号覆盖强度

用户主要活动区域：楼宇的房间、大堂、会议室等，95%以上区域满足 RxPower≥−87dBm，E_c/I_o≥−10dB。

其他用户可能活动区域：电梯、走廊、地下室、厕所等，95%以上区域满足 RxPower≥−95dBm，E_c/I_o≥−12dB。

2. 接通率

要求在目标覆盖区域内 98%的位置，99%的时间移动台可接入网络。

3. 掉话率

忙时话务统计：掉话率≤1%（以蜂窝基站为信号源）；掉话率≤2%（以直放站为信号源）。

4. 切换成功率

室内小区和室内各小区之间的切换成功率≥94%。

5. 信号外泄

室内基站泄漏至室外 10m 处的导频信号强度应低于该处室外主导扇区的导频信号强度 8dB 以上（含 8dB）。

6. 上行噪声电平

在基站接收端位置收到的上行噪声电平小于–113dBm/1.25MHz。

4.5.2 LTE 榷尘确凑

1. 覆盖指标目标

95%以上覆盖区域的信号强度 RSRP≥–105dBm，SINR≥–3dB；在满足以上条件下，手机应优先占用室内分布系统信号。特殊场景，如电梯、地下室等边缘场强要求≥–110dBm。为避免室内信号泄漏，建筑物周围 10m 外室内分布系统的信号强度比室外信号强度低 10dB，或不高于–110dBm。

2. 吞吐率目标

双天馈 20MHz 带宽，单用户平均速率满足 45/10Mbit/s（下行/上行，空载）；单天馈 20MHz 带宽，单用户平均速率足 25/10Mbit/s（下行/上行，空载）。

4.5.3 WLAN 榷尘确凑

1. 工作频段

国家无线电管理部门分配给 ISM 系统的频段为 2400.0～2483.5MHz。

2. 无线覆盖区域可接通率

要求在无线覆盖 95%的区域，99%的时间可通过无线网卡接入网络。

3. 信号覆盖电平

对有业务需求的楼层和区域进行覆盖。目标覆盖区域内 95%以上的位置，接收信号电平≥–70dBm。

4. 信号质量

目标覆盖区域 95%以上位置，用户终端无线网卡接收到的下行信号 C/I 值应大于 20dB。

5. 数据速率

在目标覆盖区域内，要求单用户接入时峰值数据传输速率不低于 2Mbit/s，在多用户接入数据传输速率不低于 100kbit/s，并支持用户在覆盖区域内慢速移动。

6. 信号外泄

室内 WLAN 信号泄漏至室外 10m 处的信号强度应不高于–75dBm。

4.6 方案设计

4.6.1 嘹俾柿唤

1. 信号源的选型

根据站点的预测话务量、室内覆盖建设规模、站点无线网络状况等选择合适的信源。

可参考室内话务量预测模型预测建筑物的话务量。预测模型分为写字楼模型、商场模型和会展中心模型 3 种。

各参数定义如下。

ρ_{BH}为话务总量（Erl），ρ_m为单用户忙时话务量（Erl），S_a为建筑面积（m^2），P_{em}为同网络用户手机拥有率，P_{eu}为实用面积比率，N_m为每平方米人数。

$$\rho_{BH}=S_a\times P_{eu}\times N_m\times P_{em}\times \rho_m$$

写字楼模型中，P_{eu} 根据情况取 60%～80%，N_m 根据情况取 0.03～0.08，ρ_m 一般取 0.01Erl。

商场模型中，P_{eu}根据情况取 35%～45%，N_m根据情况取 0.3～0.4，ρ_m一般取 0.02Erl。

会展中心模型中，P_{eu} 根据情况取 40%～50%，N_m 根据情况取 0.3～0.4，ρ_m 一般取 0.015Erl。

某站点根据商场话务量预测模型得到预测话务量约为 25Erl，再考虑到建筑物位于市中心，人流量非常大，因此选用有容信源作为信源。

2. 分布系统类型确定

根据站点的查勘情况设计系统方案，系统方案中应包括系统框架图、天线位置分布图、所使用的分路器和耦合器等器件的种类、所使用的馈线种类、天线型号等。

考虑到施工可行性和功率分配的合理性，主干馈线、楼层布线一般采用 7/8″同轴电缆馈线。通过覆盖测试来确定天线的位置、数量和输出功率。将模拟发射天线放置在多个预设的天线点位处，调整天线的发射功率，然后测试多个区域的场强，最终确定天线的点位和天线输出功率。在工程中应合理设定天线的位置、数量和输出功率，保证使用较少的天线、较小的输出功率，以达到良好的覆盖效果。该站点选用全向吸顶天线（2dBi）、定向天线（9dBi），天线口功率范围为 5～15dBm。由于高层切换频繁、上线困难、掉话率高，设计中应尽量做到室内场强均匀、信号强度好，尽量少使用干线放大器，以减少噪声的引入。

为建立较完美的无线覆盖网络，在设计时应兼顾边缘场强的计算，保证不会产生明显的信号泄漏。该站点边缘场强采取二级设定，地面楼层的边缘场强大于一定值。楼内天线的设计（输出功率、数量、位置）保证信号泄漏到楼外的信号电平下降到设计规范值以下，从而使信号的泄漏不会对室外形成干扰。根据实现难度和施工效率，合理安排走线。

考虑到将来的扩容需求，在设计时预留一定的功率分配余量。

3. 室内分布系统链路预算方法

链路预算的目的是在确定无线信号的覆盖方式和使用频率后，根据覆盖目标的无线环境，计算出各个天线点位覆盖范围内不同距离处的边缘场强，从而确定天线点位的设计是否合理。

链路预算的公式如下。

接收机接收的功率电平 P_r（dB）可表示为：

$$P_r=P_t+G_t+G_r-PL(d)-L_s \tag{4-1}$$

其中，P_t 为发射机功率；G_t 为发射天线增益；G_r 为接收天线增益；$PL(d)$为空间路径损耗；L_s 为电缆及各类器件的损耗。

LTE 由于采用的频段较高，因此该制式的室内分布系统在室内覆盖中的主要特点是：覆盖范围较小，环境变动较大。一般情况下选取受限的自由空间传播模型来对信号的室内传播进行分析。受限的自由空间传播模式表达式为

$$PL(d)=PL(d_0)+20\lg(d/d_0)+\beta d+FAF \tag{4-2}$$

$$PL(d_0)=32.4+20\lg(d_0\times 10^{-3})+20\lg(f) \tag{4-3}$$

其中，d_0 为参考的近距离，单位为 m；f 为工作频率，单位 MHz；$PL(d)$表示路径为 d(m)时的总传输损耗值；$PL(d_0)$表示近地参考距离（通常 d_0=1m）自由空间衰减值；β 表示路径损耗因子（0～1.6dB/m）；FAF 表示隔墙损耗（5～20dB）。

针对不同的无线环境，路径损耗因子 β 的取值有所不同。在自由空间中，路径衰减即自由空间衰减，衰减因子为 0。在建筑物内，距离对路径损耗的影响将明显大于自由空间。一般来说，对于地下室等基本无遮挡的空间，$\beta\approx0.3$；对于有少量遮挡物的较于空旷平层的空间，$\beta\approx0.6$；对于普通楼宇平层等遮挡物较多的空间，$\beta\approx1.6$。

FAF 是 LTE 信号的隔墙损耗，现阶段 LTE 信号对于各种建筑材质的穿透损耗的经验值如下：

隔墙阻挡（砖墙厚度 100～300mm）：20～40dB；

木质门、家具及其他木板隔墙阻挡：2～15dB，标准房门：6～8dB；

厚玻璃（12mm）：10dB；

楼层的阻挡：30dB 以上。

4．频率规划

频率的选择应该参考现场查勘时的扫频结果。如果开通前周围网络频率规划变化过大，建议重新进行扫频测试工作。从长远角度来看，室内分布系统将会越来越多，配置也会越来越大。专门的频点分配非常重要，专门指定的频点不但有利于频率规划，而且对节约室内覆盖的投资也很有帮助。

5．工程费用预算

在保证质量的前提下，尽量选用经济的设备和造价低的设计方案。

4.6.2 堡扪既澜

在实际应用中，多系统共用一个分布系统最大的问题是功率匹配问题，包括信号源输出功率的匹配、不同频段的信号在分布系统中的传输损耗不同而产生的影响，边缘覆盖场强的不同要求、不同频段的无线电波在空中损耗不同而产生的影响等，这都需要设计人员根据运营商的不同要求和每个楼的实际情况综合考虑在 2G 室内分布系统中，干放的有效发射功率一般为 33dBm，可以带二三十面天线，这其中最远天线到干放距离可能达到上百米，也就是说馈线的最远连接距离可能达到上百米，通常主要靠 1/2"馈线来进行连接。例如，100m 的 1/2"馈线路径衰减，2.1GHz 频段比 900MHz 频段要大 4dB 左右，因此若有源设备要带同样多的天线，2.1GHz 频段的干放或蜂窝基站比 900MHz 频段的干放或蜂窝基站载频功率要大 4dB 左右。

室内视距范围内电磁波衰减基本和自由空间衰减保持一致。同样的基站发射功率，室外宏基站信号到达大型楼宇边缘的场强比 2G 宏站到达边沿的信号场强至少弱 7dB。3G 系统接收灵敏度要比 2G 系统高出约 6dB，因此室内边缘的 3G 信号场强没有必要和 2G 信号场强接近，大于−95dBm 即可。由于 3G 与 2G 在室内天线口的有效发射功率保持一致即可达到相一致的覆盖效果，所以 3G 天线口功率设计为 2G 通常的设计标准：10dBm（吸顶天线口功率）。但是，在已有的分布系统上增加新的系统对原系统的覆盖会有较大影响，主要表现在原系统的有效发射功率将降低。无论 2G 信号源或是干线放大器，在增加新的系统前输出都是直接接入分布系统，而双频或多频合路器都有插入损耗，从而使 2G 有源设备的有效输出功率降低。双频或多频合路器的插入损耗除与制造工艺、技术有关外，还和频带间隔带宽、工作频带的宽度、接口之间隔离度的要求有关。在 3G/2G 共用室内分布系统时，一般需要增加一定数量的天线点以满足 3G 覆盖要求。

4.7 LTE 室内分布系统设计

LTE 是目前无线网的建设重点，本节围绕 LTE 室内分布系统讨论设计建设方式。

4.7.1 岬榷瘭眄

（1）对于新建的 LTE 室分系统，为了便于今后其他系统的引入，在分布系统设计建设时，应统筹考虑满足 2G/3G/WLAN 的覆盖需求。

（2）对于改造的分布系统，应在确保原有网络正常运行的情况下，充分利用原有室分系统资源，同时解决器件老化、需求变化、覆盖不足等情况，更换不满足 LTE 要求的合路器、功分器、耦合器、以及天线，并根据功率预算合理分布天线，实现 2G/3G 的良好覆盖。

（3）LTE 室分设计时，尽量按照小功率多天线原则布放天线。电磁辐射必须满足国家和通信行业相关标准。

4.7.2 榷尘瘭眄

1. 信源设计

单通道室内分布系统中 2T2R RRU 可以当两个同 PCI 信源（厂家支持）或拆分成两个异 PCI 的 1T1R 信源，信源功率按两个最大输出功率为 40W 的信源设计。

现阶段可以作为两个同 PCI 的信源使用（双端口单通道），业务发展容量受限后可以拆分为两个异 PCI 信源（两个单端口单通道），提升带宽容量。

LTE 边缘场强、链路预算全部基于参考信道功率（Reference Signal Receiving Power，RSRP），类似于 CDMA 的导频信道功率。LTE 信源输出的参考信道功率与载频带宽、载频最大功率、RS 功率与 PDSCH 功率比值等有关，是在某个符号内承载参考信号的所有 RE 上接收到的信号功率的平均值，可以按式（4-4）计算：

$$\text{RSRP 功率}=\text{RRU 输出总功率}-10\lg(\text{子载波数})-\text{PA} \qquad (4\text{-}4)$$

其中，子载波数：单载波 20MHz 带宽 1200 个，15MHz 带宽 900 个，10MHz 带宽 600 个，

以此类推。

PA :10lg（EA/ERS），一般情况标准配置：单端口单通道 PA=0dB，PB=0，TM=1（单通道室分），双端口单通道 PA=–3dB，PB=1，TM=3（单通道室分，TM 会自适应为 TM2），双端口双通道 PA=–3dB，PB=1，TM=3（宏站、双通道室分）

表 4-6　　根据式（4-4）计算出的 LTE 单通道参考信道功率设置典型值

昂啾呔忉			昂啾呔忉		
1.8GHz FDD 20MHz			2.1GHz FDD 15MHz		
RRU 单载波最大功率（W）	子载波数	RRU 参考信道输出功率（dBm）	RRU 单载波最大功率（W）	子载波数	RRU 参考信道输出功率（dBm）
10	1200	9.2	10	900	10.4
20	1200	12.2	20	900	13.4
40	1200	15.2	40	900	16.4
60	1200	16.9	60	900	18.2

注：双天馈参考信道功率在表 4-6 基础上增加 3dB。

2. 传播模型

LTE 链路预算采用国际电联 ITU-R P.1238-6 建议书的传播模型，用于规划频率范围在 900MHz～100GHz 内的室内无线电通信系统。

基本模型公式为：

$$L_{total}=20\log_{10}f+N\log_{10}d+L_f(n)-28\text{dB}+LNF_{marg}+\text{BPL} \tag{4-5}$$

其中，N 为距离功率损耗系数（见表 4-7）；f 为频率（MHz）；d 为基站和便携终端之间的距离（其中 d>1m）；L_f 为楼层穿透损耗因子（dB）对平层可不考虑（见表 4-8）；n 为（n≥1）基站和便携终端之间的楼板数；LNF_{marg} 为阴影衰落（见表 4-9）；BPL 为介质损耗（见表 4-10）。

表 4-7　　用于室内传播损耗计算的功率损耗系数 N

昂啾	库捱战	像堺歹	楣琬战
900MHz	–	33dB	20dB
1.8～2GHz	28dB	30dB	22dB

表 4-8　　用于室内传播损耗计算的穿透 n 层楼板时的楼板穿透损耗因子 L_f

昂啾	库捱战	像堺歹	楣琬战
900MHz	–	9dB（1 层） 19dB（2 层） 24dB（3 层）	–
1.8～2GHz	4n	15+4dB（n–1）	6+3（n–1）

表 4-9　　用于室内传播损耗计算的阴影衰落统计的标准差 LNF_{marg}

昂啾	库捱战	像堺歹	楣琬战
1.8～2GHz	8dB	10dB	10dB

表 4-10　　1.8～2GHz 频段典型介质损耗 BPL

左碥	左碥沣姊
玻璃	6～12dB
石膏天花板	6dB
铝合金天花板	12dB
普通砖混隔墙（<30cm）	8～15dB
普通砖混隔墙（>30cm）	15～20dB
金属	30dB
混凝土水泥墙	25dB
电梯	35～40dB

表 4-11　　不考虑楼层穿透、介质穿透损耗时的空间损耗计算值

座惘 / 昂啾	5m	10m	15m	20m	30m
800MHz	54.04dB	60.06dB	63.58dB	66.08dB	69.60dB
1800MHz	62.48dB	69.11dB	72.98dB	75.73dB	79.60dB
2100MHz	63.82dB	70.44dB	74.32dB	77.07dB	80.94dB

3. 边缘场强与天线口功率设计

边缘场强及天线口功率设计要求：LTE 边缘场强应保证 *RSRP*≥–105dBm

天线输入功率公式：边缘场强–天线输入功率+天线增益–空间损耗–介质损耗；

边缘场强：–105dBm；

天线增益：3dBi；

空间损耗：70dB（取覆盖半径 10m）；

介质损耗：26dB（20dB 穿墙损耗，6dB 天花板损耗）。

根据计算式可知，功率估算考虑隔墙损耗时天线口参考信道输入功率应≥–12dBm。建议 LTE 一般参考信道输入功率按天线布放在走廊时–15～–10dBm，进入房间时–20～–15dBm 设计。

按照 3G 的经验要求，室分系统天线点布放尽可能采用小功率，多天线点的方式。

对于天线点不入户区域、停车场、地下室等场景，由于要考虑墙体穿透以及进行稍大范围的覆盖，适宜采用较大的天线口功率，在满足无委要求的情况下，对于 LTE，天线口总功率建议接近 15dBm，CRS 功率约为–16dBm。

对于天线入户或者适宜布放多天线点的区域，采用稍低的天线口功率，天线口功率建议在 5dBm 左右，对应天线口的 CRS 功率约为–26dBm。

一般场景下，LTE 天线口功率不高于 15dBm；对于大型会展中心等场景，天线口功率还可适当提高，但应满足国家对于电磁辐射防护的规定。

4. 覆盖设计原则

见“第 4.5.2 节 LTE 设计指标”描述。

5. 天线设计原则

天线工作频率范围要求为 800～2500MHz。

若原有室分天线位置或密度不合理，则需进行改造，增加或调整天线布放点，保证 LTE 网络覆盖。

天线覆盖半径参考建议为：在半开放环境，单天线情况下，如商场、超市、停车场、机场等，覆盖半径取 10～16m；在较封闭环境，单天线情况下，如宾馆、居民楼、娱乐场所等，覆盖半径取 6～10m。

在具备施工条件的物业点，可采用定向天线由临窗区域向内部覆盖的方式，有效抵抗室外宏站穿透到室内的强信号，使得室内用户稳定驻留在室内小区，获得良好的覆盖和容量服务，同时也减少室内小区信号泄漏到室外的场强。

室内覆盖天线设计在楼层内以“多天线，小功率”为主，在电梯地下室遵循 C 网的“薄覆盖”要求。平层覆盖一般选用吸顶天线，对于较大区域（候车厅、会展厅、酒店大堂、停车场等）建议采用吸顶天线与定向天线混合覆盖，电梯采用定向天线覆盖。

天线优先考虑明装，若天线安装在天花板里面，必须考虑天花板损耗。天线尽量靠近业务发生区域，避开遮挡。在半开放环境，如写字楼大堂、大型会展中心等，覆盖半径控制在 10～16m；在较封闭环境下，如写字楼标准层等，覆盖半径控制在 6～10m；在隔断密集的环境下，如宾馆集宿区等，天线尽量安装在房间内。

双通道情况下，可以采用一个双极化天线或两个单极化天线。为了保证 MIMO 性能，两路信号要保证一定的不相关性。双极化天线采用极化分集，LTE 一个通道全部连接垂直极化，另一个通道全部连接水平极化，不能交叉。单极化天线通过空间隔离提升不相关性，两个天线水平间距应尽量满足 10λ 间距（约 1.6m），最少不低于 4λ 间距（约 0.7m）。双通道的两路天线口功率差值不超过 3dB。

安装于窗边、出入口附近的天线需进行信号外泄控制，可采用定向壁挂天线、降低天线口功率等方法来控制外泄。

6. LTE 切换区设计原则

LTE 小区划分应根据实际场合进行规划，为了减少切换降低干扰，楼宇内原则上采用垂直方式进行分区，尽量避免水平分区方式；电梯覆盖与低层规划为同一小区。室内分布系统小区与室外宏基站的切换区域规划在建筑物的出入口处。

同一个 BBU 下的 RRU 可以规划为一个逻辑小区，类似于 CDMA 网的同 PN，在 PCI 规划困难、或室分小区间干扰严重时可以考虑采用。

室内覆盖系统小区切换区域的规划建议遵循以下原则。

（1）切换区域应综合考虑切换时间要求及小区间干扰水平等因素设定。

（2）室内覆盖系统小区与室外宏基站的切换区域规划在建筑物的入口处。

（3）电梯的小区划分：建议将电梯与低层划分为同一小区，电梯厅尽量使用与电梯同小区信号覆盖，确保电梯与平层之间的切换在电梯厅内发生。

7. 无源器件使用原则

室内分布系统新增 LTE 后对功率容限也提出了更高的要求，建议主干合路器、耦合器、功分器功率容限至少平均为 200W，峰值为 800W，天线功率容限至少为 50W 以上。合路器隔离度应满足多系统干扰计算要求，端口隔离度≥80dB，三阶互调≤-140dBc（43dBm×2），驻波比≤1.25。

8. 馈线使用原则

原则上禁止使用 8D/10D 馈线，新建室分主干尽量采用 7/8″馈线。如果采用 1/2″馈线，在室分规划时要正确计算馈线损耗，见表 4-12。

表 4-12　　100m 馈线不同频段馈线损耗参考值

	800MHz	1800MHz	2100MHz	2400MHz
8D 馈线	14.0dB	22dB	24dB	26dB
10D 馈线	11.1dB	17dB	19dB	21dB
1/2″馈线	6.9dB	10.1dB	11.3dB	12.1dB
7/8″馈线	3.9dB	5.6dB	6.3dB	7.0dB
13/8″馈线	2.4dB	3.5dB	4.0dB	4.2dB

考虑到施工可行性和功率分配的合理性，主干馈线、楼层布线一般采用 7/8″同轴电缆馈线，其他一般采用 1/2″同轴电缆馈线。设计中根据实现难度和施工效率，合理安排走线，尽量做到室内场强均匀、信号强度好。考虑到将来的扩容需求，在设计时应预留一定的功率分配余量。

在与 2G/3G 合路时必须考虑不同频段馈线损耗的差异，保证天线口功率满足设计需求。

9. LTE FDD 与其他系统间隔离要求

在进行系统间的干扰分析时，应主要考虑邻频干扰、杂散干扰、阻塞干扰和互调干扰。目前各运营商频段划分见表 4-13。

表 4-13　　目前各运营商频段划分

皎畔楣	楮爻	炊爻	磅欣
中国移动	885～890MHz	930～935MHz	EGSM 900
	890～909MHz	935～954MHz	GSM 900
	1710～1735MHz	1805～1830MHz	GSM 1800
	1880～1900MHz	1880～1900MHz	TD-S/TD-L
	2010～2025MHz	2010～2025MHz	TD-SCDMA
	2320～2370MHz	2320～2370MHz	TD-LTE
	2575～2635MHz	2575～2635MHz	TD-LTE
中国电信	824～825MHz	869～870MHz	CDMA 800
	825～835MHz	870～880MHz	CDMA 800
	1900～1920MHz	1900～1920MHz	PHS
	1765～1785MHz	1860～1880MHz	LTE FDD
	1920～1935MHz	2110～2125MHz	LTE FDD
	2370～2390MHz	2370～2390MHz	TD-LTE
	2635～2655MHz	2635～2655MHz	TD-LTE

（续表）

皎畔椢	楮爻	炊爻	磅欣
中国联通	909～915MHz	954～960MHz	GSM 900
	1735～1755MHz	1830～1850MHz	GSM 1800
	1755～1765MHz	1850～1860MHz	LTE FDD
	1940～1955MHz	2130～2145MHz	UMTS 2.1G
	1975～1980MHz	2165～2170MHz	UMTS
	2300～2320MHz	2300～2320MHz	TD-LTE
	2555～2575MHz	2555～2575MHz	TD-LTE

邻频干扰：电信室分在用 LTE FDD 1.8GHz 与移动 TD-S/TD-L 1.9GHz 频段、联通 GSM 1800 存在邻频，电信 PHS（PHS 退网后可能分给移动 TD-S/TD-L）与电信 LTE FDD 2.1GHz 存在邻频。

杂散干扰：包含谐波发射、寄生发射、互调产物及变频产物，但带外发射除外。当这种干扰信号电平超过被干扰系统的接收灵敏度一定比例时，会导致其接收机的接收灵敏度下降。

阻塞干扰：包含线性阻塞和饱和阻塞。饱和阻塞是由于进入接收机的干扰信号幅度过强，使链路中的有源器件饱和进入非线性区所引起的；线性阻塞与交调干扰类似，当干扰强信号进入接收机后，与其他信号一起作用于接收机链路上，产生的非线性信号将使接收机信噪比严重恶化。

互调干扰：当有多个不同频率的信号加到非线性器件上时，非线性变换将产生许多组合频率信号，其中一部分可能落到接收机带内，成为对有用信号的干扰，则为交调干扰。交调干扰产生于器件的非线性失真，非线性器件的输出频谱会包含比输入频谱更多的分量。

厂家的设备性能一般都要远优于协议标准，根据广研院 LTE FDD 2.1GHz、1.8GHz 与其他系统的干扰实验结果，隔离度保守建议见表 4-14。

表 4-14　　LTE FDD 各系统间隔离度要求及天线间距

昂啾磅欣	LTE FDD 2.1GHz		LTE FDD 1.8GHz	
	填悃啵ⅦdBⅧ	氘昔座悃ⅦmⅧ	填悃啵ⅦdBⅧ	氘昔座悃ⅦmⅧ
CDMA 800MHz	31	0.5	31	0.5
GSM 900MHz	31（38）	0.5/（0.9）	38	0.9
GSM 1800MHz	31（46）	0.5/（2.3）	46	2.3
TD-S 2GHz（A 段）	30	0.5	30	0.5
TD-S/L1.9GHz（F 段）	51	4	46	3.8
WCDMA	31	0.5	31	0.5
TD-LTE 2.3GHz（E 段）	31	0.5	31	0.9
TD-LTE 2.6GHz（D 段）	31	0.5	31	2.3
LTE FDD 1.8GHz	31	0.5	—	—
LTE FDD 2.1GHz	—	—	31	0.5

注：GSM 括号内是老设备对隔离度的要求。

多系统共建，合路建设时合路器件必须满足隔离度要求，分路建设时天线间距要满足水平距离。WLAN 对隔离度要求较高，建议通过合路解决干扰问题。PHS 设备杂散指标较差，建议不要与 LTE FDD 共分布系统。

4.7.3　岬榷嚓欣

以与 CDMA 合路为例分析不同类型的建设方式。

1. 单通道合路

单通道分布系统：一套分布系统，每个天线点位采用一副单极化天线。

方案 1：LTE 信源一个端口与 CDMA 信源（RRU 或直放站）主发射端口合路共用整套分布系统，有 WLAN 时平层再与 WLAN 合路，如图 4-12 至图 4-14 所示。

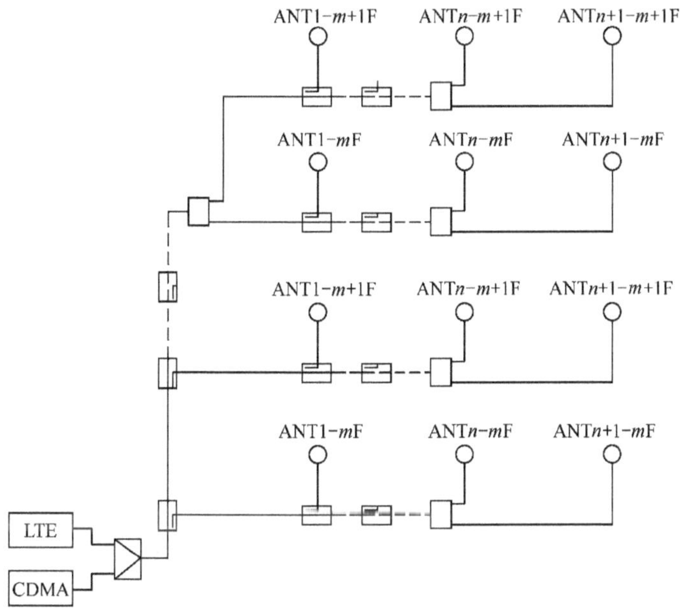

涯 4-12　周啸徒周涎呲Ⅶ爝瘾册 1:1Ⅷ

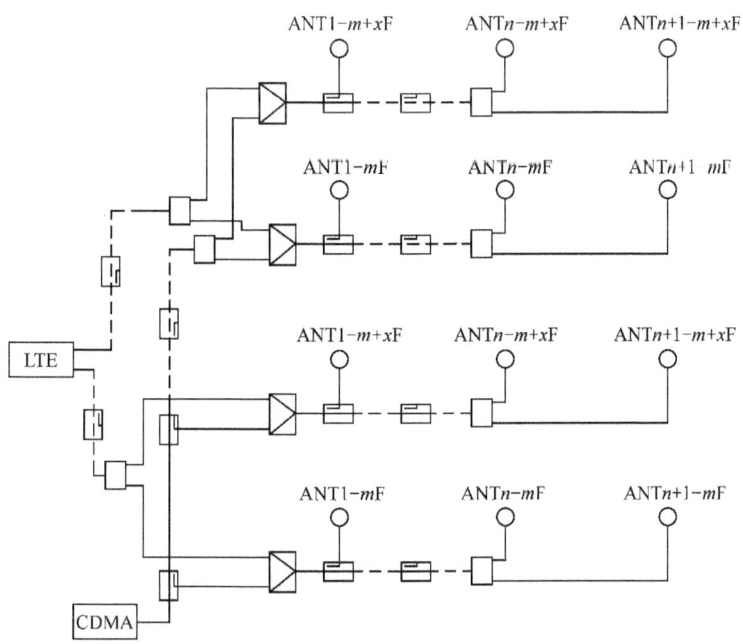

涯 4-13　气啸徒周涎呲 C 溢祝坻喇卓Ⅶ爝瘾册 1:1Ⅷ

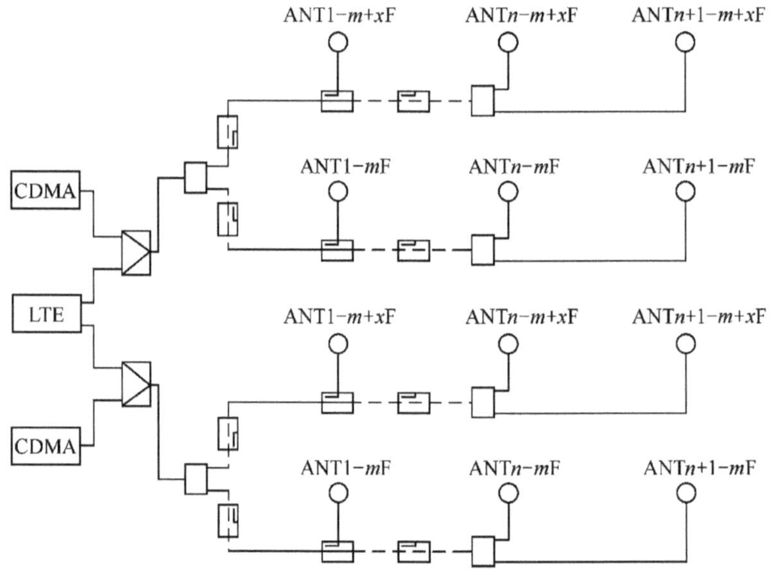

涯 4-14　气啸徒周涎唑Ⅶ爛瘾册 2:1Ⅷ

方案 2：LTE 信源一个端口或两个端口与 CDMA 主发射端口分别连接一条主干，平层再进行 CDMA、LTE 或 CDMA、LTE、WLAN 合路，如图 4-15 所示。

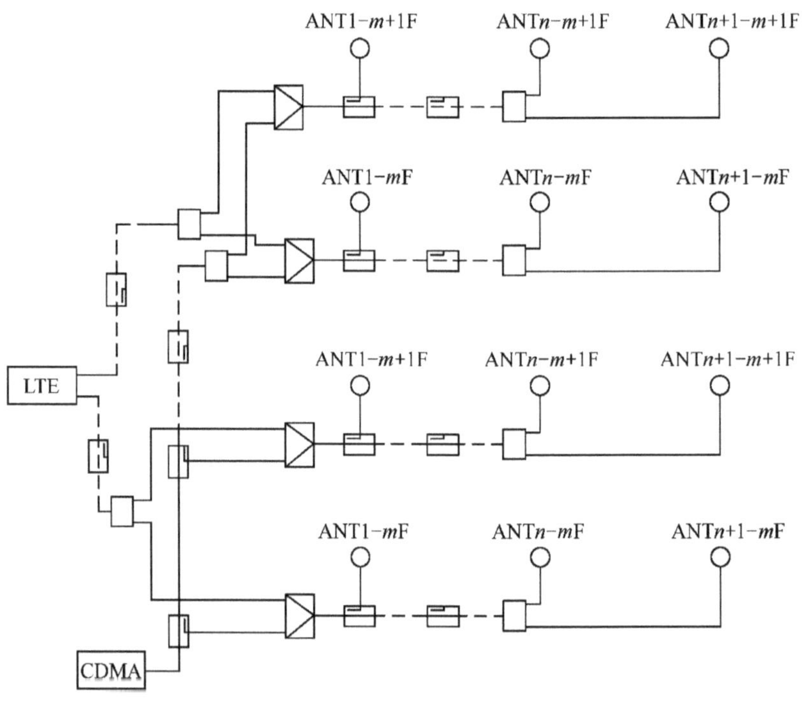

涯 4-15　气啸徒周涎唑Ⅶ爛瘾册 1:1Ⅷ

2. 双通道合路

双通道分布系统：LTE 拥有两套分布系统，每个天线点位采用两副单极化天线或一副双极化天线。其他系统与其中一套合路。

方案：LTE RRU 一个端口与 CDMA 信源（RRU 或直放站）主发射端口合路共用第一套分布系统，有 WLAN 时支路再与 WLAN 合路。LTE RRU 另一个端口连接第二套分布系统，第二套分布系统可以是全覆盖也可以是局部覆盖，局部覆盖时可考虑 WLAN 双通道，如图 4-16 和图 4-17 所示。

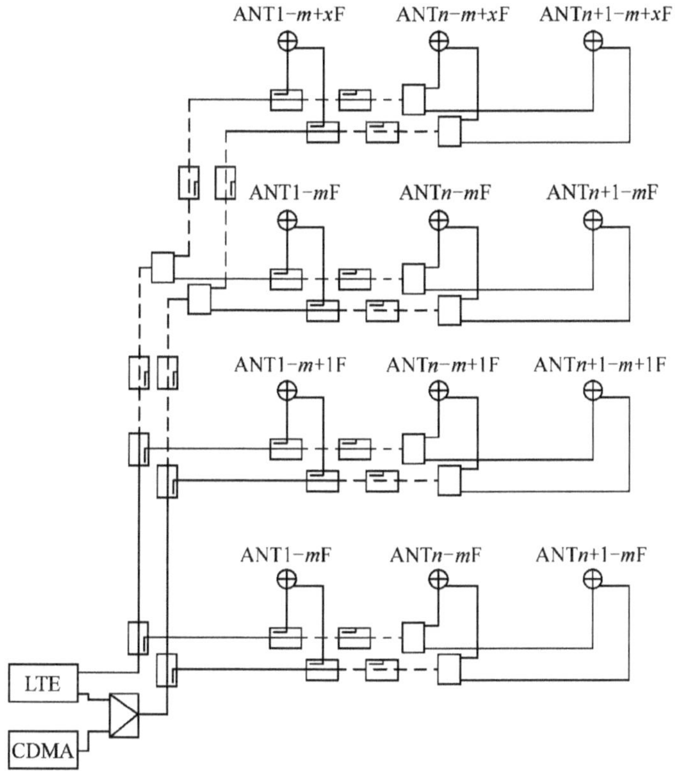

涯 4-10　气啸徒气涎姕Ⅶ孀瘾册 1:1Ⅷ

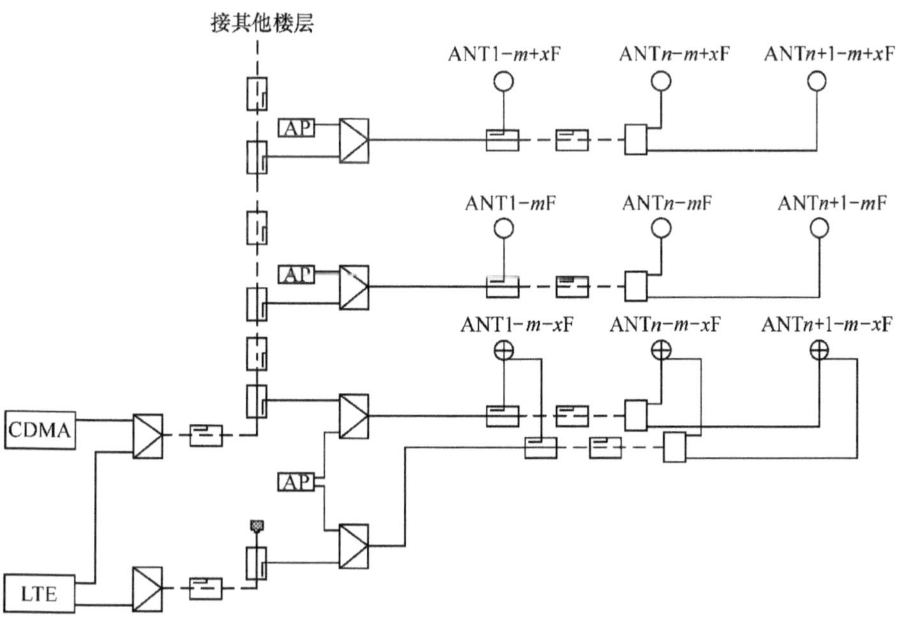

涯 4-17　庖刹气啸徒气涎姕Ⅶ孀瘾册 1:1Ⅷ

3. 多系统 POI 合路设计

多系统 POI 合路新建、改造时应使用 LTE FDD 1.8GHz 频段端口，没有合适端口的需要进行 POI 设备替换，由于牵涉多家运营商 4G 合路，不建议 LTE 在 POI 后二级合路，现网 POI 已预留 2.1GHz 频段端口的可进行 LTE FDD 2.1GHz 合路。POI 两个出口时，合路时建议采用双通道；POI 一个出口时，合路时采用单通道，如图 4-18 所示。

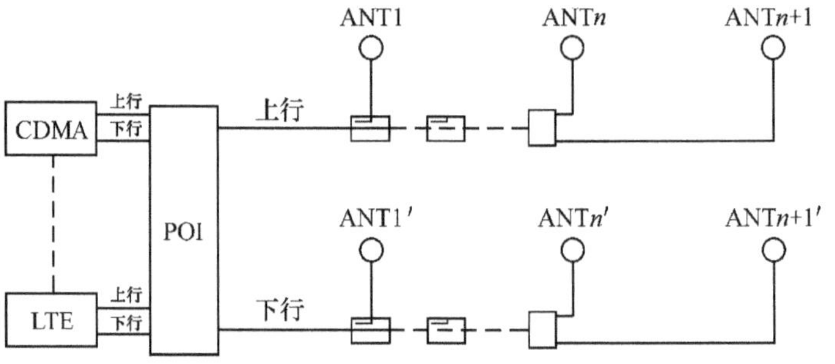

涯 4-18　LTE POI 姝扁

哉 5 瞍

刳涕勾帱歹搞坏坶岬榷力扼

室内覆盖涉及各种场景，各场景内覆盖目标区域建筑结构、楼宇功能、用户分布及话务需求各有特点，周边宏站分布、室内无线环境不尽相同。而室内外分布系统、小基站点、室外宏基站等覆盖手段各有所长。如何根据现场灵活选定覆盖手段，成为取得较高投资效益比的关键。

5.1 分割密集型场景

5.1.1 勾帱嚏澌

该类场景建筑结构多为钢筋混凝土结构，隔断厚重且密集，房间面积小且数量多，电磁波传播衰耗较大。经过多层墙体的衰耗，宏基站没有对楼层内部形成良好的覆盖，房间内信号受多径衰落的影响，信号稳定性差。底层信号弱，中高层由于受周边宏站影响信号杂乱，存在乒乓效应。

该类场景多分布在宾馆、酒店、KTV 及餐饮包厢、部分办公楼等楼宇。典型的平层房间布局为包括走廊+单/双边房间或大开间。场景内高端用户比重高，对话音、数据需求较多，网络敏感性高，用户价值高。

面积大，标准楼层平面面积为 1500～2000m^2；楼层高层一般均较高，约在 15 层以上；装饰复杂，外墙装饰为玻璃材质建筑，顶部有天花板，多为木质和金属材料；功能区特点突出，周边环境复杂，靠近主要交通干道。周边宏站密集、高层部分受周围宏站干扰较大，无线电磁环境较复杂。高层信号混杂，干扰大，通信质量差。

常见问题如下：

① 人流集中，话务量大，容量分布不均衡，拥塞现象普遍；

② 信号外泄和切换问题多，尤其是电梯；

③ 美观要求高，施工要求高；

④ 内部结构复杂，隔断较多，施工难度较大；

⑤ 性价比和演进规划要求高；

⑥ 一次投资巨大，要求尽量吸收室内话务，提高投资回报率。

5.1.2 坏坶嗦俾

该区域具有较高的话音及数据需求，信源应采用 RRU+室内分布系统。

1F 大厅：对于 1F 大厅等与室外相接之处，应注意避免信号功率外泄，可选用全向天线安装在大厅靠内侧的边上进行覆盖，配之以较低天线输出功率，或者选用定向小板状天线安装在门厅处向大堂内部覆盖。

电梯：对于电梯，可采用高增益、小方向角的定向板状天线或对数周期天线进行覆盖，一般标准楼层每 6 层安装一副天线，非标准层高的电梯井需根据测线情况确定天线安装间距。

楼内大房间（比如会议室）：平层楼内常出现像会议室这类大房间的覆盖场景，写字楼内部分楼层可能会有中小型会议室，对于这样的场景，一般采用全向吸顶天线放进房间进行覆盖。但是此类会议室场景也会出现木质天花吊顶，甚至是无天花的裸顶，对于这样极特殊的场景，可以采用美化型壁灯式的定向小板状天线安装在会议室侧墙壁上进行覆盖，能达到很好的覆盖效果。

另外，大房间类型场景也会是普通的办公区域，此时天线需要进房间覆盖，并根据房间面积大小进行天线布放，由于房间内办公区空旷无阻挡，天线间距离约为 15～20m。

标准平层：根据场景情况，标准平层内的天线可以选择采用全向吸顶天线安装在走廊内或者放入房间内。分别描述如下。

1. *在走廊正对房间门口安装天线覆盖*

由于房间隔断密集，墙体衰耗较大，采用将天线安装在房间门口的方法，可较好地利用门板对电磁穿透性较好的特点，将信号引入房间内，如图 5-1 所示。

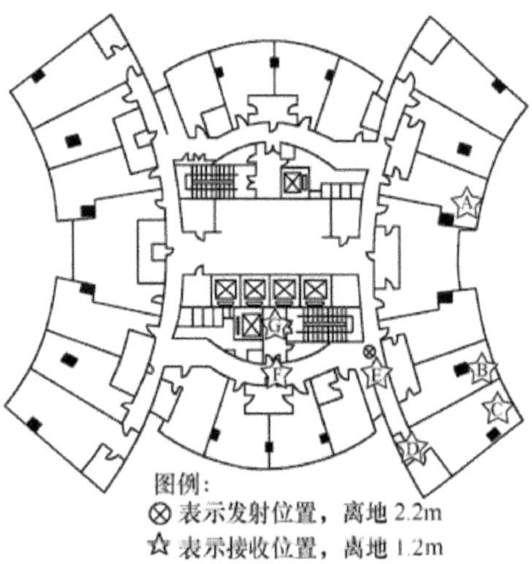

测试点	距发射点距离	接收场强	
		2G 信号（发射功率为 7dBm）	3G 信号（发射功率为 6dBm）
A 点（包房内靠窗边）	27m	-77dBm	-98dBm
B 点（包房内靠窗边）	10m	-72dBm	-95dBm
C 点（包房内靠窗边）	12m	-74dBm	-92dBm
D 点（包房内靠门口）	5m	-61dBm	-85dBm
E 点（发射天线底下）	1m	-34dBm	-55dBm
F 点（包房外门口处）	11m	-61dBm	-70dBm
G 点（电梯厅）	16m	-74dBm	-100dBm

涯 5-1 济烙功歼哔滂涯

2. *在房间内安装天线*

采取在房间深处安装定向天线朝走廊覆盖，利用天线的前后比，可将信号控制在房间内部，防止信号泄漏。综合考虑覆盖效果及成本，可将天线点位设计为每隔一个房间安装一副宽波瓣板状天线。同时对楼层内部的走廊等公共区域可增加少量全向天线进行补充覆盖，如图 5-2 所示。

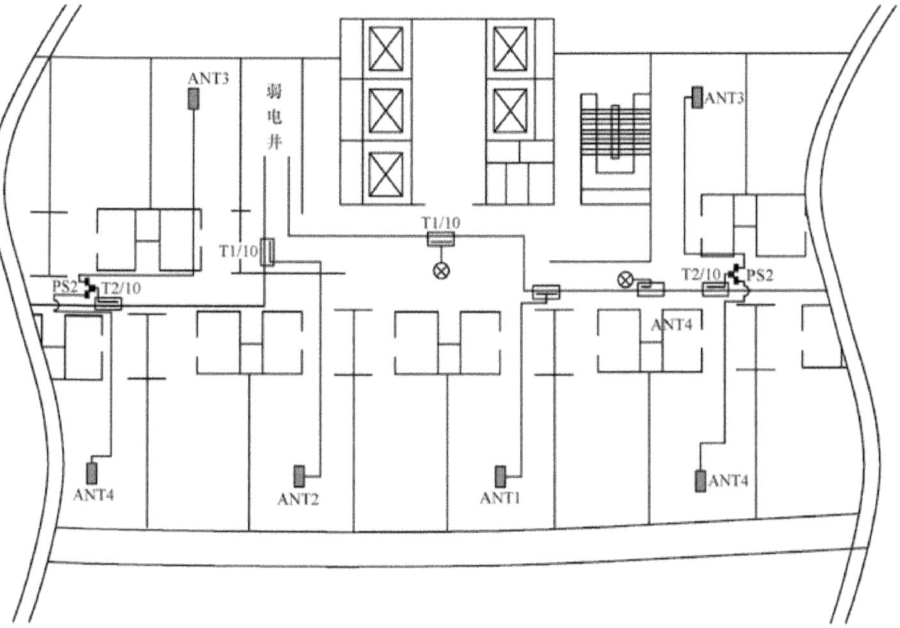

涯 5-2　济烙修禹哔滂涯

5.2 轻质隔断型场景

5.2.1 勾帱嚏澌

该场景建筑以框架结构为主，楼层内部承重墙较少，房间多用轻质隔断，材料强，电磁穿透性好。由于楼宇信号传播环境较好，楼层受室外宏基站的影响较大，信号普遍较强，同时 E_c/I_0 较低，属导频污染易发生区。用户主要以各类在职人员为主，对网络的敏感性中等，用户价值较高。

该类场景多分布在商务写字楼、敞开式餐厅、咖啡厅、茶座、综合休闲场所等。

2G/3G 信号在该场景中的传播性能测试如图 5-3 所示。

发射点	6F 走廊距离门口 3m 处（用天线支架架全向吸顶天线与天花板等高）		
接收地点（附图）	2G 接收信号强度（dBm）（天线口功率 10dBm）	3G 接收信号强度（dBm）（天线口功率 5dBm）	3G 接收信号强度（dBm）（天线口功率 10dBm）
A1（13m）	-65	-70	-64
B1（厕所进门）	-62	-81	-76
C1（厕所角落）	-45	-55.5	-51
D1（消防通道）	-90	-100	-98
E1（走廊 10m）	-50	-60	-55
F1（前台）	/	-80	-71

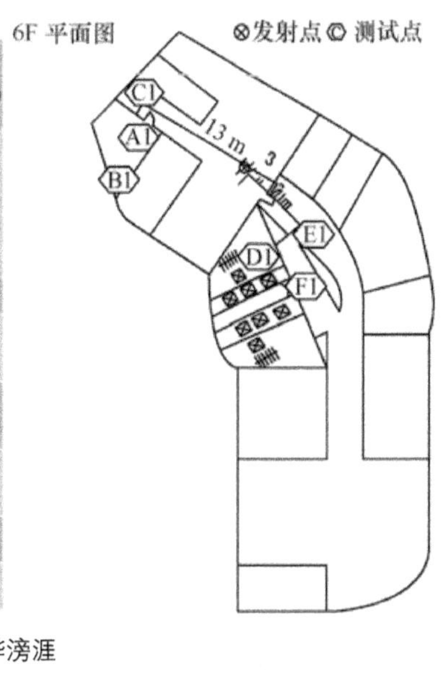

涯 5-3　济烙功歼哔滂涯

5.2.2 坏坶嗦俾

1. 选择性覆盖

采用室内外网络协同覆盖方式。在公共区域：走廊、大厅等位置安装全向天线，天线点位不需过密，覆盖半径可设计为 10～12m，可设计穿透两堵轻质隔墙；通过现场测试，对室外宏站在目标场景信号强度满足要求，局部区域可完全依靠室外宏基站的信号；同时为解决室外、室内干扰及切换问题，可采用光纤直放站或同 PN RRU 协同覆盖。

该覆盖方式在房间内、窗边区域禁止安装天馈系统，并且宏站在场景内局部区域形成良好覆盖的情况下，可取得较好的覆盖效果。

2. 全覆盖方案

完全利用室内分布系统完成场景内的网络覆盖，在房间靠窗处增加定向吸顶天线，由靠窗处向房间内覆盖，在楼层内部可采用少量的全向天线，采用 RRU+无源或有源分布系统，通过窗边多天线的布放，使得其信号完全压制宏站的该区域的信号强度，同时采用定向天线可以有效控制信号泄漏。

该方案对 cdma2000/WLAN 等制式具有良好的兼容性，但造价和施工难度较高。在场景内没有良好的室外主导频且业主允许在房间内安装天馈系统，可考虑该覆盖方式。

该场景中轻质隔断对信号的衰落较少，因此在信号覆盖率达到 95%前，覆盖面积基本与投资成正比，如图 5-4 所示。

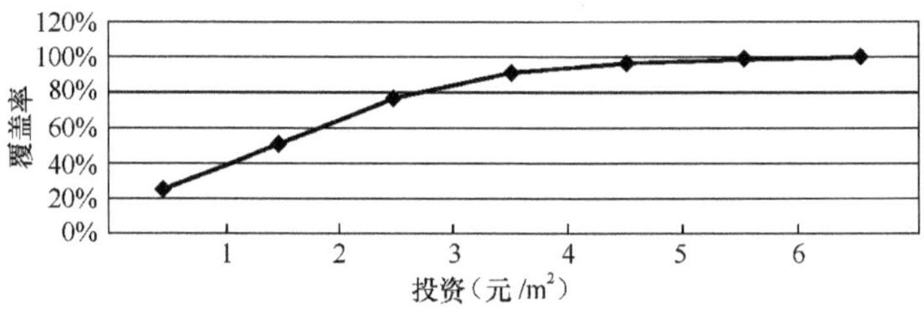

涯 5-4 涧移煨甄嚏澌涯

由此可以看出，该场景下投资与吸收话务成正比。在仅考虑 2G、3G 覆盖情况下，如 2G 信号较好，宏站负荷较小，可采用方案一；反之，则建议采用方案二。

5.2.3 唠爷俾悭嚏澌

写字楼是重要的室内场景之一，如图 5-5 所示。在城市中具有重要地位，是重要的高话务区，每座写字楼均可以独立考虑网络建设，按照覆盖场景可分为地下停车场、电梯、裙楼、塔楼。

电梯和地下停车场广泛存在于各大场景的建筑物中，其覆盖方式基本一致，详细覆盖方式见电梯和停车场章节。

裙楼：多为钢筋混凝土结构，楼高较高，同层内建筑隔断较少，内部空间较空旷，楼层间穿透损耗较大。

塔楼：多为钢筋混凝土结构或钢筋混凝土结构外加玻璃幕墙，平层内部建筑隔断较多，穿透损耗情况复杂，楼层间穿透损耗也较大，楼层在中、高层，干扰较大。

涯 5-5　像塄战勾畴坎领涯

1．覆盖

写字楼主要采取室内分布系统覆盖的策略。需要根据楼宇的高度、宽度和形态选择相应的覆盖方案。

2．容量

写字楼的业务量一般集中在白天，高端用户多、人流集中、话务量大。需要结合写字楼的人员数量、业务类型进行预测。

3．干扰

高层信号混杂、干扰大、通信质量差。需要室内外协同考虑，从频率策略、邻区配置、天线选型、天线位置等多方面进行考虑。

4．切换

信号外泄和切换问题多，需合理设置切换区域。需要考虑高层、电梯、地下停车场出入口等区域的切换。

写字楼一般面积较大，标准楼层平面面积在 1500m^2 以上，楼体高度一般较高。装饰复杂，外墙装饰为玻璃材质，每层顶部有天花板，材质多为塑胶或金属。周边宏站密集，无线电磁环境复杂，高层导频污染严重。一般有电梯和地下停车场。

（1）解决思路

① 主要采取室内分布系统覆盖的策略，对楼内进行合理室分系统建设，覆盖楼内所有区域。

② 采用无源室内分布系统覆盖，技术成熟，工程实施简单。

③ 信源采用分布式基站，通过光纤将 RRU 布放在相应楼层，降低传输损耗，如图 5-6 所示。

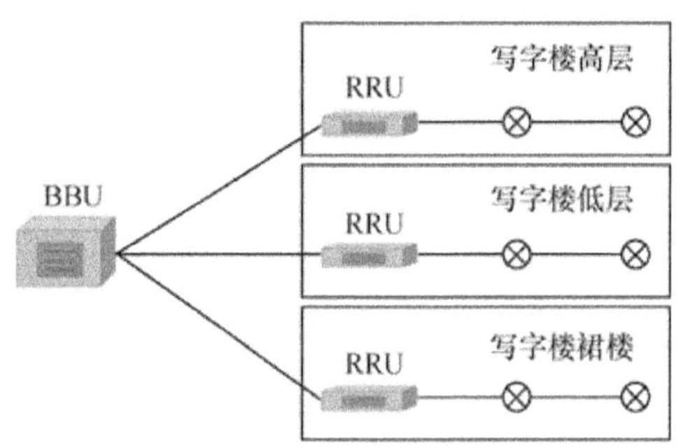

涯 5-6　爝瘢坏埆坎领涯

（2）覆盖规划

① 采用室内分布系统覆盖全楼总体，天线布放思路为“小功率、多天线”。

② 办公区、普通会议室、走廊、电梯厅适宜采用新型室分吸顶天线进行覆盖。

③ 靠近窗边安装的天线宜采用定向天线。

④ 吊顶超过 8m 的大堂、会议室适宜采用板状天线或壁挂天线覆盖。

⑤ 进深超过 10m 的开阔办公区、会议室应将天线设置在房间内部。

（3）容量分区

写字楼的业务量一般集中在白天，高端用户多、人流集中、话务量大。需要结合写字楼的人员数量、业务类型进行预测。

系统容量不足时，应首先通过增加载频的方式进行扩容；当增加载频仍不能满足容量需求时，可通过小区分裂的方式进行扩容，如图 5-7 所示。

基于覆盖的分区：当单个小区的覆盖面积小于覆盖区总面积时，需要考虑分区。

基于容量的分区：当单个小区提供的容量小于覆盖区的容量时，需要考虑分区。

对于高层建筑，出于切换、干扰考虑，一般采用垂直分区。

裙楼单层面积较大，当超过单个小区的覆盖面积时，可采用水平分区。

考虑业务均衡，将低话务区域（例如停车场）和高话务覆盖区划分为同一个小区。

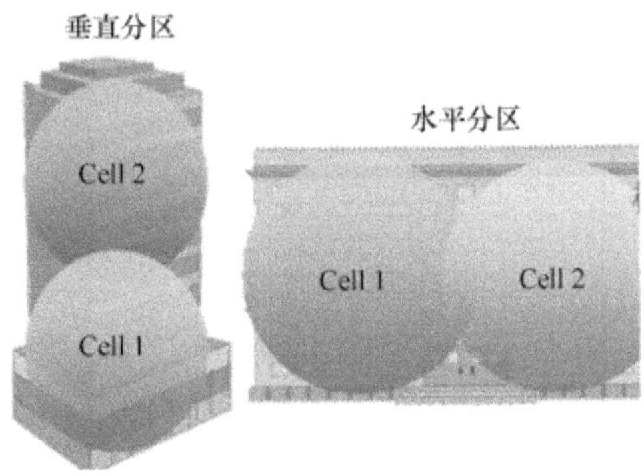

涯 5-7　桎惶嚧架欤瓴涯

利用建筑结构，减少小区之间的重叠覆盖区，小区规划要与切换区规划以及邻区规划相结合。

（4）干扰优化

写字楼（超 20 层）因建筑高层无其他建筑遮挡，导致大量室外信号聚集在室内，信号干扰严重，通过增加室内或室外某小区信号的方式通常不能解决问题，这时需要用异频组网方式彻底解决高层信号干扰问题。

异频组网的方案有两种：低层同频高层异频方式和室内全异频方式。异频组网的难点在于：室内信号外泄室外，导致呼叫建立成功率低或业务中断风险；室内到室外切换区域较远可能影响业务；高层异频、低层同频的方案中，室外小区未与高层配置邻区或由于异频切换容易中断业务。

建议采用低层同频高层异频方式，如图 5-8 所示。

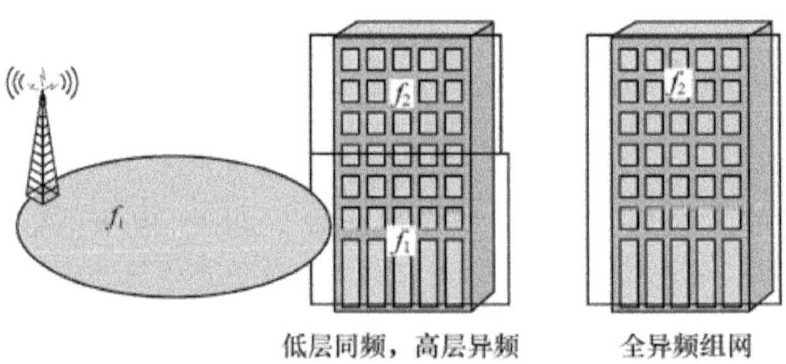

涯 5-8　剌疟甙昂璩磣坻栗欤瓴涯

（5）切换规划

① 出入口切换

切换策略：控制切换带门外 3～5m，避免切换区落到马路上，如图 5-9 所示。

解决措施：在出入口位置安置小天线，配置合理的邻区优先级。

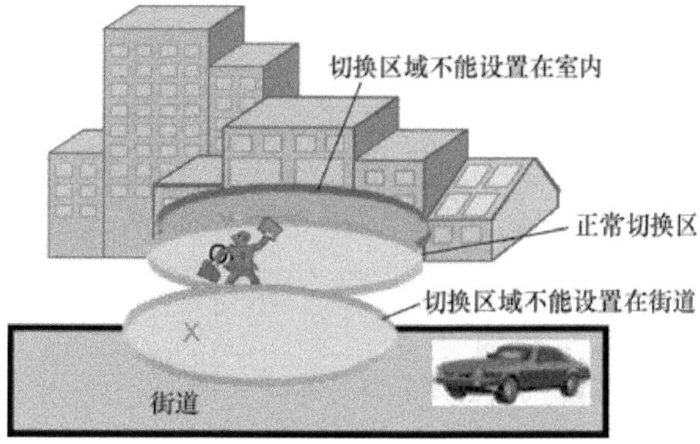

涯 5-9　歹搞渔条鹏架痴榷碘欤瓴涯

② 室内切换

切换策略：优先考虑将切换区设置在电梯厅，如图 5-10 所示。

解决措施：设计电梯里面有一个小区覆盖，天线朝电梯厅覆盖。

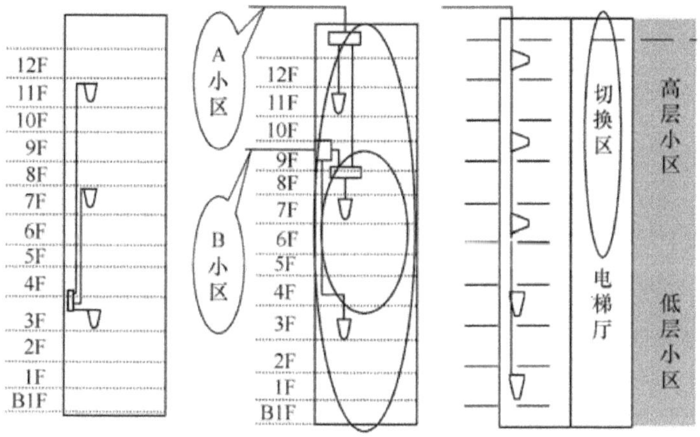

涯 5-10　歹搞条鹏架痴榷碘涯

③ 窗边切换

切换策略：室内用户尽量不切换到室外，如图 5-11 所示。

解决措施：室内外协同规划，合理配置邻区，室内异频。

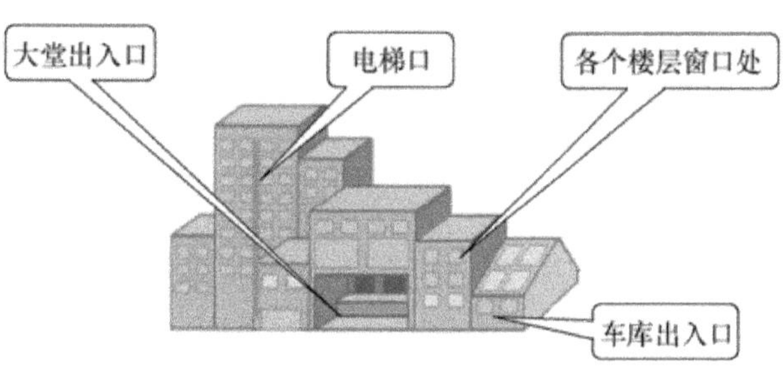

涯 5-11　叨冻条鹏欤瓴涯

5.3 商场型场景

5.3.1 勾帱嚏澌

该类场景建筑结构多扁平化，或者为综合性大厦的低层部分，以框架式结构为主，楼层单层面积较大，且无隔断。楼层内各种装饰物（如货架等）对信号传播的损耗不可忽视，窗边信号普遍较好，但由于面积大，楼层内部大部分区域信号偏弱，因此场景内受宏站的影响不大。商场超市场景站点周边环境总体较复杂，地处繁华地带，周围人流大；靠近主要交通干道。

商场场景室分站点总体业务量大，用户类型较为广泛，但用户量巨大，对网络的敏感性中等，用户价值中等，业务需求多样化，对于容量的要求高。同时，站点需进行精细化覆盖，确保站点内均匀良好覆盖，但在保证覆盖的同时需注意泄漏，设计时需要紧密结合目标覆盖区域用户业务需求进行考虑。

人员步行流动性大，需考虑驻留区内小区切换带的划分及出入口切换带的设计。

该类场景多分布在各类商城、家具城、超市、卖场、图书馆、书店、工厂车间、货仓、小型展厅。

5.3.2 坏坶力扼

由于商场用户密度高，话务分布密集，因此室内覆盖系统应承担吸收该区域话务的任务，可采用多 RRU 信源，保证系统的容量。

该类场景由于无线环境较为纯净，无需进行强电平覆盖，且场景内流动人口较多，网络呼吸效应明显，可根据业务覆盖要求完成基本的信号覆盖。综上应采取同频 RRU 为信源+无源分布系统的覆盖方案。

场景内虽然墙体隔断较少，但各类货架、书架及车间各类生产设备对信号的传播影响较大，因此天线点位设计应充分考虑该类因素。该类场景投资性价比较高，方案的可实施性较好。

对于商场超市，由于楼层较矮，单层面积较大，因此可能涉及纵向和横向两个方向的切换。在容量允许的情况下，对于不同楼层之间小区划分，尽量垂直划分，避免用户上下楼造成的切换。一般一层的人流量较大，考虑到容量问题，一层可能会划分为两个小区，那么切换带要求尽量在人流较少的区域。

地下室的人流量较小，话务量较低，可以考虑和一层共小区。

由于大型市场楼层较低，电梯运行区间也较短，而楼层之间常常伴有不同小区的切换问题。从容量方面考虑，电梯的话务量较低；从切换角度考虑，1F 与电梯发生切换的次数最多。因此，在这种情况下，优先将电梯与 1F 设置为同一个小区。

信源覆盖区域的规划，需要考虑今后的容量需求，每个主设备所覆盖的区域尽量符合今后扩充小区的需要。比如尽量使低层和电梯用同一 RRU 覆盖。可以做到在不整改天馈系统的情形下进行小区分区的灵活扩容。

泄漏控制：按设计要求，室外 10m 处室内外信号差 10dB，需利用建筑阻挡并采用定向天线靠窗边向房间内覆盖。

5.4　大型建筑

5.4.1　勾畴嚏澌

该类场景建筑高度不高，但楼层面积很大，层高很高；建筑内结构无规律，部分区域分割密集，部分区域空旷。此类建筑物结构一般采用全钢骨架、玻璃幕墙、不锈钢铁皮屋顶。楼内的房间高、面积大、基本无阻挡，传播环境比较简单，信号视距传输。场景信号质量受周围宏基站的影响较大。

举行展会、会议时业务量较大，高端用户、漫游用户比例较高，数据业务在总的业务中占比相对较高，其中候机/车大厅、VIP 厅要保证数据业务的覆盖。用户具有突发性，忙时话务量极高，闲时基本无话务量，用户对网络的敏感性高，用户价值高。

该类场景多分布在体育场、大型展览厅、机场、大型火车站、各类港口、大型会议场所等。

5.4.2　坏坶力扼

此类场所的室内覆盖，从覆盖、容量和干扰 3 个方面考虑。在满足覆盖要求的前提下，综合考虑候机/车大厅、VIP 室和新闻中心等热点区域的数据业务需求，增加载频扩大室内小区容量。

在进行方案设计时，需要考虑如下需求。

① 提供高稳定性的设备满足赛事活动需要。大型体育场馆作为重大活动和赛事的举办地，赛事活动一般要现场直播，并且有许多重要人士参加，因此通信服务的稳定性必须得到满足。

② 提供大容量解决方案。在活动期间，用户密度很高，大型场馆能容纳数万人，甚至数十万的观众，并且用户的话务量比较大，需要解决网络容量问题。

③ 提供自适应的话务调度功能。大型场馆的话务量随时间，随空间变化大，提供话务调度功能，能有效减少用户投资，并适应话务随时间地点的迁移。

④ 考虑额外的干扰规避。大型场馆的覆盖面积大，用户密度高。为实现高容量，场馆内部一般分为若干个小区。主体育场各小区之间的干扰大，需要考虑额外措施来避免干扰。

⑤ 集中快速维护。设备一旦出现故障，系统能够自动恢复或者人工恢复。当采用人工恢复时，希望设备放置在同一机房。由于机房面积有限，希望设备的体积小，集成度高。

为取得较好的覆盖效果，该类场景多采用室内、外联合覆盖方案。

（1）室外系统：室外系统多采用宏基站覆盖，宏基站应负责完成场景周围室外区域的网络覆盖，并保持足够的容量；为避免导频过多形成污染，可采用“少小区，多载频”的高配置专用基站，减少宏站数量。

（2）室内系统：室内区域配置多 RRU+有源分布系统的覆盖方案。室内配置多载波 RRU

作为信源，并结合光纤直放站完成功率的分配；由于室内外信号隔离性差，不宜异频覆盖，同时由于室内突发性话务需求极高，不建议采用同 PN RRU 组网。因此，场景内应重点考虑小区切换区设置的合理性。

5.4.3 哕爷勾帱噳澌

1. 火车站

某火车站总建筑面积 13.36 万平方米，采用 POI 室内外联合覆盖方案。站内主要分为南北广场、南北站房、站台、地下通道及环形通道。

室外系统主要覆盖南北广场，南广场室外覆盖采用变色龙型美化天线，于顶层雨棚前端贴墙安装，表面颜色与墙体外观颜色相同，具有较好的隐蔽效果。北广场室外天线安装于站房楼顶，根据现场环境，采用三角形围栏隐蔽天线，与楼体固有结构相同，隐蔽效果较好。

室内分布系统采用多家共建方式（如图 5-12 所示），采用 POI 合路器收发分缆，覆盖候车区、停车场、商铺等区域。

（1）覆盖

交通枢纽主要采取以室内覆盖为主、兼顾室外覆盖的策略。主要根据场景规模、建筑物形态、功能分区选择相应的覆盖方案。

（2）容量

交通枢纽的业务量与场景类型、规模大小、用户行为相关。大型枢纽需要单独进行容量预测，结合用户规模、业务类型、建筑物内区域用途进行评估。

（3）切换

需考虑建筑物出入口的切换（包括人及交通工具的进出），以及不同楼层、功能区之间的切换，如电梯。用户流动性强，切换量整体上很大，须合理分区减少不必要的切换。

（4）干扰

场景较为开放，与大网覆盖有交互，室内信号外泄应控制，更应避免室外信号穿透影响。需要室内外协同考虑，包括频率策略、邻区配置、天线选型及位置等。

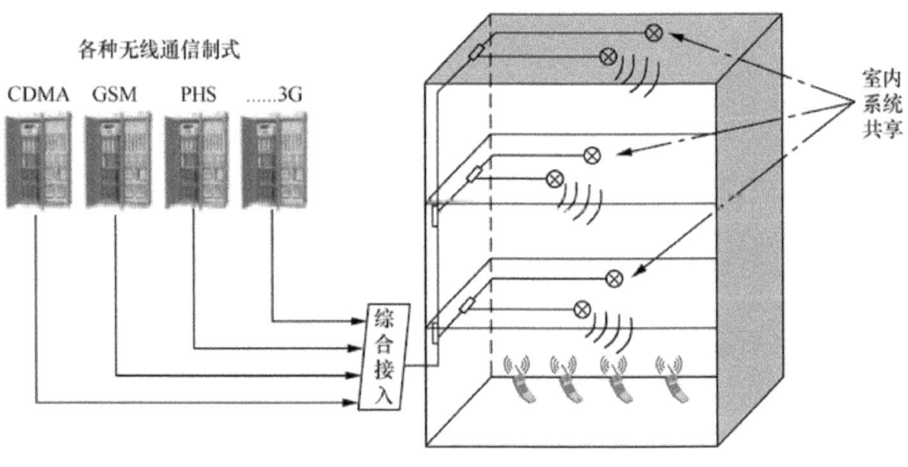

涯 5-12　歹搞噳制⺍涣塥岬欤瓴涯

含信源部分的投资比对如图 5-13 所示。

有源设备部分平均占 40%的投资，无源部分平均占 60%的投资。

二合一：理论上可节约投资 30%。

三合一：3 家共用一套分布系统可节约 40%的投资，但由于采用了 POI 设备，该设备价格与普通合路器的价格差如果超过投资的 40%，则该种模式与 3 家分建投资相同。

三合二：节约总投资 20%，合路需采用 POI 设备，如与普通合路器价格差超过投资 20%，则该模式与 3 家分建投资相同。

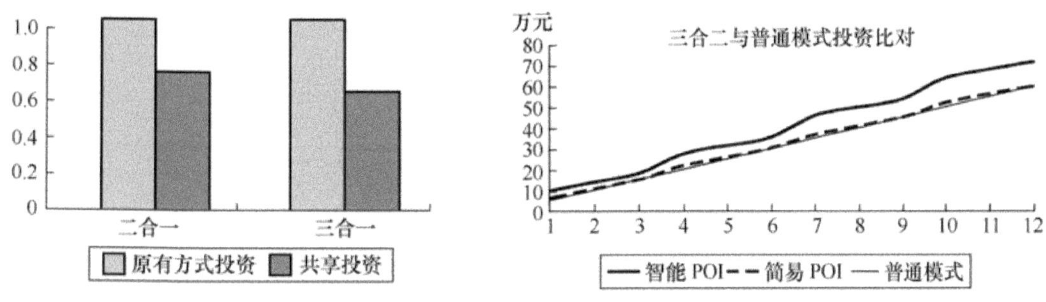

涯 5-13　歹搞嚏制…渙堝岬涧移册喇涯

2. 机场

（1）特点

机场包括航站楼、停机坪等，属于开阔式封闭场景，其中航站楼多采用钢结构+玻璃幕墙方式，穿透损耗较小，覆盖面积大。用户量非常大，流动性强且有规律，具有室内外联动的特性，高端用户比重大，话音和数据业务需求均较高，主要考虑室内部分的覆盖及容量分配。国际机场的国际漫游用户较多，信号强度决定了用户初次开机时的驻留网络。

（2）解决思路

① 采取室内分布系统覆盖策略，重点覆盖航站楼内各功能区域，停机坪通过室外宏站或室分外引兼顾覆盖，如图 5-14 所示。

② 采用无源室内分布系统，技术成熟，工程实施复杂度较低。

③ BBU 集中放置，RRU 拉远布放在相应楼层电井，水平分区。

④ 根据不同功能区域的特点，因地制宜地选用合理的覆盖方案。

（3）覆盖方式

室内分布系统全覆盖，采用“小功率、多天线”的布放思路。航站楼内功能区较多，根据不同区域合理选择解决方案非常重要。

① 值机厅、候机厅

吊顶较低时可采用新型全向吸顶天线覆盖；如吊顶较高（8m 以上），则全向吸顶天线覆盖范围不易控制，建议使用定向板状天线或赋形天线进行覆盖。

② 行李厅、登机连廊

采用定向板状天线或定向壁挂天线覆盖。

③ 玻璃外墙边缘处

使用定向吸顶天线安装在外墙上，方向朝内进行覆盖，半径为 10～16m。

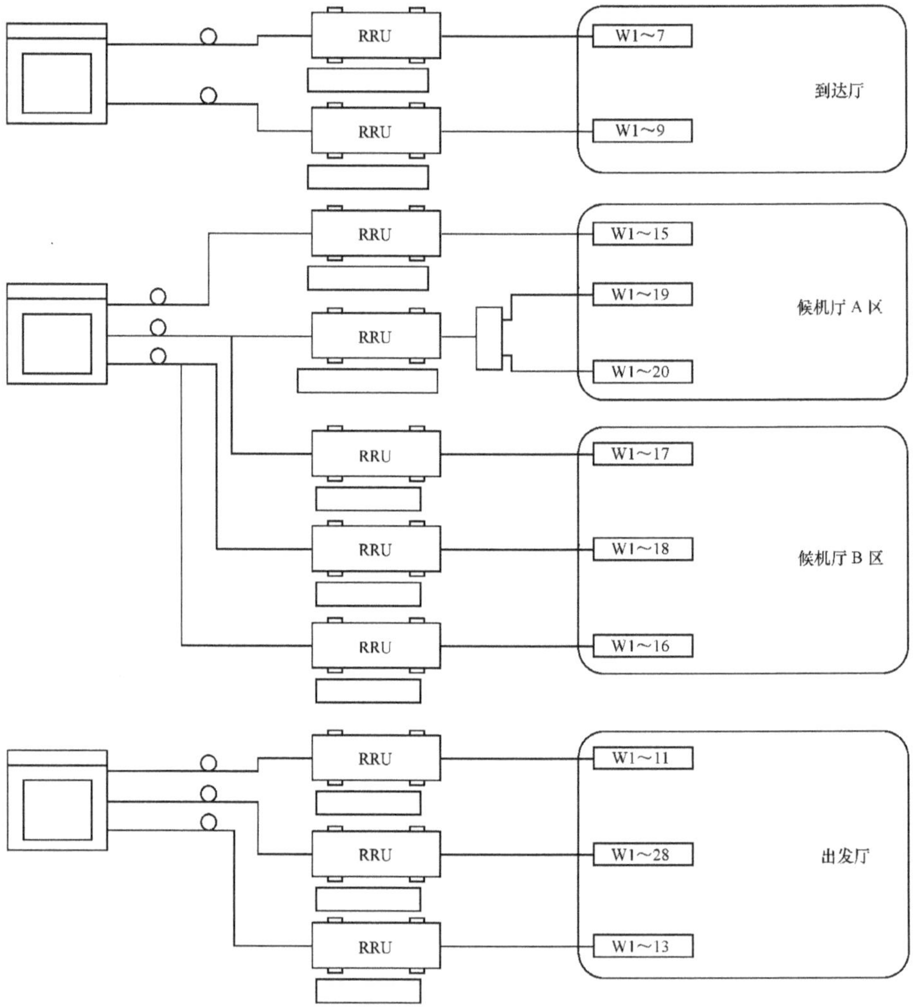

涯 5-14　宴勾歹搞噎制欤瓴涯

④ 房间、商铺、VIP 候机区及办公区

对于纵深较深的房间、有隔断的商铺、VIP 候机室及办公区，将全向吸顶天线尽可能安装在房间内，采用暗装方式；如无法进入房间，则可安装在房间门口外吊顶上，如图 5-15 所示。

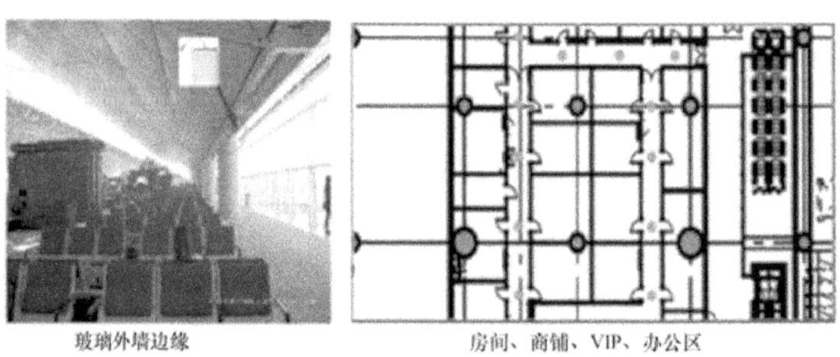

涯 5-15　嘿屑§椐昼§VIP§像塄架坏坶欤瓴涯

⑤ 电梯

采用定向壁挂天线安装在电梯井道内，主瓣方向朝上或者下覆盖。如不能在电梯井道内布放天线，可在电梯厅口布放定向吸顶天线，主瓣方向朝向电梯轿厢。如为观光电梯，在电梯厅口布放全向吸顶天线即可。

⑥ 旅客捷运系统

可采用对数周期天线或泄漏电缆覆盖，如图 5-16 所示。

A．对数周期天线

因地制宜，在捷运系统路径上选择天线安装位置（如连接两侧候机厅的廊桥上），小功率覆盖车厢内部。选择旁瓣抑制比高的定向天线，避免干扰捷运系统临近区域。该方案物业协调难度较小，实施简便。

涯 5-16　扔彼嶂皎灬涣

B．泄漏电缆

类似地铁隧道，将电缆挂装在捷运系统轨道侧面，与车窗等高。拉远 RRU 放置于弱电机房，如捷运行程较长，则需沿途布放多个 RRU，通过共小区提高切换成功率。该方案覆盖均匀，对捷运两侧区域干扰小。

⑦ 停机坪

若无法通过宏站覆盖，可采用 RRU 拉远或室分外引结合美化天线兼顾覆盖。

（4）容量配置

① 容量配置思路

交通枢纽场景用户数多、时变特性明显、节假日发生业务高峰，因此容量配置需参照最高峰时段的需求。

需要考虑的主要因素有：

A．历史业务量统计，包括话音及数据业务；

B．用户数增长趋势，渗透率变化；

C．业务模型。

② 扩容考虑

交通枢纽覆盖系统建成后调整难度较大，设计阶段应充分考虑预留灵活的扩容空间以满足日后容量需求。

应首先通过增加载频扩容，当增加载频仍不能满足容量需求时，可通过小区分裂的方式进行扩容。

③ 小区划分

分区依据：容量需求、覆盖需求、信源数量、设备能力。

分区方式：一般以水平分区为主，垂直分区为辅。

分区建议如图 5-17 所示。

A．综合考虑航站楼功能分区、用户流动规律。

B．利用楼层间的隔离保证小区间的隔离度。

C．利用建筑结构，明晰平层相邻小区界限。

D．与切换区规划以及邻区规划相结合。

E．登机口在通道末端，可 7～9 个划分为 1 个小区；不在末端，含通道区域可 3～5 个划分为 1 个小区，后期随业务量变化调整。

F．考虑业务均衡，将低话务区域和高话务覆盖区划分为同一个小区。

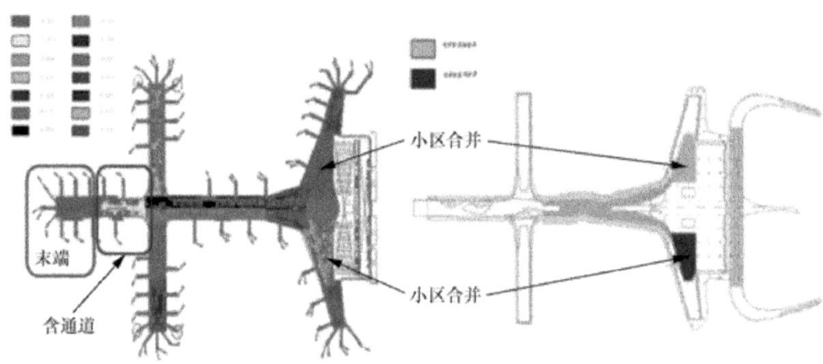

涯 5-17　煎架嫖嚏欤瓴涯

④ 切换原则

切换区分布示意图如图 5-18 所示。

A．出入口：一般要求在出入口安装吸顶天线，保证重叠区域足够。

B．上下层：需保证上下层切换带满足移动速率需求，要求在楼梯口安装吸顶天线。

C．平层切换：设计在人流较少、移动速度较低处。

D．地停：车载用户移动快，切换带尽量设在出口通道内，保留足够长度。

E．电梯：切换带尽量设在电梯厅；电梯内无法避免切换时，需保证电梯内切换带足够。

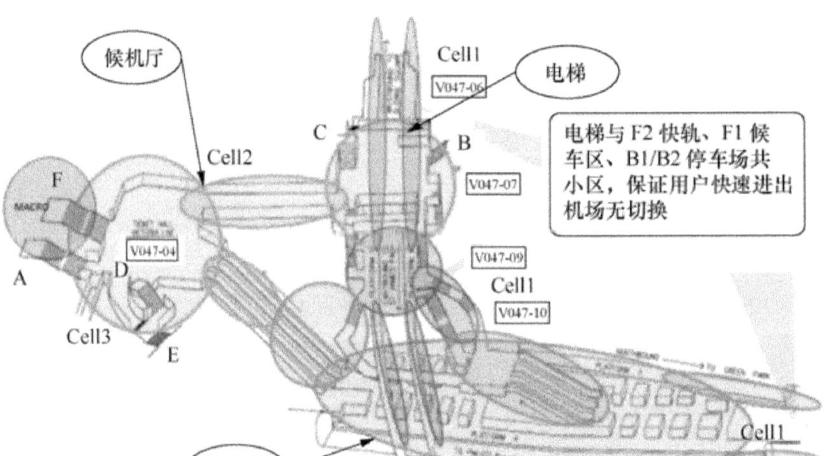

涯 5-18　条嬲架嚏制欤瓴涯

3. 体育场馆

（1）特点

覆盖方面，看台、媒体区、功能区等多场景覆盖；主体高、钢架结构、传播环境复杂；内部区区域空旷，多小区，覆盖区易交叠干扰。

容量方面，客户集中，容量要求高；媒体、VIP 区等大容量需求；高端用户多，以数据业务为主，业务质量要求高。

业务有突发、忙闲差别大；且业务突发时，业务密度大。

多运营商、多系统合路，共建共享需求强烈；3G/4G 业务为主，对信源要求高；多系统频率、调制不一致，合路困难。

（2）规划思路

① 组网规划

考虑覆盖系统的高可靠性要求、交付的便利性以及成本控制，选择适合体育场馆的组网方式。

② 覆盖规划

天线选型，合理控制干扰；专业工具，模拟仿真，合理布放天线，保证覆盖。

③ 容量规划

综合话音及数据业务，根据场馆赛事活动统计，进行容量规划。

④ 小区规划

根据场馆特点，规划容量、切换区、小区干扰控制等，合理设置小区。

⑤ 扩容优化

设计阶段预留扩容余地，方案具有灵活性，以便后期优化调整。

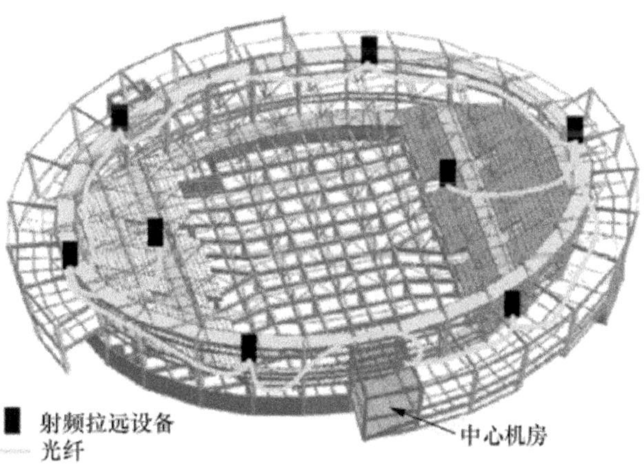

涯 5-19　浅瘕勾夥坏坶欤瓴涯

（3）覆盖规划

体育场馆各功能分区的特点不同，应合理选择相应的覆盖方式。

① 看台

容量大、小区密度大，频率复用度高。为严格控制小区间相互干扰及切换区域，宜采用赋形天线覆盖，如图 5-20 所示。

涯 5-20 强泉坏坶钦钣涯

赋形天线特点如下。

A．波束控制：方向图在覆盖区域之外急速滚降，旁瓣严格控制。

B．俯仰调节：20°机械调节和 20°电调，电调可在地面遥控调节。

C．频率范围：宽频天线，满足 2G/3G/4G/WLAN 等多系统的馈入。

② 室内

室内利用新型全向吸顶天线，在室内通道、办公区等局部进行覆盖。在媒体、VIP 等功能区增加 WLAN 热点覆盖。

③ 场馆外区域

考虑进散场人流分布及大话务量需求情况，利用场馆内的频率资源或新建小区对体育场馆外进行覆盖，通过美化天线来实现隐蔽安装，如图 5-21 所示。

涯 5-21 歹渔町写济烙钦钣涯

（4）小区规划

小区/扇区数量主要考虑容量需求、载频资源、扰码资源及建筑结构等因素，如图 5-22 所示。

① 对于体育场馆，考虑比赛前后业务从场馆外转移到场馆内，为充分利用载频资源，建议场馆内和广场规划为同小区。

② 人流流向一般以纵向为主（出入口至看台），小区划分应以垂直为主，小区边界应设在人流较少的区域，避开走道。

③ 室内外同小区时，需要充分考虑频率和扰码资源，并严格控制好信号覆盖范围，避

免对周边小区造成干扰。

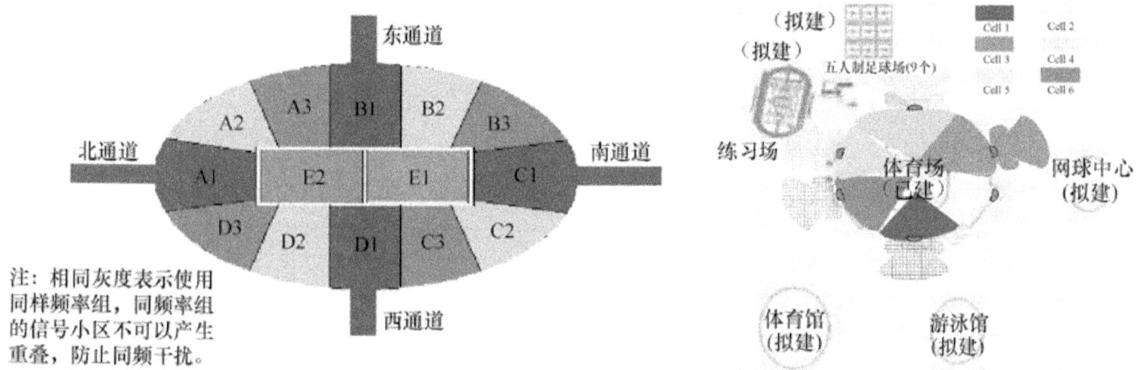

涯 5-22　浅瘢勾夥煎架头嫖坎瓴涯

（5）切换规划

发生切换的主要区域有平层、上下层、出入口、地下室出入口。

① 平层切换

满足移动速度要求，设置在人流较少处。

② 上下层/出入口切换

由于话务量较大，保证上下层切换带满足移动速率需求。在楼梯口安装吸顶天线，保证重叠区域。

③ 地下室出入口切换

尽量设置在出口通道内，保证在出通道后顺利切换至室外小区。用户多为车载用户，移动速度快，出入口切换带需有足够长度保证切换成功。

④ 场馆与场馆外宏站切换

切换带应设在出入口位置向场馆外延伸一段距离，避免用户在出入口频繁切换。

（6）扩容优化

体育场馆扩容优化示意图如图 5-23 所示。

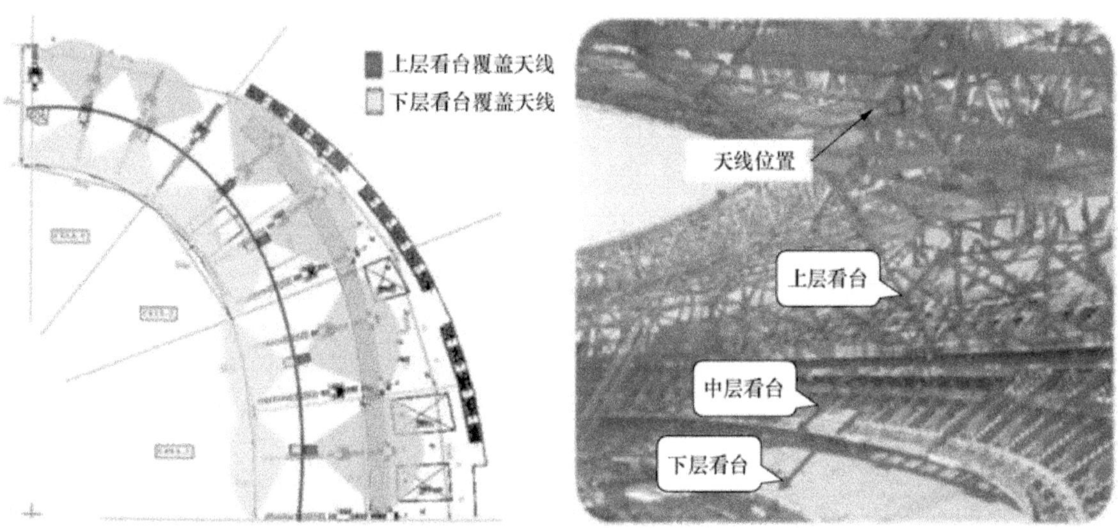

涯 5-23　浅瘢勾夥忿桎疡嫘坎瓴涯

① 扩容方案

大型场馆业务量具有很大的突发性，且难以预测。解决方案规划时，需要预留足够的扩容空间。扩容方案选择时，首先载频扩容，然后分裂小区。

② 载频扩容

A．频点需求：有剩余频点满足载频扩容。

B．器件设备指标需求：频段满足要求，功率余量足够扩容。

C．干扰分析：对整个系统重新进行干扰分析，防止新增载频引入干扰。

③ 分裂小区扩容

A．天馈系统布放要求：预先按照将来小区可能分裂的方式布置，预留切换区。

B．功能区分裂：功能区多个 RRU 垂直分区，如图 5-24 所示。

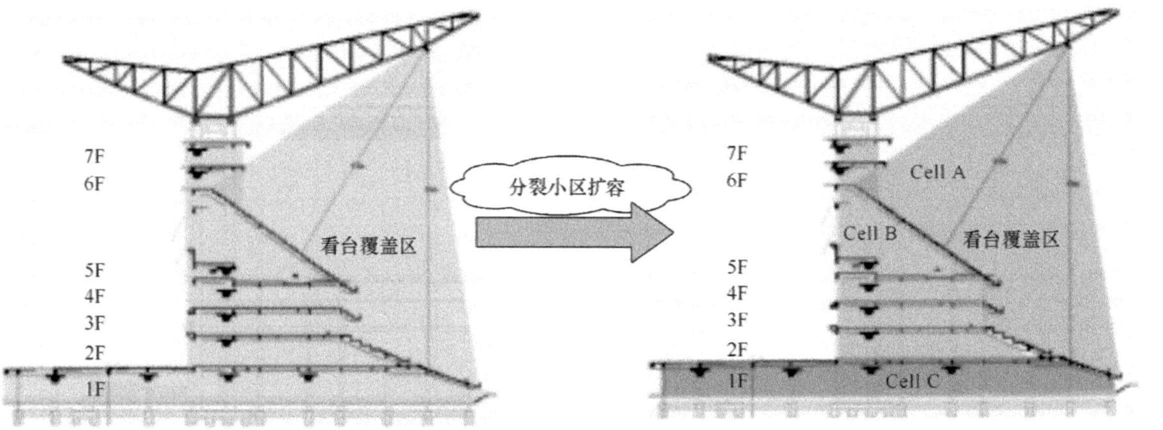

涯 5-24 嚂愧煎架软瓴涯

（7）载波调度

采用“独立信源+分布式基站”方式，组建 BBU 资源池，利用多 RRU 共小区组网。平时将体育场馆与周边区域共小区设置，忙时将体育场馆单独配置成一个或者多个小区，通过载波调度应对业务量潮汐效应，如图 5-25 所示。

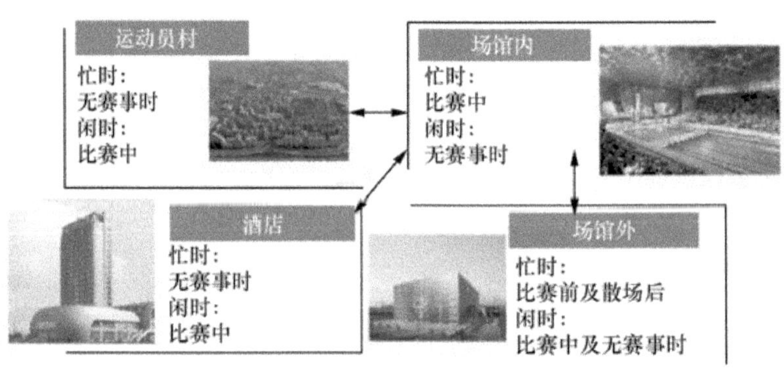

涯 5-25 盆刍哼皱软瓴涯 1

重大赛事或活动期间，入场前或散场后的室外广场会聚集大量的人流，而此时体育场馆内人流量相对峰值较低，可以利用拉远设备将室内载波调度到室外进行覆盖，既能提高载波的利用率，也可分担室外广场的业务量，如图 5-26 所示。

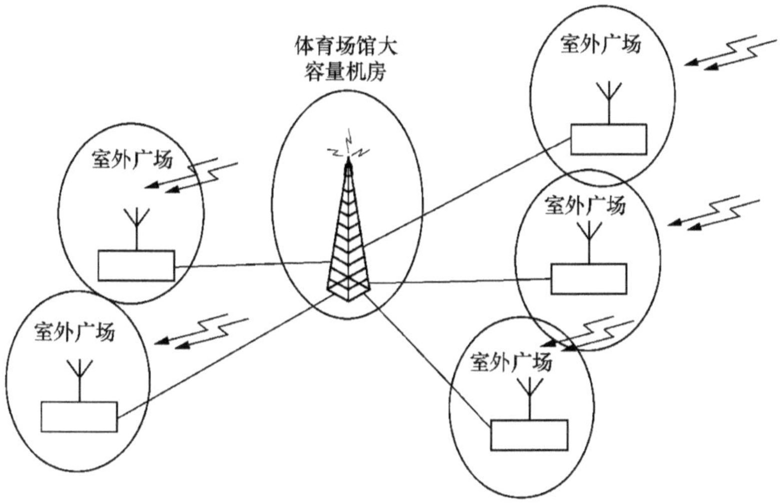

涯 5-26　盆刍哼啵軟瓴涯 2

5.5　密闭型场景

5.5.1　勾帱嚏澌

封闭式场景内通常较空旷，区域内分布一定数量支撑柱。受场景物理环境影响，与外部区域无线信号隔离较大。场景内无线普遍偏弱，甚至是盲区。用户数较少，话务量以话音、短信业务为主。用户价值高，对信号敏感性高。

该类场景多分布于地下车库、电梯、山洞、人防、矿井等。

5.5.2　坏坶力扼

针对该场景特点，多采用低容量薄覆盖方案。对于地下室、电梯等场景话务需求较低，可根据具体场景的话务预测采用直放站将施主信源的信号引入场景内。

分布式天线的设计如下。

① 对于地下车库，考虑到柱子对 2G 频段的信号有阴影效应，建议天线点位选择注意规避遮挡。

② 对于电梯，应以定向天线进行井道内覆盖为主，高速电梯可适当减少天线的分布间距。

③ 山洞、矿井等区域可采用高增益的定向天线或泄漏电缆。

5.5.3　俾悭左椢

地下室根据实际测试结果、重要程度、用户申告分轻重缓急进行建设，信源以光纤直放站为主，地下室可以采用“薄覆盖”方案降低投资成本。用板状天线薄覆盖停车场时，当天线口功率达到 0dBm，能满足纵向在 40m 的停车场的覆盖要求。

5.6 地铁

5.6.1 勾峙嚏澌

从网络覆盖的角度来说，地铁覆盖需要实现地铁站厅和地铁隧道的连续覆盖。整个地铁覆盖范围是一个狭长的地带。信号传输到车厢里的用户需要经过车体的较高损耗。

地铁隧道与外接环境隔离，干扰主要来自小区内部和前后邻区的干扰，与宏覆盖相比，干扰较小。

地铁里的人口密度十分大，在设计网络覆盖系统时，一定要考虑业务容量需求。地铁里的人流量随时间变化十分明显，在上下班高峰期间人流量达到顶峰，这段时间也是话务高峰时期，网络容量设备必须按照高峰时段设计。

地铁一般都是狭长的隧道，再加上车体较大的损耗，如何保证长距离的无缝覆盖且又能抵抗车体的高损耗，对 RRU 输出功率提出了很高的要求。为节省网络建设成本，需保证 2G/3G 信号合理地接入现有 POI 系统。保证多个用户同时切换的切换成功率，提高用户感知度也是非常重要。此外，解决高峰时期高话务需求，同时又能降低运营成本，这也是运营商非常关心的问题。对于长隧道场景，为保证信号质量，考虑使用 RRU 作为信源。由于场景相对密闭，内部无线环境比较干净，室内覆盖能够获取较好的 E_c/I_o，因此可采用弱覆盖或基本信号覆盖。

5.6.2 坏坶力扼

地铁的覆盖从以下几个方面考虑。

1. 隧道覆盖解决方案

由于地铁覆盖的长度一般很长，因此采用线径很粗的馈缆，从而减少馈线损耗，保证信源的覆盖范围。但粗线径的馈缆成本较高，施工难度大，为减少分布系统的投资，方便维护管理，一般地铁运营公司都采用多个运营商的多套系统共分布系统的方法。这就是一般在地铁系统中广泛应用的（Point Of Interface，POI）系统。应根据三大运营商多制式技术特点，在隧道中实施收发分缆技术，保障各系统通信质量，采用 POI 完成多系统合路，保证系统间干扰隔离。

2. 站台站厅解决方案

由于地铁车厢里的用户同时移动，所以在小区交界处，多个用户会同时发生切换。地铁进出口、站厅、站台采用天馈分布系统进行覆盖，各站出入口处设置室内外信号重叠覆盖区，保证进出车站的平滑切换。

3. 隧道切换方案

在隧道内，根据各通信制式切换特点，设置相应切换保护带。隧道口覆盖向外延伸，与室外小区保证合适的切换电平，同时关注跨 BSC 切换。

4. 内外协同优化方案

调节室外高架线路附近基站天线，满足室外高架覆盖。调整覆盖高架小区的相关参数，保证高速移动条件下通信质量。

5.6.3　俾悭左椾

地铁站点属于封闭式结构，通常分为地下站、地面及高架站。地下部分较封闭，与地面上的网络隔离。人流量大，有一定的话音和数据业务需求。一般多个运营商共建 POI 和天线分布系统，接入各自信源，覆盖地下通道、站厅及站台等区域。

1. 解决思路

① 采取室内分布系统覆盖策略，覆盖地铁站内各区域。

② 采用无源室内分布系统，主干路由采用光纤，将 RRU 拉远至需要覆盖的区域。

③ 站台采用常规手段布放分布系统天线。

④ 隧道采用泄漏电缆覆盖。

2. 整体策略

（1）站台站厅

地铁进出口、站厅、站台采用天馈分布系统进行覆盖。各站出入口处设置室内外信号重叠覆盖区，保证进出车站的平滑切换。

（2）隧道覆盖

根据运营商多制式技术特点，在隧道中使用收发分缆技术，保障各系统通信质量。采用 POI 完成多系统合路，保证系统间干扰隔离。

（3）隧道切换

在隧道内，根据各通信制式切换特点，设置相应切换保护带。隧道口覆盖向外延伸，与室外小区保证合适的切换电平，同时关注 S1 切换。

（4）内外协同优化

调节室外高架线路附近基站天线，满足室外高架覆盖。调整覆盖高架小区的相关参数，保证高速移动条件下通信质量。

3. 站台站厅覆盖

站台覆盖示意图如图 5-27 所示。

① 地铁进出口、大厅、换乘站上下层采用无源分布系统的方式进行覆盖。

② 大规模站台站厅需要采用同小区 RRU 进行拉远覆盖。

③ 天线选择新型全向吸顶天线或定向板状天线。

④ 出入口与街道衔接处，采用全向天线覆盖，合理设置天线安装位置和发射功率，实现与室外信号的协同覆盖。

⑤ 天花板为石膏板或胶合板，天线可内置安装；金属材质，天线须外露安装。

⑥ 换乘站设计时需要考虑与原线路已有室分的统一规划和切换。

4. 隧道覆盖

地铁隧道覆盖示意图，如图 5-28 所示。

① 地铁隧道为封闭式结构，信号屏蔽严重，列车运行速度快。

② 采用 13/8″泄漏电缆的覆盖方式，布设于隧道侧壁上，高度应与列车窗口等高。

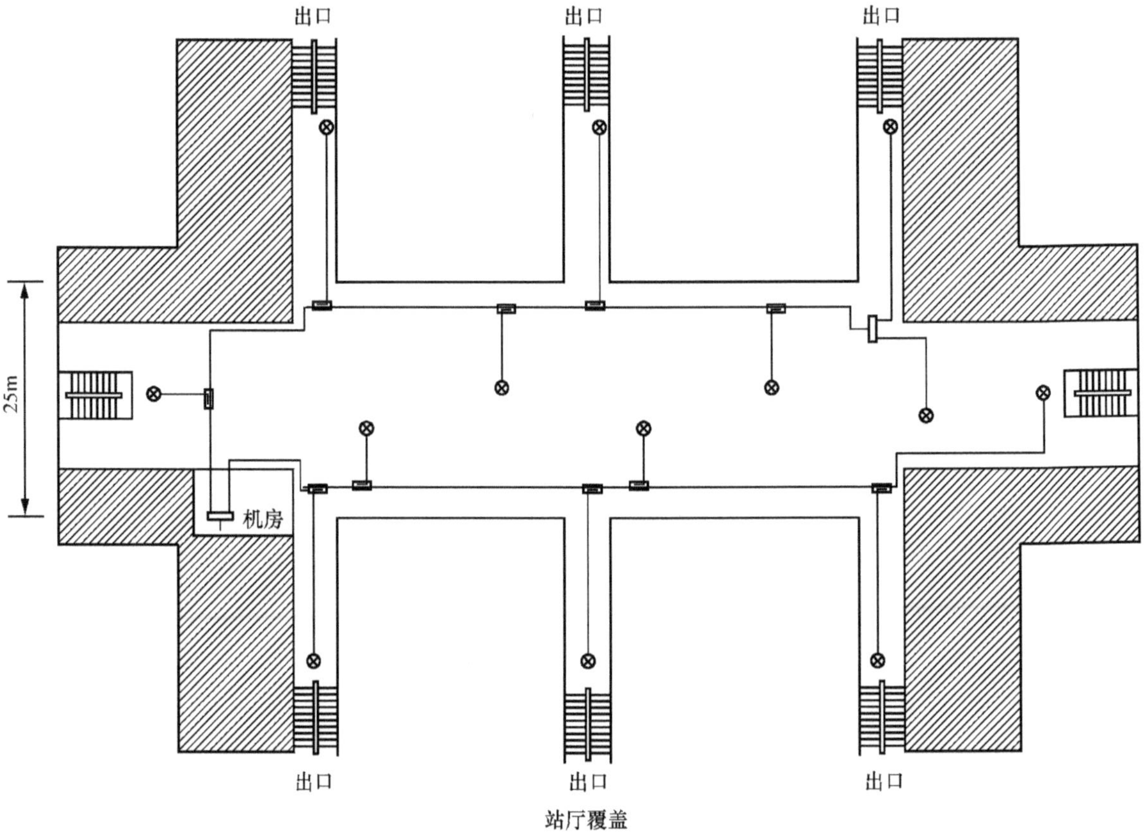

涯 5-27 瞀泉坏坶欤瓴涯

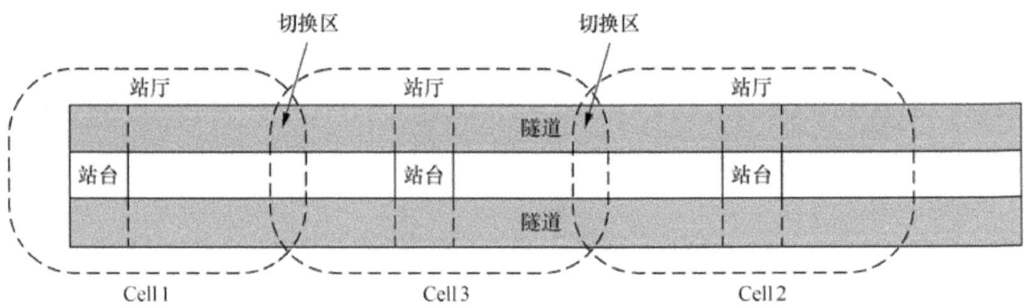

涯 5-28 哇浪沛嗞坏坶欤瓴涯

5. 切换设置

① 根据人流量及流向规划切换区，应设在业务发生率较低的区域，预留足够的切换区域。

② 人员出入口应设置过渡天线，满足切换不掉话，同时注意控制信号外泄。

③ 隧道出入口需要设置引导覆盖天线或泄漏电缆。

④ 如隧道内需要分区，应根据车速核算切换带的长度，保证用户在运动过程中的业务感知。

⑤ 对于非换乘站，高峰人流量不大，站台、站厅及隧道采用一个小区覆盖。

⑥ 对于换乘站，高峰人流量大，站台与隧道同小区覆盖，站厅另设小区覆盖。

5.7　公路、铁路隧道

5.7.1　勾帱嚏澌

隧道场景内无隔断，为狭长空旷的密闭场景。场景内无线信号普遍偏弱，甚至是盲区。隧道内的信号受汽车、火车或地铁等车体的影响较大。

5.7.2　坏坶力扼

1. *定向天线覆盖方案*

对于隧道长度短于 200m 的场景，如高速公路隧道、低于 200m 的铁路隧道，或话务需求较少的隧道，如非城市公路隧道等，多采用定向天线覆盖。

2. *泄漏电缆覆盖方案*

对于长度大于 200m 的铁路隧道以及有较多话务需求的市区公路隧道，多采用泄漏电缆覆盖方案，如图 5-29 所示。

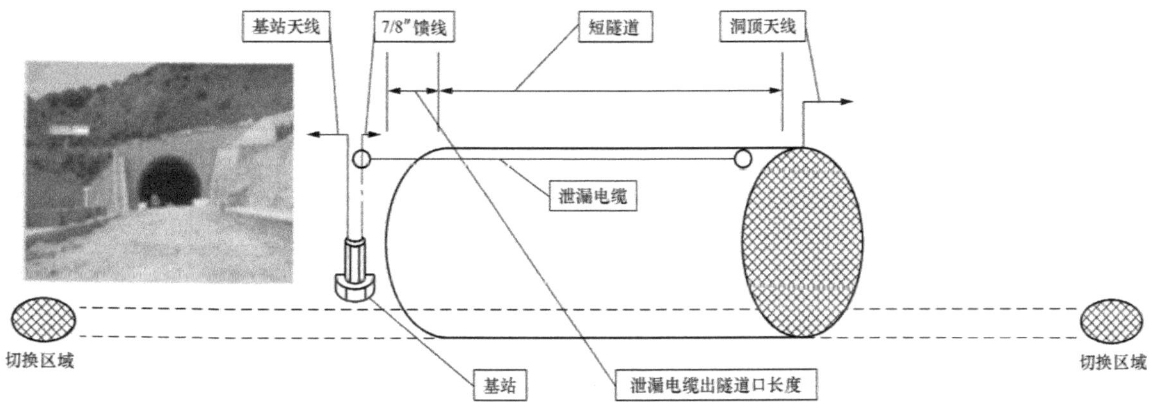

涯 5-29　沛呲戳怨坏坶软瓴涯

5.8　居民小区

住宅小区场景较为复杂，根据楼宇分布、楼层高度、结构特点等可分为城中村、别墅小区、多层小区、高层/环抱型小区、独栋高层，如图 5-30 所示。

1. *覆盖*

住宅小区主要采取室内外协同覆盖、以外为主的覆盖策略。需要根据楼宇的高度、布局和形态选择相应的覆盖方案。

2. *容量*

住宅小区的业务量与用户数量、用户模型相关。需要结合小区的住户数量、业务类型进行预测。

3. *切换*

小区分区不能设置在人流量大的区域，避免大量用户频繁切换。需要考虑高层、电梯、地下停车场出入口等区域的切换。

4. 外泄

住宅小区一般比较开放，覆盖时需要特别注意控制信号的外泄，避免对小区外造成影响。需要从天线的选型和安装位置等方面进行考虑。

涯 5-30 库挺煎架嚏息欤瓴涯

5.8.1 勾帱嚏澌

新开发的居民住宅小区占地面积通常在数百亩以上，住宅小区建筑密集而且层高。楼宇排列自成体系，呈封闭式或半封闭式。这些建筑物内部由于建筑穿透损耗大，信号通常较弱，个别区域还存在盲区。

由于住宅楼宇公共使用面积小，采用传统室分系统很难对用户使用区域进行有效覆盖。根据现场测试，信号有效覆盖范围仅能穿过两堵墙，在大部分区域仍然存在弱覆盖现象。

小区覆盖难点包括以下几个方面。

（1）导频污染难以控制

高层住宅受到周围无线环境制约，形成导频污染，较难通过调整基站天馈彻底解决。

（2）工程实施难度大

随着居民对无线设备认知程度的加深，在住宅小区内部架设无线设备已经越来越困难，设备经常受到居民阻挠遭到拆除。

（3）投资规模大

新建小区占地面积大，若采用常规小区分布的方式进行覆盖，该方式投资额常在数百万以上，投入产出比很低。

住宅小区分类维度较多，据小区楼层高度，可以将住宅小区分为以下类别：

① 高层（小高层）住宅区，10 层以上；

② 普通（多层）住宅区，7 层以下；

③ 别墅区和低矮住宅区，4 层以下。

按建筑密度可分为以下类别：

① 高密度住宅区，楼间距 10m 以内；

② 中等密度住宅区，楼间距 10～20m；

③ 低密度住宅区，楼间距 20m 以上。

按建筑材料可分为：混凝土框架结构、砖混结构、新型空心砖墙壁。

5.8.2　匀疟坏坶嘹欣

1. 室内分布系统

在楼宇内建设室内分布系统覆盖，采用室内覆盖的方式，信号需要经过承重墙等多重墙体以及防盗铁门的阻挡损耗，大量测试数据显示最多只能覆盖住户的客厅。常见覆盖方式为楼道分布式天线。

该覆盖方式多应用于有电梯、地下室的小高层、高层住宅楼，或楼层公共区域面积较大、走廊有吊顶的公寓楼或商住楼。主要覆盖电梯、地下室、楼道及靠近室内门厅的局部。

该方案具有能够深入覆盖楼层内部、信号覆盖准确均匀的优点。但缺点是住宅楼公共区域面积有限、应用场景不多，住宅楼隔断复杂、方案覆盖能力有限，仅能覆盖靠近门厅的客厅或餐厅。

2. 室外分布系统

（1）室外分布系统的作用

① 增强室内信号覆盖，满足小区深度覆盖需求

因周边宏站距离较远及外围楼宇对宏站信号的遮挡，小区中部楼宇部分区域存在盲区。

住宅楼宇内隔断多为内密外疏，采用室外美化天线覆盖，信号由外部直射覆盖用户活动区域，消除盲区。经过玻璃窗覆盖，最多经过一堵墙，避免了内部较多隔断对信号的损耗。

② 解决高层导频污染

由于密集城区基站不断增多，导致高层导频污染日趋严重。

室外美化天线的引入有两方面的作用：其一是使得小区信号导频强度明显高于周边其他基站的导频强度；其二是室外美化天线引入的强信号导致该区域的 I_0 明显增大，其他基站导频的 E_c/I_0 降低后会退出激活集，从而导频污染得以解决。

（2）常用的室外覆盖方式

① 小区楼面分布式天线

该覆盖方式多应用于板式小高层、高层住宅小区，有至高点的多层住宅区、别墅或连排别墅区。主要覆盖中、高层区域的房间及窗边、低层房间及路面。

该方案解决中、高层窗边导频污染效果明显；低层覆盖电磁传播环境好，天线覆盖效率高。但天线选址困难，受业主制约；无线信号控制性较差，容易导致泄漏。

② 小区地面分布式天线

该覆盖方式多应用于楼宇排列整齐、楼间距较小的多层、小高层居民小区、别墅或连排别墅区。主要覆盖 5 层及以下楼层的房间、窗边、小区路面。

该方案能够对 5 层以下的房间及其窗边形成有效的覆盖，能够充分利用建设单位在小区内的管道资源。但地面天线的选型受业主的制约，自主性不高；草坪灯天线或射灯天线易受绿化带电磁吸收；设备安全无法保证。

3. 小区覆盖思路

小区室外美化、电梯、地下室的总体建设思路是在投资预算允许的前提下，根据重要程度、现场 CQT 测试、周边宏站分布、用户投诉情况有轻重缓急地进行建设。

针对特定小区覆盖场景，必须将离散的室内覆盖、小区覆盖与连续的室外宏站覆盖结合起来，实现室内外协同覆盖。

4. 天面覆盖

综合考虑工程投资及所吸收话务量，应优先考虑关键宏站覆盖，建设小区天面次之，地下室再次，电梯最后。天面覆盖为主，电梯地下为辅。优先考虑采取 RRU+室外天线分布覆盖、小区分裂、关键基站的建设等方法，通过加强室外信号的方式满足住宅小区的面覆盖要求。

对于小区住宅楼宇是否覆盖需灵活把握，大部分区域满足接收电平≥–90dBm，E_c/I_o≥–12dB 即可，允许个别区域接收电平为–95～–90dBm。

小区覆盖的根本思路是先以宏站解决面覆盖，再以室外美化天线或室内分布系统灵活性补盲。设计方案必须根据开通前现场测试情况，仅对有覆盖需要的区域进行覆盖，没有必要做全覆盖。

（1）根据楼宇高度及其分布，覆盖手段的选择如下。

中、低层小区（12 层以下）整体覆盖差的依靠关键基站建设。局部覆盖差的通过 RRU+室外天线覆盖。

高层小区（12 层以上或高于宏站天线平均挂高）采用 RRU 壁挂定向天线、上倾角定向天线方式覆盖（对于楼宇中部难以安装定向天线的，可以在楼顶安装室外天线下倾覆盖）。

小区室分系统建设尽量与驻地网光纤接入项目协同进行，降低协调成本，保证工程进度。

（2）天线点位的确定及天线选型

① 天线位置的选择较为灵活，根据拟覆盖小区楼宇高度及分布、高低楼宇的相对位置、周边无线环境，确定天线点位及参数（增益、半功率角）。

② 对需使用美化天线的场景，应根据周边环境灵活选择，如在楼顶安装变色龙形或排水管形，地面安装灯杆、射灯或广告牌形。

③ 小区天线的覆盖区域应根据楼宇类型选择，重点覆盖用户活跃区域。例如：多数板楼中用户的活动区域都集中在南侧，在天线点位选择时应优先予以覆盖。

5. 地下室覆盖

小区地下室根据实际测试结果、重要程度、用户申告分轻重缓急进行建设，信源以光纤直放站为主，地下室可以采用“薄覆盖”方案降低投资成本，如图 5-31 和图 5-32 所示。

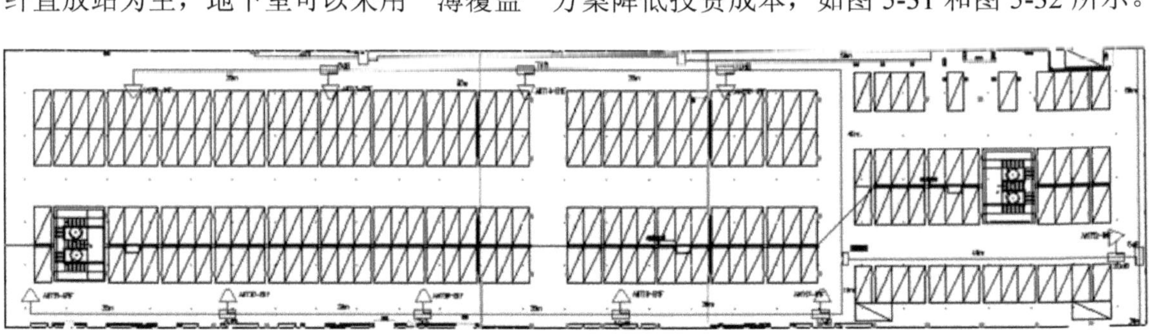

涯 5-31　哇炊歹元坏坶嚓俾

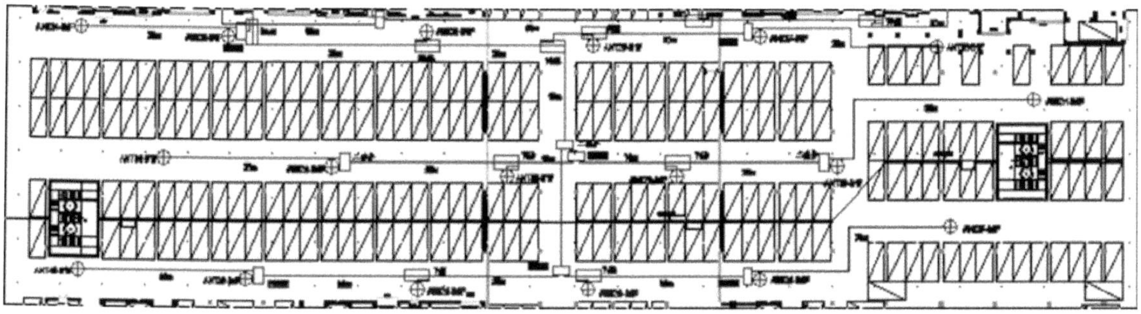

涯 5-32　哇炊歹匀头坏坶嗲俾

对比以上两个方案可以看出，薄覆盖方案大大减少了器件、馈线数量，节省了投资。用板状天线薄覆盖停车场时，当天线口功率达到 0dBm，能满足纵向在 40～50m 的停车场的覆盖要求。地下室无线环境纯净，在一定范围内，天线口功率的下降并不会导致 E_c/I_0 的下降。地下室环境下 E_c/I_0 受覆盖影响远小于容量影响，低功率的天线输出可以节省信源投资。考虑直放站的底噪抬升和功率预留，天线口导频功率可以控制在 0dBm。

6. 电梯覆盖

小区电梯话务量低、数量多，如果都做分布系统覆盖，则投资大、收益低。因此，小区电梯的覆盖需根据实际测试结果、重要程度、用户申告分轻重缓急进行建设。需根据现场 CQT 测试有选择地进行覆盖，满足基本话音通话需求即可不做覆盖。小区内部分楼宇电梯内可由室外美化天线实现弱覆盖，无需进行井道内天线覆盖。

以某小区为例，共电梯 61 部，根据现场 CQT 覆盖其中通话断续的 37 部，通话较好的 24 部电梯未覆盖。增加室外美化天线 9 副。

由表 5-1 可以看出，该方案增加室外美化天线后投资仅增加 18 000 元，覆盖面积增加 47 000m²，且覆盖用户活跃区可以更好地吸收话务量。

表 5-1　　某小区电梯内和室外覆盖造价对比

	堞卞哼硃	涧移Ⅶ瘩Ⅺ妇剀愦§栳堞Ⅷ	毳惶	坏坶架痴	坏坶捐宸Ⅶm²Ⅷ	疟媾实癣架	稻层Ⅶ瘩Ⅷ	拾昔嗦振直层Ⅶ瘩Ⅷ
电梯	减少	3000	24	24 条井道	6600	否	72 000	11
室外美化天线	增加	10 000	9	每天线覆盖约 10 层	54 000	是	90 000	1.6

为取得较高的投资效益比，需针对综合居民小区场景特点灵活选用覆盖方案。对话务需求较低的电梯、地下室，建议布放室内分布系统进行薄覆盖；低层建筑（11 层以下）建议依靠宏基站来进行覆盖，可考虑与 PHS 基站共址建设；中高层临窗区域以楼顶及楼面天馈系统覆盖。

5.8.3　煎架嚏息坏坶力扼

1. 以无线环境分类

为提升覆盖效果及投资效益，小区覆盖方案应结合宏站覆盖情况，室内外协同覆盖。

因此，对无线环境的掌握尤为重要。常见无线环境及其覆盖策略如下。

（1）离周边宏站较近且处于较多宏站覆盖范围内。小区内有多个强信号，小区内存在高层导频污染；小区内信号的 RX 值较高，E_c/I_0 指标较低；高层通话质量差；小区规模较大，所需信源数较多。

对于该类站点，因小区较大，满足覆盖要求新增 RRU 数量较多，可能会在小区内引入更多强信号，无法解决导频污染问题。采用直放站加室外美化天线将小区内强信号放大对楼宇高层进行覆盖。与原小区内信号同 PN，避免加剧导频污染。同时根据 CQT 有选择地进行电梯、地下室的补盲覆盖。

（2）离周边宏站较近且处于较多宏站覆盖范围内。小区内有多个强信号，小区内存在高层导频污染；小区内信号的 RX 值较高，E_c/I_0 指标较低；高层通话质量差；小区楼宇规模较少，所需信源不多。

对于该类站点，新增 RRU 加室外美化天线对楼宇高层进行覆盖，同时根据 CQT 有选择地进行电梯、地下室的补盲覆盖。

（3）离周边宏站较近且信号较为纯净，小区内信号的 RX 及 E_c/I_0 指标满足要求。小区内有主导频，小区内无高层或高层无导频污染。

对于该类站点，平层信号较好，无需室外美化天线覆盖。仅小区中部楼宇电梯受周边楼宇遮挡，可能出现信号盲区。根据 CQT 有选择地进行电梯、地下室的补盲覆盖。

（4）距周边宏站较远，小区内高层 E_c/I_0 指标较低，无主导频；高层通话质量差。

采用 RRU 加室外美化天线对楼宇高层进行覆盖。综合考虑信号强度、投资、用户申告，对美化天线覆盖的楼宇，楼内电梯不做覆盖。根据 CQT 有选择地进行电梯、地下室的补盲覆盖。

通过减少电梯、增加室外美化天线，可以吸收更多的话务量，取得更好的投资收益。

2. 按楼宇高度及其分布分类

（1）多层小区

建筑特点：小区内楼房密集，布局基本整齐，一般楼高 6～8 层；绿化面积大，楼房之间间隔约为 20m。

用户特点：人流量一般集中在晚上，话音和数据业务需求均较大。

覆盖策略如下。

① 室外宏站覆盖（关键基站建设、扇区调整、小区分裂等）

因多层小区楼宇高度多处于室外宏站覆盖范围内，综合考虑覆盖及投资效率，建议对局部弱覆盖优先考虑网优手段解决，如周边基站扇区调整及小区分裂。对于成片弱覆盖属结构性缺站的，以关键基站建设解决面覆盖，辅以网优手段。

② 小区内楼顶室外美化天线灯塔式覆盖

在小区楼顶安装美化天线朝下覆盖周边楼宇，其具有安装方便、覆盖面广的特点，需要注意控制信号外泄。方案如图 5-33 所示。

③ 小区内地面美化天线覆盖（美化灯杆、广告牌）

如采用路灯天线安装在地面上，高度为 2m 左右，以室外分布系统的方式进行覆盖，其可较好地解决低层弱覆盖问题，且容易控制信号外泄，减少对宏站的干扰；但其建设投资大，需破路，施工困难。

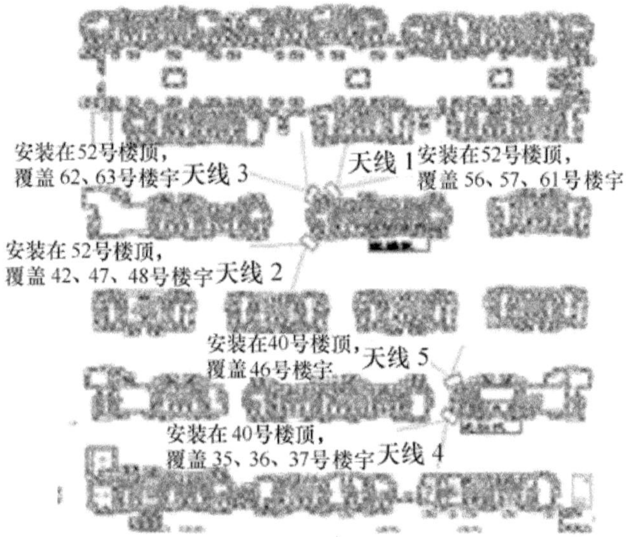

涯 5-33　煎架咩油欣坏坶钦瓴涯

采用室外广告牌、射灯型美化天线安装在地面，向上覆盖，可解决中低层弱覆盖问题，且容易控制信号外泄，减少对宏站的干扰；但其同样存在建设投资大，需破路，施工困难的缺点。

（2）小高层小区

建筑特点：小区内楼宇排列整齐，高度在 11 层左右；高层通话质量较差，网络接入性能差，切换频繁，整体信号较差。

用户特点：手机持有率高，对通信质量要求较高。

覆盖策略：综合考虑投资及施工难度，建议采用楼顶安装室外美化天线覆盖，天线尽量安装在底层楼宇或同高楼宇顶部，根据楼宇高低分布灵活选择天线点位。

为控制泄漏，注意控制天线覆盖方向，具体建议如下。

① 外围楼宇多在周边宏站覆盖范围内，内部楼宇多存在弱覆盖等情况，建议在外围楼宇安装天线覆盖内部楼宇。

② 经前期测试，天线安装在高楼特别是小区外侧楼宇的楼顶下倾覆盖，下倾信号由路面及楼体反射往往会对小区外道路造成污染，建议优先选择天线放低层楼宇上倾覆盖高层。

③ 设计时应根据楼宇布局确定天线方位角及下倾角，确定天线选型（半功率角、增益等），使覆盖波形与楼体尽量吻合的天线，减少信号的直接外泄，使得能量集中覆盖目标。

（3）高层小区

建筑特点：小区内楼宇排列整齐，高度都在 20 层以上；高层通话质量差，网络接入性能差，切换频繁，整体信号较差。

用户特点：手机持有率高，高端用户很多，对通信质量要求较高。

覆盖策略如下。

① 高增益板状天线室外覆盖

在高、中、低不同楼层的不同位置安装高增益室外天线对打覆盖，但通常情况下：

A．高层楼顶安装天线所需下倾过大，且因楼体过高，信号外泄难以控制；

B．中层楼外立面安装天线，可以取得较好的覆盖效果，但是施工及后期维护困难；

C．低层楼顶安装天线上倾覆盖，施工相对简单，且信号外泄至周边路面较少，干扰可控，但前提是目标高层周边有合适的低层楼宇。

② 室内分布系统覆盖

对高层周边楼宇建设室外美化天线难以协调或无合适的楼宇，可考虑建设室内分布系统覆盖。室内分布系统可采用同频或异频系统，具体覆盖手段上可采用公共区域布放天线或井道内布放天线覆盖。

异频室内分布系统覆盖效果比同频系统好，但投资较多，需根据导频污染情况灵活选用。

公共区域指在楼道、电梯厅布放天线覆盖用户室内。在公共区域布放天线遭用户反对，难以协调时，可在井道内布放天线覆盖。这种方式对用户常活动的客厅、卧室等区域覆盖有限，建设时对其覆盖效果应有客观认识。

小结：采用高增益板状天线室外覆盖与室内分布系统覆盖相比，施工简单、覆盖有效，可在一定程度上节约投资，改善小区投资效益比。但需在目标楼宇周边有合适的底层楼宇安装天线。如高层周边无底层楼宇或底层楼宇难以协调，可考虑建设室内分布系统。

（4）塔楼小区

建筑特点：位于市区，由一栋或几栋楼组成，楼体截面呈正方形，用户住宅分布在楼梯四面，楼体厚实，室外信号从一面难以穿透楼体。

用户特点：中低端用户居多。

覆盖策略：塔楼楼宇多见于北方，楼体四面都有住户，区别于南方板楼。南方板楼室外覆盖时仅需重点考虑其南侧覆盖或南北侧双面覆盖。塔楼则需考虑四面室外覆盖，在充分利用周边宏站的基础上，可以周边楼顶室外美化天线补充覆盖，具体方案需考虑四面，其余与高层覆盖相同。

塔楼建设室内分布系统策略与高层相同，同时因其结构复杂，室内分布系统覆盖效果一般。

（5）大型综合小区

建筑特点：小区内有高层楼宇也有多层楼宇，高层通话质量差，网络接入性能差。

用户特点：手机持有率高，话音和数据业务需求均较大。

覆盖策略：大型综合小区内楼宇类型较多，往往包含上述多种类型。覆盖时应注意采用小区外宏站及小区内室外美化天线，以宏站解决面覆盖，小区内室外天线及室内分布系统解决弱覆盖区域，以室内外协同实现广覆盖及深度覆盖，提升覆盖效果和投资效益。对于小区内具体楼宇的覆盖策略，应灵活组合运用上述各场景策略，有针对性地制定覆盖策略，进而落实覆盖解决方案。

小区覆盖手段及其策略灵活多样，上文已列举部分，在实际覆盖工程设计实施中，应坚持室内外协同思路，宏站与室分专业，无线与传输专业相配合。以宏站解决面覆盖，室外楼顶及地面美化天线解决弱覆盖，室内分布系统灵活补充，对部分覆盖不到又存在投诉的地方，可用 Femtocell AP 进行深度补充覆盖。综合运用上述手段，立体覆盖，做好小区覆盖建设，提高投资效益，优化用户感知，增加业务收入。

5.9　校园场景

随着近几年的发展，校园网的移动话音用户迅猛发展，但数据业务的发展已成为发展瓶颈。随着这几年笔记本的普及和 Internet 接入需求的增长，无论是教师还是学生都迫切要求随时随地上网和进行网上教学互动活动，原有的有线网络已无法灵活满足他们对网络的需求，目前无线校园网的解决方案已成为热点，随着 3G 的发展，利用 3G 网络的覆盖来进行校园信息化网络建设已成为一种行之有效的手段。

5.9.1　煞瘴勾帱嚏澌

学校场景多由教学区、餐厅、图书馆、实验室及运动场、宿舍区等组成。该类场景建筑结构多为综合的建筑群落，建筑类型多样，占地面积很大；宿舍楼、教学楼楼宇排列整齐密集，宿舍区、教学楼内信号普遍偏弱。由于占地面积大，校园内可接收的宏站信号相对较少。学生用户相对稳定，分布较为集中，具有较多数据需求，业务高峰与社会热点不同，多集中在晚间。用户往往会造成周边 DO 站点超负荷。用户价值中等，对信号敏感性很高，如图 5-34 所示。

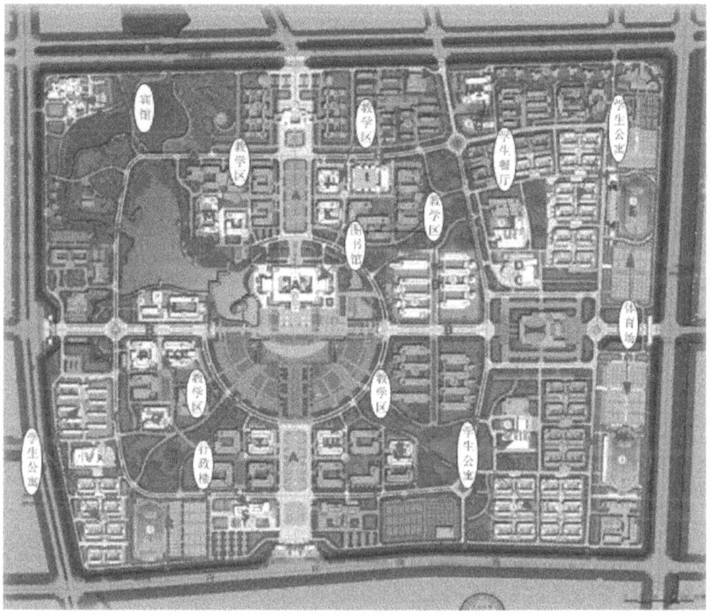

涯 5-34　煞架软瓴涯

5.9.2　煞瘴疟媾爻溘嚏澌

校园用户是一个特殊群体，对新事物具有快速的接受能力和反应能力，具有追求时尚、崇尚个性化、品牌意识强等特点。

根据统计，大、中专学历以上的人群占据了手机用户主体，而使用手机上网的年龄分布集中在 20～29 岁之间，该年龄段的用户群体占到手机用户总体的 56%。10～19 岁的用户占到了 23.0%，该类型用户是重要的潜在客户，未来潜力巨大。学生手机年消费量约在 50 万部左右，约占市场总消费量的 8.2%。

另外，据网络调查显示，大学生的笔记本拥有率已经达到 65%，尤其是新入学学生，只要家庭条件满足，笔记本已经成为入学标配。因此，学生对于笔记本上网的需求十分强烈。

根据网上调查，校园用户使用习惯呈如下特点。

1. 传统话音等类业务

通话和短信仍然是学生使用比例最高的两项业务。“关于日常问候最常用的方式”的调查显示，比例最高是电话，占 48.12%，其次是手机短信，占 42.11%。学生对于随时随地通话、短信的要求非常高。

2. 增值类业务

网络应用中，学生往往更加关注网络视频、网络新闻、网络游戏等内容。

同时，即时通信、网络视频、网络新闻等活动在广大青少年网络生活中占据了较大部分的内容。网络购物、网上支付等电子商务活动也受到学生越来越多的关注。

通话和短信仍然是学生最主要的两项移动应用，因此传统 2G 网络的良好覆盖是非常重要的，应结合室内分布系统，完善 2G 网络的覆盖，提供无缝的校园网络覆盖。

另外，学生是数据业务使用的重要人群，对于各类数据业有较强的消费能力，因此，对于校园场景，要形成话音和数据业务的精品覆盖，并在数据业务敏感的区域积极引入 WLAN 网络，有效分流移动数据业务。

5.9.3 煞瘴息爷嚏澌

不同类型的校园具有不同的结构特征及用户消费特点，需要对各种类型院校特征作出具体分析并加以研究，作出更具有针对性的网络部署，体现差异化原则，满足客户需求，提高用户感知度。

1. 一般省部属高校

① 该类型的校园面积一般较大、生源较好，在社会上具有较强的品牌效应和知名度；

② 该类型院校毕业生将来是社会发展的中坚力量，具有较大的社会影响力。

因此，对于该类型院校，网络建设遵循以下原则进行。

① 整个校园区域形成精品网络覆盖；

② 对学生宿舍、自习区等数据需求敏感区域做好 WLAN 的建设，实现对移动数据业务的较好分流；

③ 该类型院校学生学习较为努力刻苦，在图书馆、教学区等学习区域上网娱乐的概率较低，因此在该类区域，主要在阅读区、教室实现 WLAN 的一层覆盖。

2. 军事院校

这类学校校方管理严格，一般具有独立的内部网络，较难上外网。由于其特殊性，运营商网络一般很难进入，但是也有对移动业务尤其是移动数据业务具有较大的需求。

① 该类型校园的消费群体普遍年轻，对于新鲜事物具有同样的兴趣和爱好，也具有一定的消费能力、意愿和趋势；

② 前期通过对地市现网使用情况分析得知，军校附近站点的数据吞吐量一般较大，部分站点出现忙小区现象。

因此对于该类型院校，在周边要加强专门针对校园的网络建设，在话音和数据两方面充分满足用户需求。在得到校方同意的情况下，在宿舍区可积极部署 WLAN。

3. 省内职高类院校

由于这类学校教学层次低于普通高等院校，各地教学质量也较为接近，一般学生会选择就近入学。

① 在经济较为发达的地区，学生家庭相对较为富裕，学生对网络的需求较高，用户消费的意愿较大，ARPU 值也较高，因此要保证较为完善的、容量足够的话音和数据网络的建设；并在校区内积极部署 WLAN，吸引较多学生用户，并分担部分数据业务。

② 在经济欠发达地区的职高院校，在校学生消费能力较低，对网络的需求不是很高，因此要优先满足传统的话音业务需求，移动数据网络建设根据大网部署进行，在充分调研分析的基础上开展 WLAN 数据业务网络的建设。

4. 成人高校

一般面积较小，对象主要为社会上的成年人群。主要满足学生上课使用，一般无宿舍区等。因此该类型校园主要考虑以话音消费为主，以 3G/4G 为主承载移动数据业务，一般情况下不考虑 WLAN 的建设。

5. 初、高中院校

学生以学习为主，部分院校有禁止学生使用手机的情况，但是家长为了与孩子保持联系，一般较为支持手机等通信工具的使用。同时该年龄段的学生具有很强的好奇心、具有较强的消费意愿，因此要满足该类型校园的移动话音及数据需求，一般情况不考虑 WLAN 的建设。

5.9.4 坏坶力扼

高校多位于城市中央、城市较繁华地段、经济技术开发区或郊区大学城区域内，人口分布密集。目前高校信号覆盖情况整体较好，校园覆盖方式主要为室外宏站，对校园里的部分高层建筑物、图书馆等室内区域采用了室内分布系统，校园内移动网数据流量需求很大，对于周边站点产生较大压力。

在校园无线网络的建设过程中，需要根据各种院校的类型进行具体分析，采取不同的网络建设措施，达到满足客户需求和投资效益最大化的目的。

下面将上述各种类型院校的网络覆盖方式进行总结，见表 5-2。

表 5-2　　不同类型院校的网络覆盖方式

罩始	垮煞息爷	溢抢坏坶嘹欣
1	省部属高校	作为品牌重点区域，应保证移动网连续覆盖，对网络覆盖较差的室内区域要建设室内分布系统，保证精品网络覆盖； 在宿舍、自习区等数据需求较多的区域积极部署 WLAN，并在设计时充分保证用户容量
2	军事院校	保证移动网络同时在覆盖、容量上满足话音和数据业务需求； 对于能够与校方达成协议的单位，积极部署 WLAN
3	高职类院校	保证网络连续覆盖，对于室内网络覆盖较差的区域要积极引入室内分布系统，保证网络良好覆盖； 对于教学区和宿舍区积极建设 WLAN，并保证用户容量
4	成人高校	以满足话音需求为主，一般情况下不考虑 WLAN 的建设
5	初、高中	满足校园用户移动话音和数据业务需求，一般情况下不考虑 WLAN 的建设

校区内通常含有多种典型场景，综合考虑投资及覆盖效果，多采用小基站+室内分布系统的覆盖方式。

1. 移动网覆盖方案

校园覆盖拟采用平面网络结构、立体式覆盖。

校外宏基站对学校周边区域进行覆盖，小基站覆盖校内室外区域和部分建筑，小基站无法覆盖的楼宇采用室内分布系统解决。宏基站、小基站和室内分布系统通过站址规划和天馈参数调整，减少重叠覆盖区。

（1）小基站

在校园内采用小基站，挂高 15～20m，站间距为 400～600m 为宜。

小基站覆盖校园的公共区域，包括操场、街道、绿化休闲区、食堂以及部分宿舍楼和教学楼。

（2）室内分布系统

校园的宿舍楼、教学楼、科研楼和招待所等均可按照各种单个场景进行覆盖。室内分布系统的设计统筹考虑 2G/3G/4G/WLAN 的覆盖需求。

以某高校立体覆盖方案为例，其覆盖示意如图 5-35 和图 5-36 所示。

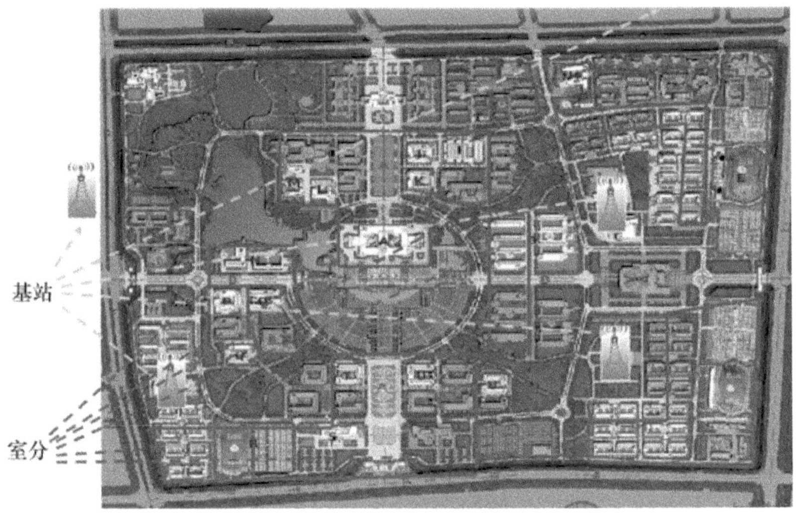

涯 5-35 煞瘴坏坶欤领涯 1

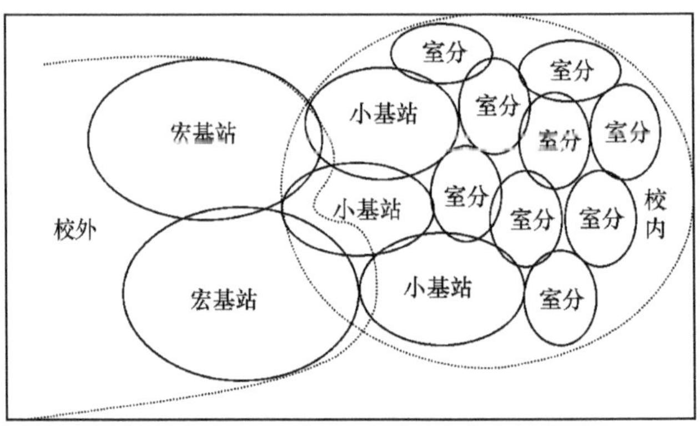

涯 5-36 煞瘴坏坶欤领涯 2

2. WLAN 覆盖方案

（1）覆盖方式

除室外区域和一些条件实在不具备的室内区域，都采用室内覆盖方式（即尽量避免使用室外 AP 覆盖室内的方式）。

① 室内 AP 直接覆盖

室内 AP 直接覆盖指在墙面或吊顶单独部署 AP 点。可根据实际的用户密度以及覆盖需求来部署。适用于覆盖区域比较小或容量需求较高的场景，如宿舍楼等。

② 建设小型分布系统

小型分布系统通过天线点位的灵活放置以使 WLAN 信号绕过墙壁、金属等不利环境，对目标区域进行良好的信号覆盖，并保证网络容量。适用于结构密集、覆盖环境复杂的场景，如在校园宿舍或一些集宿区场景。

③ 建设大型分布系统

通过大型分布系统充分扩大单个 AP 的覆盖范围，形成区域的全覆盖。但它的缺点在于单 AP 的容量有限，易出现容量受限等问题。该方式适用于室内覆盖面积较大、结构简单的场景，如教学楼等。

④ 接入已有室分系统

将 AP 信号通过合路方式馈入已建室分系统，建设投资小、周期短，无线信号覆盖面积较大。信号覆盖质量受限于原分布系统，实现大容量覆盖难度较大。适用于室内覆盖面积较大、容量需求不高的场景，如教学楼等。

⑤ 室外 AP 直接覆盖

通过目标覆盖区域附近的灯杆、楼顶等部署室外 AP 实现覆盖。室外直接布放 AP 施工简单、投资成本较低、覆盖范围大、建设周期较短。但由于单 AP 的容量有限，室外 AP 直接覆盖易出现容量受限等问题，对无线环境的要求较高。当采用该方案由室外覆盖室内时，覆盖深度有限。其适用于用户较为分散、无线环境简单的区域，如咖啡吧等开阔区域。

（2）分场景覆盖思路

各场景覆盖思路应综合干扰规避、频点规划思路及 WLAN 具体指标，根据场景内流量高低、竞争激烈与否及现有 WLAN 情况制定。

① 容量型区域（宿舍）

A．应在频点摸查的基础上，尽量规避同频干扰。

B．利用小型分布系统灵活性，精确覆盖。

采用小型分布系统覆盖方式灵活选择天线点位、覆盖半径、天线型号、天线主瓣方向、天线口功率，使天线覆盖范围尽量拟合目标覆盖区，利用墙壁衰减降低同频干扰，避免过覆盖和欠覆盖。使得目标覆盖区内信号质量满足要求。

② 覆盖型区域（办公楼、教学楼、体育馆、室外）

该类中低流量区域主要采用大型分布系统覆盖，系统设计考虑可扩展性。

可扩展性系统设计通过恰当天线组合形式，使得系统可通过少量器件的更换，实现小区分裂，调整频点分布并提升系统容量，如图 5-37 和图 5-38 所示。

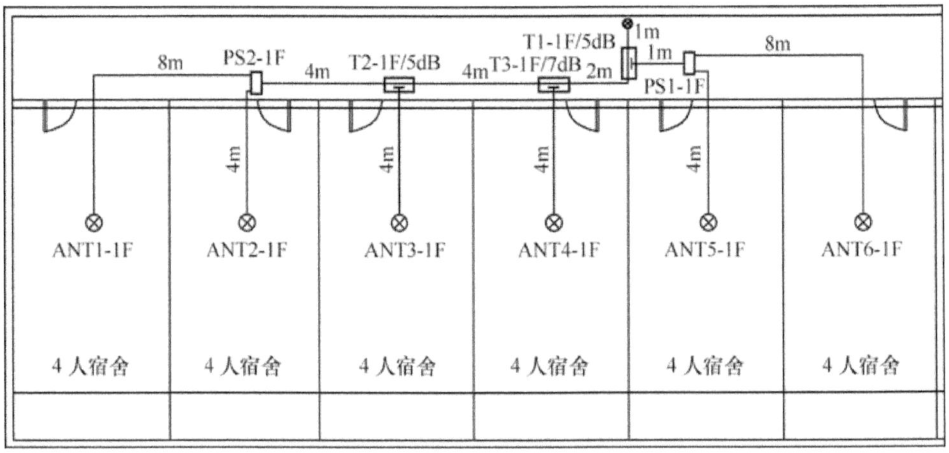

涯 5-37　噜忿睬版灬涣欤瓴涯

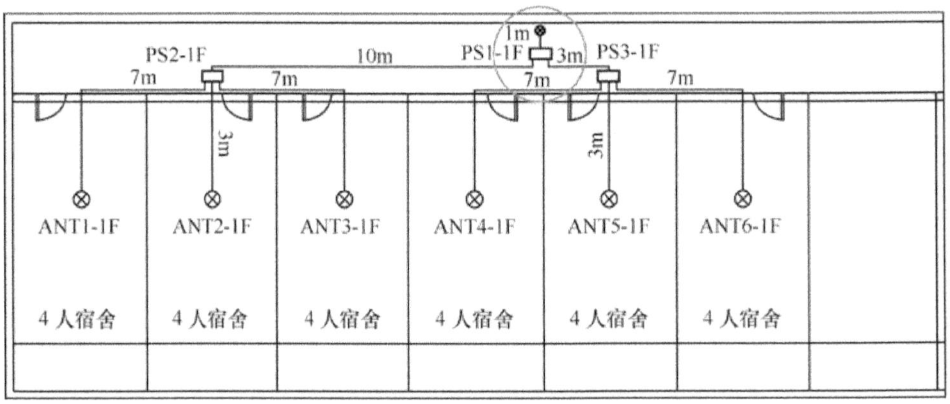

涯 5-38　彳忿睬版灬涣欤瓴涯Ⅶ涯碴柘厶刹嚏溘嚏愧哔Ⅷ

(3）天馈方案

根据所选取的室分系统类型，结合各目标区域的覆盖指标及模测结果，并协同考虑该区域中无线网现状，确定各区域的天线点位、覆盖半径、天线选型和天线口功率。另外需通过选取特征天线根据校正后的链路预算模型进行计算，以验证设计方案是否满足覆盖指标要求。

① 天线点位的选取

优先选择天线进房间的点位设计，依次采用阳台、走廊布放天线的设计，在每个目标覆盖区域保证有一个天线直射信号的覆盖方式。推荐采用的布点方式如图 5-39 所示。

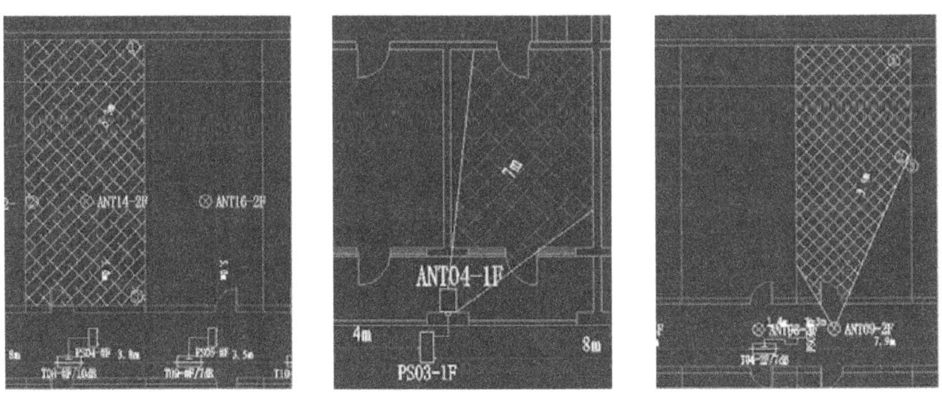

涯 5-39　淋岌剌疟咧 3 磊制哔嘹欣Ⅶ歹搞§珀泉§稿总制嘬济烙Ⅷ

在天线的布点上尽量减少 WLAN 信号的穿透覆盖和绕射覆盖，天线点位的些许差别可能带来几十分贝的影响，应不惜代价获取最优天线点位。

如图 5-40 至图 5-42 所示，经测试发现：

A．发射天线位置的微小改变带来覆盖效果的巨大变化；

B．双线不平行，表明天线口增加的功率不能完全到达目标区，近点增加多些，远点少些；

C．采用走廊覆盖存在一定的覆盖瓶颈。

② 天线型号的选取

根据天线的型号变化有 3～8dB 的能量增减，在天线的选型上应尽可能结合目标覆盖区域选用合适的天线型号，保证天线的波瓣与覆盖目标最大程度的吻合。

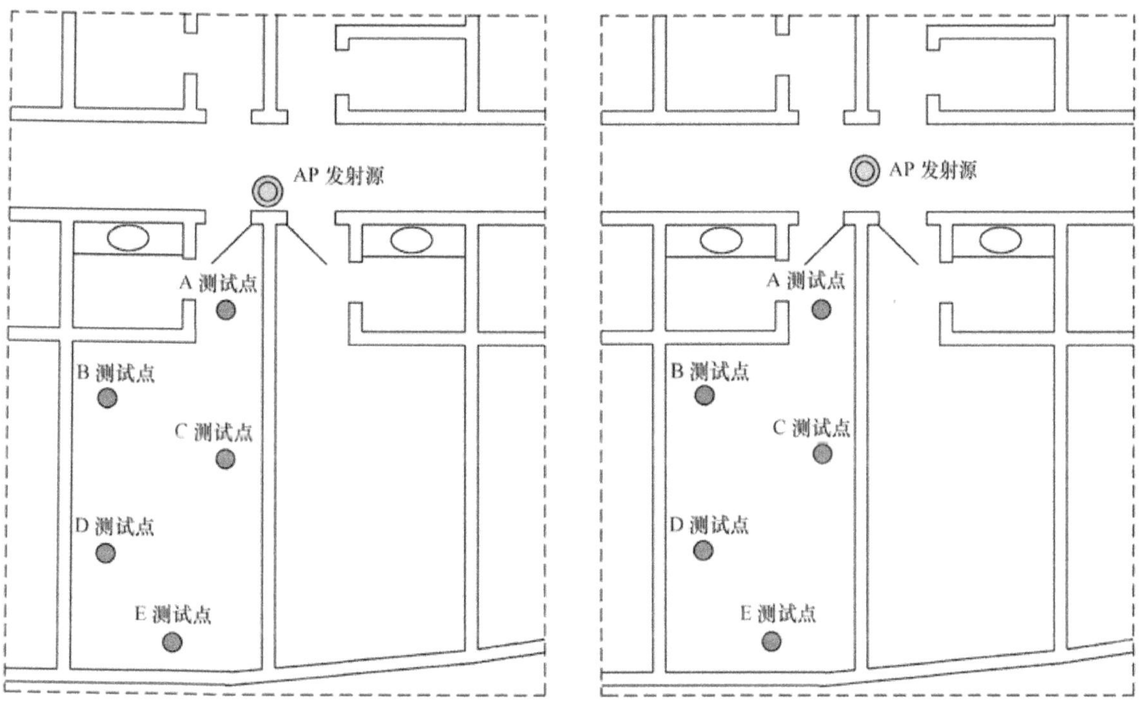

涯 5-40　AP 哔滂钦瓴涯

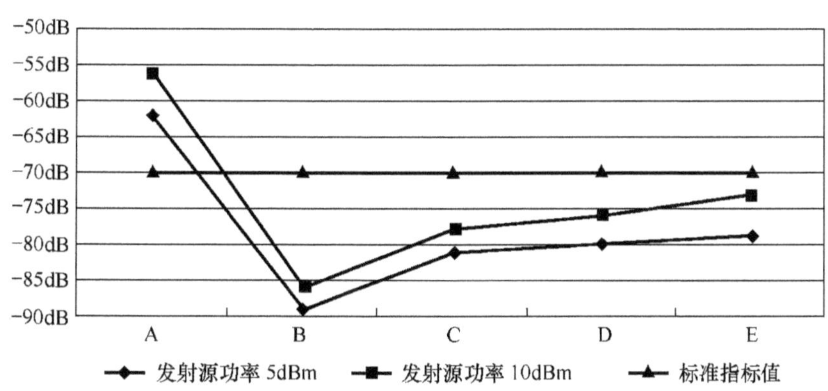

涯 5-41　爝始杀啵喇册涯 1

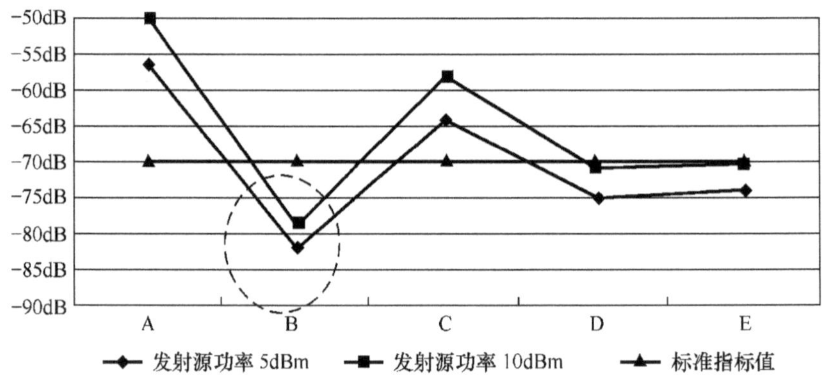

涯 5-42 爝始杀啵喇册涯 2

③ 覆盖半径的确定

几米的半径变化可能带来一堵墙的衰减，应根据室内建筑隔断进行最优计算。

④ 天线口功率

相对于墙衰及空间链路损耗动辄几分贝的衰减，天线口功率每提高 3dB 就要多投入一倍的设备，依靠增加天线口功率满足覆盖是最不经济的。应先保证以上 3 点，最后根据需要配置天线功率。

5.9.5 唠爷勾帱坏坶力扼

宿舍区、教学自习区、图书室内休闲娱乐场所及室外休闲场所等区域是学生使用通信、使用网络的主要场所，也是业务发生频率较高的地方，学生在不同场所的消费习惯、内容和方式也不一样，因此需要对这些区域的网络覆盖方式分别加以分析。

1. 宿舍区

高校宿舍楼是高校人群密集区域。用户数较多、数据流量较大，WLAN 业务需求量较大，WLAN 建设应同时兼顾覆盖和容量，对 GSM/TD 也有较大业务需求。

高校宿舍楼的建筑结构主要有走廊单边宿舍、走廊双边宿舍以及小区套间结构，一般未建设室内分布系统。建筑材质基本以钢筋混凝土为主，屏蔽效应较强，无线信号从走廊穿透宿舍难度较大，无线网络覆盖重点是宿舍区的每个房间。

宿舍是学生休息的场所，也是网络消费的重点区域之一，学生每天在宿舍内的时间相当长，特别是大、中专院校的学生，往往有很丰富的夜晚活动。学生们有在宿舍内进行话音通话、在线游戏、网络视频、发送短信、网上聊天等活动，话音和数据业务需求均很大，这些对网络的建设提出了很高的要求。

因此，需要满足 1x 话音、EV-DO 数据业务的覆盖和容量要求，同时积极部署建设 WLAN 网络，实现对数据业务的分流。

对于一些老式的、建筑结构复杂及移动信号衰减较大的学生宿舍，需要建设室内分布系统以加强网络的覆盖，满足学生的话音和数据的覆盖和容量需求。

2. 教学自习区

该类型区域主要用来教室教学和学生自习，数据业务的需求相比宿舍区域而言较小，因此要优先满足话音需求，同时提供可满足需求的 EV-DO 网络服务，可通过在走廊中部署

AP 在主要教学区实现较好覆盖。

按照覆盖型进行设计，尽量保证天线进入房间以节省信源功率扩大覆盖范围，采用“大功率 AP”+“大分布系统”进行方案设计。

3. 图书馆

校园内图书馆一般为学习区域，图书馆楼层高度一般较低，可以使用室外信号进行覆盖，对于部分高校图书馆楼层较高的现象，可以设置室内分系统保证移动网络信号的良好覆盖。

图书馆内数据使用量较宿舍低，可以使用放置小型 AP 等方式进行重点阅读区的覆盖；对于有室内分布系统的楼宇，也可合路 WLAN 信号，但要保证天线口输出功率要求。

按照容量型进行设计，如果弱电井靠近覆盖区域，则尽量采用“小功率 AP”+“小分布系统”进行方案设计；如果弱电井远离覆盖区域，则采用“大功率 AP”+“小分布系统”进行方案设计。在具备条件的情况下，也可采用 802.11n AP 进行直接放装。另外，对于平层面积过大的图书馆，在方案设计时要注意频率规划。

4. 室内休闲娱乐场所

很多院校设置有室内休闲娱乐场所，该区域用户对话音、数据的网络需求较大，因此需要进行充分的网络覆盖，保证 1x、EV-DO 及 WLAN 的网络建设，满足用户的话音及数据的需求。如果由于建筑物结构等特殊原因，可以建设室内分布系统，加强覆盖。

5. 室外休闲区域

在校师生喜好在该类型区域进行读书、上网等休闲娱乐活动，对网络有一定的需求。针对该区域用户的网络使用情况，在 1x 及 EV-DO 良好覆盖的基础上，可通过室外型 AP 有针对性地实现局部 WLAN 网络覆盖。

戕 6 瞍

万搞坏坶唠爷俾悭

6.1　综合室内分布建设案例

综合室内分布系统涉及多个运营商、多种制式，一般为机场、车站等场景。下面以某高铁车站覆盖设计为例进行介绍分析。

6.1.1　巅墅左榍

该高铁站（如图 6-1 所示）是一个 3 层楼的平顶建筑，呈两边对称结构，建筑两侧为玻璃幕墙，站房南北贯通。在主体建筑的两侧，向外各延伸出一片宽大的无柱雨棚，下面便是火车站站台。在南北广场上，各有一个高架与 3 楼候车大厅相连的送站平台，乘客在此下车后可以直接进入候车室。南北广场上还分别设有公交车、出租车和社会车辆的停车场站。

车站 3 楼为候车大厅，内有 6 个普通候车室、一个无障碍候车室、一个团体候车室、一个城际换乘候车室和两个贵宾候车室，还有 6 个商业区。站房商业区具备可调节性，能随时调整为临时候车室，以应对春运、黄金周期间出现的特大客流。车站二楼南北两端为站房，中间是高架站台。站房内设有售票厅、自助购票厅和两个贵宾候车室。地面层为换乘广场，广场中心区域有地铁的进出站口，南北两侧为公交车上客区，东西两侧各设出租车、社会车的上客区。

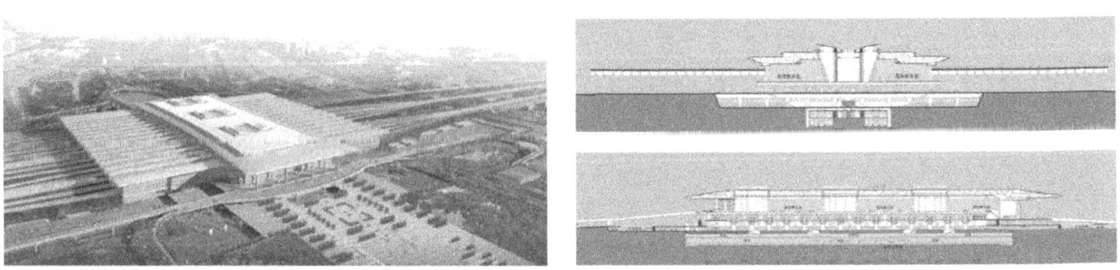

涯 6-1　掷垮浪瞀渔刹巅墅欤瓴涯

6.1.2　坏坶插凑

该高铁站的覆盖目标见表 6-1。

表 6-1　　某高铁站覆盖目标

犟始	战加	架痴	坏坶捐宸Ⅶm^{2}Ⅶ	堡搡	坏坶溢抢
1	出发层	出发层	60 000	候车区域和商业区域	移动网络+WLAN
2	站台层	站台层东	80 000	进出列车	移动网络
3		站台层内部	60 000	进出列车	移动网络+部分 WLAN
4		站台层西	80 000	进出列车	移动网络
5		站台层夹层	3100	VIP 候车区域	移动网络+WLAN
6	到达层	到达层西广场	80 000	停车场	移动网络
7		到达层内部	60 000	换乘及商业	移动网络+部分 WLAN
8		到达层东广场	80 000	停车场	移动网络
9	地下车库	地下车库西侧	13 800	地下车库	移动网络
10		地下车库东侧	24 000	地下车库	移动网络
11	西北角配楼	西北角配楼	18 000	长途客运中心	移动网络+WLAN
12	西南角配楼	西南角配楼	6100	南侧售票区	移动网络+WLAN
13	东南角配楼	东南角配楼	5900	游客接待中心	移动网络+WLAN
14	东北角配楼	东北角配楼	12 700	北侧售票区	移动网络+WLAN
合计			583 600		

考虑到合路难度以及后续的维护压力，分别由 3 家运营商共同规划，但分别建设一套分布系统实现覆盖。

6.1.3　琬潺惶牾枭瘟功

根据流量远期 8000 人的规划，考虑常驻工作人员、送客人员和节假日营运高峰的因素，按照 30 000 人预估其话务需求量。

6.1.4　爝瘾狄省痦煎架嫖嚏

1. CDMA 网络

按照 CDMA 系统 1x 每载波承载能力进行计算，共需的 1x 载扇数量约 15.38。结合各功能区特点，拟划分 7 个小区，考虑到 CDMA 1x 系统对载波资源连续性的要求，建议 CDMA 的 1x 载波配置为每小区 3 载波。具体的小区划分见表 6-2。

表 6-2　　CDMA 小区划分

犟始	战加	架痴	坏坶捐宸Ⅶm^{2}Ⅷ	煎架嫖嚏
1	出发层	出发层	60 000	小区 1
2	站台层	站台层东	80 000	小区 2
3		站台层内部	60 000	
4		站台层西	80 000	
5		站台层夹层	3100	

（续表）

罩始	战加	架痴	坏坶捐宸Ⅶm^{2}Ⅷ	煎架嫖嚏
6	到达层	到达层西广场	80 000	小区 3
7		到达层内部	60 000	
8		到达层东广场	80 000	
9	地下车库	地下车库西侧	13 800	小区 5
10		地下车库东侧	24 000	小区 6
11	西北角配楼	西北角配楼	18 000	小区 4
12	西南角配楼	西南角配楼	6100	小区 5
13	东南角配楼	东南角配楼	5900	小区 6
14	东北角配楼	东北角配楼	12 700	小区 7

信源采用 RRU+光纤直放站，由于东南、西南两侧角配楼覆盖面积较小，利用光纤直放站转移部分富余的话务容量至东西两侧地下一层停车场的覆盖需求。

CDMA 系统的分区，4 个角配楼独自构成一个小区，仅与室外无线信号进行切换，切换区设置在角配楼 1F 门口区域。

中间主站房 3 层为垂直分区，切换区主要在电梯和扶梯上下楼区域。各小区之间有一定的物理阻隔，能较好地切换控制。

一方面由于受限于水平走线的路由限制，另一方面受限于信源的覆盖能力，导致一个平层需要 4 个分区。后期需要后台参数的配合以降低切换频率。后期电信话务上升，也建议采用这种方式，用同 PN 实现水平分区。

另外，当室外宏网信号无法进入雨棚下时，雨棚东西侧边缘下的信号将会较弱，此时应通过在雨棚下加装天线，将室外信号延伸至雨棚下，从而保证火车进站时的信号切换。

2. GSM 网络

由于 GSM 用户的数量较大，话务需求量大。按照 2%的呼损计算需要 434 个业务信道，按照每载波 6 个信道计算，需要 72.3 个载波，共划分为 18 个小区，见表 6-3。

表 6-3　　GSM 小区划分

罩始	战加	架痴	坏坶捐宸Ⅶm^{2}Ⅷ	煎架嫖嚏
1	出发层	出发层	60 000	小区 1～小区 4
2	站台层	站台层北	80 000	小区 5
3		站台层南	3100	小区 6
4	到达层	到达层西侧广场北	40 000	小区 7
5		到达层西侧广场南	40 000	小区 8
6		到达层中部西侧	30 000	小区 9
7		到达层中部东侧	30 000	小区 10
8		到达层东侧广场北	40 000	小区 11
9		到达层东侧广场南	40 000	小区 12

（续表）

罩始	战加	架痴	坏坶捐宸Ⅶm^{2}Ⅷ	煎架嫖嚏
10	地下车库	地下车库西侧	13 800	小区 13
11		地下车库东侧	24 000	小区 14
12	西北角配楼	西北角配楼	18 000	小区 15
13	西南角配楼	西南角配楼	6100	小区 16
14	东南角配楼	东南角配楼	5900	小区 17
15	东北角配楼	东北角配楼	12 700	小区 18

信源采用 MBI-5/MBO，除到达层东西两侧的广场及地下一层停车广场采用 MBO 设备外，其余室内区域均采用 MBI-5 型 GSM 信源。MBI-5 型 2G 信源最多可配置 12 个载波，可在出发层、站台层等高话务需求区域采用 12 载满配，在地下停车场等区域采用半配即可满足总的话务需求。

3. TD-SCDMA 网络

TD-SCDMA 在本方案中全部以 RRU 作为信源，按照 29dBm 作为设计标准，共需要 41 个，考虑到协同覆盖，小区划分同 GSM 保持一致。

4. DSC1800 网络

DCS1800 信源按照按每载波 5W，即 37dBm 作为计算标准，共需要 39 个 RRU。受信源分区配置能力限制，需划分 22 个小区，见表 6-4。

表 6-4　　DCS1800 小区划分

罩始	战加	架痴	坏坶捐宸Ⅶm^{2}Ⅷ	煎架嫖嚏
1	出发层	出发层	60 000	小区 1～小区 4
2	站台层	站台层北	30 000	小区 5～小区 6
3		站台层南	33 100	小区 7～小区 8
4	到达层	到达层西侧广场北	40 000	小区 9
5		到达层西侧广场南	40 000	小区 10
6		到达层中部北侧	20 000	小区 11
7		到达层中部中间	20 000	小区 12
8		到达层中部南侧	20 000	小区 13
9		到达层东侧广场北	40 000	小区 14
10		到达层东侧广场南	40 000	小区 15
11	地下车库	地下车库西侧	13 800	小区 16
12		地下车库东侧	24 000	小区 17～小区 18
13	西北角配楼	西北角配楼	18 000	小区 19
14	西南角配楼	西南角配楼	6100	小区 20
15	东南角配楼	东南角配楼	5900	小区 21
16	东北角配楼	东北角配楼	12 700	小区 22

5. WCDMA 网络

WCDMA 按照每载波 10W，设计按 30dBm 的导频输出。小区划分与 DSC1800 保持一致。

6.1.5 惧扁瘟沅

建筑物室内传播模型采用衰减因子模型，表达式如下：

$$PL(d)=PL(d_0)+20\log(d/d_0)+\beta d+FAF$$

$$PL(d_0)=32.4+20\log(d_0\times10^{-3})+20\log f$$

其中，d_0 为参考的近距离，单位为 m；f 为工作频率，单位为 MHz；$PL(d)$为路径 d(m)的总传输损耗值；$PL(d_0)$为近地参考距离（通常 d_0=1m）自由空间衰减值；β 为路径损耗因子（0～1.6dB/m）；FAF 为隔墙损耗（5～20dB）。

选取 3 个典型的无线环境（配楼办公环境、出发层空旷环境、雨棚下空旷环境）分别进行链路预算，见表 6-5 至表 6-7。

表 6-5　　配楼办公环境

	CDMA800	GSM900	TD2000	DCS1800	WCDMA	WLAN
f（MHz）	880	954	2025	1850	2145	2483.5
d（m）	10	10	10	10	10	10
d_0（m）	1	1	1	1	1	1
$PL(d_0)$（dB）	31.34	32.04	38.58	37.79	39.08	40.35
β	1	1	1	1	1	1
FAF（dB）	15	15	15	15	15	15
天线口功率（dBm）	10	10	10	10	10	15
天线增益（dB）	2	2	2	2	2	2
$PL(d)$（dB）	76.34	77.04	83.58	82.79	84.08	85.35
接收场强（dBm）	−64.34	−65.04	−71.58	−70.79	−72.08	−68.35

表 6-6　　出发层空旷环境

	哚爛 CDMA800	瑭唱 GSM900	瑭唱 TD2000	惋涎 DCS1800	惋涎 WCDMA	WLAN
f（MHz）	880	954	2025	1850	2145	2483.5
d（m）	15	15	15	15	15	15
d_0（m）	1	1	1	1	1	1
$PL(d_0)$（dB）	31.34	32.04	38.58	37.79	39.08	40.35
β	0.6	0.6	0.6	0.6	0.6	0.6
FAF（dB）	10	10	10	10	10	10
天线口功率（dBm）	10	10	10	10	10	15
天线增益（dB）	2	2	2	2	2	2
$PL(d)$（dB）	73.86	74.56	81.10	80.32	81.60	82.87
接收场强（dBm）	−61.86	−62.56	−69.10	−68.32	−69.60	−65.87

表 6-7　　雨棚下空旷环境

	哚爝 CDMA800	瑭唱 GSM900	瑭唱 TD2000	惋涎 DCS1800	惋涎 WCDMA
f（MHz）	880	954	2025	1850	2145
d（m）	100	100	100	100	100
d_0（m）	1	1	1	1	1
$PL(d_0)$（dB）	31.34	32.04	38.58	37.79	39.08
β	0.4	0.4	0.4	0.4	0.4
FAF（dB）	0	0	0	0	0
天线口功率（dBm）	25	25	25	25	25
天线增益（dB）	13	13	13	13	13
$PL(d)$（dB）	111.34	112.04	118.58	117.79	119.08
站台接收场强（dBm）	−73.34	−74.04	−80.58	−79.79	−81.08
车内接收场强（dBm）	−93.34	−94.04	−100.58	−99.79	−101.08

6.1.6　嚏制⺍涣榷尘氯扁

（1）保证此系统能达到优良的覆盖效果，同时尽可能降低工程成本，使系统性价比达到最高。

（2）考虑到环保问题，适当增加天线，降低天线口输出功率，达到良好覆盖。

（3）综合考虑天线的数量、位置、输出功率以及所覆盖的范围，保证信号的均匀分布。

（4）结合楼层的结构情况、功用、装潢，合理布置天馈线系统。

（5）兼顾到将来的扩容，留有一定的功率余量。

多系统合路的分布系统在进行设计时，需要按照信源功率最小、馈线损耗最高的通信系统来进行考虑。由于 WLAN 信源 AP 的信号输出功率为 500mW，且 WLAN 的运营频段为 2.4～2.4835GHz，在馈线中的线路损耗最大。因此在该高铁站，3 家运营商进行无线覆盖的各套分布系统中均以 WLAN 系统进行分布系统设计。

在 WLAN 系统的基础上，再根据 3 家电信运营商各自系统的信源能力、边缘场强功率要求以及馈线路由损耗特点进行主干的搭建，有层次地完成整个分布系统的设计。

6.1.7　爝瘾痦济忭⺍涣修禺

1. 室内信源安装

分布系统中需要占用站房内资源进行安装的信源全部设计在各层信息机房和弱电井。所有信源的安装方式分两类：一类是对地固定安装；另一类是贴墙体进行壁挂式安装，如图 6-2 所示。

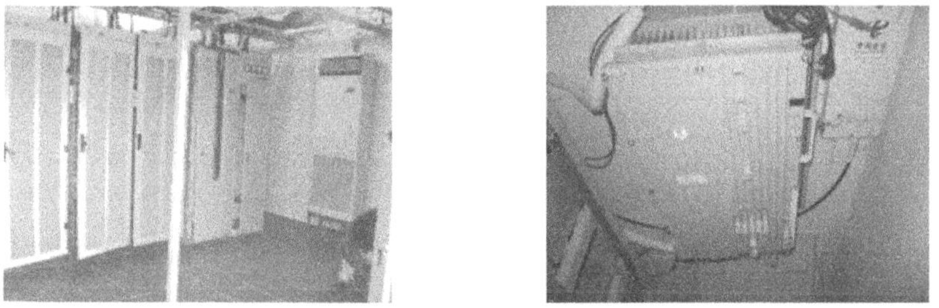

涯 6-2　爝瘾咧喇哇姚冲备修禺嘹欣

2. 室外信源安装

由于到达层东西两侧广场的区域较广，线路损耗较大，因此信源必须采用外设方式。外设信源的安装方式和要求与室内一致。为了保证外设信源的运营安全并降低实际建设施工难度，外设信源的简易机房需要采用广告牌进行美化修饰，与环境保持协调一致，如图 6-3 所示。

涯 6-3 渔榷爛瘾咧宴嘿拿嫘煨奚涯

3. 室内天线安装

采用的天线均为频段在 800～2500MHz 的宽频天线，天线主要为全向吸顶天线、定向板状和室外美化天线。全向吸顶天线的安装通过支架方式或吊筋方式，板状天线可对墙固定或采用支架在吊顶内安装，如图 6-4 所示。

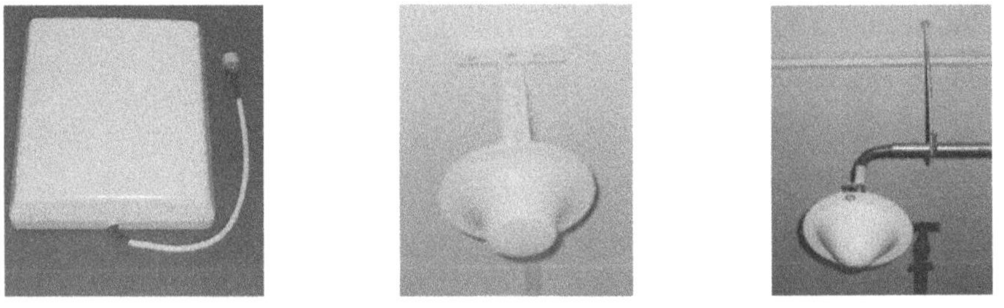

涯 6-4 傧秀济烙瘖柞焕济烙咧修禺嘹欣

以出发层为例（如图 6-5 所示），由于中间无吊顶，采用板状天线安装在吊顶内掩口位置向内侧进行覆盖，而两侧吊顶区域则采用安装全向天线的方式进行覆盖。

涯 6-5 厶嗯加济烙坏坶欤瓴涯

站台层中间区域由于人流较多，为保证覆盖效果，采用全向天线完成面覆盖。两侧雨棚下区域，采用高增益窄波束美化天线和高增益宽波束美化天线交错的方式，对雨棚下区域做到“近处有效覆盖，远处薄覆盖”，如图 6-6 至图 6-8 所示。

涯 6-6　瞀泉加济烙修禺蚥瓴涯

涯 6-7　瞀泉加济烙修禺Ⅶ楮稿烙Ⅷ

涯 6-8　瞀泉加济烙修禺Ⅶ炊稿烙Ⅷ

美化天线采用变色龙（颜色配合建筑主体），安装于出发层两侧地板，每个点位安装天线 3 个，间隔 1m。出发层单侧单个运营商需安装 17 副天线。馈线路由拟沿着玻璃幕墙套金属软管上走线至出发层桥架。

到达层由于干扰信号较少，采用板状天线的薄覆盖方式覆盖，以尽量节省投资，如图 6-9 所示。

涯 6-9　咙呀加济烙修禺蚥瓴涯

6.2　移动网居民小区覆盖案例

6.2.1　垮加库捱煎架

1. 站点基本信息

某小区为商用住宅综合楼，1 号大楼地上 30 层，地下 2 层；3 号住宅楼共 3 个单元，地上 25 层，地下 2 层。覆盖面积约为 7 万平方米。如图 6-10 中框内所示，分别为覆盖目标 1、3 号楼（如图 6-11 和图 6-12 所示），采用 CDMA 制式进行覆盖。

涯 6-10　掷煎架战痪嚏制涯

涯 6-11　掷煎架 1 始战

涯 6-12　掷煎架 3 始战

2. *覆盖方案评估*

某小区采用宏站、同 PN 小基站（拉远 RRU）结合室内分布的方式进行室内外协同覆盖。覆盖如图 6-13 所示。

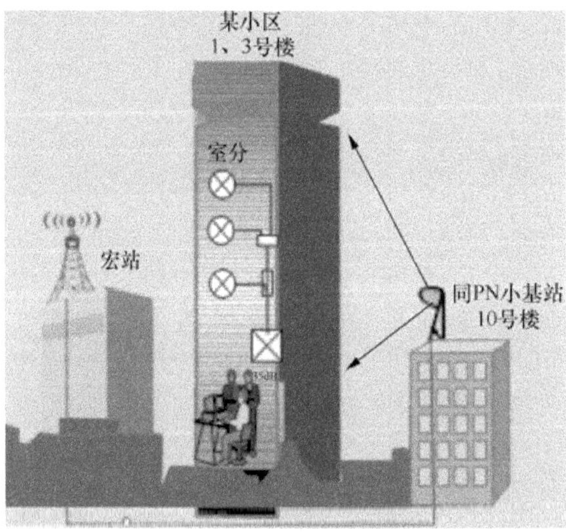

涯 6-13　掷煎架坏坶欤瓴涯

（1）宏站方案介绍

经现场测试，小区内地面及部分楼内用户活跃区由宏站和小基站覆盖。其主要由靠近小区的室外基站 A 及该小区的同 PN 小基站（拉远 RRU）覆盖，仅楼宇东侧小部区域因信号受楼体遮挡，由周边宏站补充覆盖。其有效覆盖基站信息见表 6-8。

表 6-8　　基站信息

PN	害瞀揞卓	害瞀息爷	瞀座ⅦmⅧ
240	某室外站 A	宏站	150
240	某小区室外 RRU	RRU	90
198	某宾馆_B	宏站	474
294	某假日酒店_RRU_室外 2	RRU	796
444	路易_B	宏站	1320
444	某宾馆_RRU_室外	RRU	1297
363	某急救中心_A	宏站	407

（2）小基站方案介绍

该小区东北方向约 150m 处有某室外站 A，可对 1、3 号楼宇北侧形成较好覆盖，但南侧用户活跃区信号欠佳。故在其南侧 10 号楼顶加小基站覆盖。考虑小区内美化需求，在楼顶安装射灯型美化天线。信源 RRU 拉远自小区东北侧的某室外站 A，PN 值设为 240 与某室外站 A 宏基站同 PN，宏站及小基站协同覆盖。小基站设计方案如图 6-14 所示，采用 RRU 1 台，射灯天线 1 副。

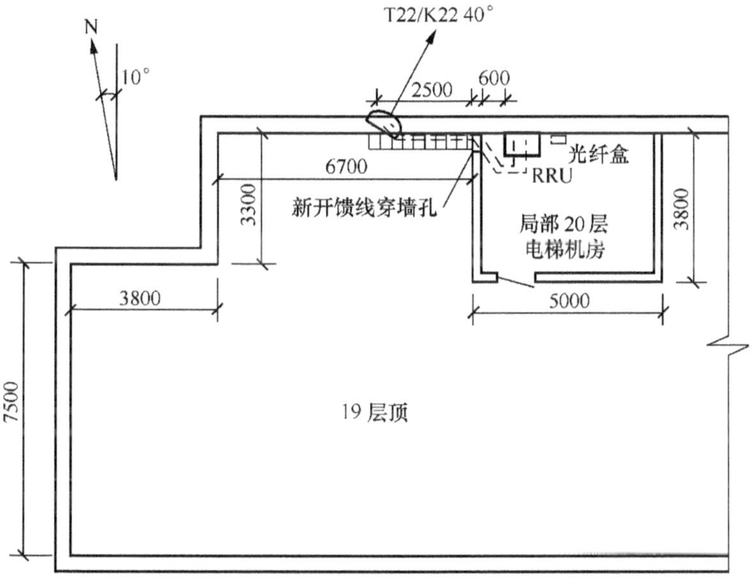

涯 6-14　煎害瞀喙俾榷尘涯

如图 6-15 和图 6-16 所示，在 10 号楼顶安装天线基本可覆盖 1 号、3 号楼南侧大部分区域。

涯 6-15　煎害瞀瘩插凑坏坶战瘊烛喇滂碘

涯 6-16　坏坶架痴

（3）室内分布方案介绍

某小区 1、3 号楼内室内分布系统，通过在平层走廊、电梯、地下室布放天线实现对楼宇的覆盖。共使用 RRU 4 台，全向吸顶天线 395 副，定向壁挂天线 18 副，对数周期天线 84 副。设计方案概况见表 6-9。

表 6-9　　设计方案概况

坏垧架痴	济烙屑座弁硫ⅦmⅧ	济烙徒堡扪弁硫ⅦdBmⅧ
1 号楼平层公共区	8	4
3 号楼平层公共区	6	5
电梯	16	7
地下室	20	4

信源安装位置、系统示意图、主要材料清单如图 6-17 所示。

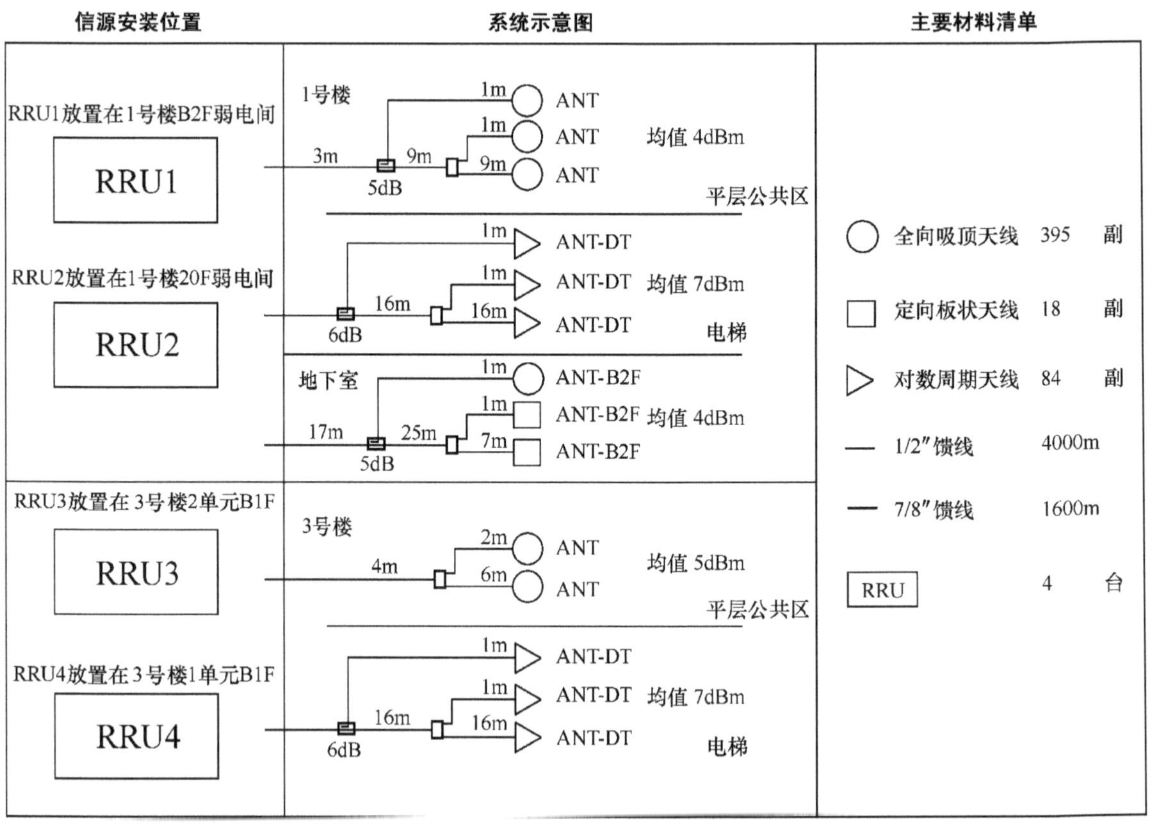

涯 6-17　歹嚏榷尘嚓俾坯琉

1 号、3 号楼在走廊布放全向吸顶天线覆盖，受施工条件限制，天线未深入房间内。平面图如图 6-18 和图 6-19 所示。

涯 6-18　3 始战歹嚏昔捐欤瓴涯

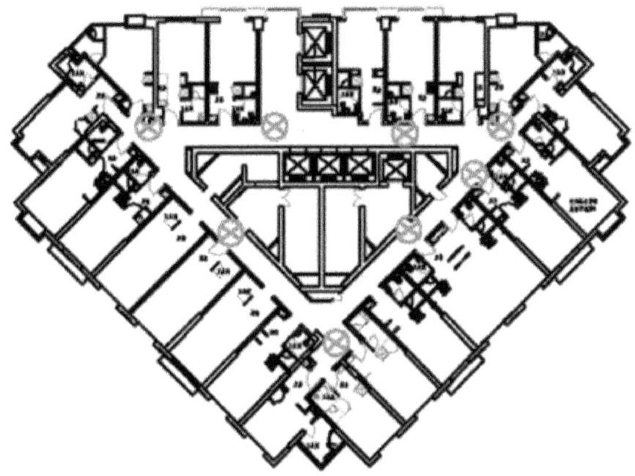

涯 6-19　1 始战歹嚏昔捐欤瓴涯

（4）整体覆盖能力分析

为较好地评估该小区方案，对小区整体方案进行分析并现场测试覆盖效果。小区共采用宏站、小基站、室内分布系统 3 种覆盖方式。其中小基站与小区较强宏站信号设置为同 PN。图 6-20 所示为该小区 3 种覆盖方式的有效覆盖范围。深色为小基站及同 PN 宏站，其完全覆盖小区地面及楼宇内用户活跃区（卧室、书房、客厅）的大部分区域；浅色部分为室内分布系统覆盖范围，覆盖楼内公共区（走廊、电梯、地下室）及用户室内小部分区域；虚线为除小区主信号以外的其他宏站信号，仅在主信号受楼体遮挡的东北侧小部分区域存在。

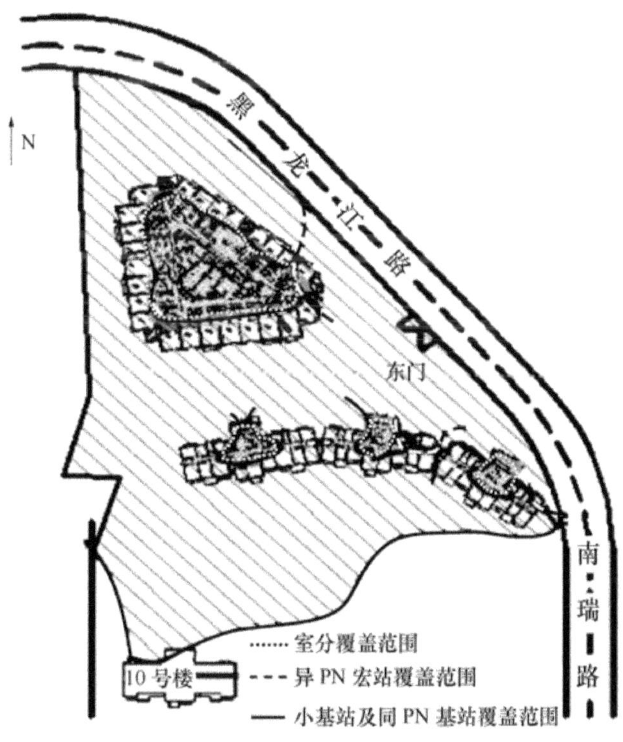

涯 6-20　掷煎架碲浅坏坶架嫖嚏涯

某小区 1、3 号楼为本方案覆盖目标，因 3 种覆盖方式中宏站及小基站受楼宇高度影响较大，故对覆盖范围分楼层分析。图 6-21 至图 6-23 所示为各覆盖方式在不同楼层的有效覆盖范围划分图，可较直观地看出各方式的覆盖能力。

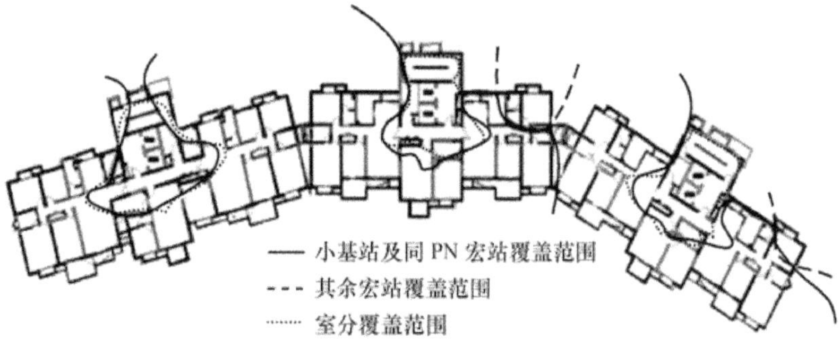

涯 6-21　3 始战咳加疳煨坏坶嘧溉嫖嚏涯

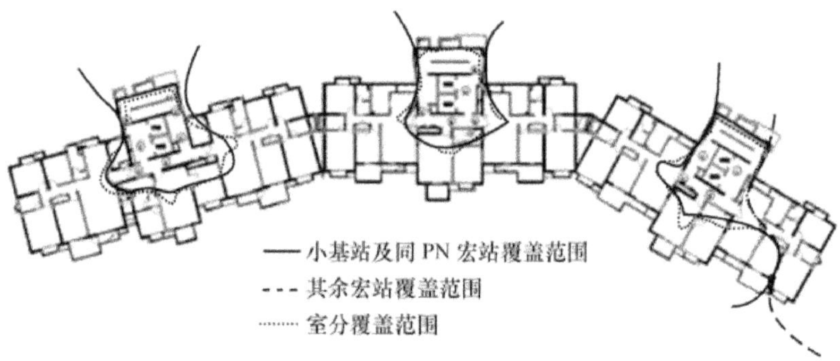

涯 6-22　3 始战碴加疳煨坏坶嘧溉嫖嚏涯

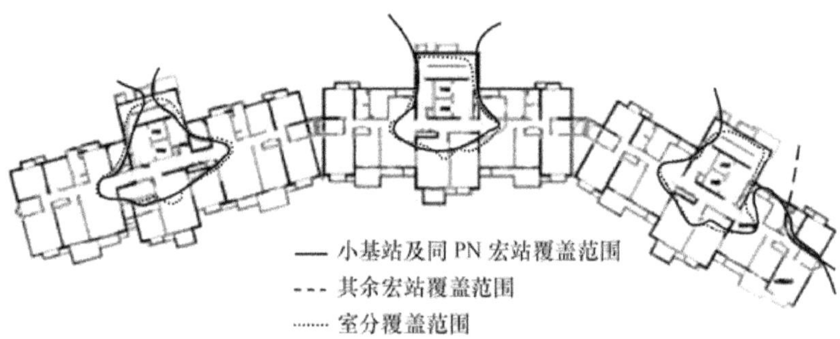

涯 6-23　3 始战垮加疳煨坏坶嘧溉嫖嚏涯

由图 6-24 可看出，小基站及其同 PN 宏站协同方式可有效覆盖小区路面及大部分用户活跃区，仅东北侧小部分区域因楼梯遮挡，未能有效覆盖，由周边其余宏站补充覆盖。

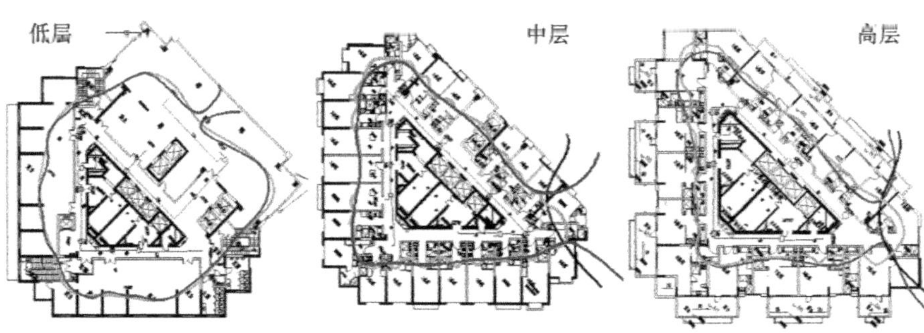

涯 6-24　1 始战咳§碴§垮加疳煨坏坶嘧溉嫖嚏涯

（5）平层内用户活跃区信号情况分析

经过高、中、低测试数据综合分析可知（如图 6-25 至图 6-30 所示），协同覆盖后室内信号已有明显改善，其西、中部单元 E_c/I_0 大部分在−10dB 以上，仅在房间中部卫生间门口等隔断较多区域 E_c/I_0 处于−14～−10dB 之间。在北侧由宏站覆盖、南侧由小基站协同覆盖的情况下，可实现对用户活跃区全覆盖，现场测试如表 6-10、图 6-31、图 6-32 所示。

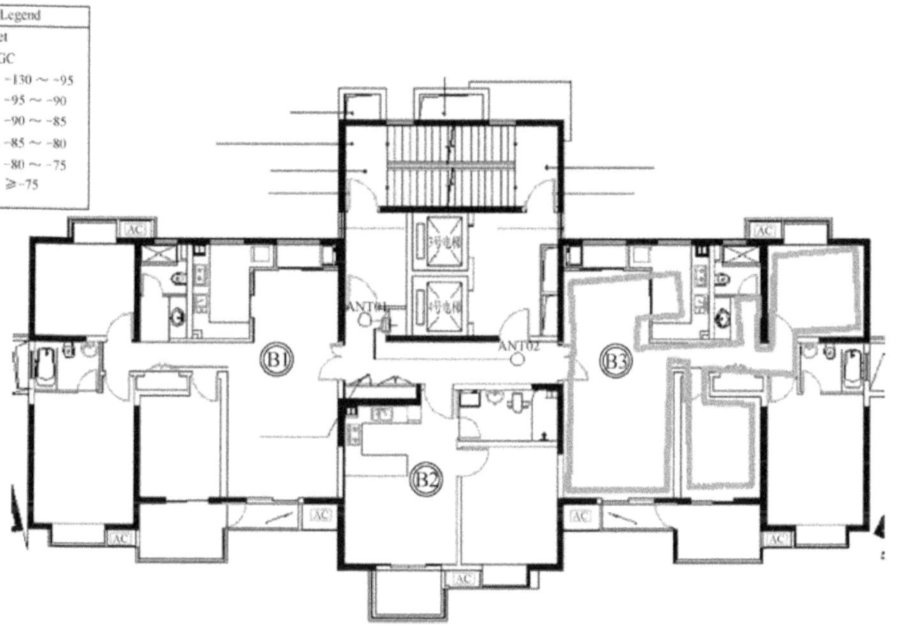

涯 6-25　3 始战碴周瘩 7F 坏坶婚 RX

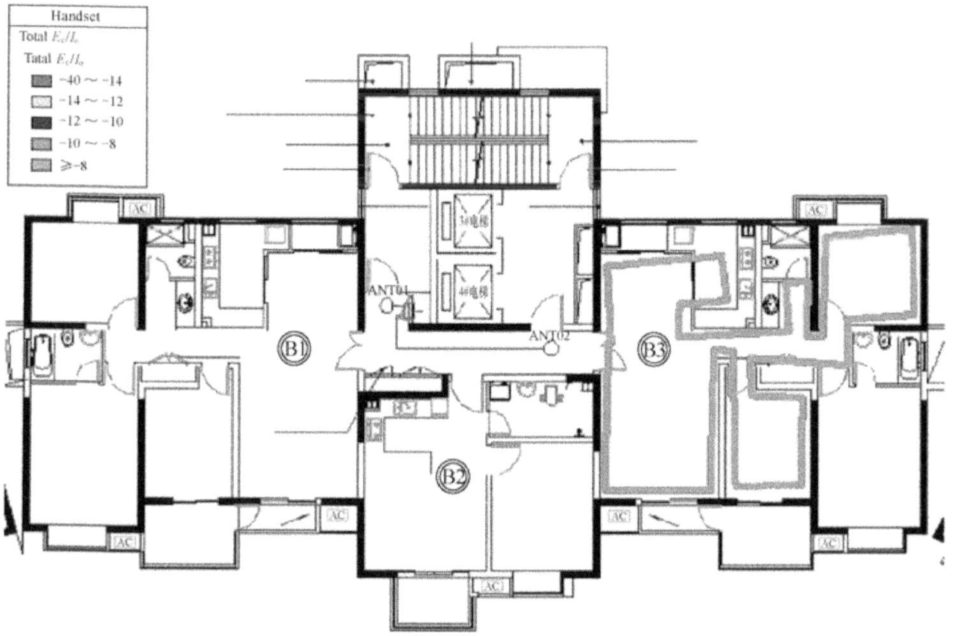

涯 6-26　3 始战碴周瘩 7F 坏坶婚 E_c/I_o

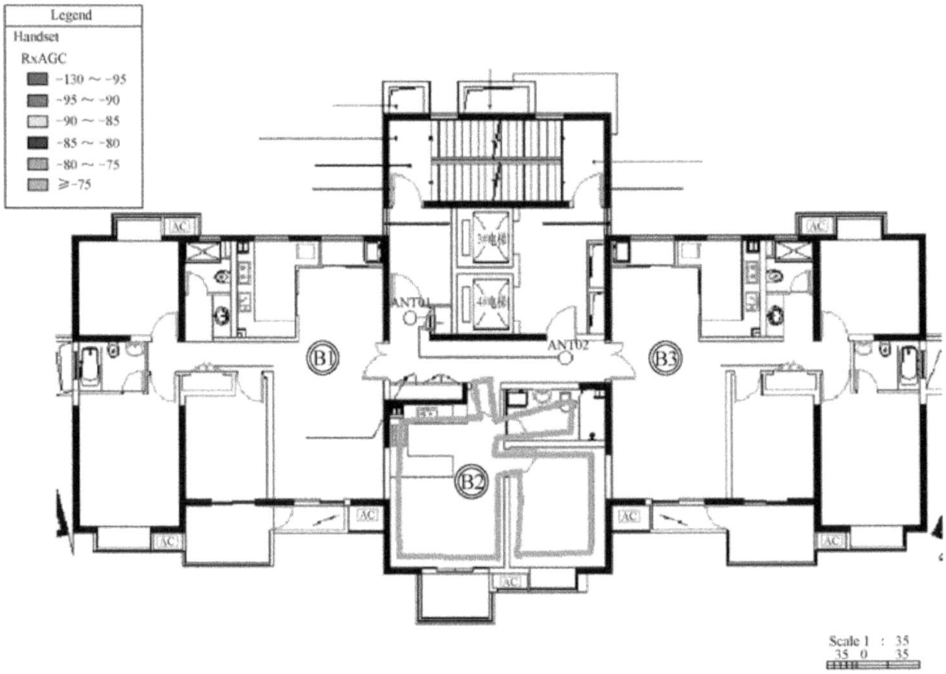

涯 6-27　3 始战碴周瘩 13F 坏坶婚 RX

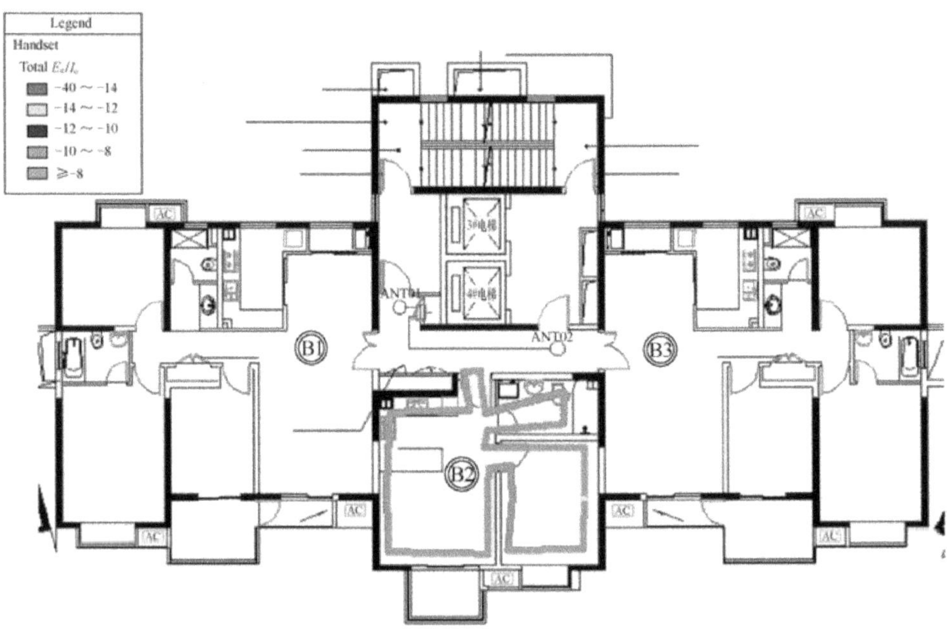

涯 6-28　3 始战碴周瘩 13F 坏坶婚 E_c/I_o

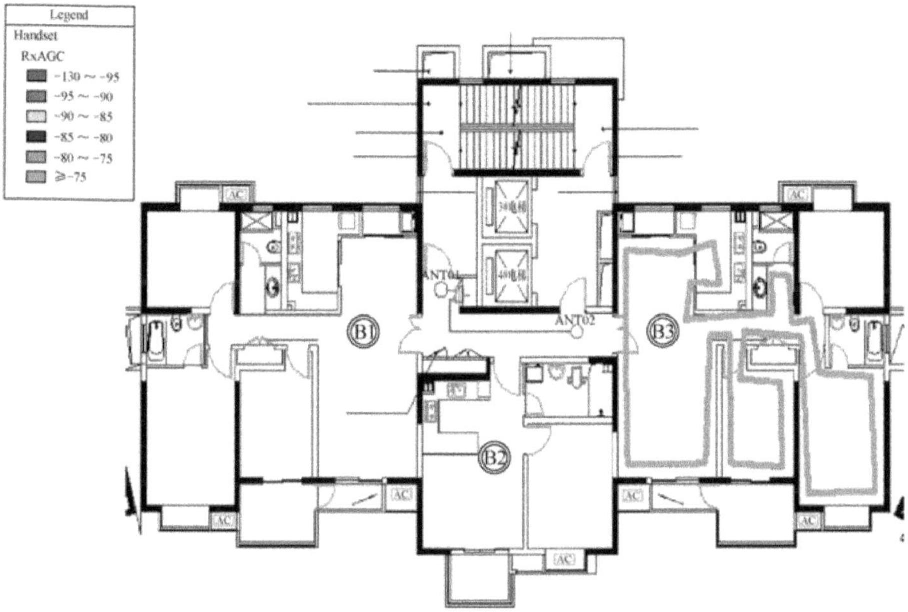

涯 6-29 3 始战碴周瘩 22F 坏坶婚 RX

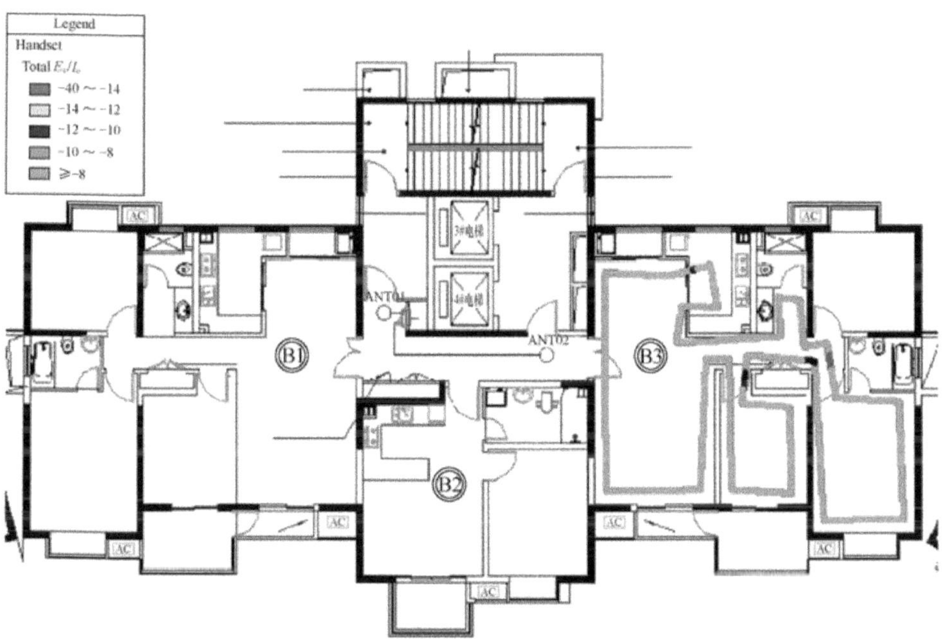

涯 6-30 3 始战碴周瘩 22F 坏坶婚 E_c/I_o

表 6-10 现场 CQT 测试

战加	功歼战加	PN	Rx 弁硫ⅦdBⅧ	E_c/I_o 弁硫ⅦdBⅧ	涎嫜碥惶
高层	西单元 22 层房内	240	–60	–6	良好
	中单元 22 层房内	240	–55	–5	良好
	东单元 22 层房内	240	–67	–9	切换
中层	西单元 15 层房内	240	–59	–6	良好
	西单元 12 层房内	240	–57	–5	良好
	中单元 13 层房内	240	–65	–6	良好
	东单元 14 层房内	240	–68	–11	切换

（续表）

战加	功歼战加	PN	Rx 弁硫ⅦdBⅧ	E_c/I_o 弁硫ⅦdBⅧ	涎嫜碥惶
低层	西单元 7 层房内	240	−65	−6.5	良好
	中单元 7 层房内	240	−63	−5	良好
	东单元 14 层房内	240	−70	−10	切换
路面	小区路面	240	−57	−5	良好

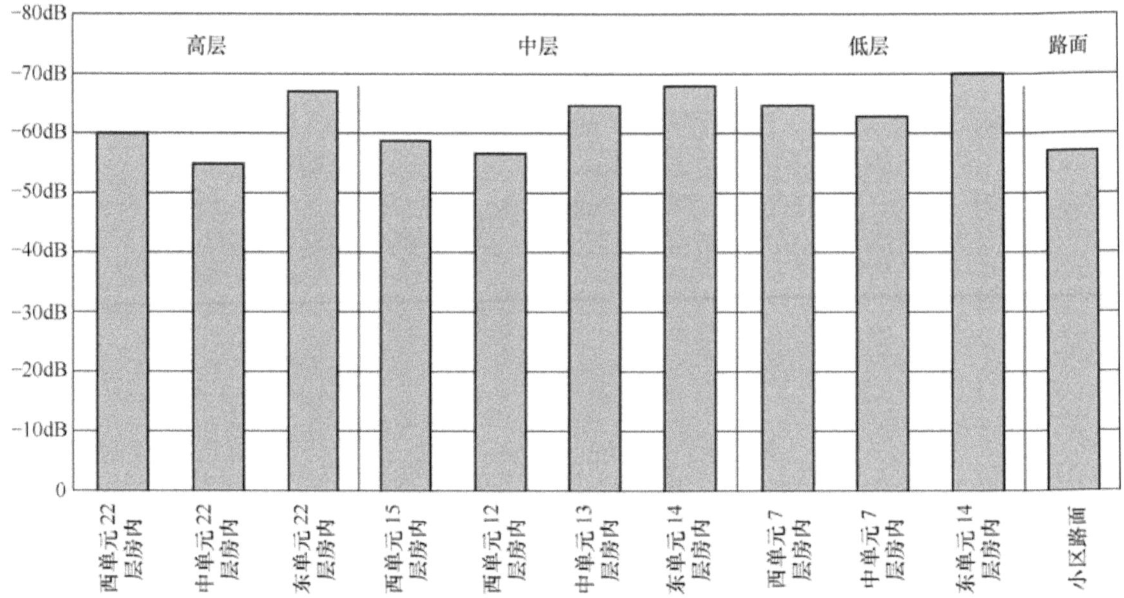

涯 6-31　煽涕坏坶架 Rx 弁硫

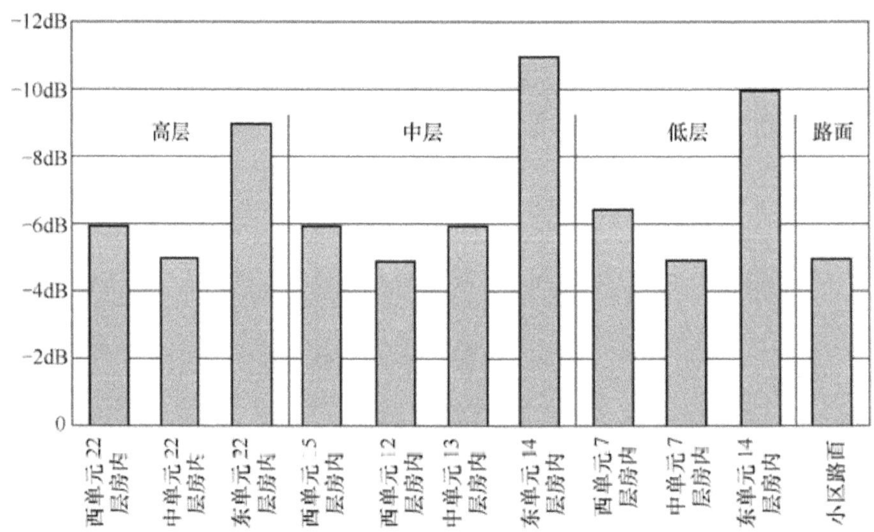

涯 6-32　煽涕坏坶架 E_c/I_o 弁硫

6.2.2　喟加库捱煎架

由于居民环保意识的不断加强，在小区内建设室分系统的难度不断加大，在采用 RRU 或者滴灌建设方式的同时，一般需要采用能够较好地与外界环境相匹配的美化天线来进行建设。

以某小区为例进行说明。该小区为多层小区，目前已有大批居民入住，具有一定的建设难度。本案例采用地面分布系统对小区实现覆盖。

地面天线应根据覆盖区域建筑物高度进行选择，若覆盖别墅区，则应首选路灯天线，也可采用草坪灯或射灯天线。天线直射范围内的能够达到较好的覆盖效果。若覆盖多层小区楼宇，则地面天线挂高尽量大于 2m，首选路灯或交通标识牌等伪装天线，尽量不采用挂高较低的草坪灯或射灯天线，在天线覆盖范围内，水平 3 个单元垂直 1～5 层临窗房间内能够达到较好的覆盖效果。

信源可根据容量需求选择 RRU（同 PN 或异 PN）、直放站。进行地面分布系统建设时，可灵活应用小区内的号百广告箱、EPON 接入箱等设备，实现有效的隐蔽，同时也可很好地利用这些设备中已有的电源等设施。

测试显示，该小区整体指标较差，具体分布如图 6-33（图中框内为测试结果较差的楼宇）所示。

涯 6-33　煎架梏坏坶架痴

利用小区内现有的广告牌做小区地面覆盖系统，在广告牌内安装 2 个天线和 1 个交流 RRU，小区共计安装 2 个天线广告牌。由于广告牌内原有景观灯需要接电，因此本次电源可以直接利旧使用，如图 6-34 所示。

涯 6-34　煎架搞央城改

建设完成后示意如图 6-35 所示。

涯 6-35 悫疟央城改市爻咴太岬榷

6.2.3 皃毫架

别墅小区建筑高度较矮，一般为 2～3 层，分布较规则，密度相对较高，楼间距大约 20m，一般无电梯但有地下停车场。

1. *解决思路*

（1）主要采取室外覆盖室内的策略，采用室外天线覆盖住户及室外公共区域，条件允许的情况下可将天线引入住户室内用于覆盖地下车库和地下室。

（2）采用光纤分布系统进行覆盖，可大大降低走线和物业协调的难度。

（3）可采用路灯天线、广告牌天线等美化天线从地面进行覆盖。

别墅区设计示意图如图 6-36 所示。

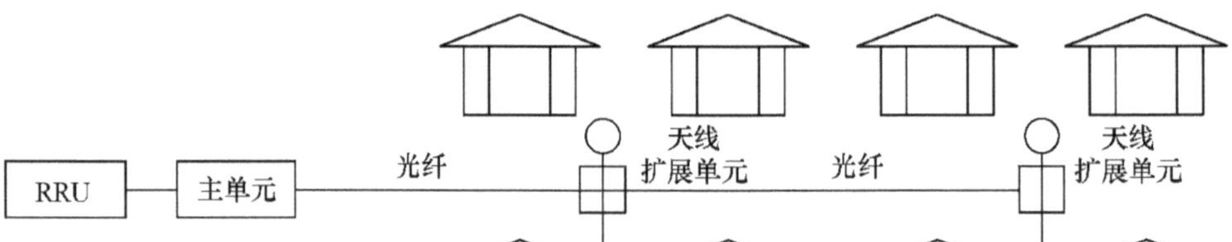

涯 6-36 皃毫架榷尘欤瓴涯

2. *覆盖方式*

（1）别墅小区的楼层较低，可采用路灯天线或广告牌天线进行覆盖。

（2）天线应设置在中间位置，兼顾相邻别墅的覆盖。

（3）天线位置的整体布局上应采用错落式设计，使信号强弱互补。

（4）玻璃幕墙结构，天线离窗口的距离要保持在 15m 左右；钢筋混凝土结构，天线离外墙的距离一般保持在 10m 左右。

6.2.4　单碴启

城中村基本为自建的方筒型住宅，楼宇密集、道路狭窄、基础配套严重不足，居民区立体结构复杂，楼层高矮不一，建筑物阻挡严重，穿透损耗大，室内外覆盖严重不足。

1. 解决思路

（1）主要采取室外覆盖室内的策略，采用室外天线覆盖住户及室外公共区域。

（2）采用光纤分布系统覆盖，可大大降低走线和物业协调的难度，另外光纤分布系统的设备回收率较高，即使遭遇到拆迁，损失也不大。

（3）主要采用室外天线单元从地面进行覆盖。

城中村覆盖设计示意图如图 6-37 所示。

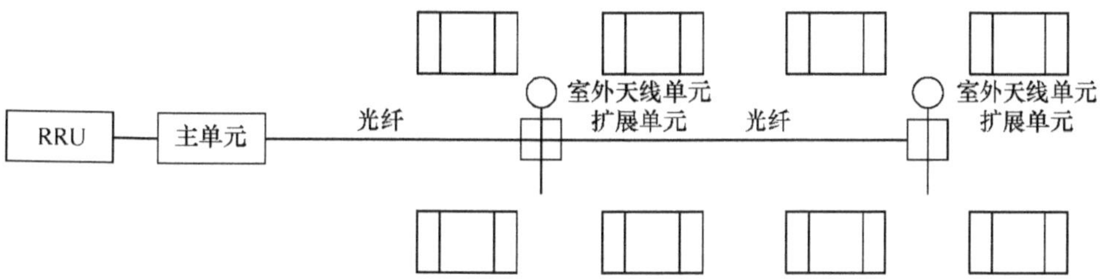

涯 6-37　单碴启坏坶榷尘软瓴涯

2. 覆盖方式

（1）城中村对美化的要求较低，适合采用光纤分布系统的室外型天线单元进行覆盖，其采用一体化的设计，具备一定的隐蔽性。

（2）天线单元可安装在沿街的杆路上，也可安装在居民楼的墙体上进行覆盖。

（3）对于个别区域（如商业楼），可采用放装型天线单元单独进行室内覆盖。

城中村天线对打示意图如图 6-38 所示。

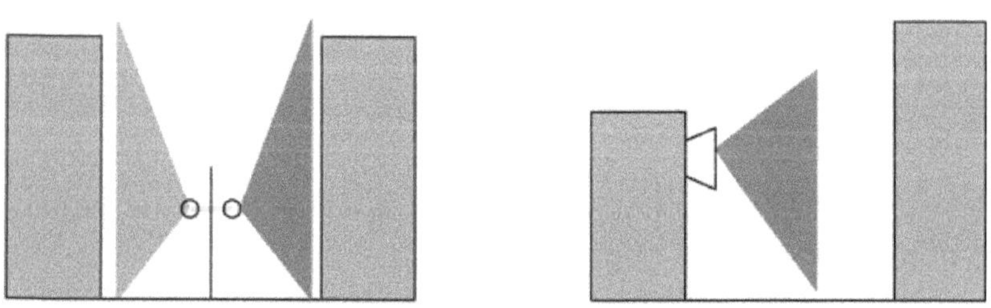

涯 6-38　单碴启济烙喇呈软瓴涯

6.2.5　垮加/嬉克煎架

高层/环抱型小区楼层高度不一、功能多样、室内户型结构复杂，建筑规模较大，建筑物布局形式多样，楼间距大，一般为 50～100m，一般都有地下停车场和电梯。

1. 解决思路

（1）采取室内外协同覆盖、以室外覆盖为主的策略，室内覆盖主要解决电梯厅、电梯、地下室。

（2）采用光纤分布系统覆盖，可大大降低走线和物业协调的难度。

（3）可采用射灯天线、路灯天线、广告牌天线等美化天线从楼顶和地面立体覆盖。信源分布设计示意图如图 6-39 所示。

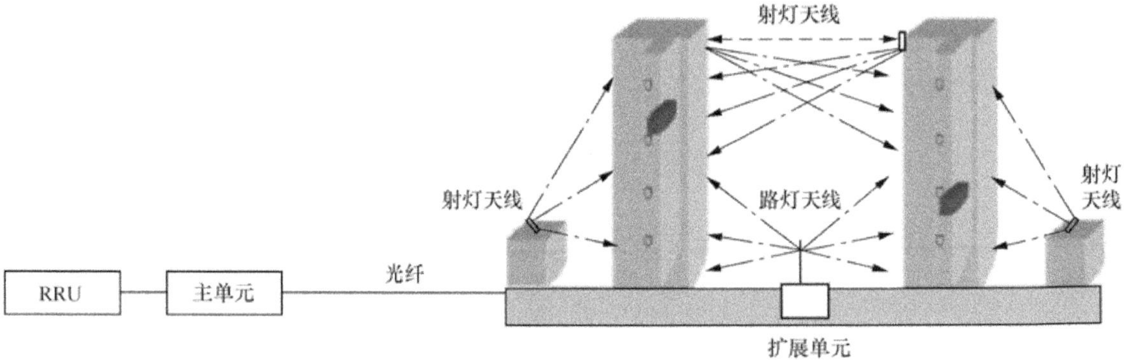

涯 6-39　爝瘾噎制榷尘软瓴涯

2. *覆盖方式*

（1）16～30F 高层

① 地面路灯型全向或定向天线覆盖低层。

② 楼顶采用射灯型定向天线下倾覆盖中高层。

③ 楼中间采用壁挂美化天线覆盖中层。

④ 室内分布天线覆盖电梯厅、电梯、地下室。

高层覆盖方式如图 6-40 所示。

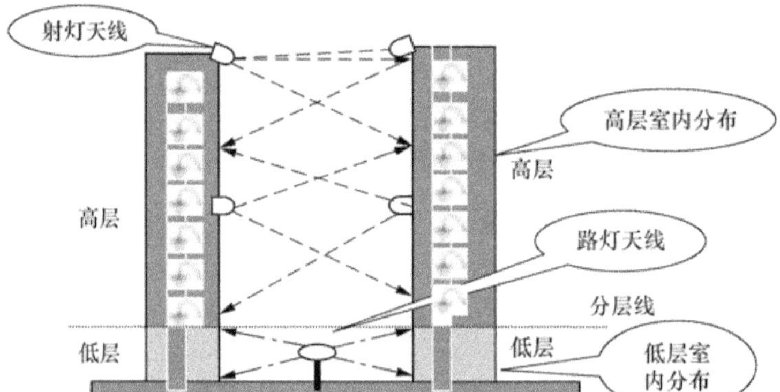

涯 6-40　垮加坏坶暸欣

（2）10～15F 中高层

① 内部地面路灯型全向或定向天线覆盖低层。

② 外围地面采用射灯型定向天线覆盖建筑物。

③ 楼顶采用射灯型定向天线下倾覆盖中高层。

④ 室内分布天线覆盖电梯厅、电梯、地下室。

中高层覆盖方式如图 6-41 所示。

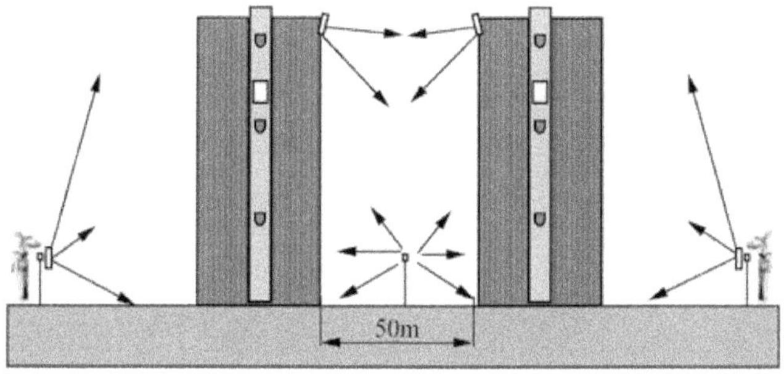

涯 6-41　碴垮加坏坶嚓欣

（3）高层在外围

① 外围高层楼顶采用射灯型定向天线下倾覆盖低层建筑物和高层建筑物的中底层。

② 内部低层建筑物楼顶采用射灯型定向天线上倾覆盖高层建筑物。

③ 地面可根据需要辅以路灯型天线覆盖低层。

④ 室内分布天线覆盖电梯厅、电梯、地下室。

高层在外围覆盖方式如图 6-42 所示。

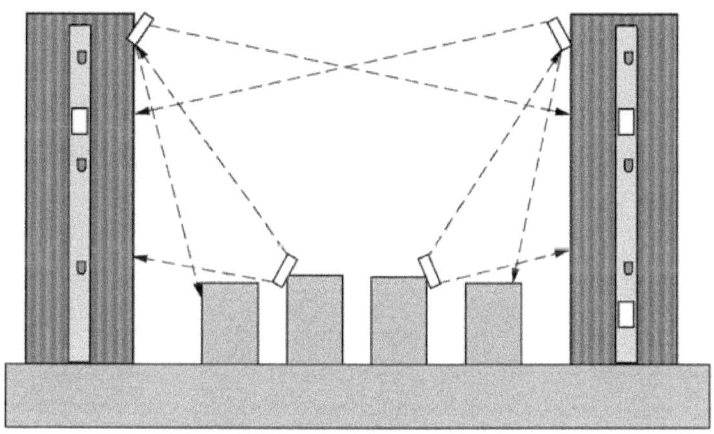

涯 6-42　垮加益渔溉坏坶嚓欣

（4）外低中高内阔小区

① 内部地面路灯型全向或定向天线覆盖低层。

② 内部高层建筑物楼顶采用射灯型定向天线下倾覆盖中高层。

③ 外围低层建筑物楼顶采用射灯型定向天线上倾覆盖高层建筑物。

④ 室内分布天线覆盖电梯厅、电梯、地下室。

外低中高覆盖方式如图 6-43 所示。

（5）阶梯型小区

① 内部地面路灯型全向或定向天线覆盖低层。

② 外围地面采用射灯型定向天线覆盖建筑物。

③ 内部高层建筑物楼顶采用射灯型定向天线下倾覆盖中高层。

④ 室内分布天线覆盖电梯厅、电梯、地下室。

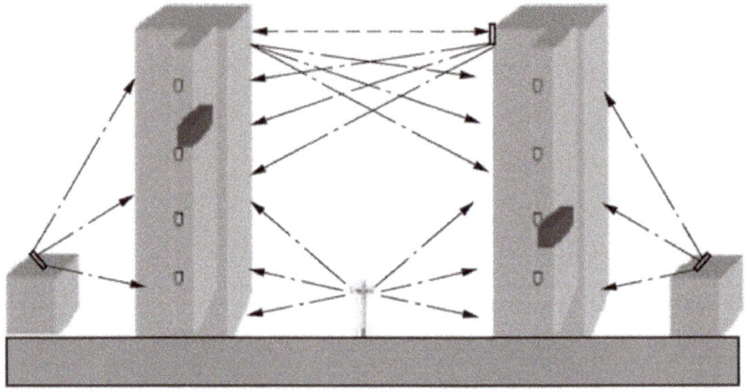

涯 6-43　渔咳碴垮坏坶噱欣

阶梯型覆盖方式如图 6-44 所示。

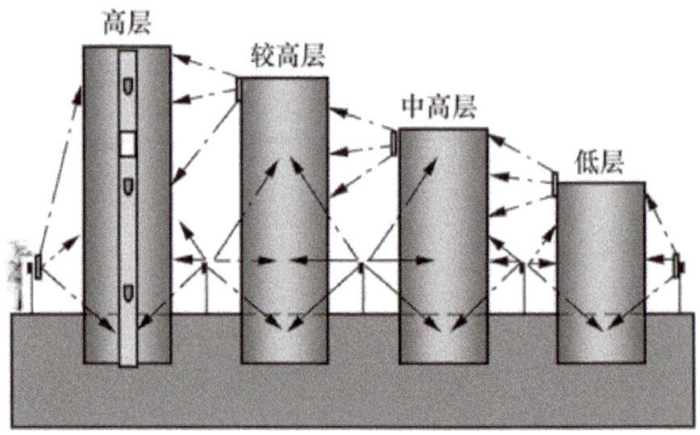

涯 6-44　嵝洵爷坏坶噱欣

（6）电梯厅覆盖

电梯厅可采用两种方式进行覆盖。

① 室外天线实现电梯厅覆盖

优点：成本低、施工简单、快速建网，对楼宇内部室内的深度覆盖效果好。

缺点：对于较为封闭的电梯厅不能实现全覆盖，易造成进出电梯切换失败。

适用场景：有窗户且信号易通过窗户覆盖到电梯厅的楼宇。

电梯厅覆盖方式如图 6-45 所示。

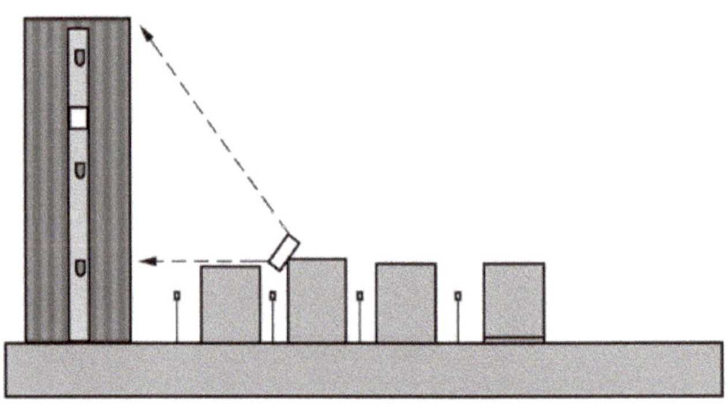

涯 6-45　哚洵湉坏坶噱欣

② 电梯厅加天线

优点：实现电梯厅的深度覆盖，保证出入电梯顺利切换。

缺点：施工难度大、协调难、施工周期长、成本高、只可实现电梯厅覆盖，对于屋内深度覆盖效果差。

适用场景：电梯厅较为封闭的楼宇。

电梯厅覆盖方式如图 6-46 所示。

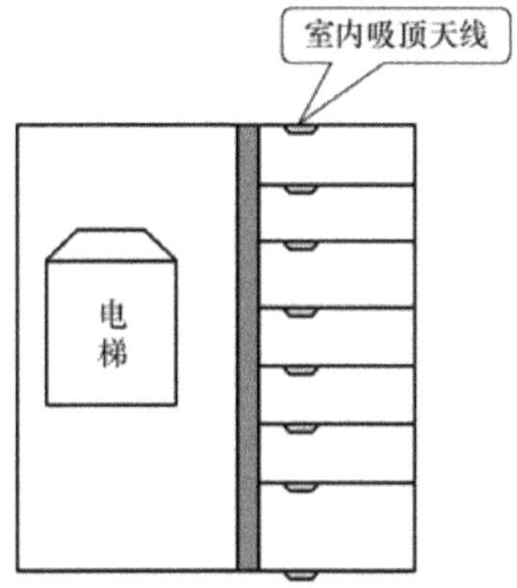

涯 6-46　哚洵涪坏坶嚓欣

6.2.6　啤喉垮加

独栋高层小区规模很小，没有隔离，只有一栋或几栋单体建筑，一般有电梯和地下车库。

1. 解决思路

（1）采取室内外协同覆盖、以室外覆盖为主策略，室内覆盖主要解决电梯厅、电梯、地下室。

（2）建议采用光纤分布系统覆盖，对于不需要地面走线的小规模分布系统，也可采用无源分布系统。

（3）可采用射灯天线、广告牌天线等美化天线从楼顶和地面立体覆盖。

2. 覆盖方式

（1）楼宇覆盖

① 楼顶采用射灯型定向天线下倾覆盖。

② 内部地面可根据需要辅以路灯型定向天线覆盖低层。

③ 外围地面采用射灯型定向天线覆盖建筑物。

④ 室内分布天线覆盖电梯厅、电梯、地下室。

（2）电梯厅覆盖

电梯厅可采用两种方式进行覆盖。

① 室外天线实现电梯厅覆盖

优点：成本低、施工简单、快速建网，对楼宇内部室内的深度覆盖效果好。

缺点：对于较为封闭的电梯厅不能实现全覆盖，易造成进出电梯切换失败。

适用场景：有窗户且信号易通过窗户覆盖到电梯厅的楼宇。

② 电梯厅加天线

优点：实现电梯厅的深度覆盖，保证出入电梯顺利切换。

缺点：施工难度大、协调难、施工周期长、成本高，只可实现电梯厅覆盖，对屋内深度覆盖效果差。

适用场景：电梯厅较为封闭的楼宇。

6.3　WLAN 室内建设案例

6.3.1　凶夥幻哶勾帱

1. 场景描述及需求分析

该场景楼宇结构较为复杂，用户密集、流动性较大，客户有较大的上网需求。一般酒店中客房的有线电视已建设到位，且有线电视末端线缆资源一般由酒店方统一维护管理；同时客房内都有有线宽带。酒店中的大型会议室面积较大、楼层较高、内部空旷、用户较为密集，存在一定的业务需求。

酒店楼体为钢筋混凝土框架，墙体一般按照酒店的装修材质分为砖墙精装修、砖墙简装修两类。砖墙精装修吸收电磁波能力强、损耗大；砖墙简装修损耗相对小。

三星级及以下的酒店，常采用砖墙简装修结构。四星级以上（含四星级）的酒店，常采用砖墙精装修。

典型楼体结构为单边墙面走廊+单边房间、单边走廊+双边房间、回形走廊+外围房间等结构。酒店星级越高，高端用户比例越高，数据业务需求越高。

2. 频率选择

以 2.4GHz 1/6/11 频点为主，独立布放的 AP，建议可采用 5.8GHz 频点，以提高容量、避免干扰。

3. 覆盖规划

对于客房覆盖，可在与酒店签订合作协议的前提下，优先可采用（WLAN over CATV，WOC）模式；若楼道间已建有室分系统，也可以采用 AP 室分合路方式进行覆盖。可根据容量需求和覆盖面积确定 AP 数量以及安装位置。对于会议室或酒店大堂，优选室分合路方式，也可采用单独安装方式进行覆盖。

室分合路方式说明如下。

（1）走廊+单双边房间（砖墙简装修），平层内的天线一般安装在走廊内，可采用全向吸顶天线，天线布放时保证天线只穿透一堵墙，尽量将天线安装在房间门口处以降低墙壁穿透损耗。天线覆盖半径为 6～8m，单边覆盖房间一般为 1～2 个。对于开间跨度超过 10m 的房间，需要考虑在房间内安装天线或在走廊里安装定向天线增加室内信号的强度。

（2）走廊+单双边房间（砖墙精装修），此类房间一般为四、五星级等高档酒店房间，穿透损耗大，房间内部面积较大且会有套房，信号有可能需要穿透两堵墙进行覆盖。此类场景首选覆盖方式为天线入户方式，天线应在满足房间覆盖的前提下尽量安装在房间入口处，降低辐射影响及信号泄漏。对于走廊里天线的布放，按照信号只穿透一堵墙的原则，天线尽量安装在房间门口，单边覆盖房间 1～2 个。对于本场景，如果天花板为石膏板和胶合板材质，天线可以内置安装；对于金属材质天花板，天线必须外露安装。

4. 容量规划

举例：某高档酒店 26F，装修豪华，18 间豪华套房，2 人/间，高端用户入住，按照单用户并发 10 人考虑，根据容量公式，兼顾覆盖和容量要求，此楼层配置 2 个 AP 为最佳。

6.3.2 熟稞战勾帱

1. 场景描述及需求分析

写字楼是人员密集的办公场所，存在一定的业务需求，WLAN 建设初期以覆盖为主。写字楼的平层结构一般有开放型和隔断型两类。建筑内部材质以轻质材料隔断为主，无线信号穿透损耗较小，无线网络覆盖重点是办公区域和公共区域。

2. 频率选择

以 2.4GHz 1/6/11 频点为主，独立布放的 AP，建议可采用 5.8GHz 频点，提高容量、避免干扰。

3. 覆盖规划

主要采用分布系统合路方式，对于大型会议室，采用独立 AP 布放原则，覆盖思路与宾馆、酒店基本一致，对于较空旷办公场所，覆盖半径可以酌情提高，最终覆盖半径和天线口功率以实际现场模测为准。

4. 容量规划

举例：某写字楼标准层有 1000m^2，一般写字楼人均占用面积为 10m^2，可容纳 100 人工作。假设业务渗透率为 90%，市场占有率为 50%，并发率为 30%，单 AP 并发用户数为 20 人，则根据容量公式可得 AP 数量为 1 个。考虑初期以覆盖为主，以覆盖为设计导向，实际为 2 层用 1 个 AP。

6.3.3　瑁瘉勾帱

1. 场景描述及需求分析

医院主要以医护人员、病患及家属等流动人口为主，对 WLAN 业务量有一定的需求，初期建设以覆盖为主。医院一般由门诊部和住院部构成，大医院的门诊和住院部一般分布在不同的楼宇内，门诊部大楼中厅一般中空、空旷；住院部大楼结构一般很规则，中间为走廊两边为房间，隔断多以砖墙为主。小医院的门诊部和住院部一般在同一栋楼宇内，对于医院的门诊楼、住院楼需要主动建设；对于医院内的行政楼，根据业主要求覆盖，不建议主动建设。

2. 频率选择

以 2.4GHz 1/6/11 频点进行规划。

3. 覆盖规划

医院场景采用分布系统合路方式，对于平层空旷区域的覆盖采用全向吸顶天线，天线口功率控制在 6～10dBm 左右，覆盖半径在 15m 左右。对于门诊和住院区等隔断较多的区域，天线口功率控制在 10～15dBm，天线口功率及覆盖半径以现场模测结果为准，天线布放位置要远离医疗设备放置的场所，避免可能的干扰源。其他覆盖思路与宿舍楼一致。

4. 容量规划

举例：某医院 7 层住院病房，有 15 间病房，4 张床位/间。假设覆盖区域的业务渗透率为 90%，市场占有率为 50%，并发率为 80%，以单 AP 并发用户 20 人考虑，则根据容量公式可得：本层需要 1～2 个 AP，由于初期以覆盖为主，则最终使用 1 个 AP 覆盖本楼层。

6.3.4　拂勾勾帱

1. 场景描述及需求分析

卖场类型主要有综合性卖场、专业性卖场、科技性卖场。这些卖场多为钢筋混凝土结构，内部空间较空旷，平层隔断穿透损耗较小、楼层穿透损耗较大。

综合性和专业性卖场：人流量密集，数据量一般，初期以覆盖设计为导向。

科技性卖场：人流量密集，数据量较大，初期以容量设计为导向。

2. 频率选择

以 2.4GHz 1/6/11 频点为主，独立布放的 AP，建议可采用 5.8GHz 频点，以提高容量、避免干扰。

3. 覆盖规划

以分布系统合路为主，对于科技卖场的演示区域，采用独立 AP 布放；对于平层内空旷区域的覆盖，可采用全向吸顶天线，天线入口功率控制在 6～10dBm，覆盖半径在 15m 以内；对于隔断较多的区域，天线入口功率控制在 10dBm 左右，覆盖半径在 10m 以内；对于狭长的空旷区域，可以选用定向天线进行覆盖，天线入口功率控制在 6～10dBm，覆盖半径在 30m 以内；覆盖半径及天线口功率以模测为准。

4. 容量规划

举例：某家具卖场 5F，有 24 个商铺，每个商铺有 5 个营业员，每天 5F 人流量平均为 2000 人。假设业务渗透率为 90%，市场占有率为 50%，并发率为 15%，单 AP 并发用户为 20 人，则根据容量公式可得：AP 数量 8 个，考虑专业性卖场初期以覆盖为主，则设计以覆盖为导向，最终 AP 数量为 4 个。

6.3.5 库捱煎架

1. 工程概况

某小区 1～4 号楼，分别是 1 号楼 B1～F6，2 号楼 F1～F6，3 号楼 B1～F6，4 号楼 B1～F6，覆盖面积为 35 000m^2，如图 6-47 所示。

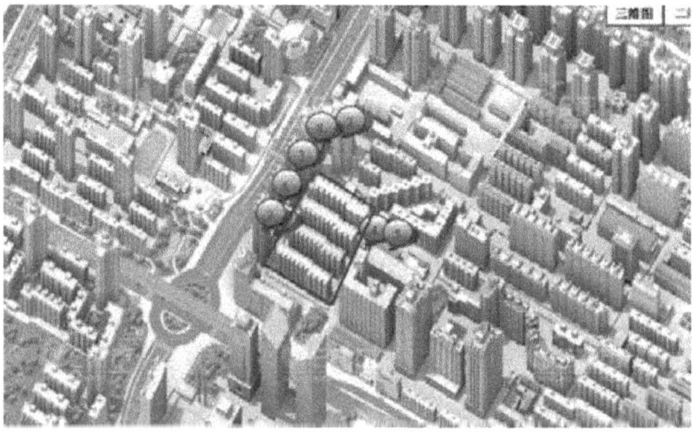

淮 6-47　掷煎架滂碘淮

2. 室外模测

（1）测试要求及目的

通过模拟小区楼顶架设 WLAN 室外型 AP 不同的安装位置，测试小区室内信号覆盖强度变化，得出室外型 AP 在此类场景下的覆盖方式。现场测试场景如图 6-48 和图 6-49 所示。

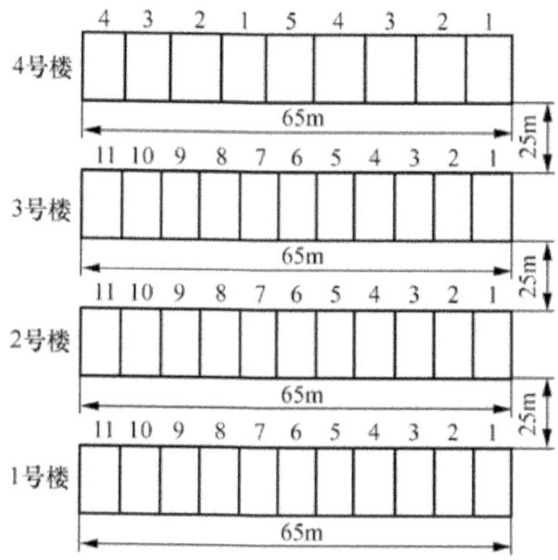

涯 6-48　4 嗅 6F 库搓战制庖涯

涯 6-49　6F 库搓战战唠涯

楼长约为 85m，宽 15m，9～11 个单元，楼间距约为 25m。

（2）测试主要设备

涯 6-50　碴爵 500mW 歹渔 AP 砼卫 a/b/g/n　涯 6-51　10 é 12dBiⅦ2.4GHzⅧ 傧秀济烙

笔记本电脑、WirelessMonWLAN 测试软件、其他相关模测用辅材（接头、馈线等）。

（3）测试方式

涯 6-52　歹渔 AP 寡傧秀济烙战唠修禹滂碘

① 第一种测试方式

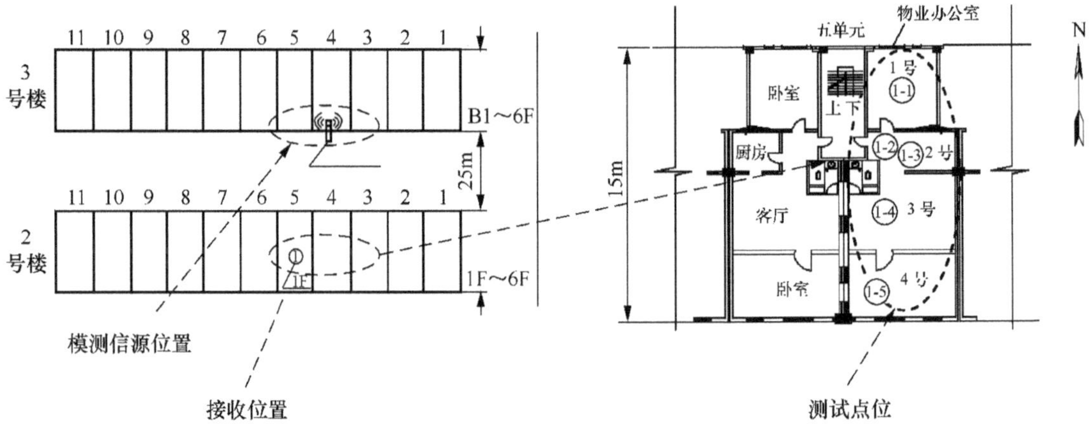

住宅改造-物业办公室

1 号房间

2 号房间

3 号房间

4 号房间

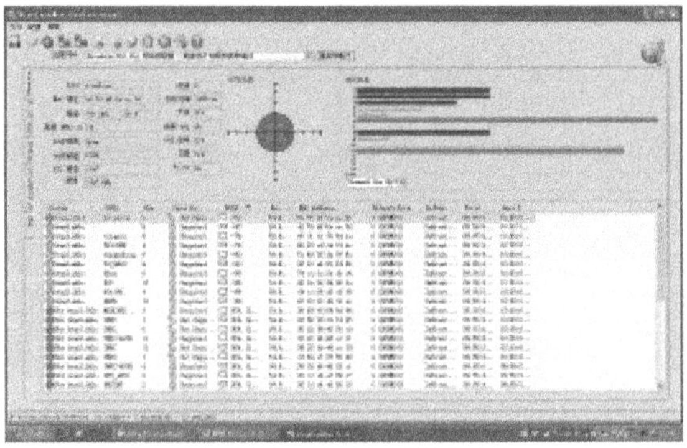

2 号楼 5 单元 1F，靠窗（1 号房间）=1-1

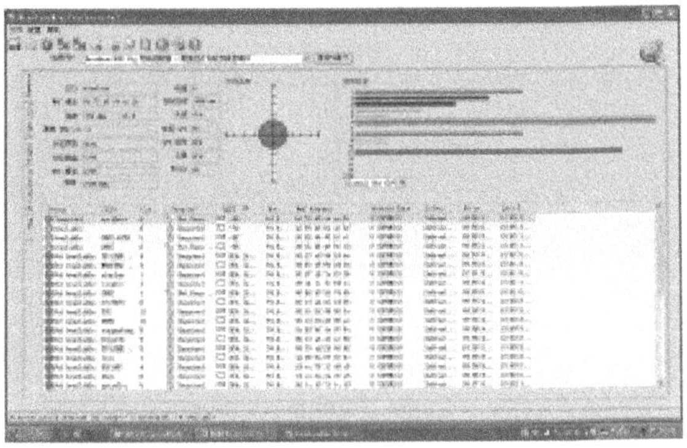

2 号楼 5 单元 1F，1 号房间门口（开门）（2 号房间）=1-2

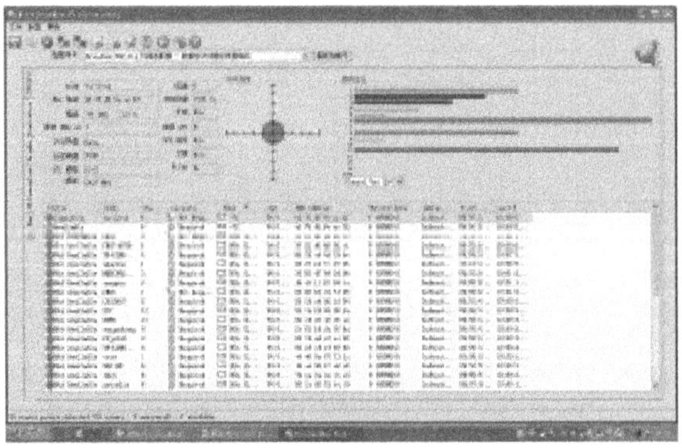

2 号楼 5 单元 1F，1 号房间门口（关门）（2 号房间）=1-3

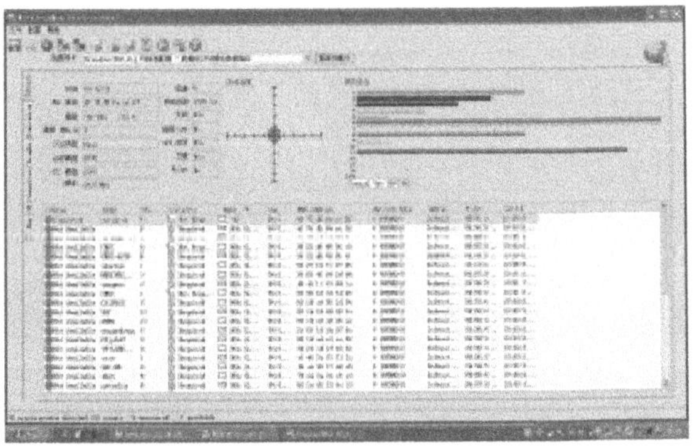

2 号楼 5 单元 1F，3 号房间（1 号房间关门）=1-4

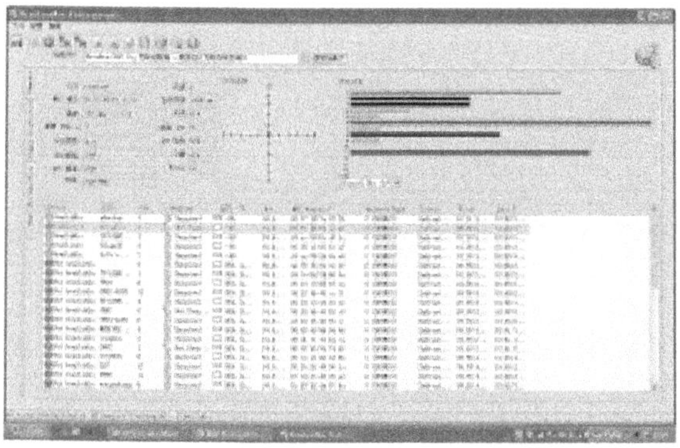

2 号楼 5 单元 1F　4 号房间（开门）=1-5

功歼哔滂	爝始杀哌ⅦdBmⅧ
1-1	−61
1-2	−69
1-3	−71
1-4	−82
1-5	−87

② 第二种测试方式

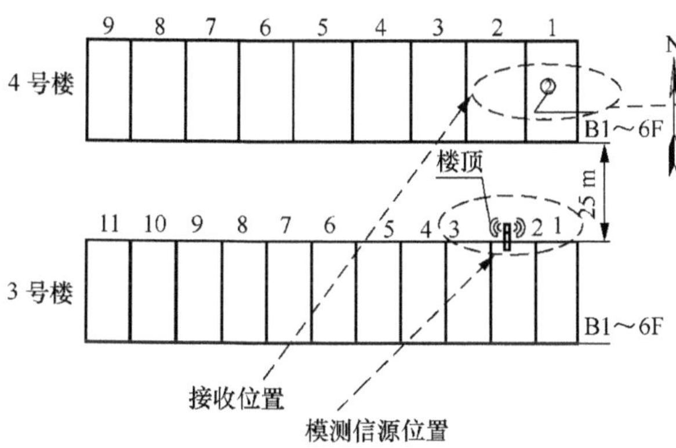

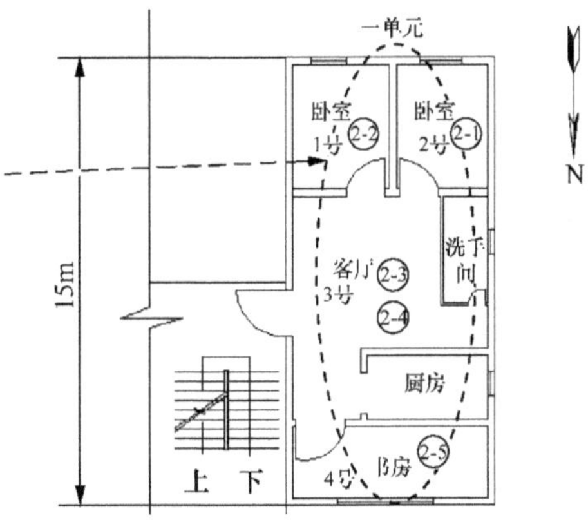

某居民家

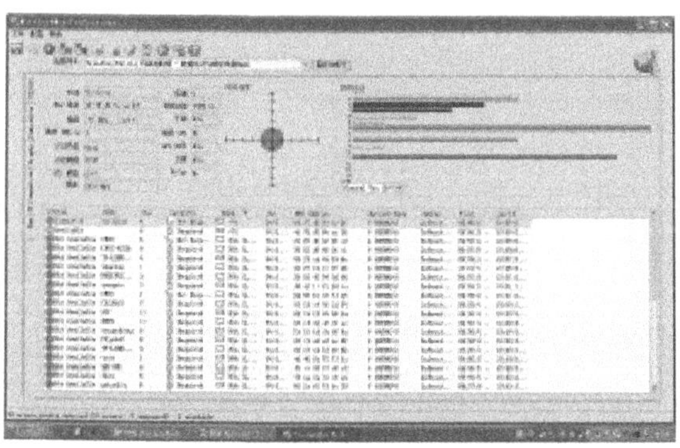

4 号楼 1 单元 4F　南面 2 号房间=2-1

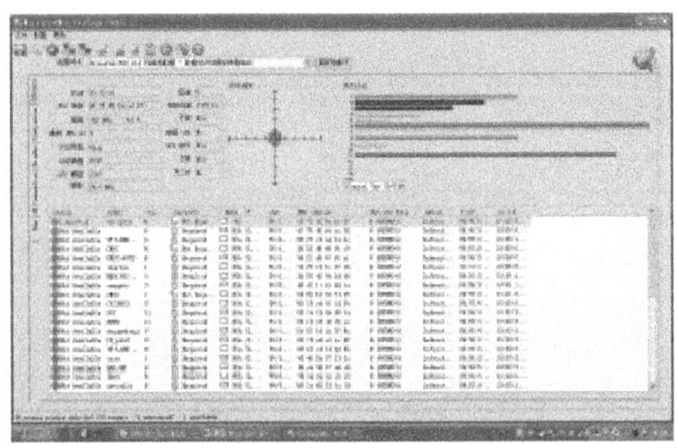

4 号楼 1 单元 4F　南面 1 号房间=2-2

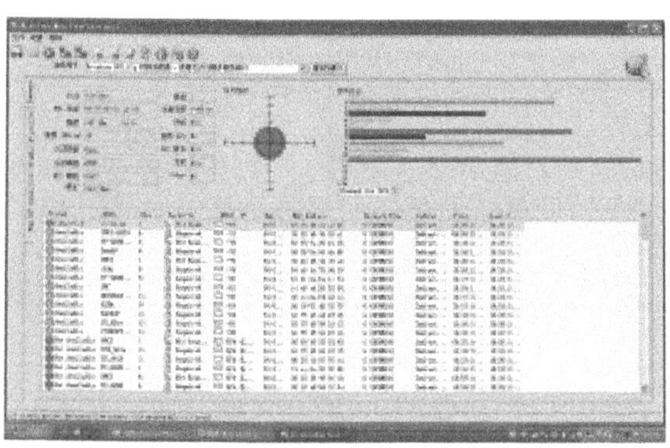

4 号楼 1 单元 4F，1 号和 2 号房间（开门），3 号客厅=2-3

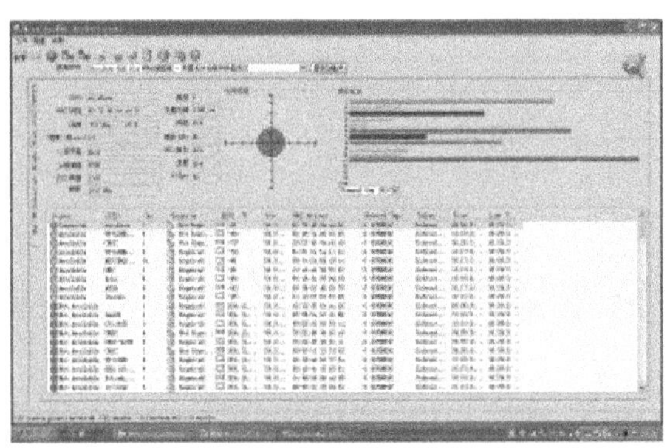

4 号楼 1 单元 4F，1 号和 2 号房间（关门），3 号客厅=2-4

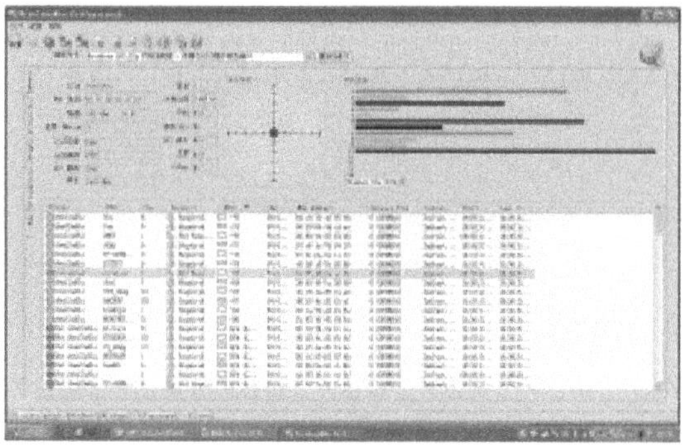

功歼哔滂	爝始杀啵ⅦdBmⅧ
2-1	−53
2-2	−60
2-3	−65
2-4	−67
2-5	−83

4 号楼 1 单元 4F　4 号房间（开门）=2-5

③ 第三种测试方式

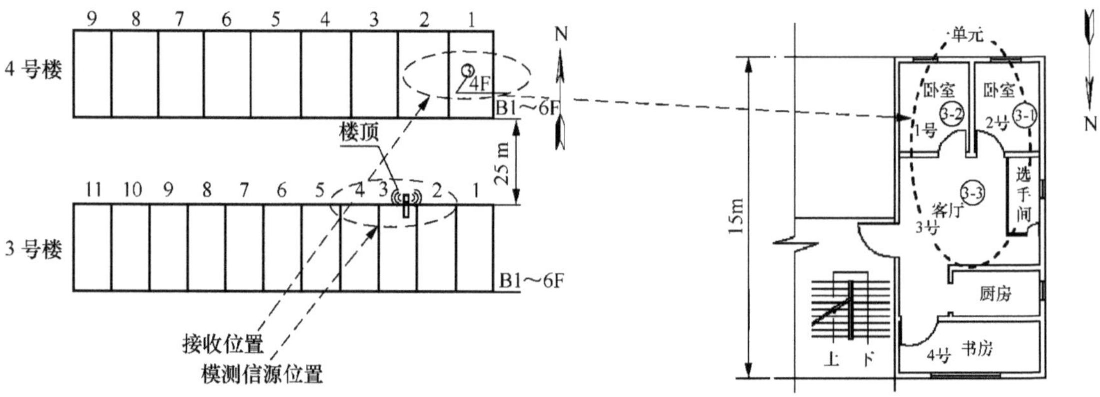

某居民家

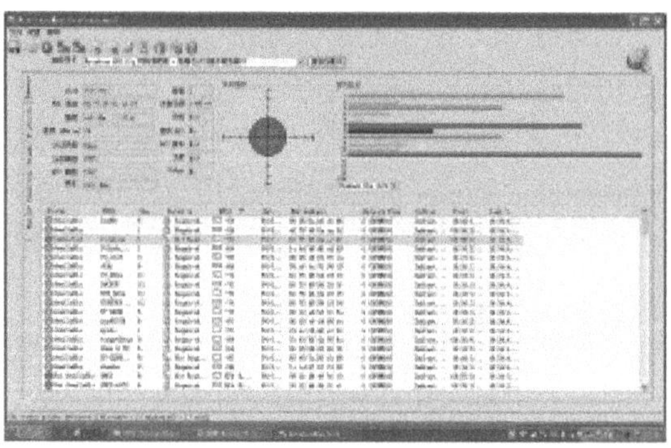

4 号楼 1 单元 4F　南面 2 号房间=3-1

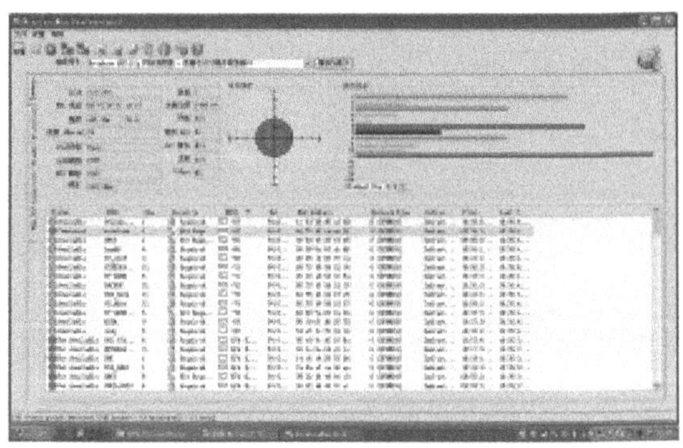

4 号楼 1 单元 4F　南面 1 号房间=3-2

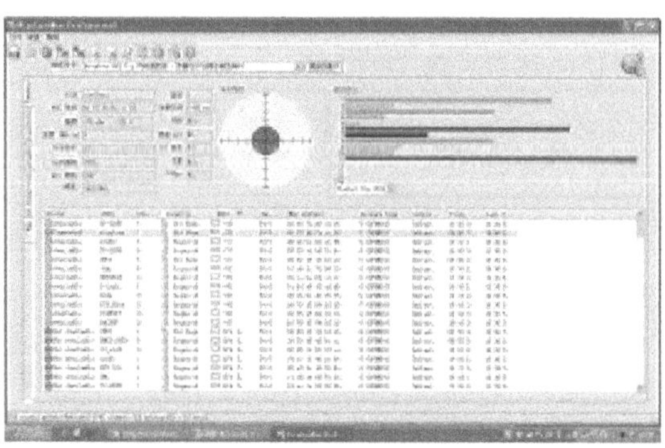

4 号楼 1 单元 4F，1 号和 2 号房间（开门），3 号客厅=3-3

功歼哔滂	爝始杀啵ⅦdBmⅧ
3-1	−60
3-2	−62
3-3	−70

④ 第四种测试方式

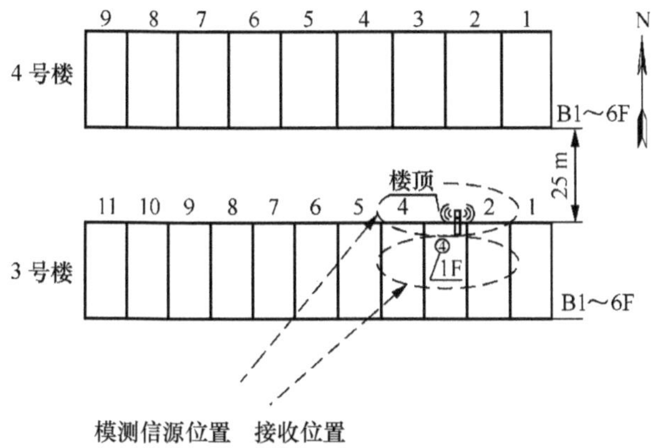

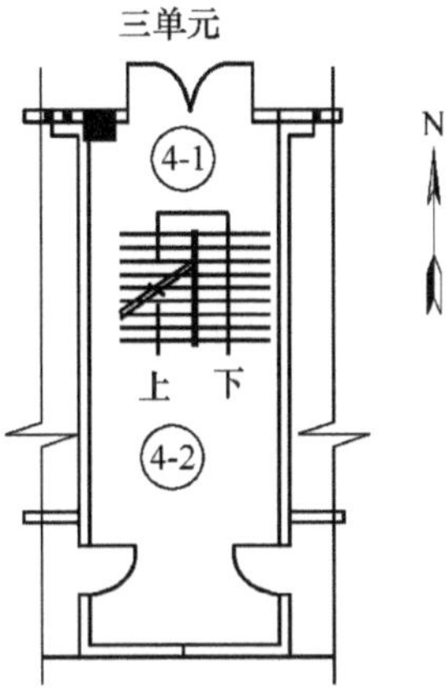

3 号楼 3 单元 1F 走道

3 号楼 3 单元 1F 走道 入单元门

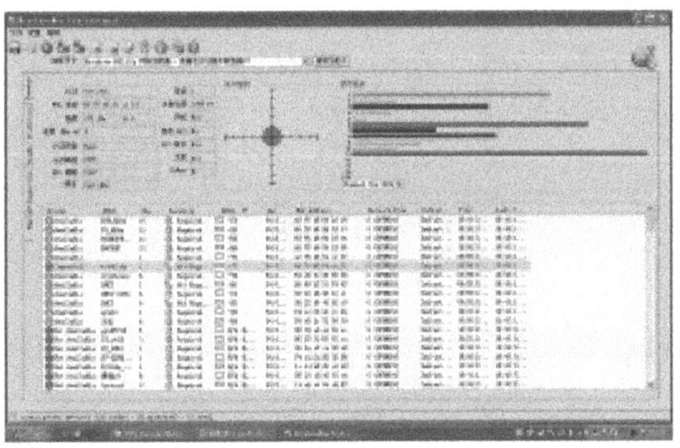
3 号楼 3 单元 1F 走道（关门）=4-1

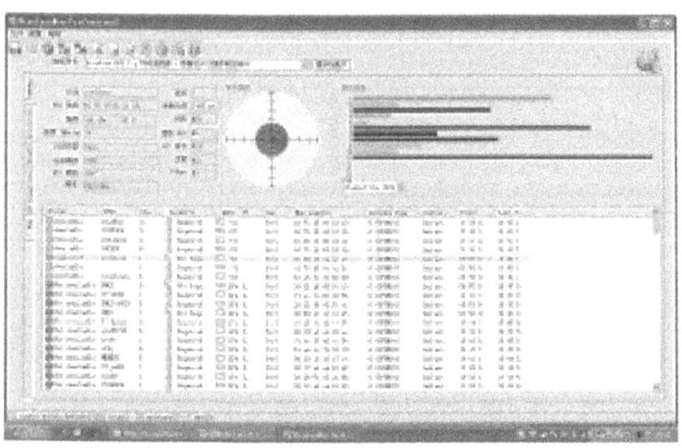
3 号楼 3 单元 1F 走道（开门）=4-2

功歼哔滂	爝始杀啵ⅦdBmⅧ
4-1	–77
4-2	–66

3. 结论

根据以上模拟测试，得出以下结论。

（1）楼间距在 25m 左右的 6F 住宅，对楼楼顶安装室外 0.5W AP，通过信号的穿透可以有效覆盖本楼纵向两个房间。如果楼宇纵向超过 3 个房间，则需要考虑从楼的两边向本楼进行覆盖。

（2）对楼楼顶的 AP 可以完全满足本楼 3 个单元的覆盖。

（3）通过测试，AP 反射信号指标不满足局方要求，不建议采用本楼楼顶安装 AP，反射覆盖本楼，建议尽量采用直射信号进行覆盖。

结合测试情况，本次计划采用“室外 AP”对某小区进行 WLAN 覆盖，如图 6-53 所示。

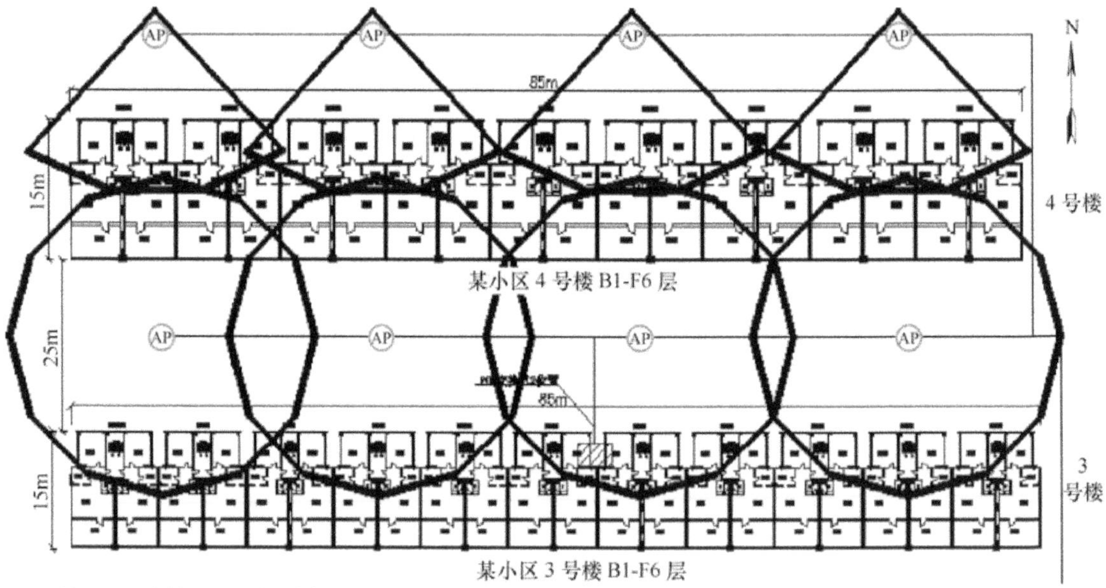

注：POE 交换机 1 具体安装位置按照业主要求安装。

涯 6-53 WLAN 歹渔坏坶榷尘涯

6.3.6 宴勾

1. 场景描述及需求分析

（1）机场设施：候机楼、塔台、停机坪、跑道、维修厂等设施。

（2）候机楼：专门为乘坐飞机的人士提供等候飞机、休息的场所。一般由钢架构加玻璃外墙组成，其相对宽敞、空间大、配套设施较多、人流量密集，以“游牧”型用户为主，数据量需求相对较高，是重点覆盖、主动建设区域。

（3）机场其他配套楼宇：人流量少，用户相对稳定，数据量相对少或无，根据业主要求覆盖，不建议主动建设。

2. 频率选择

以 2.4GHz 1/6/11 频点为主，独立布放的 AP，建议采用 5.8GHz 频点，以提高容量、避免干扰。

3. 覆盖规划

候机厅采用混合覆盖方式，合路方式的区域天线以全向天线和定向天线为主，由于候机区上方空间较大，距离地面高，天线口输出口功率可以超过 15dBm（$EIRP \leqslant 20$dBm）（控制干扰情况下）。对于候机厅内配套（餐饮、商业）采用纤维板、隔断式独立或者空旷区域，天线布放按照间距 15m 以内原则考虑。对于候机厅内的 VIP/咖啡厅，采用独立 AP 覆盖，使用 5.8GHz 频段，满足高端用户无线畅游的需求。室外近机位覆盖，考虑旅客行李系统 PDA 应用，覆盖主要集中在廊桥和近机位卸货区（双 SSID 考虑）。

4. 容量规划

举例：候机厅单层面积约为 2100m^2，候车厅座位数有 580 个。假设覆盖区域业务渗透率为 90%，市场占有率为 50%，并发率为 30%，单 AP 可支持用户数 20 人，则根据容量公式：可用 4 个 AP。

机场用户以“游牧”型为主，并发量不太大，业务主要应用于网页浏览、IM、邮件、博客、微博等小数据量、弱连接的应用为主流，初期建设仍以覆盖为主，在满足覆盖的前提下 AP 数可以少于 4 个。

6.3.7 睬怦碴爆

1. 场景描述及需求分析

会展中心多为矩形区域，钢筋混凝土结构，通常楼层较高（在 10m 以上），平层内建筑隔断较少，覆盖区域一般分为展览区域、休息区域和会议区。人群流动性较大，数据业务需求一般，业务的突发性非常明显，WLAN 建设初期以覆盖为主。

2. 频率选择

以 2.4GHz 1/6/11 频点为主，独立布放的 AP，建议可采用 5.8GHz 频点，以提高容量、避免干扰。

3. 覆盖规划

采用混合覆盖方式，根据覆盖面积来确定 AP 数，合理设计分布系统的主干和分支。对于大厅内的覆盖，可以采用全向天线和定向天线两种方式，具体安装如下。

如果可以在场馆屋顶下面的龙骨上固定天线，可安装全向天线，天线覆盖半径约为 10～15m；若业主不同意在龙骨上安装天线，可以在会展中心矩形边上安装定向板状天线进行覆盖，根据矩形覆盖区的宽度来决定单面定向覆盖还是双面定向对打，根据矩形覆盖区的长度来决定定向板状天线的安装个数，最终覆盖半径及天线口功率以模测为准。

4. 容量规划

举例：展览馆有展位 3000 个，每个展位平均两个工作人员，每天人流量平均 12 000 人。假设业务渗透率为 90%，市场占有率为 50%，并发率为 15%，单 AP 并发用户按照 20 人考虑，则根据容量公式可得：AP 数量为 61 个。

实际展览中心以突发业务为主，覆盖为设计导向，容量计算的数量仅作为参考，则实际用的 AP 数为 40 FIT+17 FAT=57 AP。

6.3.8 煞瘴

1. 现网宿舍楼 WLAN 覆盖情况说明

（1）某大学宿舍楼情况简述

某 211 大学宿舍区有 49 栋宿舍楼，分成 9 个住宿区，总建筑面积约为 21 万平方米，宿舍楼平均 5～6 层，每个宿舍楼可入住 240～250 个学生，9 个住宿区入住的学生大约为 12 000 人，业务需求量大，如图 6-54 所示。各个运营商对校园宿舍楼覆盖情况见表 6-11。

涯 6-54 汽榜战渔帱

表 6-11 各个运营商对校园宿舍楼覆盖情况一览

	WLAN	CDMA	GSM	TD-SCDMA	PHS	WCDMA
A 运营商	●	● □			●	
B 运营商	■		■ □	■ □		
C 运营商	◆		● □			■ □

■ 表示对宿舍楼采用室内覆盖方式；
● 表示对宿舍楼采用室外覆盖方式；
◆ 表示未对宿舍楼进行覆盖；
□ 表示 3G、2G 信号良好。

（2）原有 A 运营商室外 WLAN 覆盖方案说明

原有 WLAN 方案采用室外型 AP（0.5W），在每栋宿舍楼 3 楼或 4 楼走廊安装 1 套 AP，使用全向天线，对对面的楼层进行穿透性覆盖，同时提供 AP 之间的 Mesh 连接，以某宿舍群覆盖布置为例，如图 6-55 至图 6-57 所示。

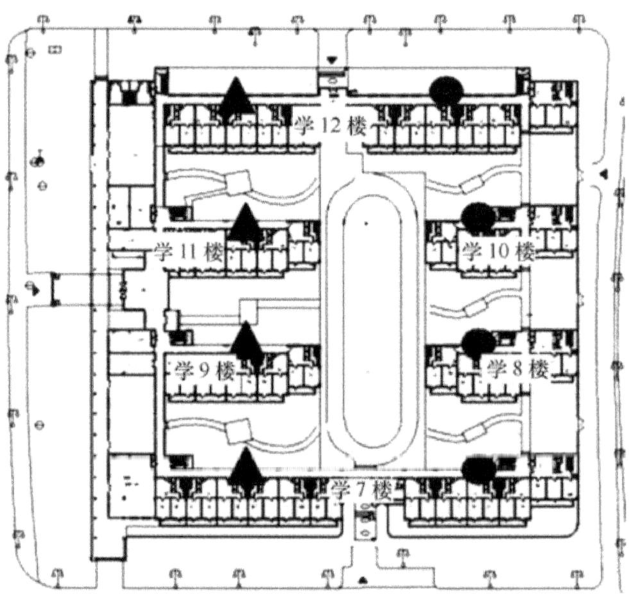

涯 6-55 梯崞爸→AP 堀嵬哔 瘸爸→AP 嚏嵬哔

涯 6-56　WLAN 歹渔 AP

涯 6-57　A 皎畔榍歹渔 AP 修禺滂

（3）现网 B 运营商 WLAN 建设覆盖方案说明

B 运营商对宿舍楼的 WLAN 覆盖采用 AP 接入室内分布，阳台使用美化天线的布线方式，来达到对宿舍区内的卧室和客厅的无缝覆盖，如图 6-58 和图 6-59 所示。

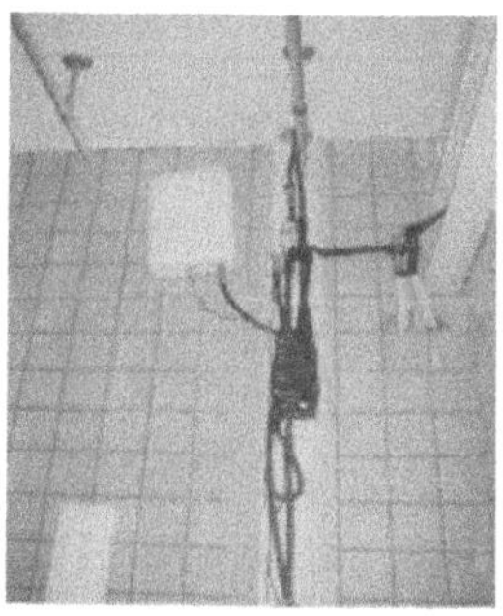

涯 6-58　B 皎畔榍 AP 珀泉修禺滂碘

涯 6-59　B 皎畔榍珀泉拿嫘济烙

（4）现网 WLAN 测试情况

测试方式：通过 Network Stumbler 软件检测某宿舍楼各个运营商 WLAN 覆盖质量。

测试地点：宿舍楼外、宿舍楼内。

测试结果描述：宿舍楼内外 WLAN 信号非常多，每个测试点测得的 SSID 号均超过 10 个，其中，强度大于−70dBm 的 SSID 平均每测试点位 5 个左右。这些 WLAN 信号主要包括 3 类：A 运营商现有 WLAN、B 运营商 WLAN、学生私装 AP 信号。

下面以某宿舍楼测试情况结果为例进行说明，如图 6-60 至图 6-63 所示。

涯 6-60　掷汽榜战渔

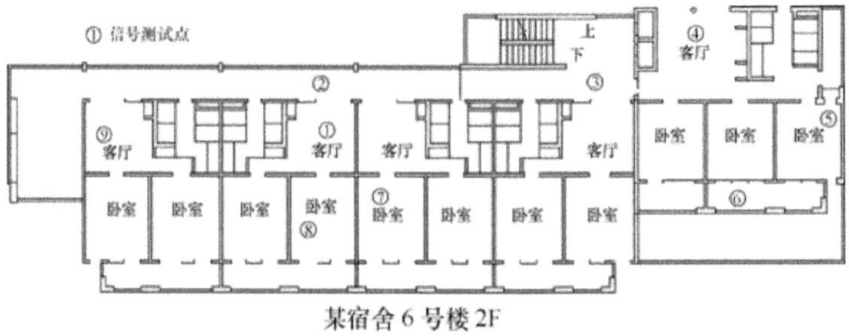

涯 6-61　炼溢功歼哔

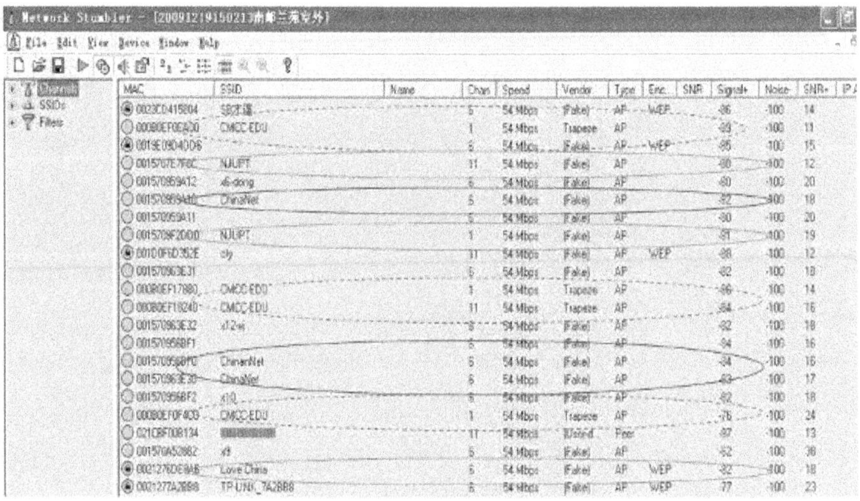

涯 6-62　掷汽榜 6 始战渔功歼毳庠

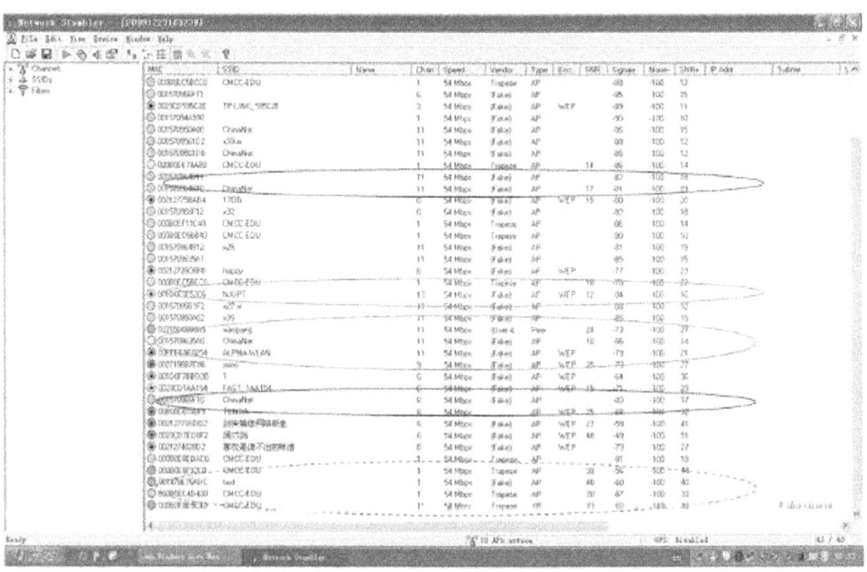

涯 6-63　掷汽榜 6 始战功歼哔 1 功歼毳庠

A 运营商 WLAN 信号　　私装 AP 信号　　B 运营商 WLAN 信号

（5）现有 WLAN 信号测试结果统计

表 6-12　　　　　　　　　　　　现网 WLAN 测试

	爝始杀啵ⅦdBmⅦ	爝始昔弁硫ⅦdBmⅦ	昔弁爝盲册ⅦdBⅧ	辜疟昂嗞
A 运营商信号	−93～−67	−80	17	多数是 CH6 和 CH11
B 运营商信号	−86～−50	−73	26	主要是 CH1，部分是 CH11
私装 AP 信号	−55～−30	−44	57	主要是 CH6 和 CH11

（6）其他说明

经过现场调查，所有宿舍主要使用 A 运营商的宽带网，私装 AP 上联属于运营 A 运营商的宽带。

结论：通过现网 WLAN 测试数据，得出如下分析。

① A 运营商现有 WLAN 信号在绝对电平和信噪比等均比移动信号和私装 AP 信号差。

② 私装 AP 大部分设置在默认的 CH6 和 CH11 频点，与 A 运营商的 WLAN 设置有冲突，对 A 运营商 WLAN 信号干扰严重。

③ B 运营商 WLAN 信号比私装 AP 信号要弱，但由于 B 运营商采用了 CH1 频道，私装 AP 对其干扰不大。

2. WLAN 工程建设目标和实现思路

（1）宿舍楼 WLAN 工程建设目标

① 强于竞争对手的 WLAN 信号；

② 分流私装 AP 用户；

③ 分流 EV-DO 流量；

④ 提高用户黏度。

（2）实现思路

① 进行频率规划，选取合适的频道进行网络配置；

② 多手段加强覆盖，覆盖强度超过竞争对手；

③ 提高 WLAN 业务承载能力，提高用户的感知度。

3. 宿舍楼 WLAN 工程建设方案

（1）频率配置方案

① WLAN 频率规划

WLAN 使用开放的公共 ISM 频段（2.4GHz 和 5.8GHz）。由于私人、企业和运营商都广泛使用，不可避免地存在频率干扰的情况；同时 5.8GHz 由于频段高、链路损耗和穿透损耗较大，因此该频段大多数用于 AP 回传和转发，而与用户的接入则大量采用 2.4GHz 频段。同时，常用的 2.4GHz 频段只有 3 个互不干扰的频点，因此，频率的合理设置对于稳定系统性能以及提高网络质量起到非常重要的作用。

② 本方案 WLAN 使用的频率

802.11b/g：2.4GHz 的 ISM 频段（2.4～2.4835GHz），可用带宽为 83.5MHz，划分为 13 个信道，通常使用 CH1、CH6 和 CH11，如图 6-64 所示。

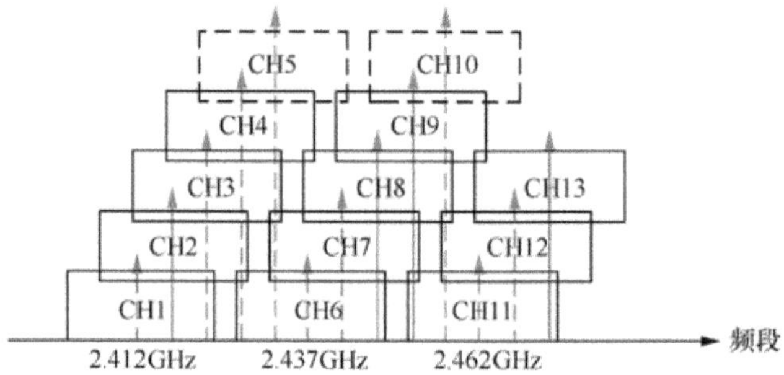

涯 6-64　2.4GHz 昂啾爝呲嫖嚏

③ 宿舍楼 WLAN 频率配置方案

A．频率排查规避。对目标区域进行频率清查，掌握频率干扰及占用情况，找出未占用的频点，并按照频点干扰程度进行排序，便于频点选择和干扰规避，但根据现场测试情况看，大部分区域 1、6、11 3 个频点均被占用。因此，频率排查后只能在少量区域实行。

B．引导学生修改私装 AP 配置。规劝学生私装 AP 频率重新规划，并考虑规避移动的 CH1 和 CH11，留出合适的 CH6 作为本次工程的专用频道，这个方案受限于学生的意愿，经过协调后只有部分区域能够实现。

C．频道重叠压制。在目标区域内选取功率较弱的信道，通过加强自身的发射功率来确保本频道的可行性。通过前面的调查发现，私装 AP 功率远远强于运营商的 WLAN 信号，建议选择与竞争对手相同的频率进行配置，并加大自身的发射功率。这个方案能够在大部分区域内实施。

（2）WLAN 覆盖强度与业务承载能力

WLAN 传输速率的变化会造成边缘场强的变化，本次对某学校 WLAN 覆盖提出了指标要求，经了解 A 运营商 AP 主要以某设备厂家为主，下面对此设备参数进行分析。

某型 AP 参数如下。

最大发射功率：500mW/27dBm

接收灵敏度：

802.11b：–89dBm@11Mbit/s，–97dBm@1Mbit/s。

802.11g：–72dBm@54Mbit/s，–91dBm@6Mbit/s。

终端网卡因厂家不同，指标有所区别，现根据使用最多的 Realtek 芯片网卡参数作为参考。

最大发射功率：50mW/17dBm

接收灵敏度：

802.11b/g：–68dBm@54Mbit/s，–85dBm@11Mbit/s，–88dBm@6Mbit/s。

AP 可以用的最大功率发射，网卡的最大发射功率按照 17dBm 来计算。若要达到 54Mbit/s，必须满足下列公式：

$$27\text{dBm}-L_1+G_a-L_2+G_m \geqslant Pr(\text{m}/54\text{Mbit/s})$$

$$17\text{dBm}-L_2'+G_\text{m}-L_1'+G_\text{a}\geqslant Pr(\text{AP/54Mbit/s})$$

其中：Pr(AP/54Mbit/s)是 AP 接收灵敏度；Pr(m/54Mbit/s)是网卡接收灵敏度；L_1 是下行信号在天馈系统的路径损耗；L_2 是下行信号空间路径损耗；L_1' 是上行信号在天馈系统的路径损耗；L_2' 是上行信号空间路径损耗；G_a 是发射天线增益；G_m 是网卡天线增益。

由于 WLAN 是 TDD 双工方式，因此，上下行信号的频率是相同的，即 $L_1=L_1'$，$L_2=L_2'$，所以第二个公式就变为：

$$17\text{dBm}-L_1+G_\text{a}-L_2+G_\text{m}\geqslant Pr(\text{AP/54Mbit/s})$$

将 AP 及网卡的接收灵敏度数值代入式得

$$-L_1+G_\text{a}-L_2+G_\text{m}\geqslant -95\text{dB}$$

$$-L_1+G_\text{a}-L_2+G_\text{m}\geqslant -89\text{dB}$$

根据不等式原理，上面两个公式可同时满足，即满足 54Mbit/s 的 WLAN 覆盖的最大链路损耗为 89dB，因此采用 500mW 功率的 AP，则边缘场强 Pm(54Mbit/s)=27dBm−89dB=−62dB。如果将 11Mbit/s、6Mbit/s 的 WLAN 速率作为边缘覆盖要求，则根据以上计算公式可得：

$$P\text{m(11Mbit/s)}=-79\text{dBm}\ P\text{m(6Mbit/s)}=-81\text{dBm}$$

根据上述计算结果，建议本工程在主要的目标覆盖区（宿舍内）实现−62dBm 的电平覆盖。

（3）覆盖方案及实现

① WLAN 室内覆盖在工程上分为独立 AP 布放和分布式 AP 布放两种布放方式。

下面分别对两种布放方式的优缺点分别给予阐述。

A．独立 AP 布放方式就是 AP 通过一个天线直接放置在覆盖区域，主要适用于覆盖区域较小、数据流量密度较大的场景。对于宿舍楼区要想满足覆盖前提，一层至少放置 3 个 AP，则一栋宿舍楼需要约 18 个 AP。这种方式的优点是工程实施简单、安装方便；缺点是在同一区域内大量使用 AP 会造成同信道干扰或邻信道干扰，AP 信道复用较难规划。而且 AP 数量增加造成设备总价过高。

B．分布式 AP 布放方式就是一个 AP 通过室内分布系统连接多副天线覆盖几个区域，适用于覆盖区域被分割成多个区域、数据量中等的场景。在宿舍楼采用分布式布放，根据设计估算一栋楼需要 4～5 个 AP。这种方式的优点是减少 AP 的使用量，AP 的信道规划容易，减少了同信道和邻信道的干扰；缺点是由于 AP 要接入室内分布系统，室内分布系统工程安装较复杂。

通过以上论证，本方案采用分布式布放。

在本方案中，根据现场楼宇建筑特点，可采用以下 3 种方式：

a．定向天线阳台布放；

b．全向天线房间布放；

c．定向天线走廊布放。

分别对上述 3 种覆盖方案信源使用 100mW AP 进行模拟测试，如图 6-65 至图 6-67 所示。

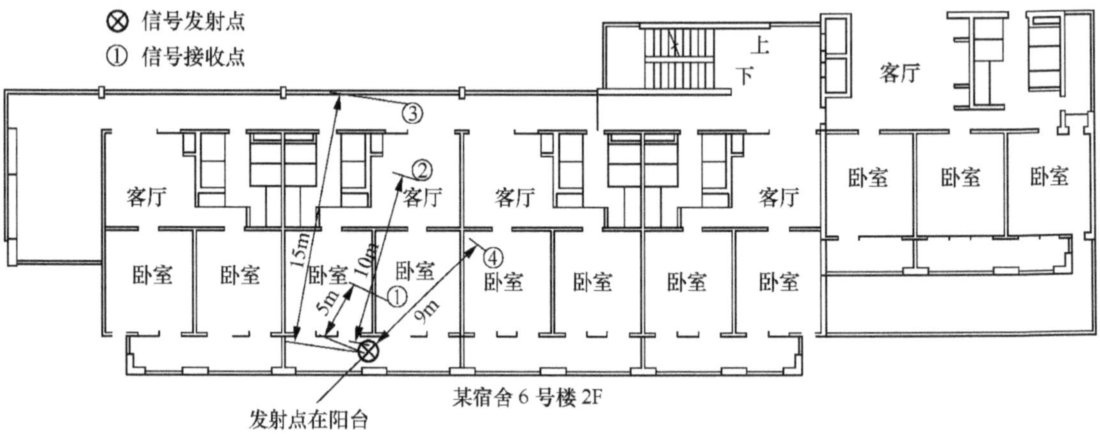

涯 6-65 珀泉哔滂功

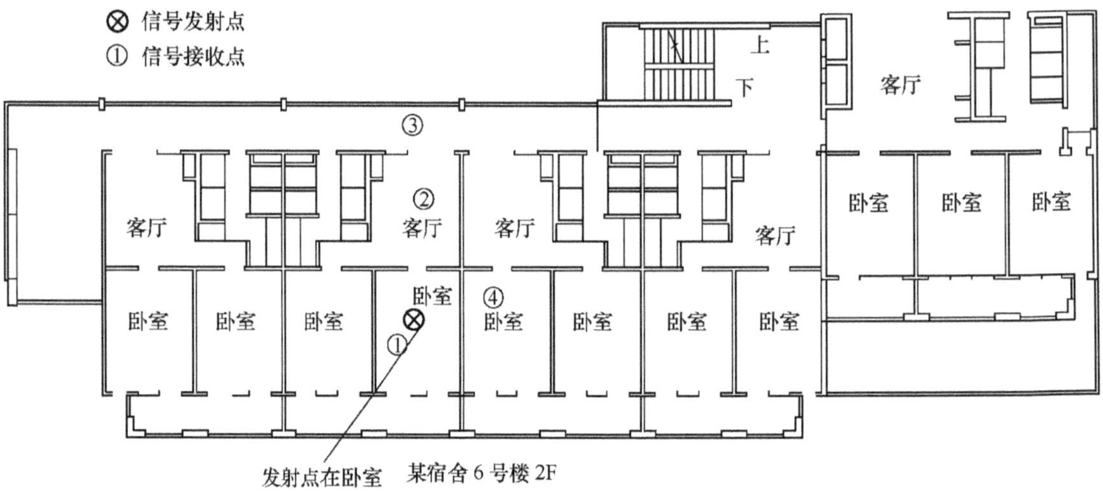

涯 6-66 嘿屑哔滂功歼

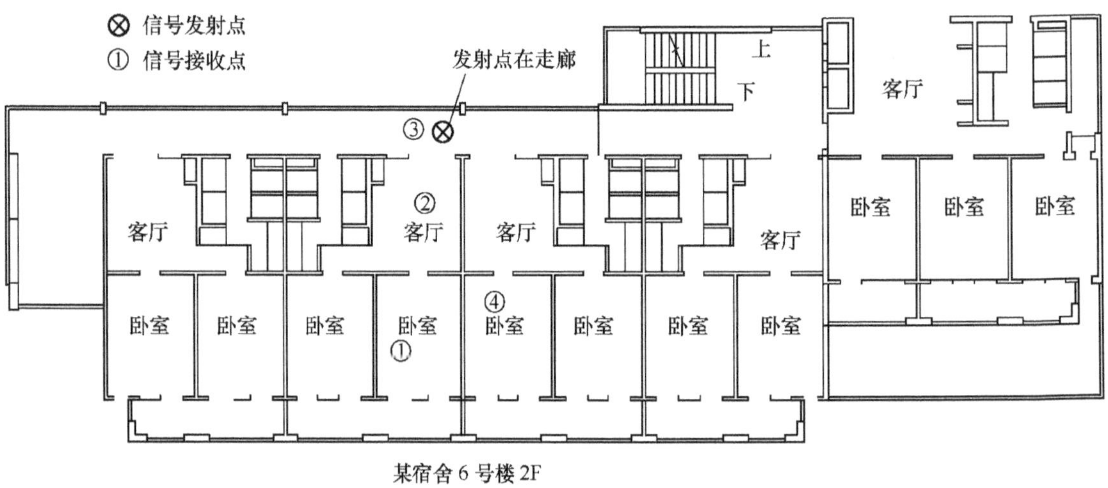

涯 6-67 稿总哔滂功歼

模拟测试数据见表 6-13。由模测结果可看出，走廊覆盖效果最差，房间内覆盖效果最好，阳台覆盖效果次之。

表 6-13　　模拟测试数据

嗯榫哔滂	功歼嵋歿堡扪ⅦdBmⅧ			
	功歼哔滂 1Ⅶ漏歹Ⅷ	功歼哔滂 2Ⅶ彼浯Ⅷ	功歼哔滂 3Ⅶ稿总Ⅷ	功歼哔滂 4Ⅶ埴冲漏歹Ⅷ
珀泉	−55	−60	−75	−58
房间	−33	−56	−70	−55
走廊	−65	−58	−31	−67

对某宿舍楼 35 栋阳台和房间放置天线的方案设计分别进行比较，如图 6-68 至图 6-70、表 6-14 所示。

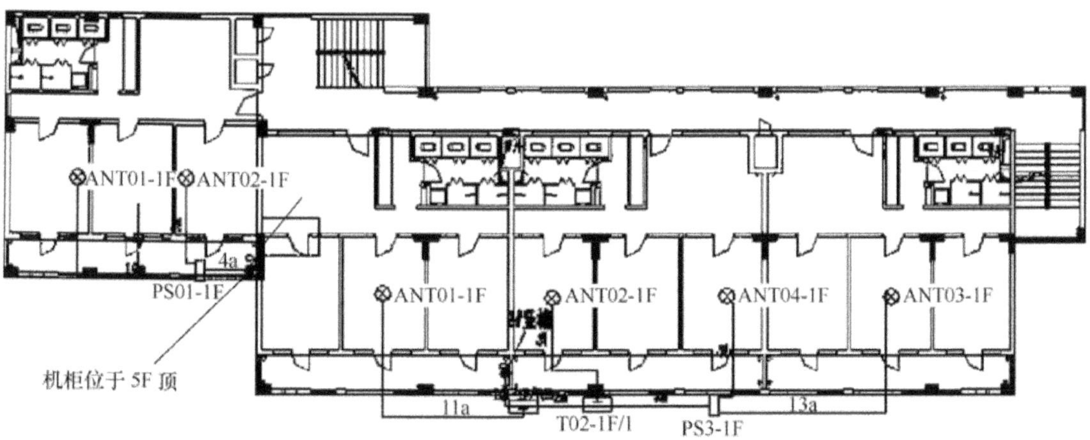

涯 6-68　唤焕傧秀济烙珀泉制嘅稿烙昔捐涯

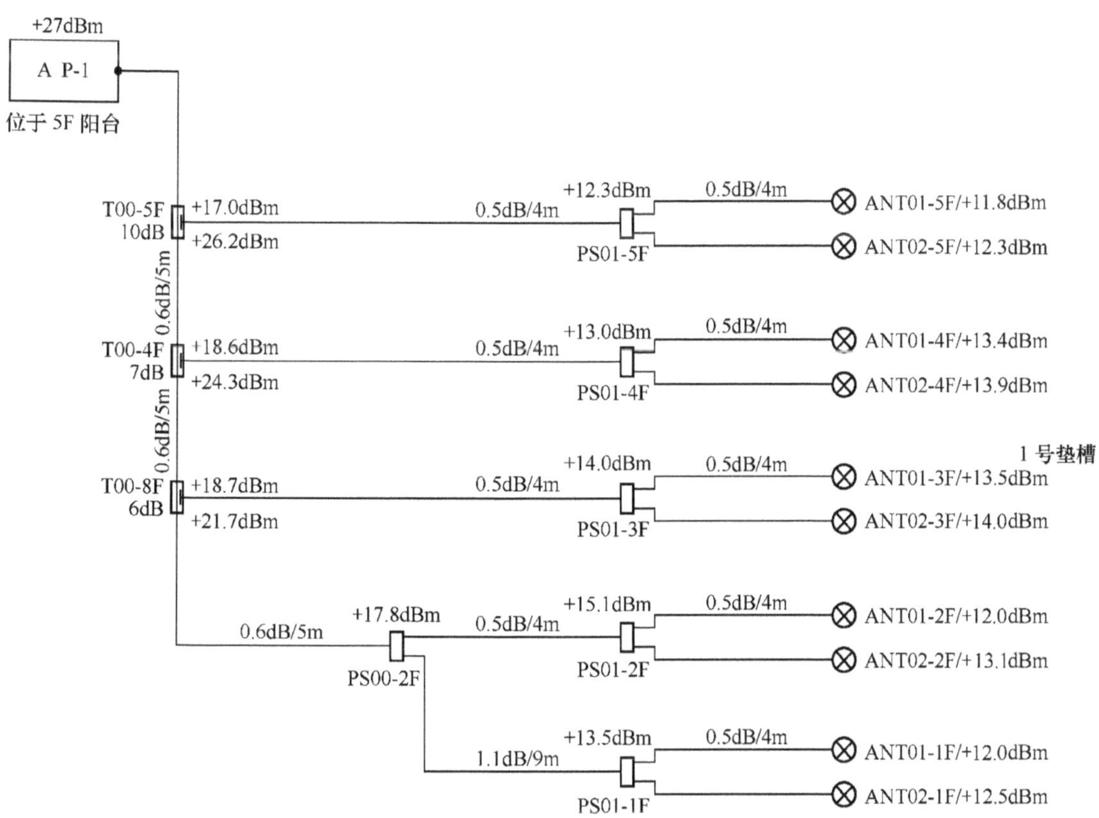

涯 6-69　唤焕傧秀济烙珀泉制嘅稿烙灬涣涯Ⅶ刹嚏Ⅷ

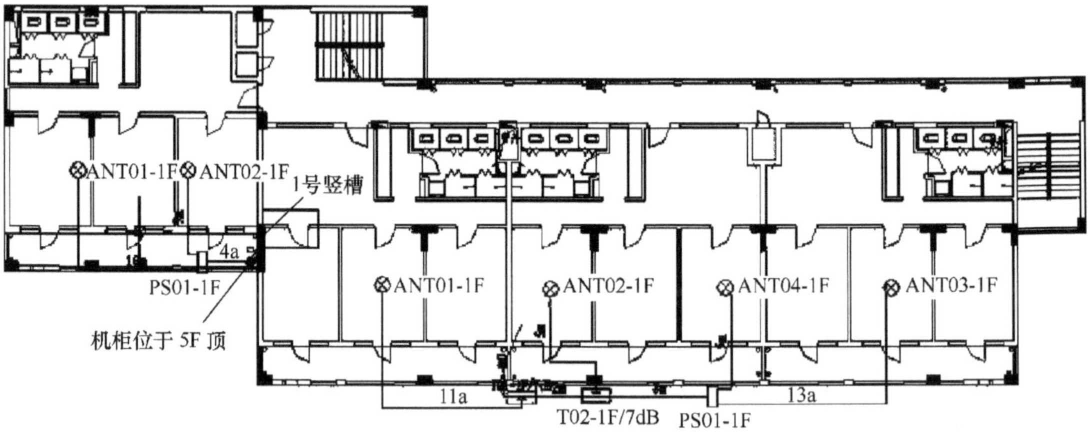

涯 6-70 柞焕澳唠济烙歹搞制噘稿烙昔捐涯

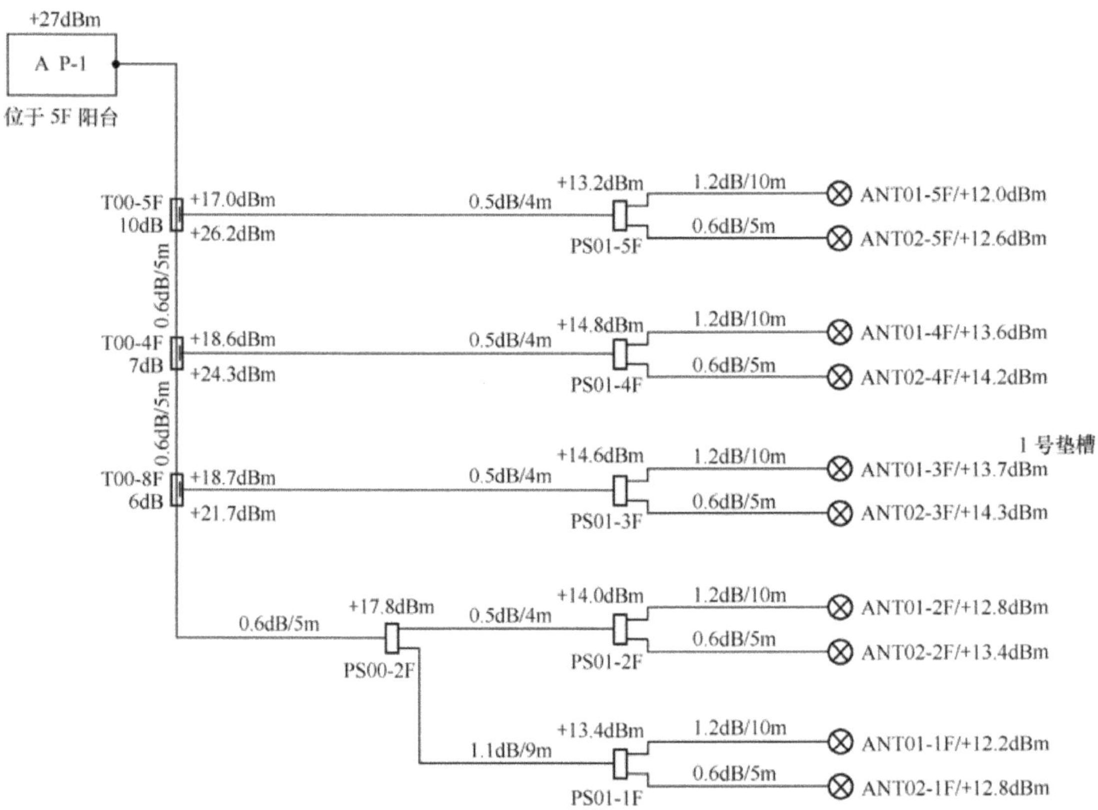

涯 6-71 柞焕澳唠济烙歹搞制噘灬涣涯Ⅶ刹嚏Ⅷ

表 6-14 某宿舍楼材料单和工程造价比较

掊卓	周滂	珀泉唤焕济烙嘹俾	歹搞柞焕济烙嘹俾
		毳惶	毳惶
二功分	个	17	12
三功分	个	1	1
5dB 耦合器	个	11	1
7dB 耦合器	个	6	11
10dB 耦合器	个	1	1

（续表）

掊卓	周滂	珀泉唤焕济烙嘹俾	歹搞柞焕济烙嘹俾
		毳惶	毳惶
天线	个	40	30
1/2″馈线	个	215	350
跳线	条	30	5
1/2″接头	个	92	102
主要工程材料价（合计）	元	6433.75	7914.70

结论：虽然室内全向天线方案在天线数量上有一定程度的减少，但是由于走线至室内引起馈线长度的增加，因此总造价反而比阳台定向天线方案高出 23%之多，同时考虑到设备的后期安全维护以及学校业主的要求，在同样满足效果的情况下建议采用阳台定向天线方案。

② 天线口功率设定。

WLAN 室内覆盖的主要特点是覆盖范围小、环境变动较大。就电波空间传播损耗来说，2.4GHz 频段的电磁波有近似的路径传播损耗，公式为：

$$PathLoss(\text{dB})=46+10\times n\times \log D$$

其中，D 为传播路径，n 为衰落因子。针对不同的无线环境，衰减因子 n 的取值有所不同。在自由空间中，路径衰减与距离的平方成正比，即衰减因子为 2。在建筑物内，距离对路径损耗的影响将明显大于自由空间。一般来说，全开放环境下 n 的取值为 2.0～2.5；半开放环境下 n 的取值为 2.5～3.0；较封闭环境下 n 的取值为 3.0～3.5。典型路径传播损耗理论计算表见表 6-15。

表 6-15　　典型路径传播损耗理论计算表

叠切座惆ⅦmⅧ	叠切沣姊ⅦdBⅧ		
	n=2.5	n=3.0	n=3.5
5	63.47	66.97	70.46
10	71.00	76.00	81.00
20	78.53	85.03	91.54
50	88.47	96.97	105.46

结论：由于宿舍楼属于半开放的环境，则路径衰减因子取 3.0，考虑室内定向板状天线放置在阳台覆盖宿舍区卧室，传播距离为 5m，则传播损耗为 67dB。现场对宿舍楼环境做了模拟测试，得出宿舍楼 1 堵墙的墙体损耗范围为 10～15dB，根据公式：

天线输出功率＋天线增益－空间传播损耗－隔墙损耗－人体损耗≥边缘场强（54Mbit/s/11Mbit/s/5.5Mbit/s）

本次 AP 的传输速率为 54Mbit/s；

边缘场强取：–64dBm；

人体损耗取：3dBm；

隔墙损耗取：11dB；

则：$X-67-11-3\geqslant-62$dBm，$X\geqslant19$dBm。

本次设计室内天线口功率控制在 12～15dBm 且使用板状天线，天线增益在 7dBi 左右，满足 54Mbit/s 边缘场强要求，也满足室内覆盖要求。

③ 容量分析

A．容量规划。

主要从设备性能、用户分布和目标覆盖区域等方面出发，估算出满足业务量所需的 AP 数量。

B．决定容量的主要因素。

a．并发用户数：工程设计一般 AP 最大接入用户数在 25 个左右较为合适，为保证用户使用，进行容量设计时应按照每 AP 15 个用户估算所需 AP 数量。

b．吞吐量要求：在设计中应充分考虑各类数据业务特点和带宽的需求，可结合并发用户数，并参考宽带用户平均速率（330kbit/s）进行估算。

c．频率干扰：在无法避免干扰的情况下，按 50%的 AP 吞吐量进行容量估算。

d．目标覆盖区域：根据用户分布确定目标覆盖区域，调整所需 AP 数量。

C．根据以上容量规划原则，本次宿舍楼容量要求如下。

容量要求为：每用户速率＝（每 AP 连接速率×传输效率）/（2×用户数量×忙时用户激活比例）；

AP 速率取 54Mbit/s，传输效率取 50%；

用户数量×忙时用户激活比例取：25 个用户；

则 54M 的用户速率为 0.54Mbit/s，11M 的用户速率为 0.11Mbit/s。

考虑 A 运营商一般每用户传输速率为 0.256～0.330Mbit/s，AP 连接速率取 54Mbit/s。容量规划结论：某校区一栋宿舍楼有 250 个学生，假设渗透率为 30%，并发率为 20%，则 A 运营商 WLAN 使用人数为 15 人，根据 AP 并发数为 15 人考虑，则一栋宿舍楼并发用户数可以达到 60 人，完全满足容量要求。

哉 7 瞍

暑浥万搞坏坶封毖畋疟

7.1 Femtocell 技术

7.1.1 檎括歇 Femtocell

Femtocell 是真正将移动、固定、宽带融合在一起的产品。用户通过一个 Femtocell 终端就能实现其所有的通信需求，并享受业务在不同接入模式中的融合漫游。Femtocell 将在未来 5～10 年彻底改变用户使用移动网络的方式。任何想在通信领域取得成功的运营商、系统设备商、终端设备商、系统集成商、服务提供商都将投入到这个激动人心、高速发展的领域。

Femtocell 是一个低功耗的无线接入点，工作在移动运营商的无线频谱上，可以为手机或其他移动终端提供高速的网络连接，为用户提供室内高质量的话音和数据服务。

如图 7-1 所示，Femtocell 通过宽带路由器将用户的移动终端连接到 Internet。拥有 Femtocell 的家庭将彻底摆脱网线的限制，可以在家里任何地方高速上网。一般来说，一个 Femtocell 可以至少同时为 4 个用户提供话音或数据服务，支持 HSDPA 的 Femtocell 可以提供 3.9Mbit/s 或更高的下载速率。准确的性能参数依赖于各个 Femtocell 厂家的产品。注册到 Femtocell 的终端数量没有特别的限制。特别需要说明的一点是，Femtocell 可以根据不同的业务类型调整空中接口 QoS 参数。典型的业务类型有会话类、背景类、流类和交互类。

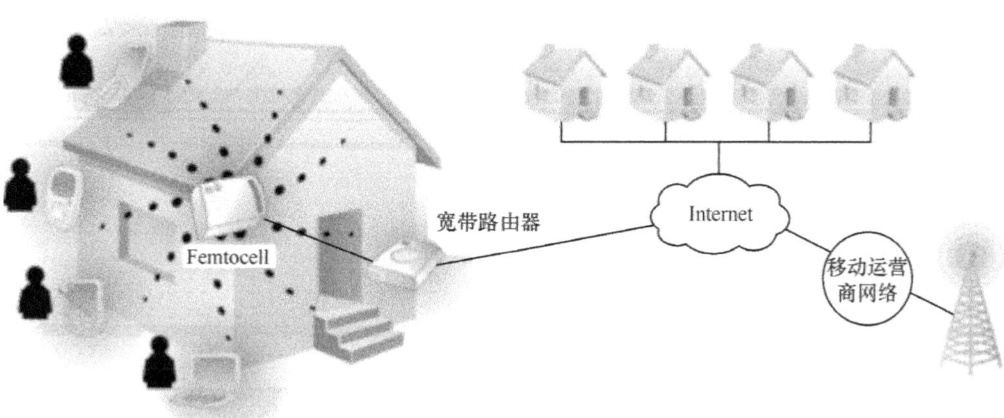

涯 7-1 Femtocell 害兹溢抢巅墅涯

用户数据通过 Femtocell 集中到 Femto 网关，通过 Femto 网关接入到运营商的核心网。在核心网内部，通过 Femtocell 传输的数据与通过传统宏蜂窝传输到核心网的数据的处理方法没有任何区别，这有效保护了运营商的投资。同时运营商还可以通过网管平台对每个 Femtocell 进行性能监控、配置、故障检测，从而保证用户可以通过 Femtocell 得到高质量的话音和数据服务。

目前的 Femtocell 产品可以分为两种：独立的 Femtocell 和集成的 Femtocell。独立的 Femtocell 通过用户现在已有的宽带接入方式（ADSL、宽带）接入网络；集成的 Femtocell 融合了多种接入技术，如 ADSL、宽带路由器、WLAN 接入点等。集成的 Femtocell 将来不仅可以连接手机、笔记本电脑等目前常见的移动终端，还将能够连接电视、空调、冰箱、摄像头等家电产品，并对其进行集中控制。图 7-2 是目前一些厂家生产的 Femtocell 的图片。

Femtocell 虽然是一个电信级的产品，但同时也是一个消费类电子商品，必须满足大规模生产的要求。Femtocell 产品必须可以很方便地放置在家庭环境或办公环境中。如图 7-2 所示，目前的 Femtocell 产品都比较小巧、精致，相信不久的将来还会有更多更美观的 Femtocell 产品出现。

1．Femtocell 的特征

从表面上看，Femtocell 与其他无线接入设备有许多类似的地方，如都是为了提供高速的无线上网功能。但 Femtocell 与其他无线接入设备有许多本质上的不同，正是这些不同将使得 Femtocell 成为一个革命性的产品。本节先阐述 Femtocell 本身的一些特征，第 7.1.2 节详细地将 Femtocell 与其他无线接入设备进行了比较。

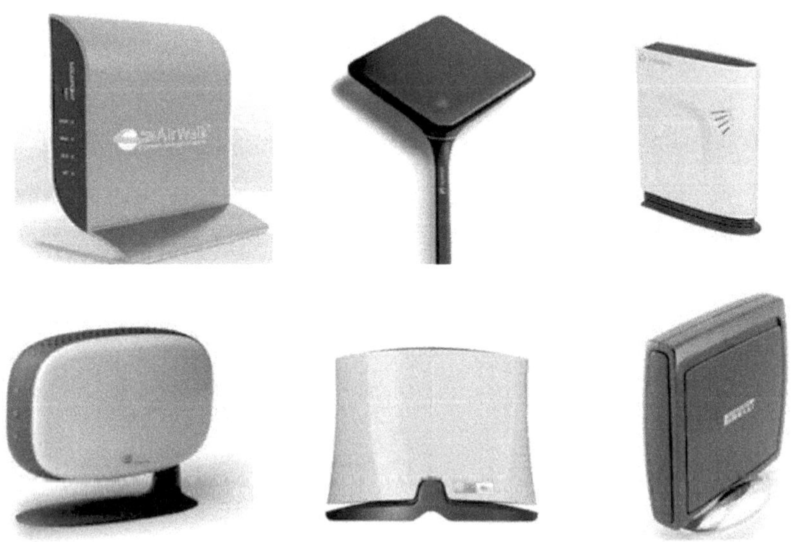

涯 7-2　Femtocell 募昆睬欤

（1）使用标准的移动技术

Femtocell 在空中接口使用标准的无线协议与手机或其他的移动终端进行通信。标准的无线协议包括：GSM、CDMA、WCDMA、EV-DO、LTE、WiMAX，以及其他由 3GPP、3GPP2、WiMAX 论坛制定的协议标准。使用标准的无线协议可以使手机等移动终端无需任何改动就可以接入 Femtocell，并且可以实现从宏蜂窝自由地切入/切出 Femtocell。

（2）工作在授权的频谱上

工作在授权的频谱上可以保证运营商通过抗干扰技术来保证服务质量，同时使得运营商高价购买的频谱可以得到充分使用，进一步地保护了运营商的投资。对于用户来说，工作在授权的频谱上可以保证用户得到充分的安全保证。用户数据在无线口上的传输经过严格的加密保护和完整性验证。

（3）保证室内无线覆盖的效果

如何保证室内无线覆盖的效果一直是一个难以解决的问题。尤其在建筑物密集的区域，无线规划更是一个难题。简单地增大宏基站的发射功率并不能解决问题。室内覆盖的问题在 3G/4G 时代更加突出，因为 3G/4G 频谱大多被分配在高频率上，墙体等障碍物对信号的衰减作用更加明显。Femtocell 可以完美地解决这个问题。Femtocell 从诞生那天起，就是为解决室内覆盖的难题。简单地增加一个 Femto 就可以解决 100～250m^2 的室内覆盖问题。有些厂家设计的用于商业环境的 Femtocell 可以提供更大范围的室内覆盖。

（4）基于 Internet 的传输

Femtocell 通过传统的 Internet 和标准的 IP 协议传输数据到运营商的核心网。目前宏基站需要通过微波、E1/T1 等昂贵的技术与无线网络控制器连接。基于 Internet 的传输可以降低运营商的建网成本，同时降低用户的使用费用。

（5）低资费

如前所述，使用 Femtocell 可以极大地节省运营商保证室内无线覆盖质量所需要的投入，并保护运营商已有的投资，因此在室内使用无线业务的用户也可以节省费用。如目前的无线数据业务由于受限于网络容量，大多是基于数据流量进行计费的。使用 Femtocell 可以极大地提高室内的无线容量，运营商可以推出相应的室内套餐。在室内进行无线数据业务的用户可以按时间计费，或享受无限制的包月包年服务。可以想象，在不远的将来，用户可以像现在使用固定宽带一样使用无线宽带数据业务。

（6）可管理

与其他的无线接入设备不同的是，Femtocell 对于运营商而言是完全可见的。运营商需要对 Femtocell 进行参数配置，来保证 Femtocell 不会与宏蜂窝或其他 Femtocell 产生干扰。同时，运营商可以通过网管系统对每个 Femtocell 进行软件升级、配置修改、性能检测、故障修复等。对于用户来说，用户也可以根据自己的需要对 Femtocell 进行配置、管理。比如 Femtocell 的拥有者可以配置哪些用户可以使用本地的 Femtocell 的业务。

（7）自我配置与优化

Femtocell 可以由普通用户自行安装，无需专业人士到现场进行安装。这需要 Femtocell 拥有强大的自我优化能力。第一次安装 Femtocell 时，Femtocell 会自行下载需要的配置数据和其他软件。在运行过程中，Femtocell 会定时检测周围的无线环境。一旦周围的无线环境发生变化，Femtocell 为了保证服务质量会调整当前使用的无线参数。Femtocell 的自我配置与优化能力十分重要，因为如果需要派专业的工程师去用户家中安装 Femtocell 会提高 Femtocell 的使用成本。“傻瓜式”的安装是保证 Femtocell 可以被大范围部署的关键。图 7-3 展示了一个典型的 Femtocell 安装所需要的步骤。在 10 分钟的自我配置阶段，Femtocell 做了很多的工作。

① 与移动网络通信建立安全的数据传输通道；

② 与网络进行双向鉴权，建立用户上下文；

③ 检测周围无线环境，自我配置无线参数以降低干扰。

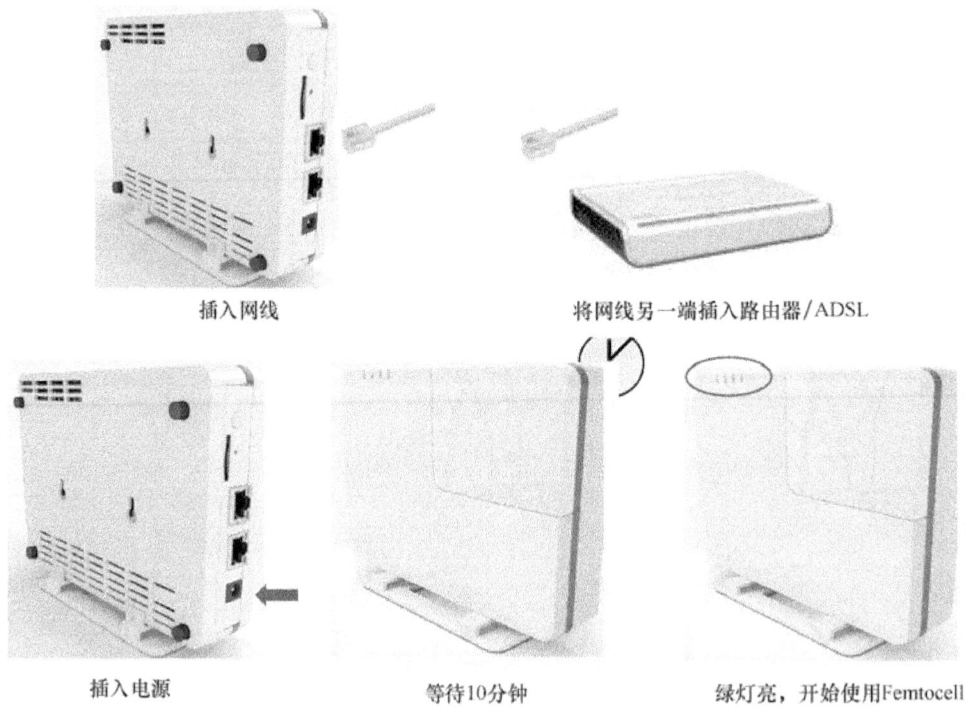

涯 7-3　Femtocell 暾唱奢卞

用户完全不知道在这 10 分钟内 Femtocell 做了哪些事情。当 Femtocell 完成自我配置与优化后，用户就可以接入 Femtocell。用户可以将 Femtocell 一直开着。如果用户关闭 Femtocell，当 Femtocell 再次被启动，只需要很短的时间就可以提供服务了。

（8）支持开放式和封闭式接入

由于 Femtocell 可以被广泛应用于家庭环境，用户需要配置哪些人可以使用家里的 Femtocell。Femtocell 会保存一个允许列表记录哪些终端号码可以接入到 Femtocell。不在允许列表中的号码无法通过 Femtocell 进行话音或数据业务，但可以拨打紧急号码，如 110、119。这种接入方式称为封闭式接入。除了家庭环境，Femtocell 还可以被应用于商业环境，如商场、餐厅、办公室等。商业环境中的 Femtocell 一般不需要限制用户接入。例如，任何进入到商场里的顾客都可以使用商场 Femtocell 提供的信号。

2. Femtocell 标准化

目前主要的 3G/4G 标准化组织都在制订相应的 Femtocell 标准，使得将来不同厂家的 Femtocell 与 Femto 网关和网管系统可以互联互通。

3GPP 的 Home Node B 标准是 WCDMA 的 Femtocell 标准。FDD 和 TDD 相关的标准基本完全一致。

3GPP 的 Home eNode B 标准是 LTE 的 Femtocell 标准。FDD 和 TDD 都包含在其中。

3GPP2 制定 cdma2000，CDMA 1x，HRPD，1x EV-DO 和 UMB 的 Femtocell 标准。

WiMAX 论坛基于 IEEE 标准制订 WiMAX Femtocell 标准。

3. Femtocell 的类型

根据 Femtocell 的发送功率和能力，Femtocell 大致被分为以下 3 种类型。这些分类并不是标准的、严格的分类，主要是为了方便后面内容说明相关问题。

（1）类型 1

该类型的 Femtocell 是最早出现的，也是目前广为人知的 Femtocell。这个类型的 Femtocell 的部署和发送功率与 WLAN 接入点很相似（通常是 20dBm），可同时为 4～8 个用户提供话音或数据业务，由终端用户自行安装，支持开放式接入或封闭式接入。

（2）类型 2

该类型的 Femtocell 的发射功率相比类型 1 有所提高（通常是 24dBm），可以支持更大的覆盖范围和 8～16 个用户同时进行业务，由终端用户或运营商进行安装，支持开放式接入或封闭式接入。这个类型的 Femtocell 可以被看作是 Picocell 的演进版本。

（3）类型 3

该类型的 Femtocell 拥有更大的发射功率，支持更多的用户同时进行业务，通常只支持开放式接入，可以被部署在室内用于提升本地的无线覆盖，或者部署在户外用于提供比较荒凉的边远地区或其他特殊区域的无线覆盖。

4. Femtocell 优势

（1）对移动终端无特殊要求

Femtocell 对移动终端无任何特殊要求，在室外宏蜂窝网络使用的任何相同制式的移动终端都可以接入 Femtocell 设备。这点优于需要双模终端的 WLAN 室内覆盖方式，有利于提高用户接纳度。

（2）解决室内覆盖问题

Femtocell 最基本的应用之一就是在宏蜂窝网络覆盖薄弱的区域提供话音与数据业务覆盖，由于仅用于家庭网络覆盖，一般不会出现用户数量明显增加的情况，因此，网络服务质量能够得到很好的保证，且能够支持高速率数据业务。

随着移动通信的进一步普及和室内话务密度的不断上升，通过采用 Femtocell 来弥补建筑物内覆盖盲区，运营商不但可以获得良好收益，还可大大提高品牌形象。

（3）提高室外宏蜂窝网络服务质量

首先，如果运营商将一部分业务分流至 Femtocell，则减轻宏蜂窝网络压力；其次，同小区下的用户可以共享下行功率。对室内用户来说，由于无线信号要穿透墙体才能到达终端，因此这部分手机会消耗一大部分功率，从而导致宏蜂窝小区的容量下降，引起小区下所有用户业务质量恶化。如果室内用户通过 Femtocell 提供服务，则宏蜂窝网络增加的容量将高于从宏蜂窝移至 Femtocell 上的业务量，可以更好地为室外用户提供服务。

越有吸引力的数据业务消耗的带宽越大，音乐、视频及下载是典型的 MB 级流量业务，视频也需要 128kbit/s 或更高速率。对于运行在容限范围内的 3G 网络，只要加载哪怕只有一种移动宽带业务，网络容量也会迅速消耗殆尽。因此，3G 网络中数据业务占的比重越大，Femtocell 的优势越明显。

（4）节省宏蜂窝网络投入

Femtocell 对宏蜂窝具有业务分流作用，在同样的覆盖面积与容量需求下，这等效于减少宏蜂窝数量或降低宏蜂窝容量配置需求。

（5）增强运营商竞争力

Femtocell 可以为安坐家中的用户提供很好的话音、移动数据业务体验。由于可以利用核心网的分组交换来传输话音等实时业务，Femtocell 方案可以获取相当的成本优势，运营商可以制定优惠的价格吸引用户使用。当用户习惯在室内使用数据业务之后，也会在室外使用同样的业务，这就增加了宏蜂窝网络的业务量，从而提高总体收益。

7.1.2 Femtocell 痞暑沲溧烙嵋桨榷关咧架凫

Femtocell 很容易与其他无线接入设备相混淆。本节重点解释 Femtocell 与其他无线接入设备的区别，通过这些区别可以更加清楚地了解 Femtocell 的优势。

1．与 WLAN 接入点的区别

当笔者第一次听说 Femtocell 技术时，脑海里闪过的第一个念头就是这个产品没有任何前途，因为 WLAN 接入点完全可以做到 Femtocell 所能做到的所有事情。事实是否如此呢？

WLAN 设备也是为移动终端提供无线宽带接入的。但是与 Femtocell 相比，还是有很大的区别。

（1）WLAN 工作在非授权的频段上

由于 WLAN 工作在非授权的频段上，运营商无法保证用户在空中接口上得到可靠的质量保证。频繁的信号干扰可能导致服务质量的快速下降。绝大部分 WLAN 设备工作在 2.4GHz 频段，在这个频段上，只有 3 个不重叠的信道，因此没有很好的办法来解决干扰问题。相反，Femtocell 工作在授权的频段上，保证了运营商可以控制每个 Femtocell 来解决干扰问题，确保每个用户都可以得到满意的服务质量。

（2）WLAN 接入点无法调整发射功率

WLAN 接入点和 WLAN 终端设备的发射功率都在 100mW 左右。即使使用更低的发送功率也能完全满足要求，这个发射功率也不会有任何变化。由于处于相同的发送功率，WLAN 终端之间的干扰问题会更加严重，并且会很快消耗 WLAN 终端的电量。熟悉蜂窝技术的读者都知道，在移动蜂窝网络中，终端设备和基站都会不断调整发射功率，由此来保证尽可能多的用户可以共享一个信道，不同用户之间的干扰被减少到最低的程度。基于蜂窝技术的 Femtocell 也可以做到这点。同时，因为 Femtocell 与终端之间的距离一般较短，Femtocell 和终端的发送功率都可以保持在很低的程度。这一方面延长了终端的电池使用时间，另一方面保证了用户的身体健康不受任何影响。Femtocell 的发射功率大约在 20mW 左右，工作期间终端的发射功率更低。

（3）WLAN 更多的是为数据业务服务

现阶段 WLAN 更多的是为笔记本电脑和手机终端提供连接到 Internet 的方式。这是 WLAN 目前十分成功的原因之一。Femtocell 除了可以为笔记本电脑提供连接到 Internet 的方式（目前大部分笔记本无法直接接入 Femtocell，需要连接额外的 3G/4G 上网卡），更主要的是为手机提供高速上网的能力。

（4）WLAN 无法保证数据安全

WLAN 在保证数据安全方面的不足一直被诟病，这也是我国大力推广 WAPI 的原因之一。虽然最近的标准加强了 WLAN 在安全方面的考虑，但是目前已经有大量的 WLAN 接入点在社会上为大众提供服务了。无线蜂窝技术的安全标准一直被认为是高度可靠的。Femtocell 在空中接口上的安全技术继承了这一可靠性。同时基于 Internet 骨干网传输的数据流也是经过鉴权和加密的。

（5）WLAN 在中国无法得到政府的支持

最早中国联通引入的苹果 iPhone 曾被拿掉了 WLAN 功能，引起了很多 iPhone 粉丝的不满。其实拿掉 WLAN 功能的原因是因为工信部明令禁止支持 WLAN 功能的手机在国内获得入网许可，洋品牌手机要想进入中国大陆市场必须摘除 WLAN 模块或屏蔽该功能。想了解 WLAN 国内被禁的重要原因，就不得不提到另一个标准——WAPI 的存在。2003 年出台的 WAPI 标准（全名为无线局域网鉴别与保密基础结构），作为我国自主研发、拥有自主知识产权的无线局域网安全技术标准，与 WLAN 是两个不同协议，最大的区别是安全加密的技术不同。出于对互联网安全的考虑，我国一直强烈推荐 WAPI 作为一个独立的国际标准。国内手机的 WLAN 功能之所以被取消，也正因为 WLAN 协议并非我国所认可。Femtocell 是 3G/4G 在室内覆盖的延伸，工作在授权的频谱上，根本不存在这样的问题。

（6）WLAN 盈利模式不明确

如果将 WLAN 作为单一网络来经营，商业用户的不足会使网络建设的投资收益比较低，因此也影响了电信运营商的积极性。目前 WLAN 技术的定位主要是作为高速有线接入技术的补充。曾经有运营商推出一款宽带套餐，用户只要加入这个套餐就可以得到一个免费的 WLAN 接入点（无线路由器）。由于吸引力有限，该套餐不久便销声匿迹了，因为用户完全可以在市场上用更低廉的价格自行购买无线路由器。因此 WLAN 技术很难为运营商赚到更多的钱。Femtocell 可以为运营商提供更多的可能。由于 Femtocell 在不增加成本的情况下解决了室内覆盖问题，运营商可以推出更加优惠的套餐来吸引用户。如在室内上网、打电话可以享受十分低廉的价格。此外，与无线路由器不同的是，Femtocell 只能在运营商的营业厅购买，因为 Femtocell 接入到运营商网络也是需要被认证的。

（7）WLAN 产业链薄弱

WLAN 能获得今天的成就，很重要的原因是得到了芯片巨头 Intel 的大力支持。但孤木难支，由于 WLAN 在盈利模式上的缺陷，越来越多的电信设备制造商退出了 WLAN 产业，如爱立信、诺基亚—上海贝尔都不继续在 WLAN 的演进技术 WiMAX 上投入资金。与之相对比的是，Femtocell 得到了越来越多的关注。主流的设备商：诺基亚—上海贝尔、思科、华为、中兴都十分看好 Femtocell 的发展。越来越多的运营商已经开始商用 Femtocell，并取得了很好的效果，如英国 Vodafone、日本 Softbank 等。中国移动和中国联通也开始积极部署 Femtocell，并制定相关 Femtocell 的中国标准。甚至互联网巨擘 Google 也对 Femtocell 十分关注。Google 投资了一家英国的专注于 Femtocell 研发的企业，并提供相应的内容支持。

2. 与转发器的区别

转发器是双向的放大器。与 Femtocell 类似的是，转发器也是用于扩大覆盖范围的。转发器通过外部天线接收户外基站的信号，扩大之后再通过线缆或天线进行转发，从而提高相应区域的无线覆盖。在很多情况下，转发器可以非常有效地提高覆盖能力，但是与Femtocell 相比，还是有很多的区别。

（1）转发器需要专业的安装

如果想让转发器获得满意的效果，必须由专业的工程师进行安装。需要仔细地勘测转发器安装的位置，避免与其他的转发器产生干扰。转发器的增益设置必须非常小心，设置得太小将无法获得满意的覆盖效果，设置得太大将与其他天线产生干扰，降低覆盖范围内的服务质量。Femtocell 的安装十分简单，无需专业工程师的参与。用户可以在家里根据说明书自行安装。

（2）转发器无法避免干扰的产生

在放大信号的同时，转发器同时也对基站发射噪音。这限制了一个基站范围内可以设置的转发器的数量。一个基站一般只能部署很少的几个转发器，因为部署太多的转发器会降低基站的性能。Femtocell 应用抗干扰技术，在一个区域内可以部署大量的 Femtocell。

（3）转发器必须部署在基站附近

转发器必须部署在已有的基站附近，否则无法工作。Femtocell 没有这样的限制。Femtocell 可以部署在完全没有无线信号、但是有固定宽带接入的区域。

（4）转发器无法增加网络容量

转发器与 Femtocell 最相似的功能是都可以增加无线信号的覆盖范围。但是转发器无法增加网络容量。Femtocell 除了可以增加无线信号的覆盖范围，还可以增加一个区域内的网络容量，更多的用户可以同时使用业务。

（5）转发器价格昂贵

即使不考虑安装转发器所需要的人工成本，转发器的硬件价格也要比 Femtocell 昂贵很多倍。目前一个 Femtocell 的硬件成本大约在 100 美元。考虑到现在 Femtocell 大多在发达国家的工厂生产，并且出货数量相对较小，如果将来 Femtocell 大批量在台湾地区的 OEM 工厂生产，价格会大幅度的下降。

3. 与无绳电话的区别

无绳电话是基于 DECT 技术，最早出现在室内的无线终端。用户可以拿着无绳电话，随意在室内走动，而不必受到电话线的限制。从这个角度看，无绳电话与 Femtocell 很类似。无绳电话的不足是只能提供话音业务，无法提供数据业务。而且无绳电话的移动性很差，一般离开室外就无法使用了（尽管曾经出现过 DECT-GSM 双模设备，但并未流行）。

4. 与传统宏基站的区别

Femtocell 在很多方面与传统宏基站很相似。Femtocell 与宏基站在空中接口上发送的信号没有任何区别，从而保证手机无需任何改动就可以接入 Femtocell。然而，Femtocell 与宏基站还是有很多区别。

（1）宏基站支持更多的用户数

宏基站作为专业的电信设备，可以支持上百或上千用户同时进行业务。Femtocell 作为家用设备，一般只支持 4～8 个用户同时进行话音或数据业务。

（2）宏基站是专业设备

宏基站作为专业电信设备，需要专业级的安装、调试和部署。相应的，宏基站的价格也十分高昂。Femtocell 是消费电子商品，可以批量生产，价格也很低廉。

（3）宏基站基于私有的网络进行传输

宏基站的传输网是运营商私有的网络，用租用的线路或微波进行传输。Femtocell 是基于 Internet 传输数据的，因此 Femtocell 不具备传统宏基站与核心网通讯的接口。Femtocell 需要特别考虑基于 Internet 传输带来的安全问题与性能问题。为了高效地管理本地的无线资源，Femtocell 比宏基站更加的智能。Femtocell 融合了基站和无线网络控制器的功能，因此可以提供不同层次的无线资源管理。宏基站需要专业的网规网优工程师进行配置。

（4）宏基站的发射功率更高

为了保证大范围的无线覆盖，宏基站的发射功率更高。相比 Femtocell，宏基站的发射功率大约要高 1000 倍。生活在宏基站周围的居民一般很担忧宏基站可能对健康带来不利的影响。运营商部署新的基站经常会受到周围居民的抗议。

5. 与 3G/4G 无线路由器的区别

自从运营商推出 3G/4G 服务以来，市场上很快就出现了 3G/4G 无线路由器的产品。从名称来看，3G/4G 无线路由器似乎是很强大的设备，其实 3G/4G 无线路由器只是现有无线路由器的 3G/4G 版本。用户的终端设备通过 WLAN 连接 3G/4G 无线路由器，3G/4G 无线路由器再通过 3G/4G 技术将终端连接到 Internet。因此与 Femtocell 相比，3G/4G 无线路由器既无法提高服务质量，也无法提高 3G/4G 信号的覆盖范围。对于用户的终端来说，简单购买一个 3G/4G 上网卡是更好的选择，见表 7-1。

表 7-1　　Femtocell 与其他无线设备的对比

	WLAN 嵋桨哔	潔檣哚嫜	褉嗯曜	娲害瞀	3G/4G 扁疫曜	Femtocell
工作在授权频率	×	×	√	√	×	√
支持功率控制	×	×	√	√	×	√
安全性好	×	√	不适用	√	×	√
支持终端种类多	×	×	√	√	×	√
支持话音和数据	√	×	√	√	√	√
移动性好	×	×	√	√	×	√
价格低	√	√	×	×	√	√
安装简便	√	√	×	×	√	√

7.2 微基站技术

7.2.1 封毖洫哔

随着 LTE 网络的建设，由于其频段高，为保证用户的连续性感受，对网络的覆盖质量提出了新的要求，微基站、宏微结合等技术就应运而生了。

微基站（简称微站）具有以下特点。

（1）体积小、重量轻：相比宏站，微站的体积和重量大约只有宏站的一半，使用灵活，安装便利。

（2）支持多种上联方式：除了宏站支持的光纤，微站还支持五类线（网线）上联方式，增加了安装的便利性。

（3）发射功率小：微站发射功率一般为 1～5W 或者是毫瓦级，覆盖范围较为有限。

微站具有使用灵活、安装便利的优点，但覆盖范围有限，可与宏站相互结合，作为宏站建设方式的一种有利补充，有效提升立体覆盖效果，如图 7-4 所示。

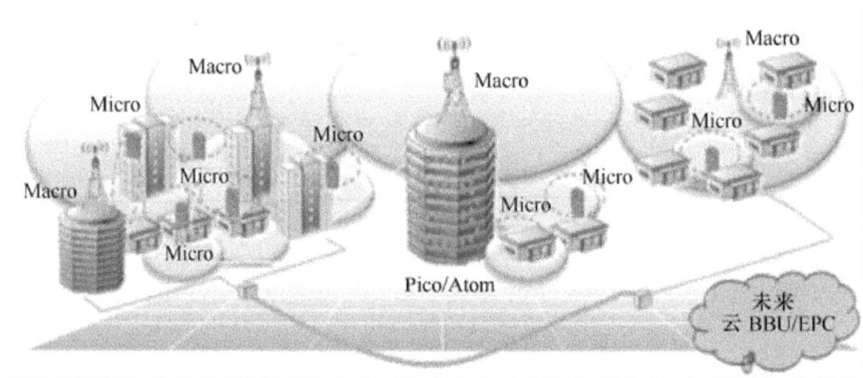

涯 7-4　娲湾巅姝空溢软瓴涯

微站的特点决定了其安装的便利和多样性，能够灵活安装于室外抱杆、路灯杆、挂墙、公交车站、电话亭等多种环境下，如图 7-5 所示。

涯 7-5　唠爷修禺勾帱

由于微基站发射功率小、覆盖距离短、容量低等特点，并不适合成片组网，过多或不当的引入会给网络规划和优化带来较大困难。

在引入微基站时应遵循以下 3 项原则。

（1）避免影响无线网宏站覆盖。避免调整周边的宏站功率、天线倾角、方位角等工程参数。

（2）为降低对宏站的干扰、提高微站的效果，室外的微站宜位于宏站覆盖区域的中远点或宏网弱覆盖区域，以降低相互干扰。

（3）局部需要采用微站做连续覆盖的区域，也应通过小区资源合理分配、小区合并等手段做好微站之间的干扰控制。

7.2.2　湾瞀嚏息

按照功率大小进行分类可分为瓦级微站和毫瓦级微站，按照集中程度可分为一体化微站和分布式微站。

对于瓦级微站，辐射功率较大，对于室外场景，可覆盖室外小范围的覆盖弱区、盲区或宏站难以建设的区域，或需要加强深度覆盖的居民小区、校园等；对于室内场景，可作为小型分布系统信源，如图 7-6 所示。

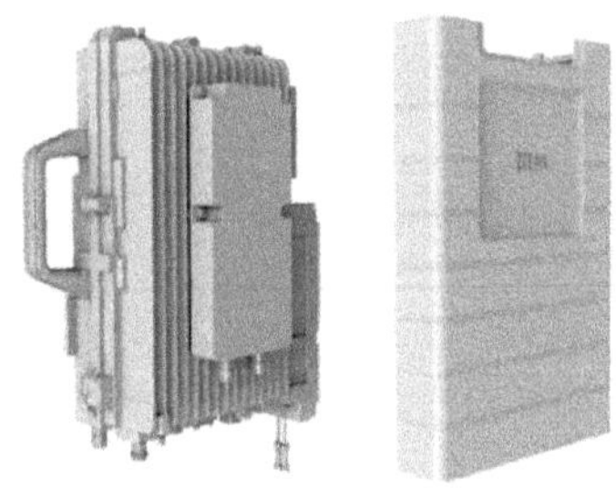

淮 7-6　淎寸湾瞀

对于毫瓦级微站，主要用于室内覆盖的补充，用于因业主原因室分信号未达或需要加强的重点区域的覆盖，例如营业厅、会议室等场景。毫瓦级微站又分为一体化微站和分布式微站两种。

一体化微站通常包括射频部分、基带部分和天线（一般为可拆卸天线，可根据需求更换为外置天线），可通过五类线、光纤上联。

分布式微站通常包含射频部分和天线，可通过五类线、光纤上联至 BBU，如图 7-7 所示。

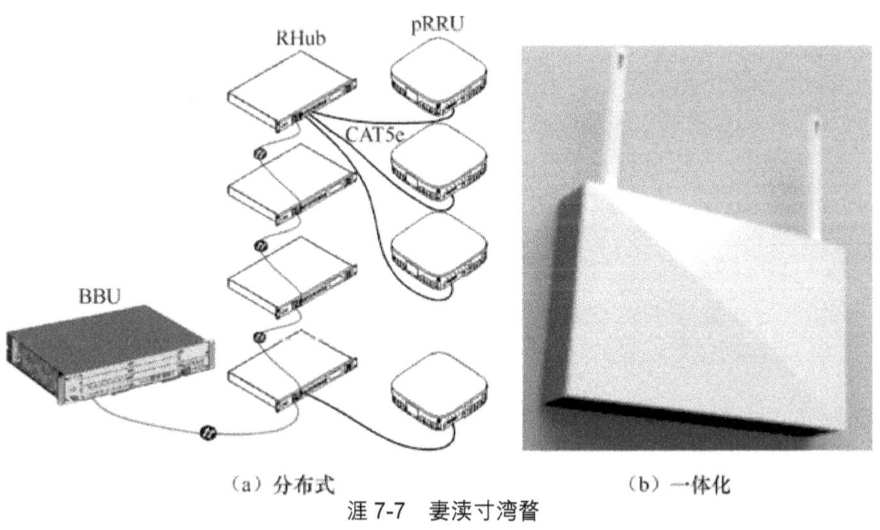

（a）分布式　　（b）一体化

淮 7-7　妻淎寸湾瞀

7.2.3　畋疟勾帱

考虑到微站引入的成本及后期的维护难度，不允许大规模、无计划地引入微站，对于覆盖问题，应首先采用宏站建设/优化、传统室内覆盖等方式解决，若需采用微站，应根据建设目标的具体情况合理设置微站建设位置、功率、挂高等工程参数，避免与宏站相互干扰。

在宏站和微站共覆盖的区域，通过调整测量门限、小区重选优先级等参数设置，确保用户使用体验和小区负荷合理。

应尽量将低速移动的终端驻留在微站，高速移动终端驻留在宏站，避免高速移动带来过多的切换。

应尽量将高速下载的终端驻留在微站，以达到通过微站做数据分流的目的。

1. 利用分布式微站进行 LTE 室内覆盖（见表 7-2）

表 7-2 利用分布式微站进行 LTE 室内覆盖

战加	坏坶嚓欣	昂啾	RSRP 昔弁硫	SINR 昔弁硫	炊爻 RLC Thr	楮爻 RLC Thr
4 楼	单室分	15MHz～2.1GHz	−78.06	24.66	36.62	26.58
	分布式微站	15MHz～2.1GHz	−70.08	28.59	97.71	35.03
		20MHz～1.8GHz	−69.17	19.45	79.30	46.12
1 楼	单室分	15MHz～2.1GHz	−68.4	36.67	53.17	32.49
	分布式微站	15MHz～2.1GHz	−83.83	23.94	70.34	34.81
		20MHz～1.8GHz	−83.91	18.25	72.15	44.36

主要覆盖某办公大楼 1 楼和 4 楼，面积约为 3000m^2，1 楼放置 2 个微站，4 楼放置 4 个微站，测试结论如下。

（1）2 个微站能基本满足约 3000m^2 的覆盖约到−84dBm，4 个微站能基本满足约 3000m^2 的覆盖约到−70dBm，但实际每个楼宇的材质与布局均不同，需实际估算。

（2）在 3000m^2 范围内，使用 4 个微站覆盖要优于传统单室分覆盖 8dB，使用 2 个微站覆盖要弱于传统单室分。

（3）室内外异频组网（室内 2.1GHz、室外 1.8GHz），微站由于 2T2R 组网，其上下行速率都要好于单室分组网；上行因 2R 接收提升接收增益，下行因 2T 采用两码字发送，提升速率。

（4）微站适用于大型会议室或数据业务高发位置的 4G 覆盖。在价格下降的情况下，适用于无法部署传统馈线室分、但楼内五类线资源丰富的楼宇的 4G 信号覆盖。

2. 利用集中式毫瓦级微站进行局部区域的 LTE 覆盖

采用毫瓦级微站对某电信营业厅进行相关测试工作，验证直接布放的覆盖效果。毫瓦级微站的发射功率为 2×125mW，体积和重量与一般的 WLAN AP 差不多，建设前后的覆盖效果见表 7-3。

表 7-3 建设前后覆盖效果对比情况

害瞀	昔弁 RSRP（dBm）	昔弁 SINR（dB）	昔弁炊爻淝溜扣ⅦMbit/s）	昔弁楮爻淝溜扣ⅦMbit/s）	RSRP Φ−105dBm 的比例	SINR Φ−3dB 的比例
室外宏站覆盖（T0）	−103	5.83	30.63	18.79	72%	100%
微站	−83	25.62	77.63	41.09	100%	100%

微站开通后，整体覆盖质量有了大幅提升，达到了对电信营业厅形成良好覆盖的目的，

如图 7-8 所示。

3. 利用瓦级基站+路灯杆方式覆盖无法获取站址区域

采用瓦级基站，发射功率为 2×5W，路灯杆抱杆安装，采用交流 220V 供电，外接功分器覆盖两个方向，一面自带天线（9dBi），一面外接定向天线（9dBi），对道路进行覆盖。其很好地提高道路的覆盖效果，用于周边宏站谈点困难存在覆盖弱区的场景，如图 7-8 所示。

涯 7-8　渎寸害瞀坏坶欤瓴涯

7.3　室内覆盖其他手段

7.3.1　潋息烙嚏制灬涣

传统的信号分布系统存在造价高、投资大、物业协调难等诸多局限性，五类线信号分布系统、微直放站、数字信号分布系统以及 Femtocell 等大批新技术正在各种特殊地形和场景下摸索、实验，逐步形成了一套行之有效的网络优化方案，对于提高网络运行质量、大幅提升网络服务感知，起到了至关重要的作用。

五类线信号分布系统是以专利芯片 BG822CX 变频芯片为基础设计的。五类线信号分布系统主要由主单元、扩展单元和远端单元组成，其中主单元和扩展单元为近端模块，1 个扩展机最多可扩展 8 个远端机，扩展机将下行射频信号转换为中频信号，通过五类线将中频信号与时钟信号传到远端机，远端机将中频信号还原成射频信号由天线发射，覆盖目标区。上行射频信号处理过程与上述过程相反。近端模块采用 220V 交流供电，而远端模块由近端模块通过五类线直接供电。五类线信号分布系统组网结构从扩展机到远端机都采用小功率和小型化设计，设备功耗极低，系统包括如下模块。① 扩展机，其主要作用是在下行链路将射频信号转为中频信号。② 控制微处理机用于报警、监测等，同时负责供电给远端机。③ 远端机的主要作用是在下行链路转换中频信号为 RF，在上行链路转换 RF 为中频信号，同时控制微处理机用于报警和监测。一套最小的系统是 1 个扩展机和 1 个远端机。最大的系统是 1 台主单元、8 台远端机和 8 个扩展机，合计 64 个远端机，如图 7-9 所示。

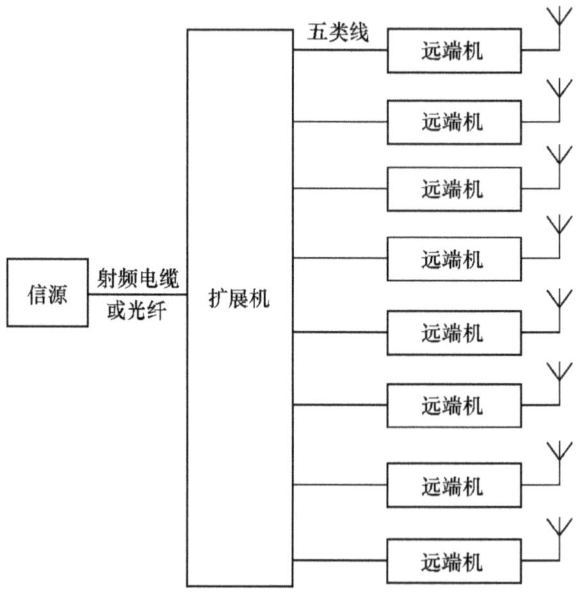

涯 7-9　潋息烙嚷制宀涣欤瓴涯Ⅶ碴头掖宀涣巅墅Ⅷ

随着网络规模的不断发展，无线传播环境变得极其复杂，网络覆盖和用户话务需求间的矛盾尤为突出。

随着无线宽带业务的逐步成熟和应用，用户对网络资源及服务质量的需求日益增加。如何实现移动网+WLAN 网络协同发展，使移动网与 WLAN 共存的无线接入网络成为具有网络资源管理和网络资源优化的网络具有重要的战略意义。对于导频污染较严重的高端住宅，传统室内分布系统只能把天线布到电梯口，对用户的覆盖深度不够，导致做完室分系统后，仍然存在较多质差投诉。

针对这种集中在同一楼宇的覆盖深度不足问题，可以将 1 拖 8 以上的五类线信号分布系统引入。从原有室分系统信源取信号，在交换机完成移动网信号与宽带信号的合路，远端单元通过赠送或套餐绑定赠送用户“移动网无线路由器”“移动网+WLAN 双模无线路由器”的方式，集中解决该大楼的话音与数据投诉问题。

随着城市化进程的突飞猛进，城市中村民的自建房被四周拔地而起的高楼大厦所包围，形象地叫做“城中村”。城中村楼是移动网信号覆盖最难解决的区域。方案施工动静太大，馈线施工及电源协调困难，五类线信号分布系统采用网线传且支持远端单元远程供电，并将远端伪装成宽带设备机箱。总体设计可做到没有天馈系统暴露在外，施工隐蔽性强，值得在城中村场景中推广使用。

实践证明，五类线传输移动信号在特殊地形和场景下的同优应用是切实可行的，更为重要的是，五类线的资源对于运营商来说还有宽带、IPTV 等其他业务应用。在现今各类接入层面的网络技术中，五类线信号分布系统实现了将移动网络信号和数据网络信号的融合传输，为后续移动业务和固定业务的融合发展提供了坚实的网络基础。未来通过提高该系统的业务承载能力，以及远端模块进一步升级为融合业务终端后，五类线信号分布系统必将成为通信运营企业开展全业务运营的一把利器。

7.3.2　MDAS 封崧

MDAS（Multi-serving Digital Distributed Access System），即多业务数字分布系统，是一种依托驻地网、全业务分布式接入、从而实现室内精确覆盖的一种分布系统建设方式。其基本原理是将从宽带网络走的宽带业务、话音业务、IPTV 业务等数据业务，和数字化的无线信号进行数据打包入户，然后由终端解包，分别接入。主要应用于宾馆酒店、住宅小区等利用常规手段难以实现的覆盖死角，如图 7-10 所示。

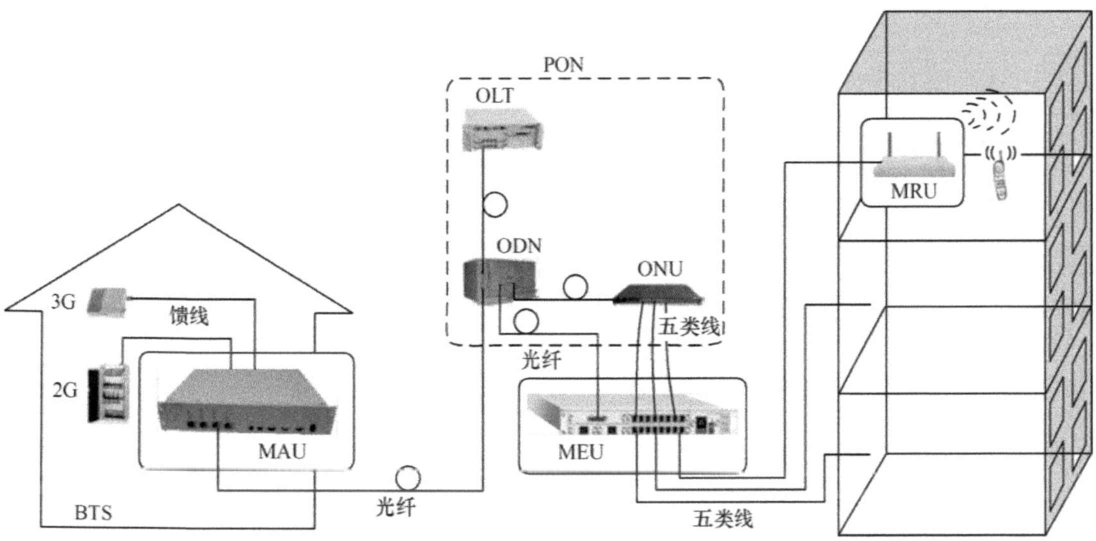

涯 7-10　MDAS 惕嵋软瓴涯

无线光纤分布系统是一种以光纤承载无线信号传输和分布的解决方案，该系统充分发挥光纤承载带宽大和传输损耗小的优势，适应通信运营商全业务运营的网络建设需求，适合多制式、多业务融合的组网方案，顺应了统一规划、共建共享、降本节能的接入网建设发展趋势。MDAS 采用树形扩展的拓扑结构，能灵活适应不同的场景规模。WFDS 应用时，仅需要将不同制式的信号源（微功率基站）集中放置于一处机房内，基站输出的电信号分别输入主单元（MU），完成多业务信号合路和电/光变换，再经光纤和扩展传输单元（EU）将其分布到区域内的各远端单元（RU），然后恢复成原来的射频信号覆盖一个特定区域。

与现有馈线电缆分布系统方案相比，MDAS 具有建设方案灵活、网络性能优越、统一平台可多系统共享、网络监控安全可靠、升级改造适应性强、维护方便等方面的优点。特别是针对自干扰的 3G 移动通信网络，MDAS 可实现室内外一体化覆盖，有效提升网络覆盖质量。然而，针对其他的应用场景，MDAS 也存在单个系统普通站点投资较高、远端单元功率较低、光缆维护量较大等不足。因此，具体的室内分布系统建设方式应根据实际需求情况进行选择应用。

1. MDAS 的突出优势

（1）多系统数字融合，2G、3G、4G、宽带共网传输，实现宽带、移动、WLAN 精确覆盖。

（2）多种 MRU 形式，体积小、重量轻、耗能低，支持室分和入户覆盖。

（3）不用布放线缆，利用现有的宽带网络快速建网，入户方便，分布式架构，灵活扩容。

（4）适应智能楼宇综合布线规范。

（5）远端功率自动调整，无需链路计算，工程实施简单。

2. MDAS 的应用场景

由于 MRU 设备类似于小型的光纤直放站，对于高容量、开阔区间覆盖等场景并不适用。而且大范围应用目前来说有投资过高、引入干扰的问题，建议主要应用于已经建设完善宽带网络的建筑物，存在部分覆盖死角，或者由于业主原因难以建设室内分布系统的区域。

考虑到 MDAS 的具体情况，建设前提必须包含如下要求。

① 已经建有楼内宽带接入系统。

② 已有的覆盖方式无法满足覆盖需求，存在局部覆盖盲点。

③ 覆盖盲区中有业务需求或者业主有明确的覆盖需求。

3. MDAS 应用案例

拟对某宾馆实现 WLAN 全覆盖，经过现场测试，采用传统的室分 WLAN 合路覆盖只能做到过道、房间内部的 WLAN 信号覆盖很弱，无法达到酒店方的覆盖要求。根据业主要求，利用 MDAS 实现了 WLAN 覆盖，如图 7-11 所示。

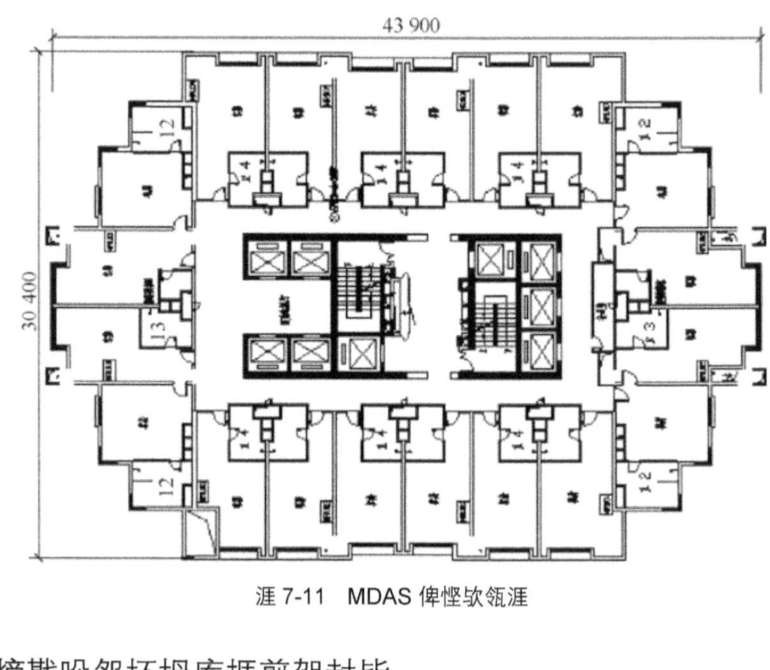

涯 7-11　MDAS 俾悭欤领涯

7.3.3　熵戡哚怨坏坶库捱煎架封惢

由于居民小区的建筑物存在结构多样、无线传播环境复杂、物业协调难度大等问题，居民小区的深度覆盖一直是各大运营商希望解决却又较难解决的一个问题。

由于无法在用户家中安装天线，因此利用分布系统进行小区覆盖投资大，效果一般；而利用滴灌站点或室外宏站，由于目前居民对辐射的敏感程度，入驻施工难度很大。

由于泄漏电缆具有均匀辐射的特性且隐蔽性好，因此利用泄漏电缆进行居民小区覆盖成为一种新的技术手段和解决思路，如图 7-12 所示。

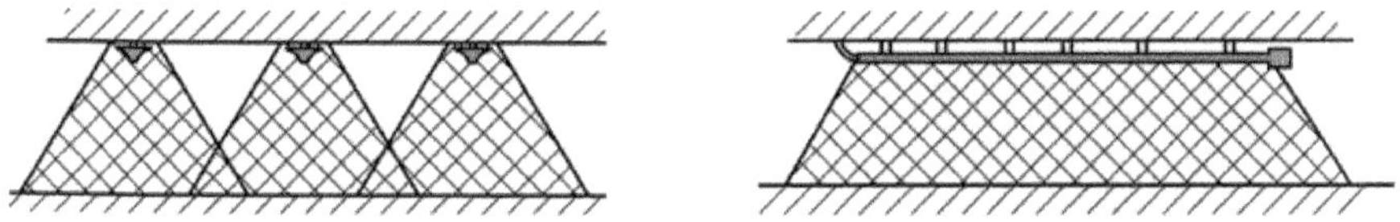

（a）传统的室分系统　　（b）泄漏电源

涯 7-12　熵戡哚怨瘔歹搞济烙坏坶嗰溉蚥瓴涯

利用泄漏电缆进行覆盖一般有两种场景：一是布设在电梯内，替代原来的板状天线对电梯进行覆盖；二是敷设在建筑物外墙，对小区室内进行覆盖。

（1）电梯场景（如图 7-13 所示）

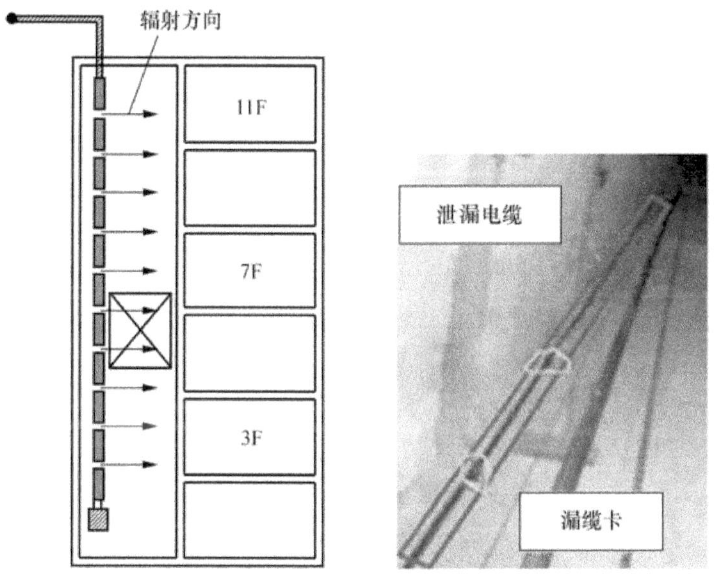

涯 7-13　熵戡哚怨坏坶哚洵

在这种场景下，对比常用的对数周期天线或板状定向天线进行覆盖，泄漏电缆的造价略高。

（2）敷设在外墙对室内进行覆盖（如图 7-14 和图 7-15 所示）

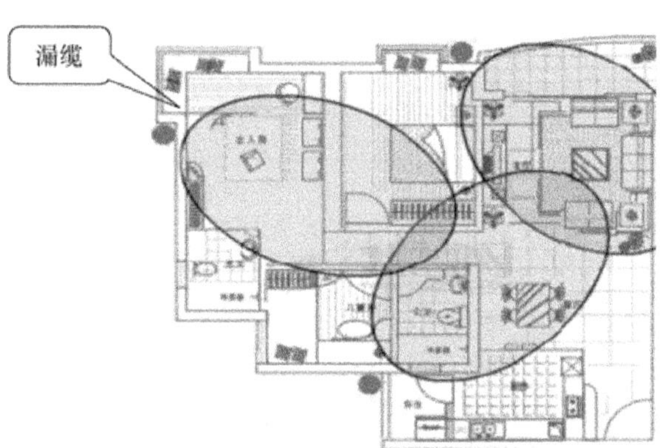

涯 7-14　熵戡哚怨坏坶库捱煎架蚥瓴涯

涯 7-15　熵戡哚怨坏坶库捱煎架檗尢制庖涯

该类场景的经济型还有待分析，根据楼宇结构的不同情况会有所不同。

巅毛病

从 1978 年的第一代移动通信网问世以来，经过 36 年的发展，移动通信已经进入第四代。但给予用户无时间限制、无区域限制的接入体验，即泛在通信，一直是移动网服务提供商所追求的。在第一代和第二代无线通信中，由于主要基于的是百兆赫兹级的中低频频段，传播能力较强，而且用户对于泛在通信的要求较低，室内的固网仍是室内用户所习惯使用的，因此对于室内覆盖并不迫切。

进入 21 世纪，第三代移动通信逐步成熟完善，移动互联网进入人们的视线，脱离线缆束缚的中高速移动数据服务体验给予用户前所未有的畅快感受，由此也滋生出手机应用界面的即时通信、微博、购物等业务，短短几年内，移动互联网用户已经远远超越了固网宽带用户。这对于服务提供商提出了更高速率、更优覆盖的需求，从覆盖的角度，也就是对室内覆盖提出了更高的要求，人们已经不能满足在室内使用固网，而是希望不管在工作场所还是家庭，都能够无障碍地使用移动互联业务。但这个时期面临几个问题，首先是频段更高，穿透能力较 2G 更弱（除电信的 EV-DO，其使用了与 2G 相同的 800MHz 频带）；其次是室内建筑随着技术和用户需求的增长，也变得更为复杂和多样。这个时期，室内分布系统得到了长足的发展，在国内大部分中大型楼宇都布设了一套甚至多套室内分布系统，用户在室内的话音及数据业务需求得到了极好的满足。但这个时期，在移动互联网上所承载的仍主要是纯数据业务，对时延、切换等性能的要求还较低。

移动通信的发展是加速度的，短短不到 10 年的时间，4G 就问世了，4G 可以说响应了 3G 时代用户的各类需求，即更高的速率、更丰富的业务体验，实现了用户所希望的在摆脱线缆束缚的前提下，能够享受如固网般的速率。而且由于 4G 网络系统的扁平化设计，将 IP 网络的时延能力压缩到了与电路域相比的量级，这也使得一直发展不佳的 VoIP 业务、View Call（视频电话）业务得到了一个发展契机。由于 LTE 网络对于话音良好的支撑能力，并能够实现更好的 MOS，已有多个国内外运营商宣布开通或拟开通 VoLTE 业务，基于 IP 网络的话音业务也是接下来的发展需求。业务的发展必然对网络提出更高的要求，而在 4G 时代，频带资源更为紧张，启用了 1.8GHz、1.9GHz 甚至更高的频段，传输能力较中低频段更显得薄弱，想要达到电路域的覆盖效果难上加难。因此，LTE 的深度覆盖问题在很多运营商建网之初就提了出来，需提供室内外的连续覆盖和完善服务体验。同时，进一步压缩的通信资费也使得各大运营商在进行网络覆盖时更为精打细算。在这种情况下，多种类型的室内覆盖方式出现了，室内外协同的规划更为重要，引入微站等新的信源或光纤分布系统等新的覆盖技术成为研究重点。

本书就是在这样严峻的行业发展形势下，针对日益要求高、完成难度大的情况所完成的，列举了不同场景所使用的室内覆盖手段，尤其强调基于目前的 2G/3G 网络，如何低成本、高效地实现 LTE 网络覆盖。但也要看到，室内环境的复杂度远远超过人们的想象，没有一成不变的建设方式，也没有一劳永逸的覆盖技术，需要工程人员根据实际的查勘结果，灵活地选用一种或多种方式相结合来进行网络建设。本书的目的也就是为读者更多地介绍规划设计流程、多种覆盖方式及典型案例，希望能够为工程人员在进行实际工程中提供参考。

沩 扼 痾

1G	the 1st Generation	第一代移动通信技术
2G	the 2nd Generation	第二代移动通信技术
3G	the 3rd Generation	第三代移动通信技术
3GPP	the 3rd Generation Partnership Project	第三代合作伙伴计划
3GPP2	the 3rd Generation Partnership Project 2	第三代合作伙伴计划 2
4G	the 4th Generation	第四代移动通信技术
8PSK	8 Phase Shift Keying	八相相移键控
AAA	Authentication，Authorization and Accounting	鉴权、授权和计费
ADSL	Asymmetrical Digital Subscriber Line	非对称数字用户线
AMPS	Advanced Mobile Phone System	先进移动电话系统
AP	Access Point	接入点
ARQ	Automatic Repeat Request	自动重传请求
ATM	Asynchronous Transfer Mode	异步传输模式
AuC	Authentication Center	鉴权中心
BBU	Building Base band Unit	室内基带处理单元
BCCH	Broadcast Control Channel	广播控制信道
BCH	Broadcast Channel	广播信道
BPSK	Binary Phase Shift Keying	二相相移键控
BS	Base Station	基站
BSC	Base Station Controller	基站控制器
BSS	Base Station Subsystem	基站子系统
BTS	Base Transceiver Station	基站收发机

CCCH	Common Control Channel	公共控制信道
CCE	Control Channel Element	控制信道单元
CCK	Complementary Code Keying	补码键控
CDMA	Code Division Multiple Access	码分多址
CN	Core Network	核心网
CP	Cyclic Prefix	循环前缀
CPE	Customer-Premises Equipment	客户端设备
CPRI	The Common Public Radio Interface	通用公共无线接口
CQI	Channel Quality Indicator	信道质量标示
CQT	Call Quality Test	呼叫质量测试
CRC	Cyclic Redundancy Check	循环冗余校验
CS	Circuit Switched	电路交换
CW	Continuous Wave	连续波
D-AMPS	Digital-Advanced Mobile Phone Services	数字先进移动电话服务
DCCH	Dedicated Control Channel	专业控制信道
DCS	Digital Communication System	数字通信系统
DECT	Digital Enhanced Cordless Telecommunications	数字增强无绳通信
DFT	Discrete Fourier Transform	离散傅里叶变换
DL	Downlink	下行链路
DL-SCH	Downlink Shared Channel	下行共享信道
DNS	Domain Name Server	域名服务器
DPD	Digital Pre-Distortion	数字预失真
DRX	Discontinuous Reception	非连续性接收
DS-CDMA	Direct Sequence-Code Division Multiple Access	直接序列码分多址
DSSS	Direct Sequence Spread Spectrum	直接序列展频技术
DT	Drive Test	路测
DTCH	Dedicated Traffic Channel	专用业务信道
EDGE	Enhanced Data Rate for GSM Evolution	增强型数据速率 GSM 演进
EIA	Electronic Industries Association	美国电子工业协会
EIR	Equipment Identity Register	设备标识寄存器
EIRP	Equivalent Isotropic Radiated Power	等效全向辐射功率
eNode B	evolved Node B	演进的 Node B

EPC	Evolved Packet Core	演进分组核心网
EPS	Evolved Packet System	演进的分组系统
ETSI	European Telecommunications Standards Institute	欧洲电信标准化协会
E-UTRAN	Evolved Universal Terrestrial Radio Access Network	演进型陆地无线接入网
EV-DO	Evolution Data Optimized	演进数据优化
FDD	Frequency Division Duplexing	频分双工
FDMA	Frequency Division Multiple Access	频分多址接入
FDTD	Finite Difference Time Domain	时域有限差分
FMC	Fixed Mobile Convergence	固定网与移动网融合
FPLMTS	Future Public Land Mobile Telecommunications System	未来公共陆地移动通信系统
GGSN	Gateway GPRS Support Node	网关 GPRS 支持节点
GPRS	General Packet Radio Service	通用分组无线业务
GSM	Global System for Mobile communications	全球移动通信系统
GTP	GPRS Tunnel Protocol	GPRS 隧道协议
HARQ	Hybrid Automatic Repeat Request	混合自动重传请求
HDLC	High Level Data Link Control	高层数据链路控制
HLR	Home Location Register	本地位置寄存器
HSPA	High Speed Packet Access	高速分组接入
HSDPA	High Speed Downlink Packet Access	高速下行分组接入
HSS	Home Subscriber Server	归属用户服务器
HSUPA	High Speed Uplink Packet Access	高速上行分组接入
ICI	Inter Carriers Interference	载波间干扰
IEEE	Institute of Electrical and Electronics Engineers	电气和电子工程师学会
IMT-2000	International Mobile Telecommunications - 2000	国际移动通信 2000
IP	Internet Protocol	因特网协议
IPRAN	IP Radio Access Network	IP 化无线接入网
ISDN	Integrated Services Digital Network	综合业务数字网
ISI	Inter Symbol Interference	符号间干扰
ITU	International Telecommunication Union	国际电信联盟
LAC	Location Area Code	位置区码
LLC	Logical Link Control	逻辑链路控制

LMDS	Local Multipoint Distribution Services	区域多点传输服务
LNA	Low Noise Amplifier	低噪声放大器
LTE	Long Term Evolution	长期演进
MAC	Medium Access Control	媒质接入控制
MAP	Mobile Application Part	移动应用部分
MBMS	Multimedia Broadcast Multicast Service	多媒体广播多播业务
MCCH	Multicast Control Channel	多播控制信道
MCH	Multicast Channel	多播信道
MIMO	Multiple Input Multiple Output	多入多出
MMDS	Multichannel Multipoint Distribution Services	多信道多点分配服务
MME	Mobility Management Entity	移动性管理实体
MS	Mobile Station	移动台
MTCH	Multicast Traffic Channel	多播业务信道
NAS	Non Access Stratum	非接入层
NMS	Network Management Subsystem	网络管理子系统
OAM	Operation Administration and Maintenance	运行管理和维护
OFDM	Orthogonal Frequency Division Multiplexing	正交频分复用
OFDMA	Orthogonal Frequency Division Multiple Access	正交频分多址
OMC	Operation and Maintenance Center	操作维护中心
PBCH	Physical Broadcast Channel	物理广播信道
PC	Personal Computer	个人计算机
PCCH	Paging Control Channel	寻呼控制信道
PCFICH	Physical Control Format Indication Channel	物理控制格式指示信道
PCH	Paging Channel	寻呼信道
PCRF	Policy Control and Charging Rules Function	策略控制和计费规则功能单元
PDCCH	Physical Downlink Control Channel	物理下行控制信道
PDCP	Packet Data Convergence Protocol	分组数据汇聚协议
PDN	Packet Data Network	分组数据网
PDSCH	Physical Downlink Shared Channel	物理下行共享信道
P-GW	PDN Gateway	分组数据网网关
PHICH	Physical Hybrid ARQ Indicator Channel	物理 HARQ 指示信道
PHS	Personal Handy phone System	个人手持式电话系统

PLMN	Public Land Mobile Network	公用陆地移动通信网
PMCH	Physical Multicast Channel	物理多播信道
PMI	Precoding Matrix Indication	预编码矩阵指示
PPP	Point-to-Point Protocol	点对点协议
PRACH	Physical Random Access Channel	物理随机接入信道
PS	Packet Switched	分组交换
PSS	Primary Synchronization Signal	主同步信号
PSTN	Public Switched Telephone Network	公共电话网
PUCCH	Physical Uplink Control Channel	物理上行控制信道
PUSCH	Physical Uplink Shared Channel	物理上行共享信道
QAM	Quadrature Amplitude Modulation	正交幅度调制
QCI	QoS Class Identifier	业务质量级别标识
QoS	Quality of Service	业务质量
QPSK	Quadrature Phase Shift Keying	四相相移键控
RACH	Random Access Channel	随机接入信道
RB	Resource Block	资源块
RB	Radio Bearer	无线承载
RBG	Resource Block Group	资源块组
RE	Resource Element	资源粒子
REG	Resource Element Group	资源粒子组
RLC	Radio Link Control	无线链路控制
RNC	Radio Network Controller	无线网络控制器
RRC	Radio Resource Control	无线资源控制
RRU	Remote Radio Unit	远端射频单元
RS	Reference Signal	参考信号
RSRP	Reference Signal Received Power	参考信号接收功率
RSRQ	Reference Signal Received Quality	参考信号接收质量
S1	S1	LTE 网络中 eNode B 和核心网间的接口
SAE	System Architecture Evolution	系统结构演进
SAR	Segmentation and Reassembly	分段与重组
SC-FDMA	Single Carrier - Frequency Division Multiple Access	单载波频分多址

SCTP	Stream Control Transmission Protocol	流控制传输协议
SDU	Service Data Unit	业务数据单元
S-GW	Serving Gateway	服务网关
SGSN	Serving GPRS Support Node	服务 GPRS 支持节点
SINR	Signal-to-Interference and Noise Ratio	信干噪比
SoC	System on Chip	系统级芯片
SSID	Service Set Identifier	服务集标识
TACS	Total Access Communications System	全接入通信系统
TCP/IP	Transmission Control Protocol Internet Protocol	传输控制协议/因特网协议
TD	Transmit Diversity	发射分集
TDD	Time Division Duplex	时分双工
TD-LTE	Time Division Long Term Evolution	时分长期演进
TDMA	Time Division Multiple Access	时分多址
TD-SCDMA	Time Division Synchronous CDMA	时分同步码分多址
TIA	Telecommunication Industry Association	电信工业协会
TTI	Transmission Time Interval	发送时间间隔
TX	Transmit	发送
UDP	User Datagram Protocol	用户数据报协议
UE	User Equipment	用户设备
UL	Uplink	上行
UL-SCH	Uplink Shared Channel	上行共享信道
UM	Unacknowledged Mode	非确认模式
UMTS	Universal Mobile Telecommunications System	通用移动通信系统
UP	User Plane	用户面
UpPTS	Uplink Pilot Time Slot	上行导频时隙
UpPCH	Uplink Pilot Channel	上行导频信道
UPS	Uninterruptable Power System	不间断电源系统
USB	Universal Serial Bus	通用串行总线
UTRA	Universal Terrestrial Radio Access	通用陆地无线接入
UTRAN	Universal Terrestrial Radio Access Network	通用陆地无线接入网络
VLAN	Virtual Local Area Network	虚拟局域网
VLR	Visitor Location Register	访问位置寄存器

VoIP	Voice over IP	IP 话音业务
WAN	Wide Area Network	广域网
WAP	Wireless Application Protocol	无线应用通信协议
WAPI	Wireless LAN Authentication and Privacy Infrastructure	无线局域网鉴别和保密基础结构
WCDMA	Wideband CDMA	宽带码分多址
WLAN	Wireless Fidelity	无线相容性认证
WiMAX	Worldwide Interoperability for Microwave Access	全球微波互联接入
X2	X2	X2 接口，LTE 网络中 eNode B 之间的接口

剖彗滚炽

[1] 张智江，刘申建，顾旻霞，等. cdma2000 1x EV-DO[M]. 北京：机械工业出版社，2005.

[2] 华为技术有限公司. cdma2000 1x EV-DO 原理[Z].

[3] 中国电信湖北分公司. cdma2000 基础知识[Z].

[4] 中国电信福建电信. WLAN 基本原理介绍[Z].

[5] 中兴通讯股份有限公司. ZXSS10 WAS 无线局域网（WLAN）产品技术培训[Z].

[6] 中兴通讯股份有限公司. 宽带无线接入系统及其在国内的发展[Z].

[7] 高泽华，高峰，林海涛，等. 室内分布系统规划与设计[M]. 北京：人民邮电出版社，2012.

[8] 王有为，徐志宇，夏国忠，等. WCDMA 特殊场景覆盖规划与优化[M]. 北京：人民邮电出版社，2012.

[9] [英]Jie Zhang，[法]Guillaume de la Roche. Femtocell 技术与应用[M]. 北京：人民邮电出版社，2010.

[10] 中国联通室内覆盖分场景建设指导意见（暂行版）[Z]. 2012.

[11] 陆健贤，叶银法，卢斌，等. 移动通信分布系统原理与工程设计[M]. 北京：机械工业出版社，2008.

[12] FemtoChina 中文网 www.femtochina.com.

[13] 中国移动通信集团北京分公司. 2013 年室分系统建设及设计指导意见 V2.0[Z].

[14] 华为技术有限公司. 泄漏电缆分布系统原理及设计指导书[Z]. 2003.

[15] 张涛，韩玉楠，李福昌. LTE 室内分布系统演讲方案研究[J]. 邮电设计技术，2013.03

[16] 杨军，张力方.光纤分布系统研究[J]. 电信技术，2012.12.

[17] 李一喆，孙乐. Smallcell 在 LTE 网络中应用及频谱分配策略研究[J]. 邮电设计技术 2013.09.

[18] 酷哥尔. 实战无线通信应知应会[M]. 北京：人民邮电出版社，2010.

[19] 京信通信系统（中国）有限公司. 无源器件培训[Z]. 2009.7.

[20] 中国移动通信集团北京分公司. 无源器件性能及对现网影响分析 V0.2[Z]. 2011.

[21] 武汉虹信通信技术有限责任公司. 移动通信工程新员工培训教程[Z]. 2009.

[22] 戴源，朱晨鸣，王强，等. TD-LTE 无线网络规划与设计[M]. 北京：人民邮电出版社，2012.

[23] 程鸿雁，朱晨鸣，王太峰，等. LTE 网络规划与设计[M]. 北京：人民邮电出版社，2013.

[24] 苏华鸿，孙儒石，薛峰章，等. 蜂窝移动通信射频工程（第二版）[M]. 北京：人民邮电出版社，2007

[25] 周杭. 泄漏电缆功能分析及其选择要素[J]. 现代城市轨道交通，2007.04

[26] 傅强，黄晓明，吴志勇. 室内分布系统天线性能和质量研讨[J]. 电信技术，2011.12.

[27] 华为技术有限公司. 3900 系列基站产品文档[J]. 2013.11.

[28] 思科系统公司. 思科统一无线网络基础知识和设计规划[J]. 2008.01.

[29] 京信通信系统（中国）有限公司. CDMA 数字射频拉远系统[Z]. 2010.

[30] 京信通信系统（中国）有限公司. RRU 与光纤直放站的差异[Z]. 2010.

[31] 周莲英，等. 多制式系统室内共存覆盖干扰的研究与工程分析[J]. 移动通信，2012.01.

[32] 陈凌，陈永辉. 室内多制式共存覆盖干扰分析方法[J]. 2012.

[33] 范晓静. 室内无线传播模型的研究与仿真[J]. 高校理科研究，2012.04.

[34] 杨大成. 移动传播环境[M]. 北京：机械工业出版社，2003.8.

[35] 中国电信江苏分公司. 江苏公司 LTE 室内分布建设指导意见[Z]. 2014.04

www.ingramcontent.com/pod-product-compliance
Lightning Source LLC
LaVergne TN
LVHW072305081026
849580LV00033B/2892
9787115421500